中学基礎がため100%

# できた! 中学国語

## 漢字

KUMON

# 本書の特長と使い方　中学国語　漢字

## ◆「文法」「読解」「漢字」の３冊構成なので、目的に応じた学習ができます。

本シリーズは、十分な学習量による繰《く》り返し学習を大切にしているので、「文法」「読解」「漢字」の３冊構成となっています。

「漢字」は、中学生のみなさんが漢字を「読む力」「書く力」を確実に身につけられるように工夫された、「書き込み式ドリル」です。学年に関係なく、自分のペースに合わせて学習を進めていくことができます。

### 本書で扱《あつか》う漢字

**●小学校で学習する一〇二六字の総復習**

（中学校で学習する読みも含《ふく》む）

**●中学校で学習する漢字**

常用漢字のうち、基本的なものやまちがえやすいもの、入試によく出る漢字を学習します。

## 本書の構成と使い方

### 独自のスモールステップ

このドリルは、漢字をしっかり使いこなせるようになるまで、やさしいステップからだんだんステップアップしていく独自のスモールステップで構成されています。また、きめ細かく配置された「読み書きチェック」で復習し、さらには「テスト」で力試《ちからだめ》しを行うことができます。

### グループ別に読み書き練習

漢字を、読み方や字形、部首、意味などグループ別に学習することで、効率的に習得することができます。それぞれの漢字の特徴《とくちょう》を理解し、用例に合わせた使い分けを覚えましょう。

※解答書は、本書のうしろにのり付けされています。引っぱると別冊になります。
解答書と答え合わせをして、まちがえたところは「解説」のところをよく読んで直しましょう。

※本書で扱っている漢字の読みは、小学校・中学校で学習する音訓を取り上げています。
中学校で習わない漢字の読みは取り上げていません。

# 中学国語 漢字 もくじ

## 一章



## 二章

## 漢字表の見方

### 一章 小学校で習った漢字「書き」チェック

思

思案《しあん》・意思《いし》
思《おも》いどおり

心 9画

- 小学校で学習した学年（❷）
- 漢字の音訓を使った用例
- 部首
- 画数

### 一章 小学校で習った漢字 中学校で習う音訓

就

シュウ・（ジュ）
つく
つける

職《しょく》に□《つ》く・就職《しゅうしょく》・就学《しゅうがく》

尢 12画

- 小学校で学習した学年（❻）
- かたかなは音 ひらがなは訓 赤字は送りがな
- ■は中学校で習う音訓 （ ）は中学校で習わない音訓
- □に漢字を書いて使い方を覚えましょう。
- 部首
- 画数

### 二章 中学校で習う漢字

紡

ボウ
（つむぐ）

糸
10画

紡 紡 紡 紡 紡 紡 紡 紡 紡 紡

□《ぼう》績《せき》。混□《こんぼう》。□《ぼう》錘形《すいけい》。

- かたかなは音 ひらがなは訓 赤字は送りがな
- （ ）は中学校で習わない音訓
- 部首
- 画数
- 筆順
- 筆順を見ながら練習しましょう。最初のうすい字はなぞりましょう。
- □に漢字を書いて使い方を覚えましょう。

□ (1) □《ご》後《ご》、外出する。

□……チェック問題には□欄《らん》があります。覚えたらチェックしましょう。

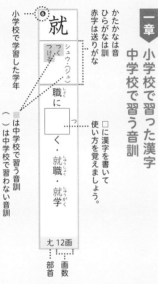

# 「書き」チェック 1

●数字は、小学校で学習した学年

得点
／100点
学習日
月
日

◆数・時間の漢字

|  |  |  |  |
| --- | --- | --- | --- |
| 1 | 一 | 一流《いちりゅう》・均一《きんいつ》 一《ひと》つ・一筋《ひとすじ》 | 一1画 |
| 1 | 二 | 二酸化炭素《にさんかたんそ》 二《ふた》つ・二手《ふたて》 | 二2画 |
| 1 | 三 | 三輪車《さんりんしゃ》・三日月《みかづき》 三日《みっか》・三《みっ》つ | 一3画 |
| 1 | 四 | 四季《しき》・四《よ》つ角《かど》 四《よっ》つ・四頭《よんとう》 | 口5画 |
| 1 | 五 | 五感《ごかん》・五輪《ごりん》 五日《いつか》・五《いっ》つ | 二4画 |
| 1 | 六 | 第六感《だいろっかん》・六月《むつき》 六《むっ》つ・六日《むいか》 | 八4画 |
| 1 | 七 | 七五三《しちごさん》・七《なな》つ 七草《ななくさ》・七日《なのか》 | 一2画 |
| 1 | 八 | 腹八分《はらはちぶ》・八重桜《やえざくら》 八《やっ》つ・八日《ようか》 | 八2画 |
| 1 | 九 | 九匹《きゅうひき》・九九《くく》 九月九日《くがつここのか》・九《ここの》つ | 乙2画 |
| 1 | 十 | 十二支《じゅうにし》・十進法《じっしんほう》 十日《とおか》・十人十色《じゅうにんといろ》 | 十2画 |
| 1 | 百 | 百点《ひゃくてん》・百貨店《ひゃっかてん》 百発百中《ひゃっぱつひゃくちゅう》 | 白6画 |
| 1 | 千 | 千秋《せんしゅう》・千人力《せんにんりき》 千代紙《ちよがみ》 | 十3画 |
| 4 | 億 | 億万長者《おくまんちょうじゃ》 数億《すうおく》・三億《さんおく》 | イ15画 |
| 4 | 兆 | 吉兆《きっちょう》・兆候《ちょうこう》 前兆《ぜんちょう》・一兆《いっちょう》 | 儿6画 |
| 2 | 数 | 偶数《ぐうすう》・数値《すうち》 口数《くちかず》・数《かぞ》え年《どし》 | 攵13画 |
| 1 | 月 | 月末《げつまつ》・月食《げっしょく》 正月《しょうがつ》・月見《つきみ》 | 月4画 |
| 1 | 火 | 火山《かざん》・聖火《せいか》 火花《ひばな》・火元《ひもと》 | 火4画 |
| 1 | 水 | 水深《すいしん》・水平《すいへい》 水気《みずけ》・水際《みずぎわ》 | 水4画 |
| 1 | 木 | 大木《たいぼく》・木材《もくざい》 並木《なみき》・木立《こだち》 | 木4画 |
| 1 | 金 | 金属《きんぞく》・金堂《こんどう》 金目《かねめ》・金物《かなもの》 | 金8画 |
| 1 | 土 | 土砂《どしゃ》・土地《とち》 土気色《つちけいろ》 | 土3画 |
| 1 | 日 | 来日《らいにち》・終日《しゅうじつ》 朝日《あさひ》・四日《よっか》 | 日4画 |
| 2 | 曜 | 月曜《げつよう》・曜日《ようび》 日曜大工《にちようだいく》 | 日18画 |

**1** □には漢字を、（　）には漢字と送りがなを書きなさい。（一つ2点）

□ (1) □《ご》後《ご》、外出する。

□ (2) 夜が（　）《あける》。

□ (3) 早《そう》□《ちょう》に出発する。

□ (4) 文章で表《ひょう》□《げん》する。

□ (5) □《か》力《りょく》を調節する。

□ (6) □《はん》額品《がくひん》を買う。

□ (7) 中《ちゅう》□《しゅう》の名月。

□ (8) □《きゅう》階建《かいだ》てのビル。

□ (9) □《にち》用品《ようひん》を買う。

□ (10) 期《き》□《かん》を区切る。

□ (11) □《せん》円札《えんさつ》で払《はら》う。

□ (12) □《ねん》中《じゅう》無休の店。

□ (13) □《いち》人前《にんまえ》になる。

□ (14) □《や》行《こう》列車に乗る。

□ (15) 五分が経《けい》□《か》した。

□ (16) 台風の前《ぜん》□《ちょう》。

□ (17) □《さん》角《かく》定規を使う。

□ (18) 昨《さく》□《ばん》は早く寝《ね》た。

□ (19) 透《とう》□《めい》なグラス。

□ (20) □《じゅう》字路《じろ》を進む。

□ (21) 水《すい》□《ぶん》をとる。

□ (22) 用《よう》□《すい》路《ろ》の整備。

□ (23) 自由自《じゆうじ》□《ざい》に動く。

□ (24) □《し》捨五入《しゃごにゅう》する。

| 学年 | 漢字 | 用例 | 部首・画数 |
|---|---|---|---|
| ❷ | 朝 | 朝刊《ちょうかん》・朝廷《ちょうてい》 朝晩《あさばん》・朝焼《あさや》け | 月12画 |
| ❷ | 昼 | 白昼《はくちゅう》・昼夜《ちゅうや》 昼寝《ひるね》・真昼《まひる》 | 日9画 |
| ❷ | 夜 | 夜景《やけい》・夜半《やはん》 夜長《よなが》・夜顔《よるがお》 | 夕8画 |
| ❻ | 晩 | 今晩《こんばん》・昨晩《さくばん》 晩春《ばんしゅん》・晩年《ばんねん》 | 日12画 |
| ❷ | 春 | 春分《しゅんぶん》・青春《せいしゅん》 春先《はるさき》・春雨《はるさめ》 | 日9画 |
| ❷ | 秋 | 秋分《しゅうぶん》・立秋《りっしゅう》 秋空《あきぞら》・秋晴《あきば》れ | 禾9画 |
| ❷ | 冬 | 越冬《えっとう》・暖冬《だんとう》 冬山《ふゆやま》・冬物《ふゆもの》 | 夂5画 |
| ❹ | 季 | 雨季《うき》・季節《きせつ》 四季《しき》・季刊《きかん》 | 子8画 |
| ❹ | 節 | 関節《かんせつ》・節分《せつぶん》 節穴《ふしあな》・節目《ふしめ》 | ⺮13画 |
| ❷ | 毎 | 毎回《まいかい》・毎度《まいど》 毎日《まいにち》・毎年《まいとし》 | 毋6画 |
| ❷ | 午 | 午前《ごぜん》・正午《しょうご》 午後《ごご》・子午線《しごせん》 | 十4画 |
| ❶ | 年 | 年始《ねんし》・年表《ねんぴょう》 年上《としうえ》・年越《としこ》し | 干6画 |
| ❻ | 翌 | 翌週《よくしゅう》・翌年《よくねん》 翌朝《よくあさ》・翌日《よくじつ》 | 羽11画 |

| 学年 | 漢字 | 用例 | 部首・画数 |
|---|---|---|---|
| ❹ | 昨 | 昨年《さくねん》・昨今《さっこん》 一昨日《いっさくじつ》 | 日9画 |
| ❷ | 明 | 照明《しょうめい》・明朝《みょうちょう》 星明《ほしあ》かり 明《あか》るみ・明《あき》らか 明《あ》くる朝 | 日8画 |
| ❸ | 秒 | 秒針《びょうしん》・秒速《びょうそく》 秒読《びょうよ》み | 禾9画 |
| ❷ | 分 | 分類《ぶんるい》・分別《ふんべつ》 九分《きゅうふん》・分《わ》ける | 刀4画 |
| ❷ | 時 | 時刻《じこく》・時報《じほう》 今時《いまどき》・潮時《しおどき》 | 日10画 |
| ❷ | 半 | 半径《はんけい》・半熟《はんじゅく》 月半《つきなか》ば | 十5画 |
| ❷ | 間 | 間接《かんせつ》・世間《せけん》 間柄《あいだがら》・居間《いま》 | 門12画 |
| ❷ | 週 | 週休《しゅうきゅう》・週末《しゅうまつ》 週刊誌《しゅうかんし》 | ⻌11画 |
| ❺ | 現 | 現在《げんざい》・実現《じつげん》 姿を現《あらわ》す | 王11画 |
| ❺ | 在 | 在庫《ざいこ》・存在《そんざい》 在《あ》り方《かた》 | 土6画 |
| ❺ | 過 | 通過《つうか》・過程《かてい》 食べ過《す》ぎ | ⻌12画 |
| ❸ | 去 | 除去《じょきょ》・過去《かこ》 立ち去《さ》る | 厶5画 |

□ (25) 立《りっ》□《しゅん》が過ぎる。

□ (26) □《に》次《じ》会《かい》を開く。

□ (27) かえるが□《とう》眠《みん》する。

□ (28) □《よく》日《じつ》は休日だ。

□ (29) □《げっ》刊《かん》誌《し》を買う。

□ (30) □《びょう》読《よ》みを始める。

□ (31) 樹《じゅ》□《もく》を植える。

□ (32) データを消《しょう》□《きょ》する。

□ (33) 第《だい》□《ろっ》回《かい》大会。

□ (34) 四《し》□《き》の移り変わり。

□ (35) 火《か》□《よう》は用事がある。

□ (36) □《せつ》電《でん》を心がける。

□ (37) □《ひゃく》人一首《にんいっしゅ》で遊ぶ。

□ (38) 母と□《ちゅう》食《しょく》を作る。

□ (39) 愛鳥□《しゅう》間《かん》になる。

□ (40) □《ご》目《もく》ずしを作る。

□ (41) 小銭《こぜに》を〔　　〕《かぞえる》。

□ (42) 河川《かせん》の□《ど》木《ぼく》工事。

□ (43) □《さく》夜《や》はよく寝《ね》た。

□ (44) 複《ふく》□《すう》の選択肢《せんたくし》。

□ (45) □《はち》月《がつ》の行事。

□ (46) □《まい》日《にち》、牛乳を飲む。

□ (47) 賞《しょう》□《きん》をもらう。

□ (48) 同《どう》□《じ》に話しかける。

□ (49) 一《いち》□《おく》円《えん》が当たる。

□ (50) 北斗《ほくと》□《しち》星《せい》を探す。

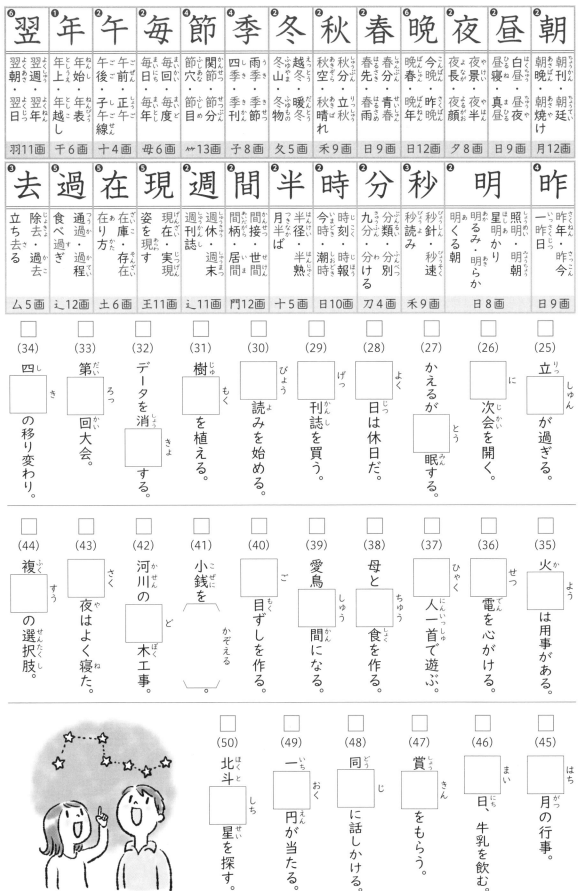

# 「書き」チェック 2

●数字は、小学校で学習した学年

得点　／100点

学習日　月　日

◆ものの様子を表す漢字

|  |  |  |  |
|---|---|---|---|
| 1 | 大 | 広大《こうだい》・大群《たいぐん》　大勢《おおぜい》・大《おお》きい | 大 3画 |
| 1 | 中 | 胸中《きょうちゅう》・中立《ちゅうりつ》　一日中《いちにちじゅう》・中庭《なかにわ》 | 丨 4画 |
| 1 | 小 | 小数《しょうすう》・小《ちい》さい　小銭《こぜに》・小川《おがわ》 | 小 3画 |
| 1 | 左 | 左記《さき》・左右《さゆう》　左側《ひだりがわ》・左利《ひだりき》き | 工 5画 |
| 1 | 右 | 右往左往《うおうさおう》　座右《ざゆう》・右回《みぎまわ》り | 口 5画 |
| 2 | 前 | 前略《ぜんりゃく》・前例《ぜんれい》　前金《まえきん》・二年前《にねんまえ》 | 刂 9画 |
| 3 | 横 | 横断《おうだん》・横着《おうちゃく》　横綱《よこづな》・横道《よこみち》 | 木15画 |
| 6 | 縦 | 縦隊《じゅうたい》・縦断《じゅうだん》　縦書《たてが》き・縦結《たてむす》び | 糸16画 |
| 2 | 東 | 関東《かんとう》・東洋《とうよう》　東風《ひがしかぜ》・真東《まひがし》 | 木 8画 |
| 2 | 西 | 西洋《せいよう》・西暦《せいれき》　関西《かんさい》・西日《にしび》 | 西 6画 |
| 2 | 南 | 指南《しなん》・南下《なんか》　南半球《みなみはんきゅう》 | 十 9画 |
| 2 | 北 | 最北《さいほく》・北極《ほっきょく》　北風《きたかぜ》・北半球《きたはんきゅう》 | 匕 5画 |
| 2 | 方 | 方眼紙《ほうがんし》・方針《ほうしん》　朝方《あさがた》・味方《みかた》 | 方 4画 |
| 2 | 角 | 角度《かくど》・方角《ほうがく》　街角《まちかど》・角笛《つのぶえ》 | 角 7画 |
| 3 | 向 | 傾向《けいこう》・向上《こうじょう》　向《む》かい風《かぜ》 | 口 6画 |
| 5 | 比 | 対比《たいひ》・比率《ひりつ》　比例《ひれい》・力比《ちからくら》べ | 比 4画 |
| 2 | 形 | 形態《けいたい》・形相《ぎょうそう》　形見《かたみ》・顔形《かおかたち》 | 彡 7画 |
| 3 | 平 | 平均《へいきん》・平等《びょうどう》　真《ま》っ平《たい》ら・平手《ひらて》 | 干 5画 |
| 1 | 円 | 円熟《えんじゅく》・円満《えんまん》　円形《えんけい》・円窓《まるまど》 | 冂 4画 |
| 1 | 玉 | 玉座《ぎょくざ》・宝玉《ほうぎょく》　玉手箱《たまてばこ》・水玉《みずたま》 | 玉 5画 |
| 2 | 丸 | 一丸《いちがん》・丸薬《がんやく》　丸太《まるた》・丸暗記《まるあんき》 | 丶 3画 |
| 2 | 広 | 広告《こうこく》・広報《こうほう》　広場《ひろば》・広間《ひろま》 | 广 5画 |
| 2 | 太 | 太古《たいこ》・丸太《まるた》　太《ふと》っ腹《ぱら》・骨太《ほねぶと》 | 大 4画 |

**1** □には漢字を、（　）には漢字と送りがなを書きなさい。（一つ2点）

(1) 方法を改《かい》□《ぜん》する。

(2) 『□《さい》遊《ゆう》記《き》』を読む。

(3) （　）《あたたかい》一日。

(4) 皇《こう》□《たい》子《し》の外遊。

(5) □《れい》房《ぼう》車両に乗る。

(6) 女性の□《だい》臣《じん》。

(7) □《た》数《すう》決《けつ》で決める。

(8) 分量を□《ひ》較《かく》する。

(9) □《こう》性能《せいのう》のパソコン。

(10) 砲《ほう》□《がん》を投げる。

(11) 絵に着《ちゃく》□《しょく》する。

(12) 車が□《う》折《せつ》する。

(13) □《あく》戦苦闘《せんくとう》する。

(14) □《ほう》位《い》を調べる。

(15) 度《ど》□《りょう》の大きな人。

(16) □《なん》国《ごく》の果物《くだもの》。

(17) 最《さい》□《てい》限《げん》の努力。

(18) 試合が□《ちゅう》断《だん》する。

(19) 互《ご》□《かく》の戦い。

(20) ご飯を保《ほ》□《おん》する。

(21) □《ちょう》期《き》の計画。

(22) 冬の□《かん》波《ぱ》。

(23) 飛行機の操《そう》□《じゅう》。

(24) 珠《しゅ》□《ぎょく》の小説。

すぐれている小説。

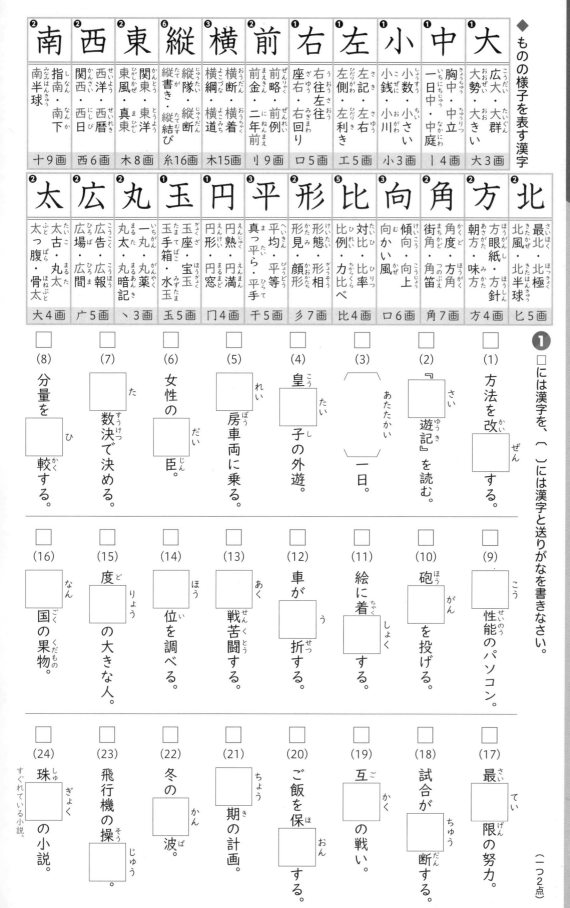

- ❷ 細 — 細工《さいく》・細心《さいしん》／細道《ほそみち》・事細《ことこま》か — 糸11画
- ❷ 長 — 延長《えんちょう》・長身《ちょうしん》／長年《ながねん》・夜長《よなが》 — 長８画
- ❸ 短 — 短縮《たんしゅく》・短針《たんしん》／手短《てみじか》・短《みじか》い枝 — 矢12画
- ❷ 高 — 高価《こうか》・標高《ひょうこう》／高飛車《たかびしゃ》・高台《たかだい》 — 高10画
- ❹ 低 — 低気圧《ていきあつ》・低空《ていくう》／高低《こうてい》・低《ひく》い声 — イ７画
- ❷ 多 — 多額《たがく》・多才《たさい》／恐《おそ》れ多《おお》い — タ６画
- ❷ 少 — 減少《げんしょう》・言葉少《ことばずく》な／今少《いますこ》し — 小４画
- ❹ 量 — 推量《すいりょう》・適量《てきりょう》／量《はか》り売《う》り — 里12画
- ❷ 古 — 古風《こふう》・古墳《こふん》／古着《ふるぎ》・古巣《ふるす》 — 口５画
- ❺ 旧 — 旧友《きゅうゆう》・復旧《ふっきゅう》／新旧《しんきゅう》・旧暦《きゅうれき》 — 日５画
- ❸ 温 — 温厚《おんこう》・温存《おんぞん》／心温《こころあたた》まる — 氵12画
- ❹ 冷 — 冷静《れいせい》・冷《つめ》たい／冷《ひ》や飯《めし》・湯冷《ゆざ》め — 冫７画
- ❸ 寒 — 寒暖《かんだん》・厳寒《げんかん》／寒気《さむけ》・寒空《さむぞら》 — 宀12画

- ❻ 暖 — 暖色《だんしょく》・暖流《だんりゅう》／暖《あたた》かい日 — 日13画
- ❸ 暑 — 残暑《ざんしょ》・避暑《ひしょ》／暑苦《あつくる》しい — 日12画
- ❸ 暗 — 暗算《あんざん》・暗躍《あんやく》／暗闇《くらやみ》・真《ま》っ暗《くら》 — 日13画
- ❸ 悪 — 悪質《あくしつ》・善悪《ぜんあく》／悪気《わるぎ》・悪知恵《わるぢえ》 — 心11画
- ❹ 良 — 改良《かいりょう》・良識《りょうしき》／良心《りょうしん》・仲良《なかよ》し — 良７画
- ❻ 善 — 親善《しんぜん》・善処《ぜんしょ》／善《よ》い行い — 口12画
- ❷ 色 — 才色《さいしょく》・変色《へんしょく》／色素《しきそ》・声色《こわいろ》 — 色６画
- ❶ 白 — 白状《はくじょう》・白星《しろぼし》／白波《しらなみ》・白《しろ》い花 — 白５画
- ❶ 赤 — 赤道《せきどう》・赤面《せきめん》／赤字《あかじ》・赤《あか》い服 — 赤７画
- ❶ 青 — 青春《せいしゅん》・青銅《せいどう》／青筋《あおすじ》・青《あお》い空 — 青８画
- ❷ 黒 — 黒煙《こくえん》・黒点《こくてん》／黒星《くろぼし》・黒《くろ》い雲 — 黒11画
- ❸ 緑 — 新緑《しんりょく》・緑化《りょっか》／緑地《りょくち》・黄緑《きみどり》 — 糸14画

□ (25) 幼《よう》□《しょう》期《き》の思い出。

□ (26) □《りょく》茶《ちゃ》を飲む。

□ (27) □《とう》京《きょう》駅で降りる。

□ (28) 最《さい》□《たん》距離《きょり》を進む。

□ (29) □《せき》飯《はん》を炊《た》く。

□ (30) 決勝戦で敗《はい》□《ぼく》する。

□ (31) □《だん》炉《ろ》に当たる。

□ (32) □《へい》静《せい》を装《よそお》う。

□ (33) 日本□《こ》来《らい》の行事。

□ (34) □《さ》右《ゆう》に分かれる。

---

□ (35) 〔　〕《みじかい》話。

□ (36) □《しょう》説《せっ》家《か》になりたい。

□ (37) 新《しん》□《きゅう》の世代交代。

□ (38) 経済の動《どう》□《こう》。

□ (39) 猛《もう》□《しょ》を乗り切る。

□ (40) 詳《しょう》□《さい》に説明する。

□ (41) □《おう》暴《ぼう》な態度。

□ (42) □《りょう》質《しつ》な材料を選ぶ。

□ (43) 会議が□《えん》滑《かつ》に進む。　会議が順調に進む。

□ (44) □《あん》示《じ》をかける。

---

□ (45) 詩の□《けい》式《しき》。

□ (46) 話を□《はく》紙《し》に戻《もど》す。

□ (47) □《こう》葉樹《ようじゅ》を植える。

□ (48) □《せい》春《しゅん》を楽しむ。

□ (49) 事《じ》□《ぜん》に用意する。

□ (50) □《こく》板《ばん》の字を消す。

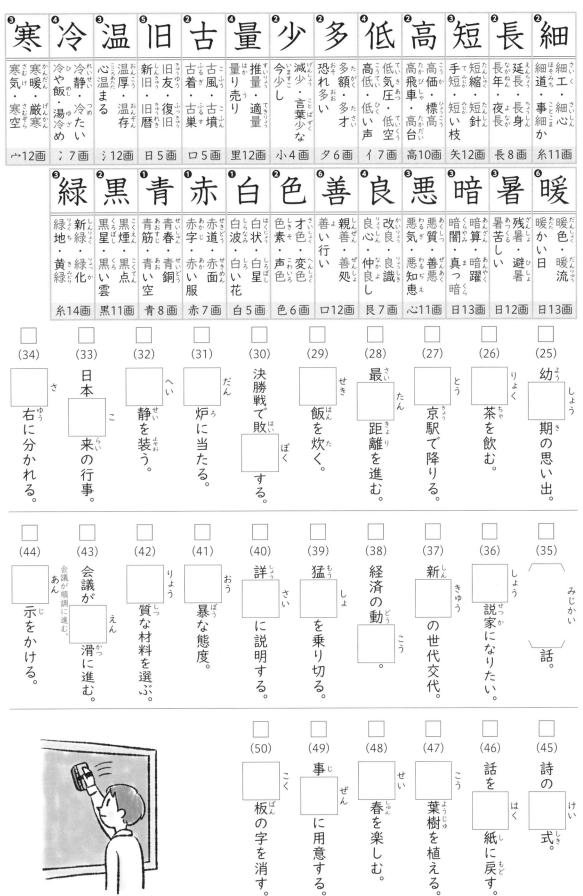

# 「書き」チェック3

●数字は、小学校で学習した学年

◆町・学校と生活を表す漢字1

| 学年 | 漢字 | 用例 | 部首・画数 |
| --- | --- | --- | --- |
| ❶ | 学 | 学業《がくぎょう》・博学《はくがく》 学《まな》びの庭 | 子8画 |
| ❶ | 校 | 学校《がっこう》・校門《こうもん》 校閲《こうえつ》・校則《こうそく》 | 木10画 |
| ❺ | 舎 | 駅舎《えきしゃ》・校舎《こうしゃ》 宿舎《しゅくしゃ》・舎弟《しゃてい》 | 𠆢8画 |
| ❸ | 庭 | 家庭《かてい》・石庭《せきてい》 裏庭《うらにわ》・庭先《にわさき》 | 广10画 |
| ❷ | 教 | 教育《きょういく》・教訓《きょうくん》 教《おし》え子《ご》・教《おそ》わる | 攵11画 |
| ❺ | 師 | 恩師《おんし》・教師《きょうし》 漁師《りょうし》・師弟《してい》 | 巾10画 |
| ❷ | 国 | 国産《こくさん》・国交《こっこう》 国柄《くにがら》・雪国《ゆきぐに》 | 囗8画 |
| ❷ | 語 | 敬語《けいご》・私語《しご》 語《かた》り手《て》・物語《ものがたり》 | 言14画 |
| ❷ | 算 | 算数《さんすう》・暗算《あんざん》 加算《かさん》・誤算《ごさん》 | ⺮14画 |
| ❷ | 理 | 管理《かんり》・道理《どうり》 理解《りかい》・理由《りゆう》 | 王11画 |
| ❷ | 科 | 外科《げか》・理科《りか》 科学《かがく》・科目《かもく》 | 禾9画 |
| ❷ | 社 | 社宅《しゃたく》・商社《しょうしゃ》 社会《しゃかい》・村の社《やしろ》 | ネ7画 |
| ❷ | 会 | 会談《かいだん》・議会《ぎかい》 会《あ》いたい人 | 𠆢6画 |
| ❺ | 歴 | 経歴《けいれき》・歴然《れきぜん》 学歴《がくれき》・歴代《れきだい》 | 止14画 |
| ❺ | 史 | 史実《しじつ》・歴史《れきし》 史上《しじょう》・文学史《ぶんがくし》 | 口5画 |
| ❸ | 部 | 外部《がいぶ》・部下《ぶか》 部活《ぶかつ》・部首《ぶしゅ》 | 阝11画 |
| ❷ | 活 | 活気《かっき》・復活《ふっかつ》 活動《かつどう》・生活《せいかつ》 | 氵9画 |
| ❸ | 動 | 動作《どうさ》・動静《どうせい》 動《うご》き回《まわ》る | 力11画 |
| ❷ | 書 | 願書《がんしょ》・清書《せいしょ》 書《か》き初《ぞ》め | 曰10画 |
| ❷ | 楽 | 音楽《おんがく》・洋楽《ようがく》 極楽《ごくらく》・楽《たの》しみ | 木13画 |
| ❷ | 歌 | 歌劇《かげき》・歌集《かしゅう》 応援歌《おうえんか》・歌声《うたごえ》 | 欠14画 |
| ❸ | 育 | 飼育《しいく》・教育《きょういく》 子育《こそだ》て・育《はぐく》む | 月8画 |
| ❹ | 英 | 英気《えいき》・英雄《えいゆう》 英語《えいご》・英知《えいち》 | 艹8画 |

❶ □には漢字を、〔　〕には漢字と送りがなを書きなさい。（一つ2点）

□ (1) 質疑応《おう》□《とう》の時間。
□ (2) 植《しょく》□《ぶつ》の分布。
□ (3) 英語の教《きょう》□《し》。
□ (4) 犬の□《しゅう》性《せい》を知る。
□ (5) □《ぶ》員《いん》を集める。
□ (6) □《えい》才《さい》教育を受ける。
□ (7) □《せい》式《しき》に認める。
□ (8) 宿《しゅく》□《しゃ》で休憩《きゅうけい》する。

□ (9) 苗《なえ》を〔　　〕《そだてる》。
□ (10) 父の勤める会《かい》□《しゃ》。
□ (11) 頂《ちょう》□《てん》を目指す。
□ (12) □《かっ》発《ぱつ》に議論する。
□ (13) 忘れ物を□《ほ》管《かん》する。
□ (14) 父の□《がく》生《せい》時代。
□ (15) 数学の□《ふく》習《しゅう》。
□ (16) 論《ろん》□《り》的《てき》に考える。

□ (17) □《ご》気《き》を荒《あら》だてる。
□ (18) □《めい》画《が》を鑑賞《かんしょう》する。
□ (19) 字を〔　　〕《ならう》。
□ (20) □《れき》代《だい》の校長先生。
□ (21) ビルの□《かい》体《たい》作業。
□ (22) □《きょう》科《か》書《しょ》を読む。
□ (23) □《か》詞《し》を覚える。
□ (24) 貨《か》□《もつ》を運ぶ。

得点 ／100点

学習日 月 日

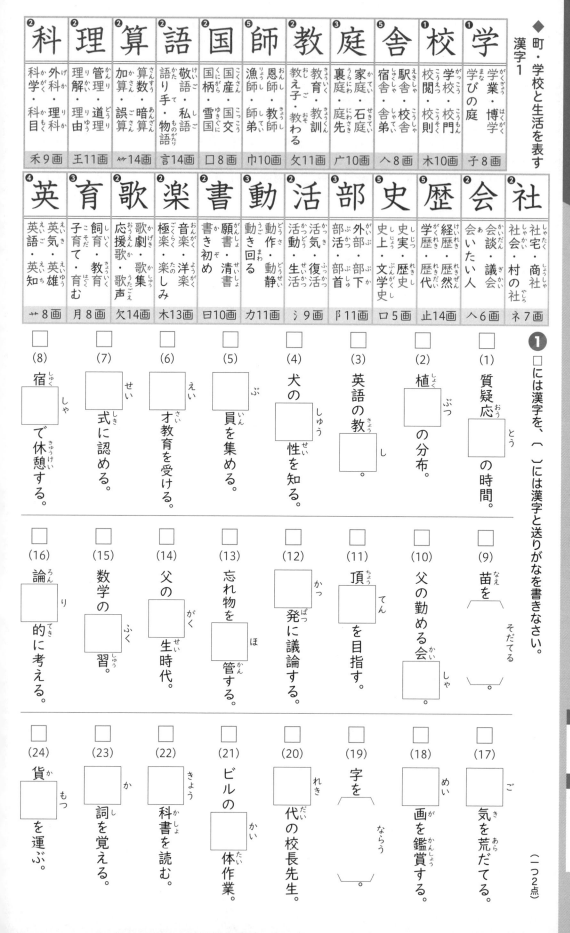

|  | |  |  |
|---|---|---|---|
| 地 | ❷ | 産地《さんち》・地理《ちり》 意地《いじ》・裏地《うらじ》 | 土6画 |
| 美 | ❸ | 賛美《さんび》・美談《びだん》 美術《びじゅつ》・美《うつく》しい | 羊9画 |
| 術 | ❺ | 術中《じゅっちゅう》・話術《わじゅつ》 技術《ぎじゅつ》・医術《いじゅつ》 | 行11画 |
| 保 | ❺ | 確保《かくほ》・保健《ほけん》 保育《ほいく》・保《たも》つ | イ9画 |
| 名 | ❶ | 著名《ちょめい》・名案《めいあん》 本名《ほんみょう》・名札《なふだ》 | 口6画 |
| 級 | ❸ | 高級《こうきゅう》・進級《しんきゅう》 同級《どうきゅう》・級友《きゅうゆう》 | 糸9画 |
| 組 | ❷ | 組織《そしき》・組閣《そかく》 取《と》り組《く》み・番組《ばんぐみ》 | 糸11画 |
| 予 | ❸ | 予防《よぼう》・予測《よそく》 予習《よしゅう》・予感《よかん》 | 亅4画 |
| 習 | ❸ | 習得《しゅうとく》・習慣《しゅうかん》 習《なら》いごと | 羽11画 |
| 復 | ❺ | 復唱《ふくしょう》・復帰《ふっき》 復習《ふくしゅう》・回復《かいふく》 | イ12画 |
| 本 | ❶ | 標本《ひょうほん》・不本意《ふほんい》 熊本県《くまもとけん》・旗本《はたもと》 | 木5画 |
| 読 | ❷ | 愛読《あいどく》・読本《とくほん》 読点《とうてん》・棒読《ぼうよ》み | 言14画 |

|  | |  |  |
|---|---|---|---|
| 正 | ❶ | 改正《かいせい》・賀正《がしょう》 規則《きそく》正《ただ》しい 姿勢を正《ただ》す 正夢《まさゆめ》 | 止5画 |
| 解 | ❺ | 解禁《かいきん》・和解《わかい》 解答《かいとう》・雪解《ゆきど》け | 角13画 |
| 答 | ❷ | 答辞《とうじ》・問答《もんどう》 受《う》け答《こた》え | ⺮12画 |
| 点 | ❷ | 減点《げんてん》・点呼《てんこ》 句読点《くとうてん》・欠点《けってん》 | 灬9画 |
| 勉 | ❸ | 勤勉《きんべん》・勉強《べんきょう》 勉学《べんがく》 | 力10画 |
| 欠 | ❹ | 欠勤《けっきん》・補欠《ほけつ》 事欠《ことか》く | 欠4画 |
| 席 | ❹ | 首席《しゅせき》・臨席《りんせき》 欠席《けっせき》・着席《ちゃくせき》 | 巾10画 |
| 通 | ❷ | 通貨《つうか》・夜通《よどお》し 通《かよ》いづめ | 辶10画 |
| 登 | ❸ | 登校《とうこう》・登録《とうろく》 登山《とざん》・山登《やまのぼ》り | 癶12画 |
| 物 | ❸ | 物価《ぶっか》・生物《せいぶつ》 貨物《かもつ》・宝物《ほうもつ》 着物《きもの》・物音《ものおと》 | 牛8画 |
| 見 | ❶ | 見識《けんしき》・見学《けんがく》 顔見知《かおみし》り | 見7画 |

(25) □《しょ》面《めん》で連絡《れんらく》する。

(26) （うつくしい）絵。

(27) 予《よ》□《さん》を立てる。

(28) 高度な技《ぎ》□《じゅつ》。

(29) □《いく》児休暇《じきゅうか》を取る。

(30) □《ほん》気《き》を出す。

(31) 美しい日本□《てい》園《えん》。

(32) □《べん》学《がく》にいそしむ。

(33) 世界《せかい》□《し》を学ぶ。

(34) 危険を□《よ》知《ち》する。

(35) 自由な□《こう》風《ふう》。

(36) 空《くう》□《せき》が目立つ。

(37) □《ち》域《いき》を限定する。

(38) 同《どう》□《きゅう》生《せい》が集まる。

(39) □《かい》費《ひ》を集める。

(40) □《けん》当《とう》をつける。

(41) 激《げき》□《どう》の一年。

(42) □《そ》織化《しきか》を図《はか》る。

(43) 眼《がん》□《か》医《い》にかかる。

(44) □《けつ》員《いん》を補う。

(45) 主役が□《とう》場《じょう》する。

(46) 苦《く》□《らく》を共にする。

(47) □《つう》常《じょう》の業務。

(48) □《こく》際《さい》平和を願う。

(49) 暗号を解《かい》□《どく》する。

(50) □《び》味《み》な料理。

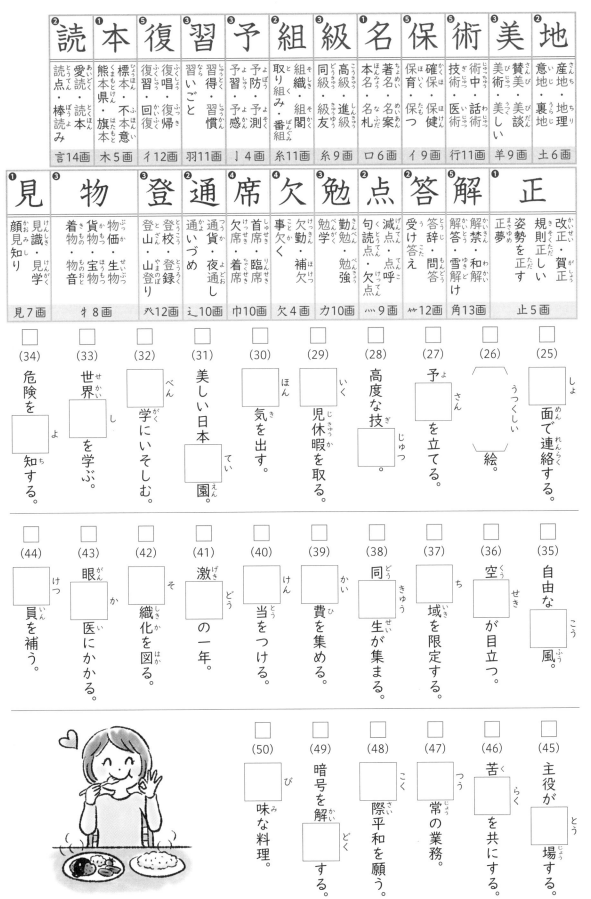

# テスト1

## 1 ——の漢字の読みがなを書きなさい。（一つ1点／18点）

(1)
① 機械を分解する。（　）（　）
② 入試問題を解く。（　）（　）

(2)
① 飲食物を持《も》ち込《こ》む。（　）（　）
② 油断は禁物だ。（　）（　）

(3)
① フィルムを現像する。（　）（　）
② 太陽が現れる。（　）

(4)
① 短期間で習得する。（　）（　）
② 短い距離《きょり》を走る。（　）

(5)
① 異色の作品。（　）
② タオルが色落ちする。（　）

(6)
① 古典芸能に興味をもつ。（　）
② 古い壺《つぼ》を発見する。（　）

(7)
① 細密な絵を描《えが》く。（　）
② 玉ねぎを細かく切る。（　）
③ 細いリボンを使う。（　）

(8)
① 窓から冷気が入る。（　）
② 冷たい水を飲む。（　）
③ 冷や汗《あせ》をかく。（　）

## 2 次の漢字の総画数を書きなさい。（一つ1点／8点）

例 会（6）

(1) 比（　）
(2) 毎（　）
(3) 育（　）
(4) 部（　）
(5) 庭（　）
(6) 師（　）
(7) 級（　）
(8) 節（　）

## 3 次の漢字の部首を書きなさい。（一つ1点／8点）

例 形（彡）

(1) 兆（　）
(2) 夜（　）
(3) 前（　）
(4) 席（　）
(5) 美（　）
(6) 黒（　）
(7) 量（　）
(8) 術（　）

## 4 筆順の正しいものの記号を、○で囲みなさい。（一つ1点／4点）

(1) 半
ア 丶 丷 䒑 兰 半
イ 丨 丬 ⺦ 半 半

(2) 玉
ア 一 丅 干 王 玉
イ 一 丅 干 王 玉

(3) 通
ア 丶 辶 辶 迌 通
イ マ 乃 甬 甬 通
ウ マ 乃 甬 甬 通

(4) 昼
ア 一 コ 尸 尺 昼 昼
イ ノ 尸 尸 尺 昼 昼
ウ フ コ 尸 尺 昼 昼

得点 ／100点
学習日 月 日

**5** □に漢字を書きなさい。（一つ2点／16点）

(1) ① □《こ》箱《ばこ》に指輪を入れる。
② □《しょう》人数《にんずう》で出かける。

(2) ① 復《ふっ》□《きゅう》作業が進む。
② □《にち》没《ぼつ》が早くなる。

(3) ① □《よく》朝《あさ》は早起きする。
② 調理実《ちょうりじっ》□《しゅう》が楽しみだ。

(4) ① □《たい》平洋《へいよう》にある島。
② □《たい》役《やく》を務める。

**6** 次の読み方をする漢字を□に書きなさい。（一つ1点／10点）

(1) あたた(かい)
① □かいスープ。
② □かい一日。

(2) まる
① □い皿に盛る。
② 紙くずを□める。

(3) トウ
① 議会で□弁《べん》する。
② 新人を□用《よう》する。
③ 関《かん》□地方《ちほう》に住む。

(4) カ
① 応援《おうえん》□を作る。
② 相手を□大《だい》評価する。
③ 百《ひゃく》□事典《じてん》を引く。

---

**7** 次の文を漢字を使って書き直しなさい。（漢字一字2点／18点）

(1) **あさはや**くから**べんきょう**する。（四字）

(2) **ねんまつ**の**ばんぐみ**を**しら**べる。（五字）

**8** 次の文で、まちがって使われている漢字の横に——を引いて、右側に正しい漢字を書きなさい。（一字2点／12点）

例 火用日《かようび》に木《ほん》を返《かえ》す。（曜　本）

(1) 正牛《しょうご》の持報《じほう》を聞《き》いてから、活働《かつどう》し始《はじ》める。

(2) 冬委《とうき》オリンピックの歴氏《れきし》を自文《じぶん》で模造紙《もぞうし》にまとめる。

**9** AとBの漢字を組み合わせて、反対（対《つい》）になる漢字でできた熟語を作りなさい。（漢字は一回しか使えない。）（一つ2点／6点）

A　軽・明・高・深・善

B　悪・重・暗・低・平

例 軽重・□□・□□

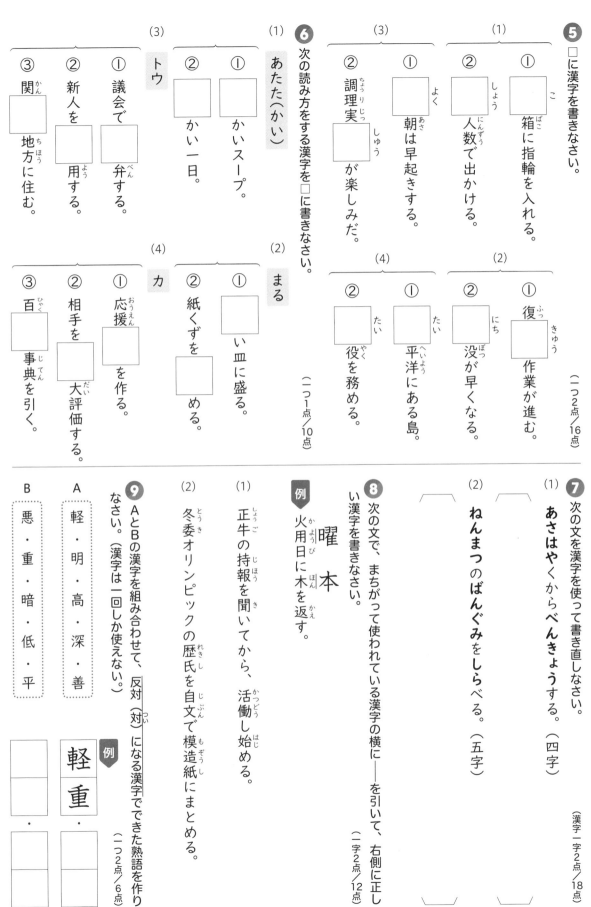

# 「書き」チェック 4

●数字は、小学校で学習した学年

得点　／100点
学習日　月　日

◆町・学校と生活を表す漢字2

|  |  |  |  |
|---|---|---|---|
| 3 | 期 | 延期《えんき》・任期《にんき》 一学期《いちがっき》・期間《きかん》 | 月12画 |
| 4 | 験 | 経験《けいけん》・体験《たいけん》 試験《しけん》・実験《じっけん》 | 馬18画 |
| 1 | 入 | 入学《にゅうがく》・入選《にゅうせん》 出入《ではい》り・入《い》り口《ぐち》 | 入2画 |
| 4 | 卒 | 卒業《そつぎょう》・卒倒《そっとう》 高卒《こうそつ》・卒園《そつえん》 | 十8画 |
| 3 | 式 | 格式《かくしき》・式典《しきてん》 正式《せいしき》・始業式《しぎょうしき》 | 弋6画 |
| 4 | 給 | 支給《しきゅう》・補給《ほきゅう》 給食《きゅうしょく》・給料《きゅうりょう》 | 糸12画 |
| 2 | 食 | 間食《かんしょく》・虫食《むしく》い 食《た》べ物《もの》 | 食9画 |
| 5 | 弁 | 答弁《とうべん》・弁護《べんご》 弁当《べんとう》・弁解《べんかい》 | 廾5画 |
| 2 | 当 | 相当《そうとう》・当面《とうめん》 当《あ》たり前《まえ》 | 小6画 |
| 2 | 市 | 市営《しえい》・市街地《しがいち》 市場《しじょう》・朝市《あさいち》 | 巾5画 |
| 1 | 町 | 市町村《しちょうそん》・町長《ちょうちょう》 下町《したまち》・宿場町《しゅくばまち》 | 田7画 |
| 1 | 村 | 漁村《ぎょそん》・村落《そんらく》 村里《むらざと》・村中《むらじゅう》 | 木7画 |
| 3 | 区 | 区画《くかく》・区間《くかん》 地区《ちく》・区切《くぎ》る | 匸4画 |
| 6 | 域 | 声域《せいいき》・領域《りょういき》 地域《ちいき》・区域《くいき》 | 土11画 |
| 2 | 寺 | 寺院《じいん》・寺社《じしゃ》 寺子屋《てらこや》・山寺《やまでら》 | 寸6画 |
| 3 | 院 | 病院《びょういん》・院長《いんちょう》 退院《たいいん》・衆議院《しゅうぎいん》 | 阝10画 |
| 5 | 堂 | 殿堂《でんどう》・礼拝堂《れいはいどう》 食堂《しょくどう》・堂々《どうどう》 | 土11画 |
| 2 | 店 | 店主《てんしゅ》・店頭《てんとう》 店先《みせさき》・店開《みせびら》き | 广8画 |
| 2 | 家 | 家屋《かおく》・本家《ほんけ》 家並《いえな》み・家主《やぬし》 | 宀10画 |

**1** □には漢字を、〔　〕には漢字と送りがなを書きなさい。（一つ2点）

(1) □《はたけ》仕事《しごと》をする。
(2) 同《どう》□《そう》会《かい》に出席する。
(3) 提出□《き》限《げん》を守る。
(4) 歩道《ほどう》□《きょう》を建設する。
(5) □《か》宝《ほう》の名刀。
(6) 車で〔　〕《はこぶ》。
(7) □《し》営《えい》の体育館。
(8) 秋の□《ぎょう》事《じ》。
(9) 客《きゃく》□《せん》を見送る。
(10) 衆議《しゅうぎ》□《いん》を解散する。
(11) 診《しん》□《さつ》時間が変わる。
(12) □《とう》時《じ》を振《ふ》り返《かえ》る。
(13) 順《じゅん》□《ろ》に従う。
(14) 綿毛が〔　〕《とぶ》。
(15) 船が入《にゅう》□《こう》する。
(16) 試《し》□《けん》に合格する。
(17) 大臣を□《けい》護《ご》する。
(18) □《しょく》欲《よく》を満たす。
(19) □《はか》参《まい》りに行く。
(20) □《こ》籍《せき》の証明書。
(21) 大安《たいあん》に挙《きょ》□《しき》する。
(22) □《しょ》帯《たい》を持つ。
(23) □《まど》ガラスをふく。
(24) □《でん》報《ぽう》を打つ。

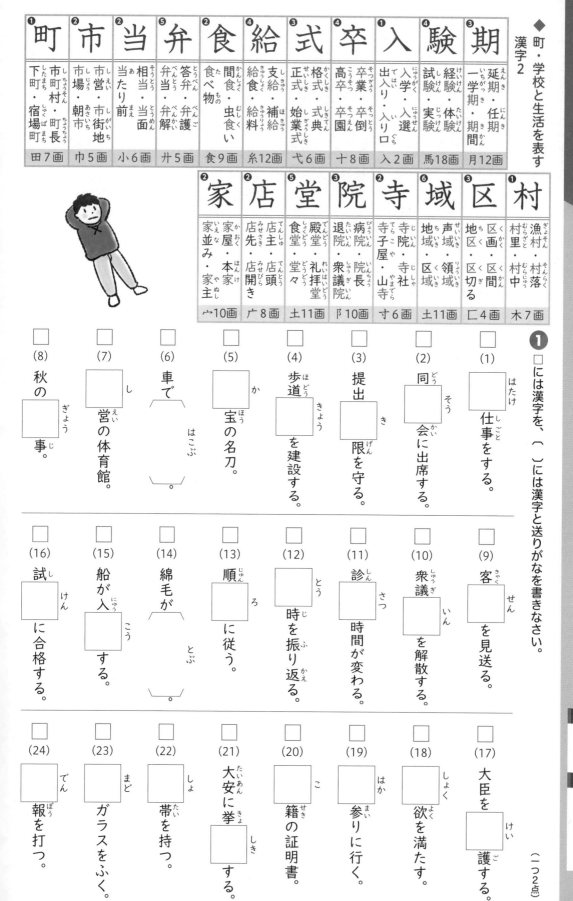

|  |  |  |  |
| --- | --- | --- | --- |
| 戸 | ❷ | 戸外《こがい》・門戸《もんこ》　戸口《とぐち》・雨戸《あまど》 | 戸4画 |
| 窓 | ❻ | 車窓《しゃそう》・出窓《でまど》　窓《まど》ガラス | 穴11画 |
| 電 | ❷ | 電源《でんげん》・電波《でんぱ》　電車《でんしゃ》・節電《せつでん》 | 雨13画 |
| 車 | ❶ | 車庫《しゃこ》・駐車《ちゅうしゃ》　車座《くるまざ》・歯車《はぐるま》 | 車7画 |
| 港 | ❸ | 開港《かいこう》・帰港《きこう》　港町《みなとまち》 | 氵12画 |
| 汽 | ❷ | 汽車《きしゃ》・汽船《きせん》　汽笛《きてき》 | 氵7画 |
| 船 | ❷ | 乗船《じょうせん》・船員《せんいん》　船《ふね》・船旅《ふなたび》 | 舟11画 |
| 駅 | ❸ | 駅長《えきちょう》・駅伝《えきでん》　駅前《えきまえ》・宿駅《しゅくえき》 | 馬14画 |
| 道 | ❷ | 沿道《えんどう》・道理《どうり》　坂道《さかみち》・道端《みちばた》 | ⻌12画 |
| 路 | ❸ | 帰路《きろ》・路線《ろせん》　旅路《たびじ》・山路《やまじ》 | 足13画 |
| 畑 | ❸ | 畑作《はたさく》・田畑《たはた》　麦畑《むぎばたけ》・畑仕事《はたけしごと》 | 田9画 |
| 橋 | ❸ | 橋脚《きょうきゃく》・陸橋《りっきょう》　石橋《いしばし》・橋渡《はしわた》し | 木16画 |
| 警 | ❻ | 警備《けいび》・警報《けいほう》　警察署《けいさつしょ》 | 言19画 |
| 察 | ❹ | 視察《しさつ》・考察《こうさつ》　察《さっ》しがつく | 宀14画 |
| 署 | ❻ | 署名《しょめい》・部署《ぶしょ》　消防署《しょうぼうしょ》 | 罒13画 |
| 乗 | ❸ | 乗降《じょうこう》・乗車《じょうしゃ》　便乗《びんじょう》・乗《の》り物《もの》 | ノ9画 |
| 飛 | ❹ | 飛躍《ひやく》・飛来《ひらい》　飛行《ひこう》・飛《と》び石《いし》 | 飛9画 |
| 行 | ❷ | 続行《ぞっこう》・行動《こうどう》　行政《ぎょうせい》・行事《ぎょうじ》　善い行《おこな》い　行《い》き来《き》・行《ゆ》く末《すえ》 | 行6画 |
| 所 | ❸ | 急所《きゅうしょ》・所属《しょぞく》　所《ところ》・居所《いどころ》 | 戸8画 |
| 運 | ❸ | 運営《うんえい》・運動場《うんどうじょう》　持《も》ち運《はこ》び | ⻌12画 |
| 場 | ❷ | 満場《まんじょう》・来場《らいじょう》　場面《ばめん》・広場《ひろば》 | 土12画 |
| 坂 | ❸ | 坂道《さかみち》・下《くだ》り坂《ざか》　山坂《やまさか》 | 土7画 |
| 墓 | ❺ | 墓石《ぼせき》・墓地《ぼち》　墓参《はかまい》り・墓場《はかば》 | 土13画 |

□ (25) □《ぼ》前《ぜん》に花を供える。

□ (26) 熱《ねっ》□《べん》を振《ふ》るう。

□ (27) 通学区《く》□《いき》を守る。

□ (28) 税務《ぜいむ》□《しょ》に行く。

□ (29) 保険に加《か》□《にゅう》する。

□ (30) 貨物列《れっ》□《しゃ》の通過。

□ (31) 茶《さ》□《どう》の心得。

□ (32) □《ちょう》内会《ないかい》で決める。

□ (33) □《ば》数《かず》を踏《ふ》む。

□ (34) 支《し》□《てん》に転勤になる。

□ (35) 大学の講《こう》□《どう》。

□ (36) 魚を（　　）《たべる》。

□ (37) 弟が□《そつ》園《えん》する。

□ (38) □《き》笛《てき》を鳴らす。

□ (39) □《えき》ビルの開発。

□ (40) 農《のう》□《そん》で生まれる。

□ (41) 外国の□《じ》院《いん》。

□ (42) □《じょう》務員《むいん》に質問する。

□ (43) □《きゅう》与《よ》をもらう。

□ (44) □《じょう》外《がい》ホームラン。

□ (45) 親孝《おやこう》□《こう》をする。

□ (46) 選挙《せんきょ》□《く》を回る。

□ (47) バスの□《うん》行状況《こうじょうきょう》。

□ (48) 旅《たび》□《じ》の果て。

□ (49) 石《いし》□《ざか》を上る。

□ (50) 大空の□《ひ》行船《こうせん》。

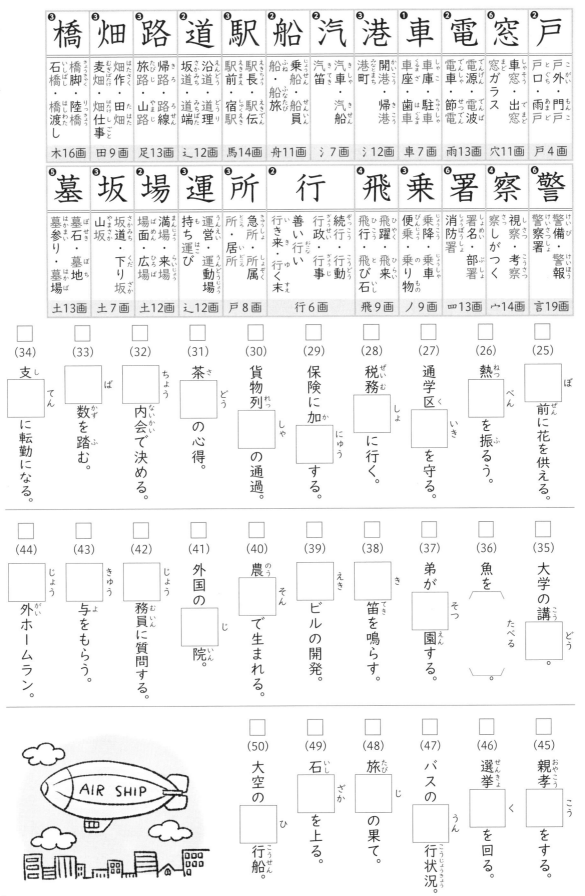

# 「書き」チェック 5

●数字は、小学校で学習した学年

得点
／100点
学習日
月　日

◆動物・植物・自然を表す漢字

|  |  |  |  |
|---|---|---|---|
| 犬 | ❶ | 愛犬《あいけん》・犬猿《けんえん》 犬小屋《いぬごや》 | 犬4画 |
| 虫 | ❶ | 益虫《えきちゅう》・幼虫《ようちゅう》 青虫《あおむし》・泣《な》き虫《むし》 | 虫6画 |
| 貝 | ❶ | 貝塚《かいづか》・貝柱《かいばしら》 貝殻《かいがら》・巻《ま》き貝《がい》 | 貝7画 |
| 牛 | ❷ | 水牛《すいぎゅう》・牛歩《ぎゅうほ》 牛飼《うしか》い・子牛《こうし》 | 牛4画 |
| 馬 | ❷ | 競馬《けいば》・馬力《ばりき》 竹馬《たけうま》・群馬県《ぐんまけん》 | 馬10画 |
| 魚 | ❷ | 魚類《ぎょるい》・魚河岸《うおがし》 魚屋《さかなや》・小魚《こざかな》 | 魚11画 |
| 鳥 | ❷ | 益鳥《えきちょう》・野鳥《やちょう》 千鳥《ちどり》・鳥小屋《とりごや》 | 鳥11画 |
| 羊 | ❸ | 綿羊《めんよう》・羊毛《ようもう》 羊飼《ひつじか》い | 羊6画 |
| 象 | ❺ | 印象《いんしょう》・対象《たいしょう》 インド象《ぞう》 | 豕12画 |
| 蚕 | ❻ | 蚕糸《さんし》・蚕食《さんしょく》 蚕棚《かいこだな》 | 虫10画 |
| 鳴 | ❷ | 共鳴《きょうめい》・悲鳴《ひめい》 地鳴《じな》り | 鳥14画 |

|  |  |  |  |
|---|---|---|---|
| 松 | ❹ | 松竹梅《しょうちくばい》 門松《かどまつ》・松林《まつばやし》 | 木8画 |
| 竹 | ❶ | 竹輪《ちくわ》・爆竹《ばくちく》 竹細工《たけざいく》・竹馬《たけうま》 | 竹6画 |
| 梅 | ❹ | 紅梅《こうばい》・梅雨《ばいう》 梅干《うめぼ》し | 木10画 |
| 花 | ❶ | 花弁《かべん》・造花《ぞうか》 花束《はなたば》・花嫁《はなよめ》 | 艹7画 |
| 草 | ❶ | 草案《そうあん》・除草《じょそう》 草花《くさばな》・草分《くさわ》け | 艹9画 |
| 葉 | ❸ | 葉脈《ようみゃく》・落葉《らくよう》 枝葉《えだは》・若葉《わかば》 | 艹12画 |
| 芽 | ❹ | 麦芽《ばくが》・萌芽《ほうが》 新芽《しんめ》・芽生《めば》え | 艹8画 |
| 菜 | ❹ | 前菜《ぜんさい》・惣菜《そうざい》 青菜《あおな》・菜種《なたね》 | 艹11画 |
| 米 | ❷ | 南米《なんべい》・米価《べいか》 精米《せいまい》・米俵《こめだわら》 | 米6画 |
| 根 | ❸ | 根源《こんげん》・精根《せいこん》 根《ね》こそぎ | 木10画 |
| 枝 | ❺ | 小枝《こえだ》・枝道《えだみち》 枯《か》れ枝《えだ》 | 木8画 |
| 植 | ❸ | 植樹《しょくじゅ》・植林《しょくりん》 田植《たう》え | 木12画 |

❶ □には漢字を、（　）には漢字と送りがなを書きなさい。（一つ2点）

□(1) □《てん》気《き》予報を見る。

□(2) 観《かん》□《よう》植物を育てる。

□(3) 夜《よ》□《ざくら》を見物する。

□(4) □《じゅ》齢《れい》四百年の木。

□(5) □《き》分《ぶん》がよい。

□(6) □《ぎゅう》肉《にく》に味をつける。

□(7) □《がん》石《せき》を分析《ぶんせき》する。

□(8) 破《は》□《ちく》の勢い。

勢いよく先へ進んでいくこと。

□(9) 高《こう》□《げん》野菜を食べる。

□(10) □《じ》己《こ》管理をする。

□(11) 野《や》□《ちょう》の研究をする。

□(12) □《くう》想《そう》にふける。

□(13) 正月の□《まつ》飾《かざ》り。

□(14) 臓器移《い》□《しょく》をする。

□(15) 積《せき》□《せつ》一メートル。

□(16) 父は愛《あい》□《けん》家《か》だ。

□(17) 造《ぞう》□《か》のばら。

□(18) □《りん》間《かん》学校に行く。

□(19) 木を（　　）《うえる》。

□(20) 熱帯《ねったい》□《ぎょ》を飼う。

□(21) 忠《ちゅう》□《じつ》に再現する。

□(22) ヘチマの発《はっ》□《が》。

□(23) 平和の□《しょう》徴《ちょう》。

□(24) 快《かい》□《せい》の一日。

| | | | |
|---|---|---|---|
| ❺ | 桜 | 桜並木《さくらなみき》・夜桜《よざくら》・山桜《やまざくら》・葉桜《はざくら》 | 木10画 |
| ❻ | 樹 | 樹海《じゅかい》・樹立《じゅりつ》・広葉樹林《こうようじゅりん》 | 木16画 |
| ❺ | 幹 | 幹事《かんじ》・根幹《こんかん》・新幹線《しんかんせん》・幹《みき》 | 干13画 |
| ❸ | 実 | 事実《じじつ》・充実《じゅうじつ》・木《こ》の実《み》・実《みの》り | 宀8画 |
| ❶ | 山 | 鉱山《こうざん》・山脈《さんみゃく》・山盛《やまも》り・山場《やまば》 | 山3画 |
| ❶ | 田 | 田園《でんえん》・油田《ゆでん》・青田《あおた》・田植《たう》え | 田5画 |
| ❶ | 林 | 密林《みつりん》・林道《りんどう》・松林《まつばやし》・雑木林《ぞうきばやし》 | 木8画 |
| ❶ | 森 | 森林《しんりん》・青森県《あおもりけん》 | 木12画 |
| ❶ | 空 | 真空《しんくう》・空言《そらごと》・空《あ》き地《ち》・空振《からぶ》り | 穴8画 |
| ❶ | 雨 | 雨季《うき》・雨量《うりょう》・長雨《ながあめ》・雨具《あまぐ》 | 雨8画 |
| ❶ | 天 | 天敵《てんてき》・天文《てんもん》・天《あま》の川《がわ》 | 大4画 |
| ❶ | 気 | 気圧《きあつ》・気軽《きがる》・気配《けはい》・湯気《ゆげ》 | 气6画 |
| ❷ | 岩 | 砂岩《さがん》・溶岩《ようがん》・岩場《いわば》・岩山《いわやま》 | 山8画 |
| ❸ | 岸 | 対岸《たいがん》・両岸《りょうがん》・川岸《かわぎし》・岸辺《きしべ》 | 山8画 |
| ❸ | 島 | 諸島《しょとう》・列島《れっとう》・島国《しまぐに》 | 山10画 |
| ❷ | 風 | 風速《ふうそく》・暴風《ぼうふう》・川風《かわかぜ》・風上《かざかみ》 | 風9画 |
| ❷ | 晴 | 快晴《かいせい》・晴雨《せいう》・晴《は》れ着《ぎ》・秋晴《あきば》れ | 日12画 |
| ❷ | 雪 | 除雪《じょせつ》・積雪《せきせつ》・雪景色《ゆきげしき》 | 雨11画 |
| ❷ | 雲 | 雲形《うんけい》・青雲《せいうん》・雲間《くもま》・入道雲《にゅうどうぐも》 | 雨12画 |
| ❷ | 野 | 視野《しや》・内野《ないや》・野宿《のじゅく》・野山《のやま》 | 里11画 |
| ❷ | 原 | 原因《げんいん》・原油《げんゆ》・野原《のはら》・大海原《おおうなばら》 | 厂10画 |
| ❷ | 里 | 千里眼《せんりがん》・郷里《きょうり》・里帰《さとがえ》り・山里《やまざと》 | 里7画 |
| ❷ | 自 | 自己《じこ》・自我《じが》・自然《しぜん》・自《みずか》ら | 自6画 |
| ❹ | 然 | 未然《みぜん》・整然《せいぜん》・必然《ひつぜん》・天然《てんねん》 | 灬12画 |

(25) □《ばい》林《りん》がにぎわう。 □

(26) 暗《あん》□《うん》が立ちこめる。 □

(27) 薬《やく》□《そう》を煎《せん》じる。 □

(28) □《えだ》豆《まめ》をゆでる。 □

(29) 画《が》□《ふう》を変える。 □

(30) 突《とっ》□《ぜん》の出来事。 □

(31) 二枚《にまい》□《がい》を拾う。 □

(32) 明日《あす》、渡《と》□《べい》する。 □

(33) りんごが〔　　〕《みのる》。 □

(34) □《よう》毛《もう》のセーター。 □

(35) 水《すい》□《でん》が広がる。 □

(36) 害《がい》□《ちゅう》を駆除《くじょ》する。 □

(37) 沿《えん》□《がん》漁業。 □

(38) 家庭□《さい》園《えん》を始める。 □

(39) □《や》生《せい》の動物。 □

(40) 選挙に出《しゅつ》□《ば》する。 □

(41) □《さん》頂《ちょう》からの眺《なが》め。 □

(42) 風《ふう》□《う》が強まる。 □

(43) 女性の悲《ひ》□《めい》。 □

(44) 無人《むじん》□《とう》に流れ着く。 □

(45) □《かん》部《ぶ》社員になる。 □

(46) 群《ぐん》□《ま》県《けん》の観光。 □

(47) 養《よう》□《さん》業《ぎょう》を営む。 □

(48) 郷《きょう》□《り》へ帰る。 □

(49) □《こん》性《じょう》がある人。 □

(50) □《しん》林浴《りんよく》を楽しむ。 □

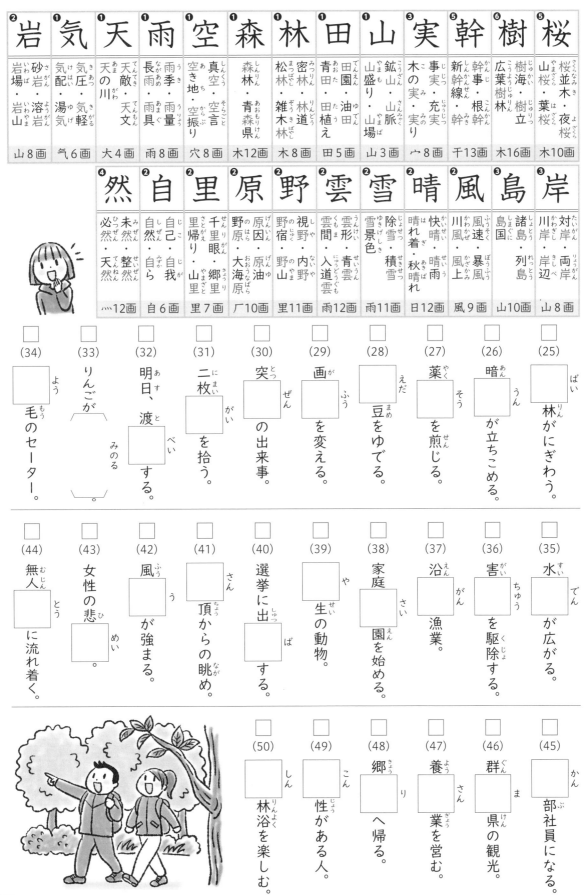

# テスト 2

得点 ／100点
学習日 月 日

**1** ──の漢字の読みがなを書きなさい。（一つ1点／18点）

(1)
① 場内が静まり返る。（　　）
② 場面を読み取る。（　　）

(2)
① 食前に薬を飲む。（　　）
② ゆっくり食べる。（　　）

(3)
① 一戸建てに住む。（　　）
② ガラス戸を閉める。（　　）

(4)
① 野生の猿《さる》を見かける。（　　）
② 野山を駆《か》ける。（　　）

(5)
① 陸橋を架《か》ける。（　　）
② つり橋を渡《わた》る。（　　）

(6)
① 自説を決して曲げない。（　　）
② 自ら過《あやま》ちを認める。（　　）

(7)
① 家屋を建てる。（　　）
② 家賃を払《はら》う。（　　）
③ 華道《かどう》の家元。（　　）

(8)
① 雨天決行する。（　　）
② 長雨に悩《なや》まされる。（　　）
③ 雨ごいの踊《おど》りをする。（　　）

**2** 次の漢字の総画数を書きなさい。（一つ1点／8点）

例 枝（8）
(1) 区（　　）　(2) 所（　　）
(3) 芽（　　）　(4) 象（　　）　(5) 植（　　）
(6) 給（　　）　(7) 葉（　　）　(8) 運（　　）

**3** 次の漢字の部首を書きなさい。（一つ1点／8点）

例 察（宀）
(1) 寺（　　）　(2) 市（　　）
(3) 空（　　）　(4) 蚕（　　）　(5) 卒（　　）
(6) 魚（　　）　(7) 墓（　　）　(8) 署（　　）

**4** 筆順の正しいものの記号を、○で囲みなさい。（一つ1点／4点）

(1) 米
ア 、 丷 䒑 半 米
イ 丨 丬 业 半 米

(2) 乗
ア 二 三 乒 乖 乗
イ 二 三 亖 乖 乗

(3) 院
ア ㇇ 阝 阝 阬 院
イ 丨 阝 阝 阬 院

(4) 飛
ア ⺄ ⺄ 飞 飛 飛
イ ⺄ ⺄ 飞 飛 飛 飛
ウ ⺄ ⺄ 飞 飛 飛 飛

**5** □に漢字を書きなさい。（一つ2点／16点）

(1)
① 野《や》□《ちょう》の観察をする。
② うれしい悲《ひ》□《めい》をあげる。

(2)
① 夜《よ》□《ぎ》車《しゃ》に乗る。
② □《き》長《なが》に待つ。

(3)
① □《さい》心《しん》の注意。
② □《はた》作《さく》農業。

(4)
① □《でん》圧《あつ》を測る。
② 粉《こな》□《ゆき》が降る。

**6** 次の読み方をする漢字を□に書きなさい。（一つ1点／10点）

(1) ガン
① 海《かい》□を走り回る。
② 溶《よう》□が流れる。

(2) コウ
① 右側通《つう》□をする。
② 漁《ぎょ》□に船が入る。

(3) ケン
① 工場を□学《がく》する。
② 試《し》□が始まる。
③ 番《ばん》□のいる家。

(4) ドウ
① 会社の食《しょく》□で食べる。
② 鉄《てつ》□会社に勤務する。
③ クラブ活《かつ》□。

**7** 次の文を漢字を使って書き直しなさい。（漢字一字2点／24点）

(1) **あめ**が**あ**がってから、**ふね**が**しゅっぱつ**する。（五字）

［　　　　］

(2) **えき**から**の**ったバスの**まど**から**ひこうじょう**が**み**えた。（七字）

［　　　　］

**8** 次の文で、まちがって使われている漢字の横に――を引いて、右側に正しい漢字を書きなさい。（一字1点／6点）

例 大枝《だいこん》（根）を使《つか》って、前葉《ぜんさい》（菜）を作《つく》る。

(1) 街路橋《がいろじゅ》が整全《せいぜん》と根《う》えられている。

(2) 海干《うめぼ》しのおにぎりを便当箱《べんとうばこ》に入《い》れて、梅《さくら》を見《み》に行《い》く。

**9** AとBの漢字を組み合わせて、似た意味の漢字でできた熟語を作りなさい。（漢字は一回しか使えない。）（一つ2点／6点）

A 森・温・田・草・治

B 花・畑・暖・昔・林

例 温暖 ・ □□ ・ □□

# 「書き」チェック 6

●数字は、小学校で学習した学年

得点　／100点
学習日　月　日

◆人と体を表す漢字

| 学年 | 漢字 | 用例 | 部首・画数 |
|---|---|---|---|
| 3 | 族 | 貴族《きぞく》・民族《みんぞく》 家族《かぞく》・水族館《すいぞくかん》 | 方11画 |
| 6 | 私 | 公私《こうし》・私語《しご》 私事《しじ》・私《わたし》の父 | 禾7画 |
| 3 | 君 | 君臨《くんりん》・諸君《しょくん》 父君《ちちぎみ》・若君《わかぎみ》 | ロ7画 |
| 4 | 成 | 成果《せいか》・成人《せいじん》 成《な》り立《た》ち | 戈6画 |
| 1 | 人 | 偉人《いじん》・人体《じんたい》 商人《しょうにん》・人目《ひとめ》 | 人2画 |
| 1 | 男 | 男児《だんじ》・男爵《だんしゃく》 長男《ちょうなん》・男気《おとこぎ》 | 田7画 |
| 1 | 子 | 原子《げんし》・様子《ようす》 末《すえ》っ子《こ》・年子《としご》 | 子3画 |
| 2 | 父 | 実父《じっぷ》・父兄《ふけい》 父上《ちちうえ》・父方《ちちかた》 | 父4画 |
| 2 | 母 | 母音《ぼいん》・母校《ぼこう》 母上《ははうえ》・母方《ははかた》 | 母5画 |
| 5 | 祖 | 開祖《かいそ》・教祖《きょうそ》 祖先《そせん》・祖父《そふ》 | ネ9画 |
| 4 | 孫 | 子孫《しそん》・孫娘《まごむすめ》 孫弟子《まごでし》 | 子10画 |

| 学年 | 漢字 | 用例 | 部首・画数 |
|---|---|---|---|
| 2 | 親 | 親愛《しんあい》・親方《おやかた》 親《した》しみ深《ぶか》い | 見16画 |
| 2 | 友 | 旧友《きゅうゆう》・友愛《ゆうあい》 友達《ともだち》 | 又4画 |
| 3 | 主 | 主演《しゅえん》・主語《しゅご》 地主《じぬし》・主《おも》に | 、5画 |
| 5 | 婦 | 新婦《しんぷ》・妊婦《にんぷ》 婦人《ふじん》・主婦《しゅふ》 | 女11画 |
| 5 | 妻 | 愛妻《あいさい》・妻子《さいし》 妻《つま》・新妻《にいづま》 | 女8画 |
| 1 | 先 | 先決《せんけつ》・先方《せんぽう》 指先《ゆびさき》・行《ゆ》く先《さき》 | 儿6画 |
| 6 | 幼 | 幼児《ようじ》・幼少《ようしょう》 幼《おさな》なじみ | 幺5画 |
| 4 | 徒 | 徒競走《ときょうそう》・徒労《とろう》 生徒《せいと》・徒歩《とほ》 | 彳10画 |
| 3 | 医 | 医師《いし》・名医《めいい》 医院《いいん》・医者《いしゃ》 | 匚7画 |
| 3 | 者 | 信者《しんじゃ》・著者《ちょしゃ》 若者《わかもの》・悪者《わるもの》 | 耂8画 |
| 6 | 衆 | 観衆《かんしゅう》・群衆《ぐんしゅう》 衆知《しゅうち》・衆議院《しゅうぎいん》 | 血12画 |
| 1 | 王 | 王座《おうざ》・王朝《おうちょう》 王様《おうさま》・発明王《はつめいおう》 | 王4画 |

**1** □には漢字を、（　）には漢字と送りがなを書きなさい。（一つ2点）

□ (1) 満《まん》□《ぷく》で眠《ねむ》くなる。

□ (2) 読《どく》□《しゃ》の反響《はんきょう》。

□ (3) 大《だい》□《ちょう》の検査。

□ (4) 代打を□《し》名《めい》する。

□ (5) 親《しん》□《ぞく》が集まる。

□ (6) 民《みん》□《しゅう》の要求。

□ (7) □《い》カメラで調べる。

□ (8) □《ゆう》好《こう》関係を築く。

□ (9) □《こう》頭《とう》で伝える。

□ (10) 姉は童《どう》□《がん》だ。

□ (11) 場面の様《よう》□《す》。

□ (12) （　　）《したしい》友人。

□ (13) □《おう》位《い》を継承《けいしょう》する。

□ (14) 献《けん》□《しん》的《てき》な介護《かいご》。

□ (15) 神《しん》□《ぷ》と話す。

□ (16) 田中夫《ふ》□《さい》と会う。

□ (17) □《みゃく》絡《らく》のない話。

□ (18) 夫《ふう》□《ふ》で協力する。

□ (19) 信頼《しんらい》できる家《か》□《しん》。

□ (20) 人類の□《そ》先《せん》。

□ (21) □《はい》炎《えん》を患《わずら》う。

□ (22) □《い》術《じゅつ》が進歩する。

□ (23) 永久《えいきゅう》□《し》が生える。

□ (24) □《し》情《じょう》をはさむ。

❻ 陛
陛下《へいか》・天皇陛下《てんのうへいか》
阝10画

❻ 后
皇后《こうごう》・后妃《こうひ》・皇太后《こうたいごう》
口6画

❹ 臣
臣下《しんか》・重臣《じゅうしん》・大臣《だいじん》
臣7画

❶ 口
口論《こうろん》・口調《くちょう》・口下手《くちべた》・手口《てぐち》
口3画

❶ 足
補足《ほそく》・足早《あしばや》・足《た》し算《ざん》
足7画

❸ 指
指揮《しき》・指輪《ゆびわ》・名指《なざ》し
扌9画

❷ 毛
羽毛《うもう》・不毛《ふもう》・毛皮《けがわ》・毛並《けなみ》
毛4画

❷ 首
首位《しゅい》・首都《しゅと》・首輪《くびわ》・手首《てくび》
首9画

❷ 顔
顔面《がんめん》・洗顔《せんがん》・顔色《かおいろ》・素顔《すがお》
頁18画

❸ 歯
歯科《しか》・乳歯《にゅうし》・歯車《はぐるま》・前歯《まえば》
歯12画

❸ 息
安息《あんそく》・利息《りそく》・息切《いきぎ》れ
心10画

❸ 皮
皮下《ひか》・表皮《ひょうひ》・毛皮《けがわ》・一皮《ひとかわ》
皮5画

❸ 身
自身《じしん》・心身《しんしん》・身軽《みがる》・身近《みぢか》
身7画

❸ 血
血統《けっとう》・止血《しけつ》・血筋《ちすじ》・鼻血《はなぢ》
血6画

❻ 骨
骨格《こっかく》・鉄骨《てっこつ》・骨組《ほねぐ》み
骨10画

❷ 肉
果肉《かにく》・肉眼《にくがん》・肉声《にくせい》・肉体《にくたい》
肉6画

❺ 脈
鉱脈《こうみゃく》・静脈《じょうみゃく》・脈拍《みゃくはく》・山脈《さんみゃく》
月10画

❻ 胃
胃液《いえき》・胃酸《いさん》・胃薬《いぐすり》・胃腸《いちょう》
月9画

❻ 腸
大腸炎《だいちょうえん》・断腸《だんちょう》の思《おも》い
月13画

❻ 腹
空腹《くうふく》・立腹《りっぷく》・腹《はら》ごなし
月13画

❻ 肺
肺活量《はいかつりょう》・肺臓《はいぞう》・肺呼吸《はいこきゅう》
月9画

❻ 脳
首脳《しゅのう》・頭脳《ずのう》・大脳《だいのう》・小脳《しょうのう》
月11画

❷ 心
心境《しんきょう》・本心《ほんしん》・心意気《こころいき》・親心《おやごころ》
心4画

❻ 臓
五臓《ごぞう》・内臓《ないぞう》・臓器《ぞうき》・心臓《しんぞう》
月19画

❹ 産
産卵《さんらん》・財産《ざいさん》・子犬《こいぬ》が産《う》まれる
生11画

(25) □《しん》理《り》テスト。

(26) □《けつ》圧《あつ》を測る。

(27) □《しゅ》張《ちょう》をくり返す。

(28) □《ぞう》器《き》移植を行う。

(29) 天皇《てんのう》□《へい》下《か》。

(30) □《にく》食《しょく》動物の生態。

(31) □《ぼ》乳《にゅう》で育てる。

(32) □《しゅ》相《しょう》の談話。

(33) 駅から□《と》歩《ほ》で行く。

(34) □《み》の上話《うえばなし》を聞く。

(35) ため□《いき》をつく。

(36) □《しん》近感《きんかん》がわく。

(37) 皇《こう》□《ごう》様《さま》。

(38) 蛇《へび》が脱《だっ》□《ぴ》する。

(39) 主《しゅ》□《くん》の命令。

(40) □《もう》髪《はつ》を染める。

(41) 優《ゆう》□《せん》順位をつける。

(42) □《のう》裏《り》に焼きつく。

(43) □《じん》権《けん》を守る。

(44) □《だん》子《し》トイレ。

(45) 結果に満《まん》□《ぞく》する。

(46) 接《せっ》□《こつ》院《いん》に通う。

(47) 子《し》□《そん》の繁栄《はんえい》。

(48) 〔　　〕《おさない》子。

(49) さけの□《さん》卵《らん》。

(50) チームを結《けっ》□《せい》する。

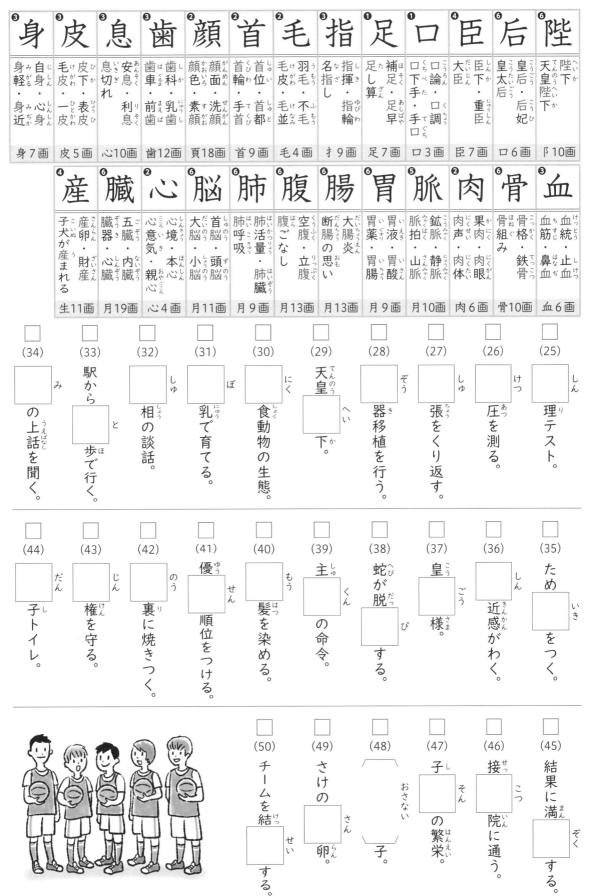

# 「書き」チェック 7

●数字は、小学校で学習した学年

◆「糸」のつく漢字

|  |  |  |
|---|---|---|
| ❶ 糸 | 製糸《せいし》・綿糸《めんし》 糸口《いとぐち》・縦糸《たていと》 | 糸 6 画 |
| ❷ 紙 | 紙面《しめん》・紙幣《しへい》 紙一重《かみひとえ》 | 糸10画 |
| ❷ 絵 | 絵画《かいが》・絵馬《えま》 油絵《あぶらえ》 | 糸12画 |
| ❷ 線 | 沿線《えんせん》・配線《はいせん》 線路《せんろ》・光線《こうせん》 | 糸15画 |
| ❸ 終 | 終日《しゅうじつ》・終了《しゅうりょう》 終《お》わり値《ね》 | 糸11画 |
| ❸ 練 | 試練《しれん》・熟練《じゅくれん》 練《ね》り固《かた》める | 糸14画 |
| ❹ 約 | 解約《かいやく》・要約《ようやく》 約束《やくそく》・約百人《やくひゃくにん》 | 糸 9 画 |
| ❹ 続 | 勤続《きんぞく》・接続《せつぞく》 引《ひ》き続《つづ》き | 糸13画 |
| ❺ 紀 | 紀行《きこう》・風紀《ふうき》 紀《き》元前《げんぜん》 | 糸 9 画 |
| ❺ 絶 | 絶賛《ぜっさん》・絶望《ぜつぼう》 絶《た》え間《ま》 | 糸12画 |
| ❺ 統 | 統計《とうけい》・統合《とうごう》 正統《せいとう》・伝統《でんとう》 | 糸12画 |
| ❺ 総 | 総意《そうい》・総会《そうかい》 総合《そうごう》・総理《そうり》 | 糸14画 |
| ❺ 綿 | 綿花《めんか》・綿密《めんみつ》 真綿《まわた》・綿雪《わたゆき》 | 糸14画 |
| ❺ 編 | 編成《へんせい》・編入《へんにゅう》 手編《てあ》み | 糸15画 |
| ❺ 績 | 功績《こうせき》・実績《じっせき》 成績《せいせき》・業績《ぎょうせき》 | 糸17画 |
| ❺ 織 | 組織《そしき》・毛織物《けおりもの》 機織《はたお》り | 糸18画 |
| ❻ 系 | 系図《けいず》・体系《たいけい》 銀河系《ぎんがけい》 | 糸 7 画 |
| ❻ 純 | 純白《じゅんぱく》・単純《たんじゅん》 純粋《じゅんすい》・純情《じゅんじょう》 | 糸10画 |
| ❻ 絹 | 絹糸《きぬいと》・絹織物《きぬおりもの》 | 糸13画 |
| ❻ 縮 | 収縮《しゅうしゅく》・短縮《たんしゅく》 糸《いと》が縮《ちぢ》れる | 糸17画 |

◆「言」のつく漢字

|  |  |  |
|---|---|---|
| ❷ 言 | 言語《げんご》・伝言《でんごん》 言《い》い争《あらそ》い・言葉《ことば》 | 言 7 画 |
| ❷ 計 | 計上《けいじょう》・集計《しゅうけい》 見計《みはか》らう | 言 9 画 |

**1** □には漢字を、（　）には漢字と送りがなを書きなさい。（一つ2点）

(1) □《し》集《しゅう》を刊行する。

(2) 貿《ぼう》□《えき》で利益を得る。

(3) □《ぜつ》滅《めつ》寸前の動物。

(4) 父に直《じか》□《だん》判《ぱん》する。

(5) 席を（　　）《もうける》。

(6) □《じゅん》粋《すい》な心を持つ。

(7) 翻《ほん》□《やく》家《か》になる。

(8) □《え》筆《ふで》を洗う。

(9) □《しょう》拠《こ》をそろえる。

(10) 方眼《ほうがん》□《し》を使う。

(11) 仮《か》□《せつ》を立てる。

(12) □《きぬ》ごし豆腐《どうふ》を買う。

(13) 営業《えいぎょう》□《きょ》可《か》をもらう。

(14) 苦情が□《ぞく》出《しゅつ》する。

(15) 国会□《ぎ》員《いん》。

(16) □《そう》力《りょく》を結集する。

(17) 生《せい》□《けい》を立てる。

(18) （　　）《やさしい》問題。

(19) 世《せい》□《き》の大発明。

(20) □《ご》解《かい》を招く。

(21) □《へん》集《しゅう》作業が進む。

(22) 業《ぎょう》□《せき》が伸《の》びる。

(23) 航海中の日《にっ》□《し》。

(24) □《しゅう》止《し》符《ふ》を打つ。

得点 ／100点

学習日 月 日

- ❷ **記** 記述《きじゅつ》・明記《めいき》 メモに記《しる》す 言10画
- ❷ **話** 世話《せわ》・話術《わじゅつ》 話《はな》し手《て》・昔話《むかしばなし》 言13画
- ❸ **詩** 漢詩《かんし》・詩吟《しぎん》 詩人《しじん》・詩集《ししゅう》 言13画
- ❸ **談** 雑談《ざつだん》・談笑《だんしょう》 談話《だんわ》・相談《そうだん》 言15画
- ❹ **訓** 教訓《きょうくん》・訓示《くんじ》 訓練《くんれん》・音訓《おんくん》 言10画
- ❹ **説** 説明《せつめい》・小説《しょうせつ》 説《と》く・口説《くど》く 言14画
- ❹ **課** 課外《かがい》・厚生課《こうせいか》 課題《かだい》・放課後《ほうかご》 言15画
- ❹ **議** 議席《ぎせき》・協議《きょうぎ》 議員《ぎいん》・議会《ぎかい》 言20画
- ❺ **許** 特許《とっきょ》・免許《めんきょ》 許可《きょか》・許《ゆる》し 言11画
- ❺ **設** 設置《せっち》・設立《せつりつ》 設《もう》ける 言11画
- ❺ **証** 確証《かくしょう》・立証《りっしょう》 証明《しょうめい》・証人《しょうにん》 言12画
- ❺ **評** 好評《こうひょう》・批評《ひひょう》 評論家《ひょうろんか》 言12画
- ❺ **講** 講座《こうざ》・講読《こうどく》 講演《こうえん》・講習《こうしゅう》 言17画

- ❺ **識** 認識《にんしき》・博識《はくしき》 意識《いしき》 言19画
- ❺ **護** 護衛《ごえい》・弁護《べんご》 看護《かんご》・保護《ほご》 言20画
- ❻ **訳** 英訳《えいやく》・通訳《つうやく》 言《い》い訳《わけ》 言11画
- ❻ **詞** 品詞《ひんし》・名詞《めいし》 歌詞《かし》・作詞《さくし》 言12画
- ❻ **誤** 誤差《ごさ》・誤字《ごじ》 誤解《ごかい》・見誤《みあやま》り 言14画
- ❻ **誌** 雑誌《ざっし》・誌面《しめん》 日誌《にっし》・週刊誌《しゅうかんし》 言14画
- ❻ **諸** 諸君《しょくん》・諸島《しょとう》 諸国《しょこく》・諸説《しょせつ》 言15画
- ❻ **論** 序論《じょろん》・論争《ろんそう》 論説《ろんせつ》・結論《けつろん》 言15画
- ❻ **誕** 誕生《たんじょう》・生誕《せいたん》 言15画

◆「日」のつく漢字

- ❸ **昭** 昭和《しょうわ》 昭和天皇《しょうわてんのう》 日9画
- ❹ **景** 景気《けいき》・情景《じょうけい》 風景《ふうけい》・絶景《ぜっけい》 日12画
- ❺ **易** 交易《こうえき》・容易《ようい》 易《やさ》しい 日8画

□ (25) □《か》外活《がい》動をする。

□ (26) 伝《でん》□《とう》を守る。

□ (27) □《ひょう》価《か》が上がる。

□ (28) 機械で圧《あっ》□《しゅく》する。

□ (29) 標《ひょう》□《しき》を設置する。

□ (30) 視《し》□《せん》をそらす。

□ (31) 母は□《しょう》和《わ》生まれだ。

□ (32) 理《り》科《か》□《けい》の大学。

□ (33) 時間を〔　〕《はかる》。

□ (34) 漢字の□《くん》読《よ》み。

□ (35) □《ろん》文《ぶん》が認められる。

□ (36) 蚕《さん》□《し》を作る。

□ (37) 病人を看《かん》□《ご》する。

□ (38) □《めん》密《みつ》な計画。

□ (39) 筆《ひっ》□《き》試験を受ける。

□ (40) 受《じゅ》□《こう》者《しゃ》が増える。

□ (41) 組《そ》□《しき》化《か》を図《はか》る。

□ (42) □《しょ》国《こく》を旅する。

□ (43) 未《み》□《れん》が残る。

□ (44) 絶《ぜっ》□《けい》に感動する。

□ (45) □《たん》生《じょう》日《び》を祝う。

□ (46) 条《じょう》□《やく》を改正する。

□ (47) 冷暖房《れいだんぼう》の□《せつ》備《び》。

□ (48) 独立を宣《せん》□《げん》する。

□ (49) 動《どう》□《し》の活用。

□ (50) 父親と対《たい》□《わ》する。

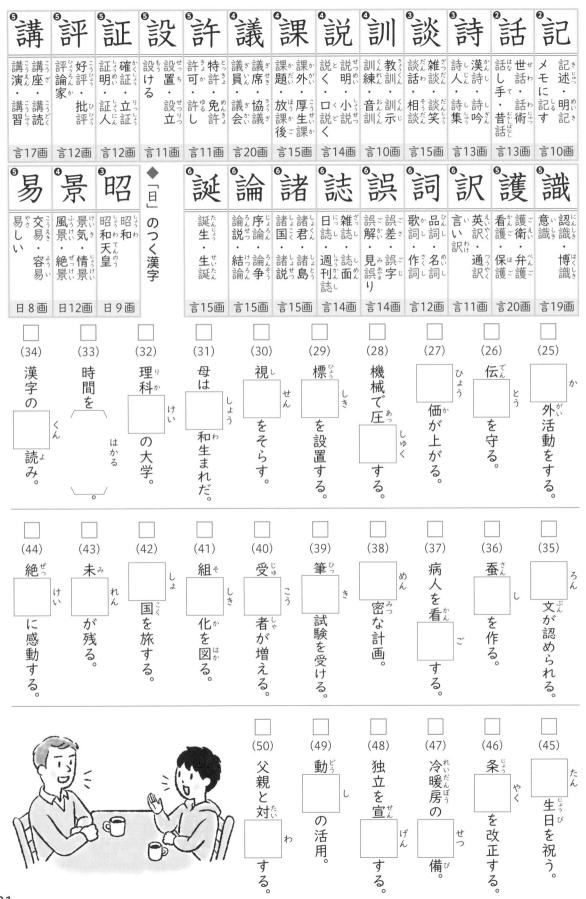

# テスト 3

**1** ——の漢字の読みがなを書きなさい。（一つ1点／18点）

(1) ① 山の中腹。（　　）
② 彼《かれ》は、太《ふと》っ腹だ。（　　）

(2) ① 縮小してコピーをとる。（　　）
② セーターが縮む。（　　）

(3) ① 特設スタジオを造る。（　　）
② 窓口を設ける。（　　）

(4) ① 消火訓練を行う。（　　）
② あんを練る。（　　）

(5) ① 余計な物は買わない。（　　）
② タイムを計る。（　　）

(6) ① 発明品の特許を取る。（　　）
② 使用が許される。（　　）

(7) ① 貿易会社に就職する。（　　）
② 容易には解決できない。（　　）
③ 易しい問題が当たる。（　　）

(8) ① 口頭で述べる。（　　）
② 改まった口調で話す。（　　）
③ 弟が口答えをする。（　　）

**2** 次の漢字の総画数を書きなさい。（一つ1点／8点）

例 子（3）

(1) 訳（　　） (2) 脈（　　）
(3) 陛（　　） (4) 絶（　　） (5) 誤（　　）
(6) 誕（　　） (7) 縮（　　） (8) 編（　　）

**3** 次の漢字の部首を書きなさい。（一つ1点／8点）

例 私（禾）

(1) 友（　　） (2) 者（　　）
(3) 后（　　） (4) 先（　　） (5) 肉（　　）
(6) 男（　　） (7) 腸（　　） (8) 景（　　）

**4** 筆順の正しいものの記号を、○で囲みなさい。（一つ1点／4点）

(1) 臣
ア 一 厂 𠂆 巨 臣
イ 丨 厂 𠂆 巨 臣

(2) 成
ア 丿 厂 万 成 成 成
イ 一 厂 万 成 成 成

(3) 皮
ア 丿 厂 广 皮 皮
イ ㇖ 厂 广 皮 皮
ウ 丨 十 广 皮 皮

(4) 骨
ア 丨 冂 冎 冎 凸 骨
イ 丶 ⺊ 冎 冎 凸 骨
ウ 丨 冂 冎 冎 凸 骨

得点　　／100点

学習日　月　日

**5** □に漢字を書きなさい。（一つ2点／16点）

(1)
① 検査で採《さい》□《けつ》する。
② アメリカ合《がっ》□《しゅう》国《こく》。

(2)
① 地図の等高《とうこう》□《せん》。
② □《めん》密《みつ》な計画。

(3)
① おじいさんと□《まご》。
② 家《か》□《けい》図《ず》を調べる。

(4)
① □《ぞく》投《とう》が決まる。
② アメリカ大《だい》□《とう》領《りょう》。

**6** 次の読み方をする漢字を□に書きなさい。（一つ2点／20点）

(1) キ
① 化学□号《ごう》を用いる。
② 外国旅行の□行文《こうぶん》。

(2) シキ
① 常《じょう》□の範囲《はんい》。
② 全国組《そ》□になる。

(3) シ
① □集《しゅう》を作る。
② 歌《か》□を覚える。
③ 週刊《しゅうかん》□を買う。

(4) シン
① □臓《ぞう》に悪い。
② □体《たい》機能を高める。
③ □友《ゆう》になる。

---

**7** 次の文を漢字を使って書き直しなさい。（漢字一字1点／14点）

(1) **そぼ**に、**ようしょうじだい**の**しゃしん**を**み**せてもらう。（九字）

〔　　　　〕

(2) メモを**のこ**して、**はいしゃ**に**い**く。（五字）

〔　　　　〕

**8** 次の文で、まちがって使われている漢字の横に――を引いて、右側に正しい漢字を書きなさい。（一字1点／6点）

例 家属《かぞく》で焼《や》き内《にく》を食《た》べる。（族　肉）

(1) 送会《そうかい》の義題《ぎだい》を何《なに》にするかについて放《はな》し合《あ》う。

(2) 玉様《おうさま》が、胃糸《きぬいと》でできた準白《じゅんぱく》の洋服《ようふく》を着《き》る。

**9** AとBの漢字を組み合わせて、下の漢字が上の漢字の目的語や補語になっている熟語を作りなさい。（漢字は一回しか使えない。）（一つ2点／6点）

A 解・記・洗・課・着

B 税・約・席・出・顔

例 着席（席に着く）

□□・□□・□□

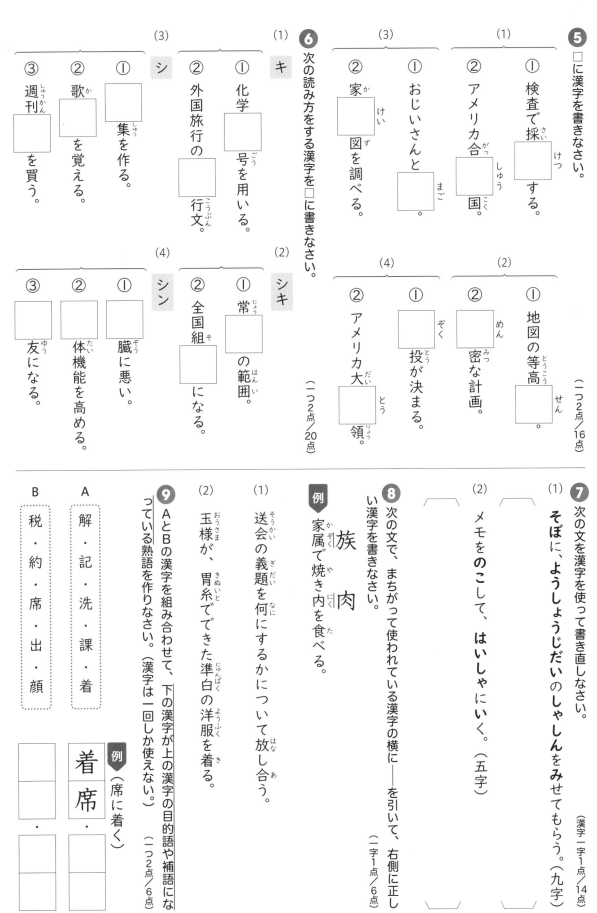

# 「書き」チェック 8

●数字は、小学校で学習した学年

得点　／100点
学習日　月　日

◆「人・𠆢・亻」のつく漢字

|  |  |  |  |
|---|---|---|---|
| 休 | ❶ | 休業《きゅうぎょう》・休養《きゅうよう》 休暇《きゅうか》・気休《きやす》め | 亻6画 |
| 作 | ❷ | 作品《さくひん》・創作《そうさく》 作用《さよう》・作《つく》り方《かた》 | 亻7画 |
| 仕 | ❸ | 仕事《しごと》・仕入《しい》れ 仕度《したく》・仕《つか》える | 亻5画 |
| 他 | ❸ | 他言《たごん》・排他《はいた》 他人《たにん》・他《ほか》の人 | 亻5画 |
| 係 | ❸ | 関係《かんけい》・連係《れんけい》 係《かか》る・係員《かかりいん》 | 亻9画 |
| 住 | ❸ | 永住《えいじゅう》・住居《じゅうきょ》 住《す》み心地《ごこち》 | 亻7画 |
| 使 | ❸ | 酷使《こくし》・大使《たいし》 使用《しよう》・使《つか》い道《みち》 | 亻8画 |
| 倍 | ❸ | 倍増《ばいぞう》・倍率《ばいりつ》 十倍《じゅうばい》・公倍数《こうばいすう》 | 亻10画 |
| 全 | ❸ | 健全《けんぜん》・全国《ぜんこく》 全《まった》く・全《すべ》て | 𠆢6画 |
| 以 | ❹ | 以降《いこう》・以来《いらい》 以外《いがい》・以上《いじょう》 | 人5画 |
| 付 | ❹ | 付近《ふきん》・付属《ふぞく》 付《つ》け根《ね》 | 亻5画 |
| 伝 | ❹ | 遺伝《いでん》・伝承《でんしょう》 伝記《でんき》・言《い》い伝《つた》え | 亻6画 |
| 位 | ❹ | 単位《たんい》・品位《ひんい》 位置《いち》・位取《くらいど》り | 亻7画 |
| 例 | ❹ | 異例《いれい》・例題《れいだい》 例示《れいじ》・例《たと》え話《ばなし》 | 亻8画 |
| 信 | ❹ | 信条《しんじょう》・信望《しんぼう》 信号《しんごう》・自信《じしん》 | 亻9画 |
| 便 | ❹ | 不便《ふべん》・便乗《びんじょう》 風《かぜ》の便《たよ》り | 亻9画 |
| 候 | ❹ | 候補《こうほ》・兆候《ちょうこう》 天候《てんこう》・立候補《りっこうほ》 | 亻10画 |
| 借 | ❹ | 借地《しゃくち》・拝借《はいしゃく》 借金《しゃっきん》・前借《まえが》り | 亻10画 |
| 側 | ❹ | 側面《そくめん》・側近《そっきん》 両側《りょうがわ》・右側《みぎがわ》 | 亻11画 |
| 働 | ❹ | 稼働《かどう》・実働《じつどう》 労働《ろうどう》・働《はたら》き手《て》 | 亻13画 |
| 令 | ❹ | 辞令《じれい》・令嬢《れいじょう》 命令《めいれい》・指令《しれい》 | 𠆢5画 |
| 倉 | ❹ | 倉庫《そうこ》・穀倉《こくそう》 米倉《こめぐら》 | 𠆢10画 |
| 停 | ❺ | 停滞《ていたい》・停泊《ていはく》 停止《ていし》・停電《ていでん》 | 亻11画 |

❶ □には漢字を、〔　〕には漢字と送りがなを書きなさい。（一つ2点）

(1) □《おう》復《ふく》の道のり。
(2) 念《ねん》□《ぶつ》を唱える。
(3) □《じゅう》来《らい》の方法で行う。
(4) 町に寄《き》□《ふ》する。
(5) 横綱《よこづな》の土《ど》□《ひょう》入《い》り。
(6) □《しゃっ》金《きん》を清算する。
(7) □《し》線《せん》をそらす。
(8) 関《かん》□《けい》のない話。

(9) □《にん》期《き》が終了《しゅうりょう》する。
(10) □《し》用中《ようちゅう》の会議室。
(11) 指《し》□《れい》を受ける。
(12) □《ちょく》射《しゃ》日光を避《さ》ける。
(13) 特《とく》□《れい》を認める。
(14) 法《ほう》□《りつ》を改正する。
(15) 電車が運《うん》□《きゅう》になる。
(16) 人《じん》□《けん》費《ひ》の削減《さくげん》。

(17) 未来《みらい》□《ぞう》を描《えが》く。
(18) 夏場の重労《じゅうろう》□《どう》。
(19) □《こ》性《せい》を生かす。
(20) □《た》国《こく》と協力する。
(21) 新《しん》□《き》採用する。
(22) □《ぜん》治《ち》三週間。
(23) 地震《じしん》に〔　　〕《そなえる》。
(24) 建物の□《そく》面《めん》。

❺ **仏**　仏像《ぶつぞう》・成仏《じょうぶつ》　仏殿《ぶつでん》・仏心《ほとけごころ》　イ4画

❺ **件**　事件《じけん》・用件《ようけん》　条件《じょうけん》・物件《ぶっけん》　イ6画

❺ **任**　適任《てきにん》・歴任《れきにん》　任務《にんむ》・出任《でまか》せ　イ6画

❺ **価**　単価《たんか》・物価《ぶっか》　価値《かち》・高価《こうか》　イ8画

❺ **個**　個性《こせい》・個別《こべつ》　個人《こじん》・個数《こすう》　イ10画

❺ **備**　常備《じょうび》・備品《びひん》　備《そな》え付《つ》け　イ12画

❺ **像**　偶像《ぐうぞう》・肖像《しょうぞう》　映像《えいぞう》・想像《そうぞう》　イ14画

❺ **余**　余興《よきょう》・余熱《よねつ》　余分《よぶん》・余《あま》り物《もの》　へ7画

❻ **供**　供述《きょうじゅつ》・お供《そな》え　子供《こども》・お供《とも》　イ8画

❻ **俳**　俳諧《はいかい》・俳人《はいじん》　俳句《はいく》・俳優《はいゆう》　イ10画

❻ **俵**　土俵《どひょう》・一俵《いっぴょう》　俵型《たわらがた》・米俵《こめだわら》　イ10画

◆「彳」のつく漢字

❸ **待**　待遇《たいぐう》・優待《ゆうたい》　待《ま》ちぼうけ　彳9画

❹ **径**　径路《けいろ》・半径《はんけい》　直径《ちょっけい》・口径《こうけい》　彳8画

❺ **往**　往年《おうねん》・往路《おうろ》　往復《おうふく》・往来《おうらい》　彳8画

❻ **律**　一律《いちりつ》・旋律《せんりつ》　法律《ほうりつ》・規律《きりつ》　彳9画

❻ **従**　従事《じゅうじ》・服従《ふくじゅう》　校則《こうそく》に従《したが》う　彳10画

◆「見」のつく漢字

❹ **覚**　感覚《かんかく》・見覚《みおぼ》え　目覚《めざ》め　見12画

❹ **観**　観念《かんねん》・観覧《かんらん》　観察《かんさつ》・人生観《じんせいかん》　見18画

❺ **規**　規格《きかく》・規模《きぼ》　規制《きせい》・定規《じょうぎ》　見11画

❻ **視**　軽視《けいし》・視察《しさつ》　視界《しかい》・視力《しりょく》　見11画

❻ **覧**　回覧《かいらん》・遊覧《ゆうらん》　展覧会《てんらんかい》・一覧《いちらん》　見17画

◆「目」のつく漢字

❷ **直**　垂直《すいちょく》・正直《しょうじき》　直《ただ》ちに・居直《いなお》る　目8画

❸ **真**　真偽《しんぎ》・真空《しんくう》　真上《まうえ》・真冬《まふゆ》　目10画

❻ **看**　看過《かんか》・看病《かんびょう》　看板《かんばん》・看護師《かんごし》　目9画

(25) 店の□《かん》板《ばん》を出す。

(26) 作品を□《し》上《あ》げる。

(27) 野外□《かん》察《さつ》の記録。

(28) □《よ》韻《いん》を残す。

(29) 資料を提《てい》□《きょう》する。

(30) 閑静《かんせい》な□《じゅう》宅街《たくがい》。

(31) 〔　　〕《はたらく》人。

(32) □《そう》庫《こ》にしまう。

(33) 勝利を確《かく》□《しん》する。

(34) □《かく》悟《ご》して臨《のぞ》む。

(35) 順《じゅん》□《い》をつける。

(36) 一《いち》□《らん》表《ひょう》を作る。

(37) □《べん》宜《ぎ》をはかる。

(38) 店頭での□《か》格《かく》。

(39) 円の直《ちょっ》□《けい》を測る。

(40) 原《げん》□《さく》を映画化する。

(41) □《はい》優《ゆう》を目指す。

(42) 公《こう》□《ばい》数《すう》を求める。

(43) 父に〔　　〕《したがう》。

(44) 十二歳《さい》□《い》上《じょう》の人。

(45) 事件の□《しん》相《そう》。

(46) 技《わざ》を□《でん》授《じゅ》する。

(47) 招《しょう》□《たい》状《じょう》を送る。

(48) 温暖な気《き》□《こう》。

(49) 車を整《せい》□《び》する。

(50) バスの□《てい》留所《りゅうじょ》。

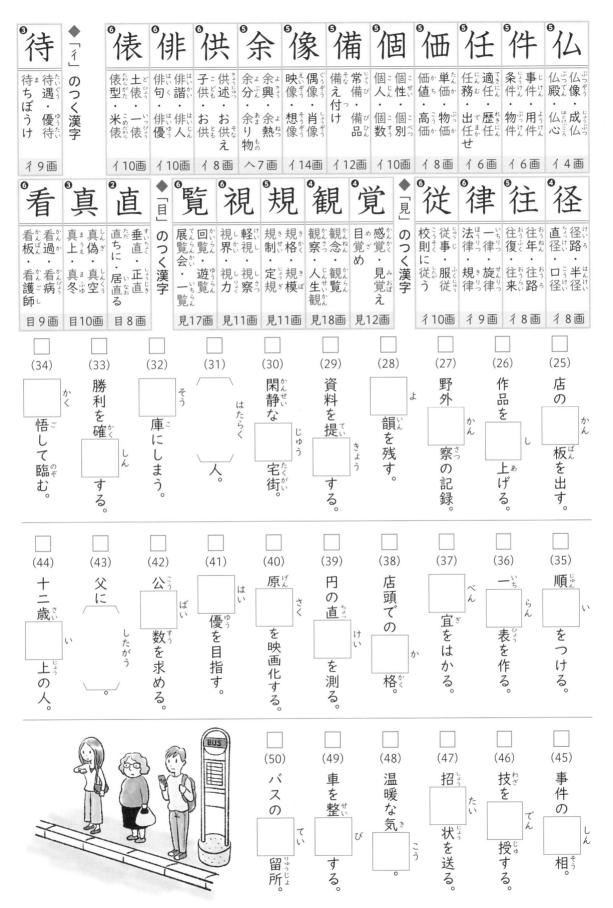

# 「書き」チェック 9

●数字は、小学校で学習した学年

◆「水・氵・氺」のつく漢字

|  |  |  |  |
|---|---|---|---|
| ❷ | 池 | 電池《でんち》・用水池《ようすいち》 溜《た》め池《いけ》・古池《ふるいけ》 | 氵6画 |
| ❷ | 海 | 海岸《かいがん》・海流《かいりゅう》 海亀《うみがめ》・荒海《あらうみ》 | 氵9画 |
| ❸ | 氷 | 氷河《ひょうが》・樹氷《じゅひょう》 製氷《せいひょう》・氷《こおり》まくら | 水5画 |
| ❸ | 決 | 決意《けつい》・決定《けってい》 判決《はんけつ》・決《き》め手《て》 | 氵7画 |
| ❸ | 泳 | 競泳《きょうえい》・遊泳《ゆうえい》 遠泳《えんえい》・平泳《ひらおよ》ぎ | 氵8画 |
| ❸ | 注 | 注意《ちゅうい》・注目《ちゅうもく》 降《ふ》り注《そそ》ぐ | 氵8画 |
| ❸ | 波 | 波紋《はもん》・波乱《はらん》 津波《つなみ》・波風《なみかぜ》 | 氵8画 |
| ❸ | 油 | 石油《せきゆ》・油性《ゆせい》 油断《ゆだん》・油絵《あぶらえ》 | 氵8画 |
| ❸ | 洋 | 洋裁《ようさい》・和洋《わよう》 太平洋《たいへいよう》・洋服《ようふく》 | 氵9画 |
| ❸ | 消 | 消灯《しょうとう》・消費《しょうひ》 立《た》ち消《ぎ》え・消印《けしいん》 | 氵10画 |
| ❸ | 流 | 上流《じょうりゅう》・放流《ほうりゅう》 流通《りゅうつう》・流《なが》れ星《ぼし》 | 氵10画 |
| ❸ | 深 | 深刻《しんこく》・水深《すいしん》 深入《ふかい》り・深手《ふかて》 | 氵11画 |
| ❸ | 湖 | 湖水《こすい》・湖上《こじょう》 白鳥《はくちょう》の湖《みずうみ》 | 氵12画 |
| ❸ | 湯 | 銭湯《せんとう》・湯治《とうじ》 湯気《ゆげ》・産湯《うぶゆ》 | 氵12画 |
| ❸ | 漢 | 漢文《かんぶん》・漢方《かんぽう》 漢詩《かんし》・悪漢《あっかん》 | 氵13画 |
| ❹ | 求 | 求婚《きゅうこん》・欲求《よっきゅう》 追《お》い求《もと》める | 水7画 |
| ❹ | 法 | 方法《ほうほう》・立法《りっぽう》 法律《ほうりつ》・憲法《けんぽう》 | 氵8画 |
| ❹ | 治 | 退治《たいじ》・統治《とうち》 治《おさ》まる・治《なお》る | 氵8画 |
| ❹ | 浴 | 浴室《よくしつ》・海水浴《かいすいよく》 浴槽《よくそう》・水浴《みずあ》び | 氵10画 |
| ❹ | 清 | 清潔《せいけつ》・清算《せいさん》 清純《せいじゅん》・清《きよ》らか | 氵11画 |
| ❹ | 満 | 満期《まんき》・未満《みまん》 満《み》ち欠《か》け | 氵12画 |
| ❹ | 漁 | 漁業《ぎょぎょう》・漁港《ぎょこう》 不漁《ふりょう》・漁師《りょうし》 | 氵14画 |
| ❺ | 永 | 永久《えいきゅう》・永住《えいじゅう》 永眠《えいみん》・永《なが》い | 水5画 |

❶ □には漢字を、（　）には漢字と送りがなを書きなさい。（一つ2点）

(1) □ （　　）《はげしい》運動。

(2) □ 電《でん》□《げん》を入れる。

(3) □ □《しょう》耗品《もうひん》を買う。

(4) □ 夫婦円《ふうふえん》□《まん》。

(5) □ □《えん》分《ぶん》を控《ひか》える。

(6) □ 彼《かれ》とは□《は》長《ちょう》が合う。

(7) □ 本を□《ぞう》刷《さつ》する。

(8) □ 貯水《ちょすい》□《ち》を造る。

(9) □ 重《じゅう》□《あつ》を感じる。

(10) □ 水《すい》□《えい》を習う。

(11) □ 車を（　　）《あらう》。

(12) □ □《せい》涼《りょう》飲料水を飲む。

(13) □ □《えん》習《しゅう》問題を解く。

(14) □ □《よう》酒《しゅ》の専門店。

(15) □ ドアに□《げき》突《とつ》する。

(16) □ □《こ》畔《はん》を歩く。

(17) □ □《えき》体《たい》が漏《も》れる。

(18) □ 距離《きょり》を目《もく》□《そく》する。

(19) □ 熱《ねっ》□《とう》で消毒する。

(20) □ □《えん》道《どう》で応援《おうえん》する。

(21) □ □《ほう》案《あん》が成立する。

(22) □ 日本□《かい》流《りゅう》。

(23) □ □《けっ》白《ぱく》を証明する。

(24) □ □《ぎょ》船《せん》が戻《もど》る。

得点
／100点
学習日
月
日

- ❺ **河**　運河《うんが》・河川《かせん》／河口《かこう》・河岸《かわぎし》　氵8画
- ❺ **液**　液体《えきたい》・血液型《けつえきがた》／樹液《じゅえき》・乳液《にゅうえき》　氵11画
- ❺ **混**　混合《こんごう》・混雑《こんざつ》／混《ま》じる・混《こ》む　氵11画
- ❺ **減**　減少《げんしょう》・増減《ぞうげん》／減《へ》らず口《ぐち》　氵12画
- ❺ **測**　測定《そくてい》・予測《よそく》／推《お》し測《はか》る　氵12画
- ❺ **準**　準備《じゅんび》・準優勝《じゅんゆうしょう》／基準《きじゅん》・標準《ひょうじゅん》　氵13画
- ❺ **演**　演奏《えんそう》・演劇《えんげき》／演出《えんしゅつ》・熱演《ねつえん》　氵14画
- ❺ **潔**　清潔《せいけつ》・潔白《けっぱく》／簡潔《かんけつ》・不潔《ふけつ》　氵15画
- ❻ **泉**　温泉《おんせん》・鉱泉《こうせん》／泉水《せんすい》・泉《いずみ》の水《みず》　水9画
- ❻ **沿**　沿革《えんかく》・沿線《えんせん》／海岸《かいがん》沿《ぞ》い　氵8画
- ❻ **洗**　洗面《せんめん》・洗練《せんれん》／洗剤《せんざい》・手《て》洗《あら》い　氵9画
- ❻ **派**　宗派《しゅうは》・流派《りゅうは》／派遣《はけん》・派手《はで》　氵9画
- ❻ **済**　救済《きゅうさい》・決済《けっさい》／経済《けいざい》・済《す》む　氵11画

- ❻ **源**　資源《しげん》・語源《ごげん》／水源《すいげん》・川《かわ》の源《みなもと》　氵13画
- ❻ **潮**　干潮《かんちょう》・潮流《ちょうりゅう》／黒潮《くろしお》・高潮《たかしお》　氵15画
- ❻ **激**　過激《かげき》・激流《げきりゅう》／激励《げきれい》・激《はげ》しい　氵16画

◆「土・𡈽」のつく漢字

- ❹ **塩**　岩塩《がんえん》・塩素《えんそ》／塩辛《しおから》・塩気《しおけ》　土13画
- ❺ **圧**　圧力《あつりょく》・気圧《きあつ》／圧巻《あっかん》・弾圧《だんあつ》　土5画
- ❺ **型**　原型《げんけい》・模型《もけい》／体型《たいけい》・型紙《かたがみ》　土9画
- ❺ **均**　平均《へいきん》・均等《きんとう》／均一《きんいつ》・均整《きんせい》　土7画
- ❺ **増**　急増《きゅうぞう》・増減《ぞうげん》／水増《みずま》し・増《ふ》える　土14画
- ❻ **垂**　垂直《すいちょく》・垂線《すいせん》／懸垂《けんすい》・垂《た》れる　土8画

◆「矢・𠂉」のつく漢字

- ❷ **矢**　弓矢《ゆみや》・矢《や》じり／毒矢《どくや》・矢先《やさき》　矢5画
- ❷ **知**　知能《ちのう》・承知《しょうち》／知《し》り合《あ》い　矢8画

(25) 照《しょう》□《じゅん》を合わせる。

(26) □《えい》遠《えん》の平和を願う。

(27) □《すい》直《ちょく》に立つ柱。

(28) 水を□《ちゅう》入《にゅう》する。

(29) 批判の□《や》面《おもて》に立つ。

(30) □《しん》海魚《かいぎょ》を捕《つか》まえる。

(31) □《は》手《で》な服装。

(32) 電話が□《こん》線《せん》する。

(33) □《けっ》着《ちゃく》をつける。

(34) 満《まん》□《ちょう》時刻になる。

(35) 政《せい》□《じ》にかかわる。

(36) 大《たい》□《が》小説を読む。

(37) □《ひょう》点下《てんか》になる。

(38) 平《へい》□《きん》点《てん》を上回る。

(39) 森林《しんりん》□《よく》をする。

(40) 典《てん》□《けい》的《てき》な例。

(41) 石《せき》□《ゆ》ストーブ。

(42) 痛みを軽《けい》□《げん》する。

(43) 周《しゅう》□《ち》の事実。

(44) □《かん》和《わ》辞典を引く。

(45) 水と粉が［　　］《まじる》。

(46) □《きゅう》人《じん》の広告。

(47) 食器を□《せん》浄《じょう》する。

(48) 毎月、返《へん》□《さい》する。

(49) 他校と交《こう》□《りゅう》する。

(50) 温《おん》□《せん》に入る。

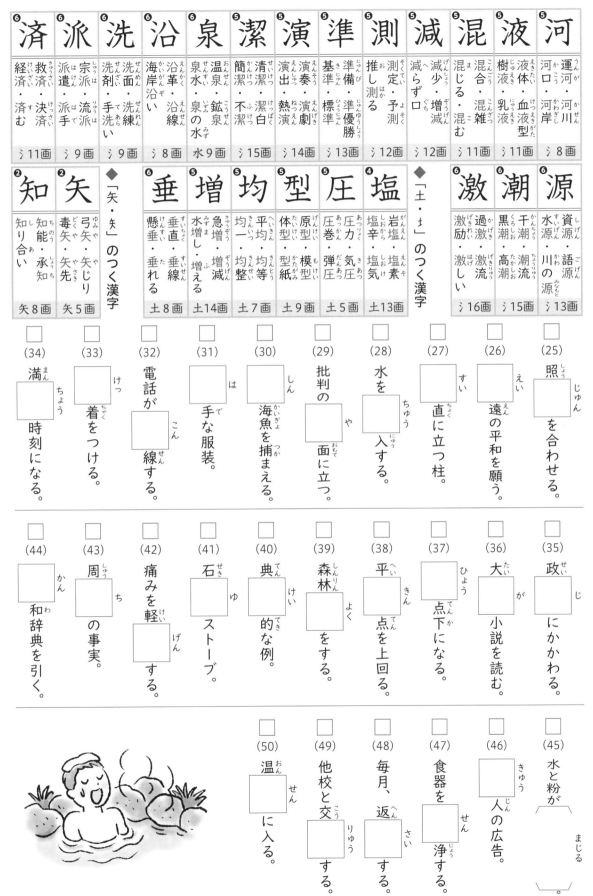

# テスト 4

**1** ――の漢字の読みがなを書きなさい。（一つ1点／18点）

(1)
① 子供が満三歳《さい》になる。（　）
② 空腹を満たす。（　）

(2)
① 従業員を雇《やと》う。（　）
② 父に従う。（　）

(3)
① 電源を切る。（　）
② 利根川《とねがわ》の源を探《さぐ》る。（　）

(4)
① 例外は認めない。（　）
② 例え話をする。（　）

(5)
① ひざに激痛が走る。（　）
② 感情を激しく表現する。（　）

(6)
① 招待状の清書をする。（　）
② 清らかな心。（　）

(7)
① 検便を提出する。（　）
② 別便で荷物を送る。（　）
③ 外国の友達から便りがある。（　）

(8)
① 悩《なや》みが解消される。（　）
② 火が消える。（　）
③ 火を消し止める。（　）

**2** 次の漢字の総画数を書きなさい。（一つ1点／8点）

例 働（13）

(1) 法（　） (2) 倉（　） (3) 派（　） (4) 海（　） (5) 流（　） (6) 個（　） (7) 混（　） (8) 候（　）

**3** 次の漢字の部首を書きなさい。（一つ1点／8点）

例 休（亻）

(1) 求（　） (2) 圧（　） (3) 知（　） (4) 真（　） (5) 覚（　） (6) 漁（　） (7) 準（　） (8) 視（　）

**4** 筆順の正しいものの記号を、○で囲みなさい。（一つ2点／8点）

(1) 河
ア 氵 沪 沪 沪 河
イ 氵 汀 河 河 河

(2) 垂
ア 二 三 垂 垂 垂 垂
イ 二 三 垂 垂 垂 垂

(3) 済
ア 氵 汶 济 済 済
イ 氵 汶 济 済 済

(4) 波
ア 氵 沪 沪 波 波
イ 氵 氵 汁 泸 波 波
ウ 氵 氵 沪 泸 波 波

得点　／100点
学習日　月　日

## 5 次の読み方をする漢字を□に書きなさい。（一つ1点／18点）

(1) イ
① テーブルの□置《ち》。
② 一週間□内《ない》。

(2) エン
① 女優の□技《ぎ》。
② □分《ぶん》を控《ひか》える。

(3) ケツ
① 簡《かん》□にまとめる。
② すぐ□断《だん》する。

(4) セン
① □面所《めんじょ》を使う。
② 温《おん》□宿《やど》に泊《と》まる。

(5) ソク
① 目《もく》□を誤る。
② 建物の□面《めん》。

(6) なお(る)
① 機械の故障が□る。
② 腕《うで》のけがが□る。

(7) カン
① □方薬《ぽうやく》を飲む。
② 妹を□病《びょう》する。
③ 客《きゃっ》□的《てき》に考える。

(8) ケイ
① 関《かん》□のある言葉。
② 五角《ごかく》□の面積。
③ 大砲《たいほう》の口《こう》□を測る。

## 6 □に漢字を書きなさい。（一つ2点／28点）

(1)
① □《た》人《にん》の空似《そらに》。
② 中庭の□《いけ》。

(2)
① 兄に□《でん》言《ごん》を頼《たの》む。
② 大《だい》□《ぶつ》を見学する。

(3)
① □《よく》室《しつ》の換気《かんき》。
② 日本海の□《えん》岸《がん》。

(4)
① □《みずうみ》の近くの別荘《べっそう》。
② 渦《うず》□《しお》が起こる。

(5)
① 北欧《ほくおう》の□《ひょう》河《が》。
② □《えい》久歯《きゅうし》が生える。
③ 競《きょう》□《えい》の選手。

(6)
① マンションの□《じゅう》民《みん》。
② 足元に□《ちゅう》意《い》する。
③ 車の□《おう》来《らい》が激しい。

## 7 次の文を漢字を使って書き直しなさい。（漢字一字2点／12点）

(1) **えきたい**を**まぜ**る**さぎょう**を**まか**される。（六字）

# 「書き」チェック 10

●数字は、小学校で学習した学年

◆「木・木」のつく漢字

|  |  |  |  |
|---|---|---|---|
| ❸ | 板 | 看板《かんばん》・合板《ごうはん》 ベニヤ板《いた》 | 木8画 |
| ❸ | 柱 | 円柱《えんちゅう》・電柱《でんちゅう》 柱《はしら》・大黒柱《だいこくばしら》 | 木9画 |
| ❸ | 様 | 様子《ようす》・多様《たよう》 王様《おうさま》・山田様《やまださま》 | 木14画 |
| ❹ | 束 | 約束《やくそく》・花束《はなたば》 二束三文《にそくさんもん》 | 木7画 |
| ❹ | 末 | 粉末《ふんまつ》・週末《しゅうまつ》 末期《まっき》・行《ゆ》く末《すえ》 | 木5画 |
| ❹ | 未 | 未知《みち》・未来《みらい》 未完成《みかんせい》・未満《みまん》 | 木5画 |
| ❹ | 果 | 果実《かじつ》・効果《こうか》 使《つか》い果《は》たす | 木8画 |
| ❹ | 札 | 表札《ひょうさつ》・改札《かいさつ》 名札《なふだ》・守《まも》り札《ふだ》 | 木5画 |
| ❹ | 材 | 材料《ざいりょう》・木材《もくざい》 適材適所《てきざいてきしょ》 | 木7画 |
| ❹ | 栄 | 栄養《えいよう》・栄光《えいこう》 国《くに》が栄《さか》える | 木9画 |
| ❹ | 案 | 提案《ていあん》・草案《そうあん》 案《あん》の定《じょう》 | 木10画 |
| ❹ | 械 | 機械《きかい》・機械化《きかいか》 器械体操《きかいたいそう》 | 木11画 |
| ❹ | 標 | 標識《ひょうしき》・目標《もくひょう》 標準語《ひょうじゅんご》・標高《ひょうこう》 | 木15画 |
| ❺ | 条 | 条理《じょうり》・条件《じょうけん》 箇条書《かじょうが》き | 木7画 |
| ❺ | 検 | 検討《けんとう》・点検《てんけん》 検察庁《けんさつちょう》・検定《けんてい》 | 木12画 |
| ❺ | 査 | 審査《しんさ》・調査《ちょうさ》 検査《けんさ》・考査《こうさ》 | 木9画 |
| ❺ | 格 | 格式《かくしき》・品格《ひんかく》 体格《たいかく》・本格的《ほんかくてき》 | 木10画 |
| ❺ | 構 | 構想《こうそう》・構図《こうず》 構《かま》え・身構《みがま》える | 木14画 |
| ❻ | 模 | 模様《もよう》・模型《もけい》 模写《もしゃ》・規模《きぼ》 | 木14画 |
| ❻ | 枚 | 一枚《いちまい》・枚数《まいすう》 二枚貝《にまいがい》・枚挙《まいきょ》 | 木8画 |
| ❻ | 株 | 古株《ふるかぶ》・切《き》り株《かぶ》 株主総会《かぶぬしそうかい》 | 木10画 |
| ❻ | 棒 | 鉄棒《てつぼう》・心棒《しんぼう》 棒《ぼう》グラフ | 木12画 |
| ❻ | 権 | 権利《けんり》・人権《じんけん》 三権分立《さんけんぶんりつ》 | 木15画 |

❶ □には漢字を、（　）には漢字と送りがなを書きなさい。 （一つ2点）

(1) 規格に適《てき》□《ごう》する。

(2) 罪状を□《ひ》認《にん》する。

(3) 家の□《こう》造《ぞう》を調べる。

(4) 図書館の□《し》書《しょ》。

(5) 話の結《けつ》□《まつ》に驚《おどろ》く。

(6) 審《しん》□《さ》員《いん》になる。

(7) 円《えん》□《しゅう》率《りつ》を覚える。

(8) 町が繁《はん》□《えい》する。

(9) 鉄《てっ》□《ぱん》で焼く。

(10) チームの結《けっ》□《そく》。

(11) 法案が□《か》決《けつ》する。

(12) 新聞広《こう》□《こく》を見る。

(13) 海外に□《い》住《じゅう》する。

(14) ケースの容《よう》□《せき》。

(15) 店を（　　）《かまえる》。

(16) □《ごう》外《がい》が配られる。

(17) 生活□《よう》式《しき》。

(18) □《かぶ》式《しき》会社。

(19) 福引きの景《けい》□《ひん》。

(20) 慣用《かんよう》□《く》を学ぶ。

(21) □《かく》自《じ》で用意する。

(22) 役割を（　　）《はたす》。

(23) 千円《せんえん》□《さつ》を出す。

(24) バスの乗務《じょうむ》□《いん》。

得点 ／100点

学習日 月 日

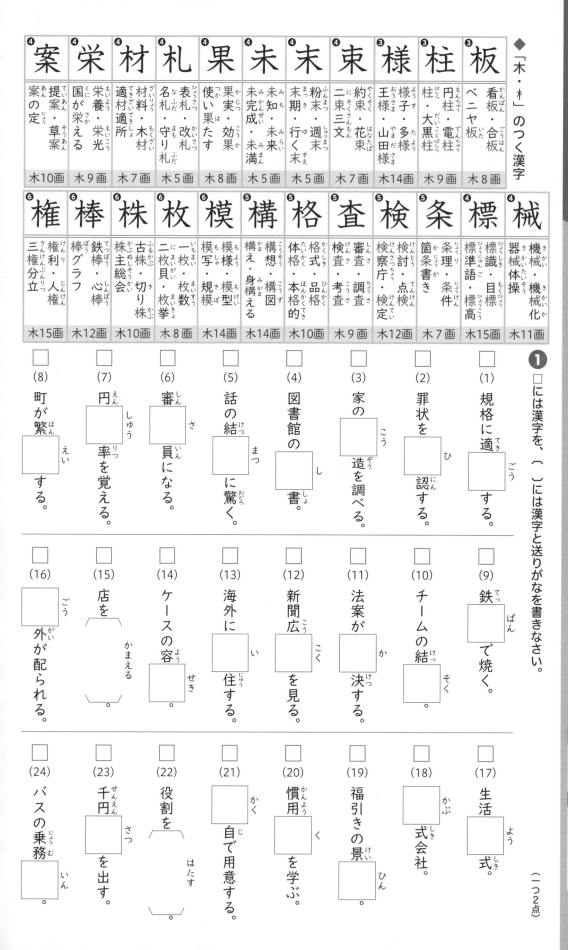

◆「禾」のつく漢字

|  |  |  |  |
|---|---|---|---|
| 種 | ❹ | 種子《しゅし》・種類《しゅるい》 菜種油《なたねあぶら》・火種《ひだね》 | 禾14画 |
| 積 | ❹ | 面積《めんせき》・集積《しゅうせき》 積《つ》み荷《に》・下積《したづ》み | 禾16画 |
| 移 | ❺ | 移動《いどう》・推移《すいい》 移《うつ》り変《か》わり | 禾11画 |
| 税 | ❺ | 税金《ぜいきん》・増税《ぞうぜい》 消費税《しょうひぜい》・税関《ぜいかん》 | 禾12画 |
| 穀 | ❻ | 穀物《こくもつ》・穀類《こくるい》 穀倉地帯《こくそうちたい》 | 禾14画 |

◆「口」のつく漢字

|  |  |  |  |
|---|---|---|---|
| 台 | ❷ | 灯台《とうだい》・天文台《てんもんだい》 台頭《たいとう》・台風《たいふう》 | 口5画 |
| 同 | ❷ | 同時《どうじ》・共同《きょうどう》 右に同《おな》じ | 口6画 |
| 合 | ❷ | 合意《ごうい》・合体《がったい》 合戦《かっせん》・語《かた》り合《あ》う | 口6画 |
| 号 | ❸ | 号泣《ごうきゅう》・年号《ねんごう》 信号《しんごう》・創刊号《そうかんごう》 | 口5画 |
| 味 | ❸ | 味覚《みかく》・興味《きょうみ》 味付《あじつ》け・塩味《しおあじ》 | 口8画 |
| 品 | ❸ | 品行《ひんこう》・商品《しょうひん》 手品《てじな》・品切《しなぎ》れ | 口9画 |
| 員 | ❸ | 店員《てんいん》・職員《しょくいん》 国会議員《こっかいぎいん》 | 口10画 |
| 問 | ❸ | 問題《もんだい》・問屋《とんや》 問《と》い合《あ》わせる | 口11画 |
| 司 | ❹ | 司令《しれい》・上司《じょうし》 司会《しかい》・司法官《しほうかん》 | 口5画 |
| 各 | ❹ | 各位《かくい》・各人《かくじん》 各自《かくじ》・各選手《かくせんしゅ》 | 口6画 |
| 周 | ❹ | 周期《しゅうき》・周知《しゅうち》 池の周《まわ》り | 口8画 |
| 唱 | ❹ | 合唱《がっしょう》・二重唱《にじゅうしょう》 異議を唱《とな》える | 口11画 |
| 可 | ❺ | 可否《かひ》・許可《きょか》 可能性《かのうせい》・可決《かけつ》 | 口5画 |
| 句 | ❺ | 俳句《はいく》・文句《もんく》 句読点《くとうてん》・語句《ごく》 | 口5画 |
| 告 | ❺ | 告示《こくじ》・予告《よこく》 報告《ほうこく》・告《つ》げ口《ぐち》 | 口7画 |
| 喜 | ❺ | 喜劇《きげき》・歓喜《かんき》 悲喜《ひき》・大喜《おおよろこ》び | 口12画 |
| 否 | ❻ | 否定《ひてい》・拒否《きょひ》 賛否両論《さんぴりょうろん》 | 口7画 |
| 呼 | ❻ | 呼吸《こきゅう》・点呼《てんこ》 呼《よ》び出《だ》し | 口8画 |
| 吸 | ❻ | 吸収《きゅうしゅう》・吸水《きゅうすい》 吸《す》いつける | 口6画 |

(25) 高《たか》□《だい》から見下ろす。
(26) 掃除機《そうじき》の□《きゅう》引力《いんりょく》。
(27) 競技《きょうぎ》□《しゅ》目《もく》が多い。
(28) 事故を□《み》然《ぜん》に防ぐ。
(29) 平和を〔　　〕《となえる》。
(30) □《どう》窓会《そうかい》に行く。
(31) 絵を□《も》写《しゃ》する。
(32) 会場を□《あん》内《ない》する。
(33) 国民主《しゅ》□《けん》。
(34) 校歌を斉《せい》□《しょう》する。

(35) 研究の成《せい》□《か》。
(36) タイヤの点《てん》□《けん》。
(37) 家を訪《ほう》□《もん》する。
(38) 指揮《しき》□《ぼう》を振《ふ》る。
(39) 機《き》□《かい》化《か》が進む。
(40) 料理の味は□《かく》別《べつ》だ。
(41) □《き》怒哀楽《どあいらく》が激しい。
(42) 雑《ざっ》□《こく》の収穫《しゅうかく》。
(43) 名前を連《れん》□《こ》する。
(44) 酸《さん》□《み》の強い料理。

(45) 茶《ちゃ》□《ばしら》が立つ。
(46) 三《さん》□《まい》の画用紙。
(47) 優秀《ゆうしゅう》な人《じん》□《ざい》。
(48) 納《のう》□《ぜい》の義務。
(49) □《じょう》件《けん》がそろう。
(50) 昆虫《こんちゅう》の□《ひょう》本《ほん》。

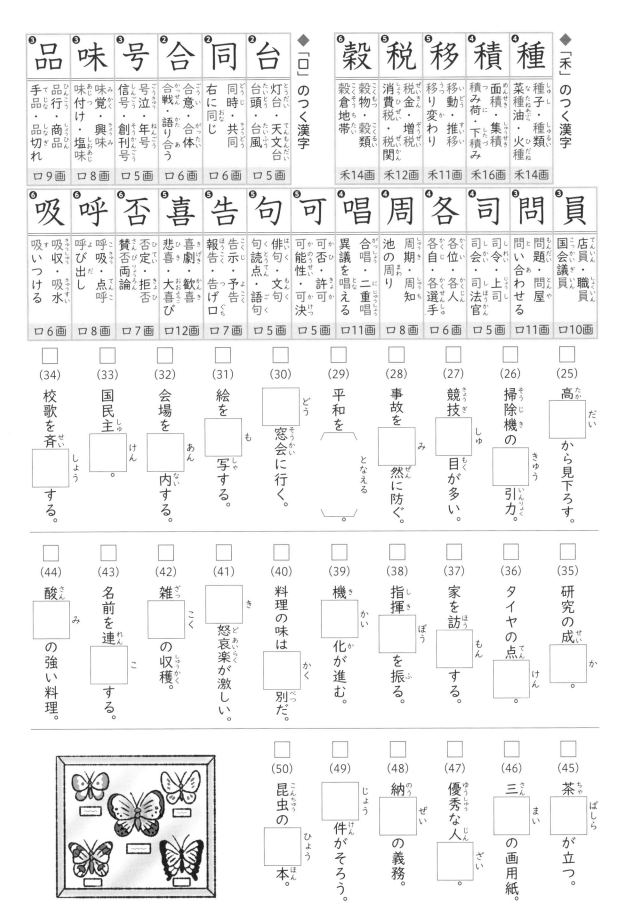

# 「書き」チェック 11

●数字は、小学校で学習した学年

◆「心・忄」のつく漢字

|  |  |  |  |
|---|---|---|---|
| 思 | ❷ | 思案《しあん》・意思《いし》 思《おも》いどおり | 心9画 |
| 急 | ❸ | 急激《きゅうげき》・急速《きゅうそく》 至急《しきゅう》・急《いそ》ぎ足《あし》 | 心9画 |
| 悲 | ❸ | 悲鳴《ひめい》・悲願《ひがん》 悲《かな》しげな目 | 心12画 |
| 意 | ❸ | 意見《いけん》・誠意《せいい》 意味《いみ》・得意気《とくいげ》 | 心13画 |
| 感 | ❸ | 感覚《かんかく》・感化《かんか》 感動《かんどう》・正義感《せいぎかん》 | 心13画 |
| 想 | ❸ | 回想《かいそう》・構想《こうそう》 予想《よそう》・想像《そうぞう》 | 心13画 |
| 必 | ❹ | 必死《ひっし》・必要《ひつよう》 必《かなら》ず勝つ | 心5画 |
| 念 | ❹ | 念願《ねんがん》・専念《せんねん》 記念《きねん》・念入《ねんい》り | 心8画 |
| 愛 | ❹ | 愛情《あいじょう》・愛好《あいこう》 自愛《じあい》・愛用《あいよう》 | 心13画 |
| 志 | ❺ | 志望《しぼう》・画家《がか》を志《こころざ》す 志《こころざし》を高《たか》くもつ | 心7画 |
| 応 | ❺ | 応答《おうとう》・応用《おうよう》 要求に応《こた》える | 心7画 |
| 態 | ❺ | 態度《たいど》・生態《せいたい》 形態《けいたい》・状態《じょうたい》 | 心14画 |
| 快 | ❺ | 快適《かいてき》・軽快《けいかい》 快《こころよ》い風 | 忄7画 |
| 情 | ❺ | 表情《ひょうじょう》・実情《じつじょう》 情《なさ》け深《ぶか》い | 忄11画 |
| 慣 | ❺ | 慣例《かんれい》・習慣《しゅうかん》 慣《な》れ親《した》しむ | 忄14画 |
| 恩 | ❻ | 恩師《おんし》・恩義《おんぎ》 恩返《おんがえ》し・謝恩《しゃおん》 | 心10画 |
| 忠 | ❻ | 忠告《ちゅうこく》・忠実《ちゅうじつ》 忠誠《ちゅうせい》・忠義《ちゅうぎ》 | 心8画 |
| 憲 | ❻ | 憲法《けんぽう》・護憲《ごけん》 立憲君主制《りっけんくんしゅせい》 | 心16画 |

◆「手・扌」のつく漢字

|  |  |  |  |
|---|---|---|---|
| 才 | ❷ | 天才《てんさい》・才気《さいき》 英才教育《えいさいきょういく》 | 扌3画 |
| 打 | ❸ | 打者《だしゃ》・連打《れんだ》 打《う》ち鳴《な》らす | 扌5画 |
| 投 | ❸ | 投球《とうきゅう》・投票《とうひょう》 投《な》げ出《だ》す | 扌7画 |
| 持 | ❸ | 所持《しょじ》・持久力《じきゅうりょく》 保持《ほじ》・持《も》ち主《ぬし》 | 扌9画 |

❶ □には漢字を、〔　〕には漢字と送りがなを書きなさい。 （一つ2点）

(1) □《し》望《ぼう》する高校。 □
(2) 地震《じしん》を□《そう》定《てい》する。 □
(3) □《きょ》手《しゅ》した人数。 □
(4) 道路を□《かく》張《ちょう》する。 □
(5) 独《どく》□《そう》性《せい》のある作品。 □
(6) 野菜を選《せん》□《べつ》する。 □
(7) 実《じっ》□《たい》調査を行う。 □
(8) 音楽の□《さい》能《のう》がある。 □

(9) □《あい》読書《どくしょ》を薦《すす》める。 □
(10) 雑誌を□《かん》行《こう》する。 □
(11) 友《ゆう》□《じょう》が芽生える。 □
(12) □《だ》順《じゅん》を決める。 □
(13) 合唱団の指《し》□《き》者《しゃ》。 □
(14) ペンを□《はい》借《しゃく》する。 □
(15) 善《ぜん》□《い》に解釈《かいしゃく》する。 □
(16) ごみを〔　　〕《すてる》。 □

(17) 至《し》□《きゅう》連絡《れんらく》する。 □
(18) 仕事を分《ぶん》□《たん》する。 □
(19) 結婚式《けっこんしき》の□《しょう》待状《たいじょう》。 □
(20) 憲法を□《せい》定《てい》する。 □
(21) □《ちゅう》誠《せい》を誓《ちか》う。 □
(22) 善悪を□《はん》断《だん》する。 □
(23) 自然の□《おん》恵《けい》。 □
(24) □《し》考《こう》を巡《めぐ》らす。 □

得点 ／100点

学習日 月 日

❹ 折
曲折《きょくせつ》・挫折《ざせつ》
指折《ゆびお》り・時折《ときおり》
扌7画

❹ 挙
挙手《きょしゅ》・挙動《きょどう》
重量挙《じゅうりょうあ》げ
手10画

❺ 招
招集《しょうしゅう》・招待《しょうたい》
招致《しょうち》・手招《てまね》き
扌8画

❺ 採
採決《さいけつ》・採集《さいしゅう》
きのこを採《と》る
扌11画

❺ 接
直接《ちょくせつ》・密接《みっせつ》
接眼《せつがん》レンズ
扌11画

❻ 拝
参拝《さんぱい》・拝啓《はいけい》
拝《おが》みたおす
扌8画

❻ 批
批評《ひひょう》・批准《ひじゅん》
批判的《ひはんてき》
扌7画

❻ 拡
拡大《かくだい》・拡散《かくさん》
拡声器《かくせいき》・拡張《かくちょう》
扌8画

❻ 担
担架《たんか》・担任《たんにん》
担当者《たんとうしゃ》・負担《ふたん》
扌8画

❻ 捨
四捨五入《ししゃごにゅう》
取捨《しゅしゃ》・捨《す》て猫《ねこ》
扌11画

❻ 揮
発揮《はっき》・指揮《しき》
指揮棒《しきぼう》・揮発《きはつ》
扌12画

## ◆「刀・刂」のつく漢字

❷ 刀
名刀《めいとう》・木刀《ぼくとう》
小刀《こがたな》・一本刀《いっぽんがたな》
刀2画

❸ 列
列島《れっとう》・行列《ぎょうれつ》
列国《れっこく》・参列《さんれつ》
刂6画

❹ 別
別個《べっこ》・告別《こくべつ》
生《い》き別《わか》れ
刂7画

❹ 利
利口《りこう》・鋭利《えいり》
利己的《りこてき》・便利《べんり》
刂7画

❹ 刷
印刷《いんさつ》・刷新《さっしん》
刷《す》り物《もの》・色刷《いろず》り
刂8画

❹ 副
副業《ふくぎょう》・副詞《ふくし》
副作用《ふくさよう》・副食《ふくしょく》
刂11画

❺ 刊
新刊《しんかん》・刊行《かんこう》
創刊号《そうかんごう》・朝刊《ちょうかん》
刂5画

❺ 判
判断《はんだん》・判決《はんけつ》
裁判《さいばん》・小判《こばん》
刂7画

❺ 制
制度《せいど》・制作《せいさく》
交通規制《こうつうきせい》
刂8画

❺ 則
規則《きそく》・法則《ほうそく》
校則《こうそく》・教則本《きょうそくぼん》
刂9画

❻ 券
株券《かぶけん》・定期券《ていきけん》
回数券《かいすうけん》・旅券《りょけん》
刀8画

❻ 刻
時刻《じこく》・深刻《しんこく》
刻限《こくげん》・小刻《こきざ》み
刂8画

❻ 創
創刊《そうかん》・創設《そうせつ》
創作《そうさく》・創《つく》る
刂12画

❻ 劇
劇画《げきが》・演劇《えんげき》
劇作家《げきさっか》・劇薬《げきやく》
刂15画

(25) 歌《か》□《げき》団《だん》に入る。
(26) 事態に適《てき》□《おう》する。
(27) 印《いん》□《さつ》所《じょ》に入稿《にゅうこう》する。
(28) 古い□《かん》習《しゅう》を破る。
(29) 同じ系《けい》□《れつ》の会社。
(30) 材料を取《しゅ》□《しゃ》する。
(31) □《さい》用《よう》試験に受かる。
(32) 喜びを実《じっ》□《かん》する。
(33) 映画の□《ひ》評《ひょう》。
(34) 時を（　　）《きざむ》。

(35) 武士の日本《にほん》□《とう》。
(36) □《ひっ》要《よう》な用具。
(37) 乗車《じょうしゃ》□《けん》を購入《こうにゅう》する。
(38) □《かい》調《ちょう》な売れ行き。
(39) 効力が□《じ》続《ぞく》する。
(40) 文と文を□《せつ》続《ぞく》する。
(41) □《ひ》痛《つう》な表情。
(42) 代金を□《せっ》半《ぱん》する。
(43) 医者を（　　）《こころざす》。
(44) 民主主義の鉄《てっ》□《そく》。

(45) 先《せん》□《こく》会った人。
(46) 預金の□《り》息《そく》。
(47) 信《しん》□《ねん》をもつ。
(48) □《ふく》産物《さんぶつ》を売る。
(49) 国連《こくれん》□《けん》章《しょう》。
(50) 野球の□《とう》手《しゅ》。

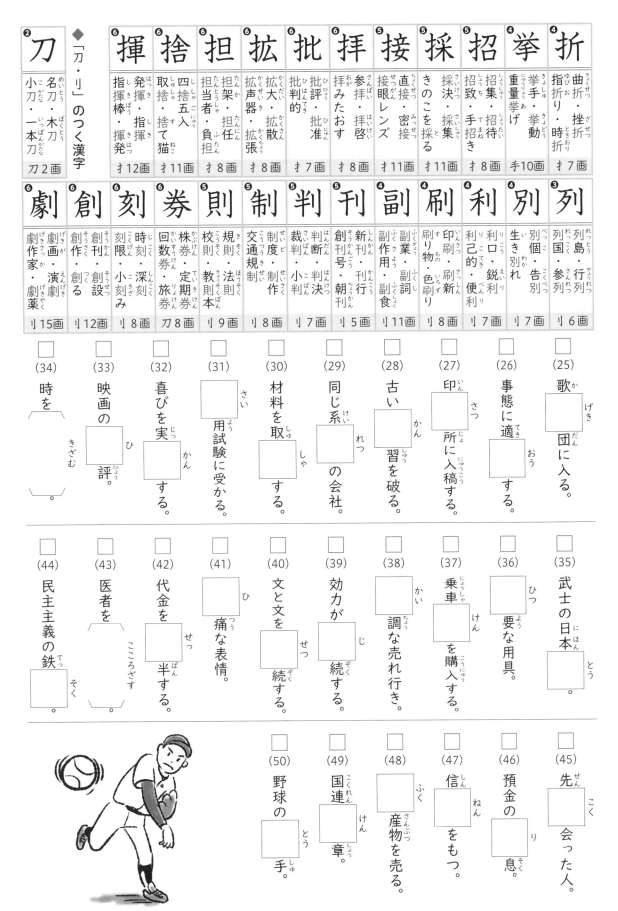

# テスト 5

得点　／100点
学習日　月　日

**1** ——の漢字の読みがなを書きなさい。（一つ1点／18点）

(1) ① 果報は寝《ね》て待て。（　　）
② 宇宙の果て。（　　）

(2) ① 点呼をとる。（　　）
② 名前を呼ぶ。（　　）

(3) ① 深刻な問題。（　　）
② ねぎを刻む。（　　）

(4) ① 会議で採決される。（　　）
② きのこを採る。（　　）

(5) ① 問題点を列挙する。（　　）
② 手を挙げる。（　　）

(6) ① 花の模様の布。（　　）
② 世界的な規模。（　　）

(7) ① 問屋で買い物をする。（　　）
② 問答をかわす。（　　）
③ 責任を問う。（　　）

(8) ① 建築家を志す。（　　）
② 志を同じくする。（　　）
③ 意志を貫《つらぬ》く。（　　）

**2** 次の漢字の総画数を書きなさい。（一つ1点／8点）

例 才（３）
(1) 同（　　）　(2) 持（　　）
(3) 移（　　）　(4) 折（　　）　(5) 標（　　）
(6) 副（　　）　(7) 構（　　）　(8) 創（　　）

**3** 次の漢字の部首を書きなさい。（一つ1点／8点）

例 往（彳）
(1) 担（　　）　(2) 券（　　）
(3) 想（　　）　(4) 員（　　）　(5) 案（　　）
(6) 周（　　）　(7) 利（　　）　(8) 愛（　　）

**4** 筆順の正しいものの記号を、○で囲みなさい。（一つ1点／4点）

(1) 必
ア 丶 ソ 义 必 必
イ ノ ソ 义 必 必

(2) 別
ア 口 口 号 另 別
イ 口 口 号 另 別

(3) 拝
ア 扌 扌 扌 拝 拝
イ 扌 打 扞 拝 拝
ウ 扌 扌 扌 扌 拝

(4) 劇
ア 丨 ⺊ ⺊ 豦 劇
イ 一 ⺊ ⺊ 豦 劇
ウ 丨 ⺊ 广 豦 劇

**5** □に漢字を書きなさい。（一つ1点／8点）

(1) ① 入場者数に□《せい》限《げん》がある。
② 会報を印《いん》□《さつ》する。

(2) ① 俳《はい》□《く》を詠《よ》む。
② 外出を許《きょ》□《か》する。

(3) ① 週《しゅう》□《まつ》に出かける。
② 時間は□《み》定《てい》だ。

(4) ① 公正な裁《さい》□《ばん》。
② 創《そう》□《かん》号《ごう》を読む。

**6** 次の読み方をする漢字を□に書きなさい。（一つ2点／54点）

(1) ジョウ
① 最新の□報《ほう》。
② 貸し出しの□件《けん》。

(2) カイ
① 機《き》□が故障する。
② □速《そく》の電車。

(3) ソク
① 約《やく》□の時間。
② 規《き》□正しい生活。
③ 箱の□面《めん》。

(4) コク
① 無罪を宣《せん》□する。
② □物《もつ》の生産。

(5) ゴウ
① □令《れい》をかける。
② □理《り》的《てき》な考え。

(6) キュウ
① □激《げき》な変化。
② 知識を□収《しゅう》する。

(7) キ
① 実力を発《はっ》□する。
② □劇《げき》が好きだ。

(8) ショウ
① 夕食に□待《たい》する。
② 校歌を斉《せい》□する。

(9) ヒ
① 作品を□評《ひょう》する。
② 要求を拒《きょ》□する。

(10) カン
① 歯《は》磨《みが》きの習《しゅう》□。
② 彼《かれ》の説に同《どう》□する。

(11) カク
① 品《ひん》□が備わる。
② □自《じ》で持参する。
③ 図を□大《だい》する。

(12) ケン
① 問題点を□討《とう》する。
② 有《ゆう》□者《しゃ》の意見。
③ 日本国□法《ぽう》。

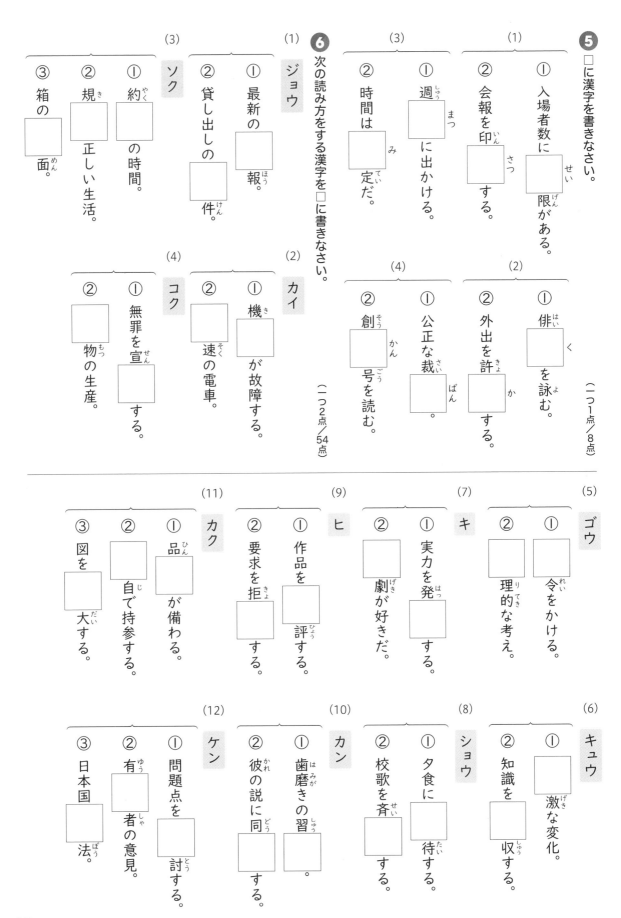

# 「書き」チェック 12

●数字は、小学校で学習した学年

◆「貝」のつく漢字

|  |  |  |  |
|---|---|---|---|
| ❷ | 買 | 売買《ばいばい》・購買《こうばい》 買収《ばいしゅう》・買《か》い物《もの》 | 貝12画 |
| ❸ | 負 | 負担《ふたん》・背負《せお》う 勝《か》ち負《ま》け | 貝9画 |
| ❹ | 貨 | 通貨《つうか》・金貨《きんか》 百貨店《ひゃっかてん》・貨物《かもつ》 | 貝11画 |
| ❺ | 貯 | 貯金《ちょきん》・貯水池《ちょすいち》 貯蔵庫《ちょぞうこ》 | 貝12画 |
| ❺ | 賞 | 賞状《しょうじょう》・賞金《しょうきん》 皆勤賞《かいきんしょう》・鑑賞《かんしょう》 | 貝15画 |
| ❺ | 責 | 自責《じせき》・責任《せきにん》 責《せ》めたてる | 貝11画 |
| ❺ | 資 | 資源《しげん》・物資《ぶっし》 資本主義《しほんしゅぎ》 | 貝13画 |
| ❺ | 貿 | 貿易《ぼうえき》・貿易港《ぼうえきこう》 国際貿易《こくさいぼうえき》 | 貝12画 |
| ❺ | 賛 | 賛美《さんび》・賞賛《しょうさん》 賛否両論《さんぴりょうろん》 | 貝15画 |
| ❻ | 賃 | 家賃《やちん》・賃貸《ちんたい》 運賃《うんちん》・電車賃《でんしゃちん》 | 貝13画 |

◆「頁」のつく漢字

|  |  |  |  |
|---|---|---|---|
| ❸ | 題 | 題材《だいざい》・例題《れいだい》 話題作《わだいさく》・課題《かだい》 | 頁18画 |
| ❹ | 順 | 順調《じゅんちょう》・順路《じゅんろ》 五十音順《ごじゅうおんじゅん》 | 頁12画 |
| ❹ | 類 | 衣類《いるい》・種類《しゅるい》 虫の類《たぐ》い | 頁18画 |
| ❹ | 願 | 志願《しがん》・願書《がんしょ》 願《ねが》い下《さ》げ | 頁19画 |
| ❻ | 預 | 預金《よきん》・預託《よたく》 預《あず》かり証《しょう》 | 頁13画 |
| ❺ | 領 | 領土《りょうど》・受領《じゅりょう》 領収書《りょうしゅうしょ》 | 頁14画 |
| ❺ | 額 | 金額《きんがく》・多額《たがく》 額《ひたい》のしわ | 頁18画 |
| ❻ | 頂 | 頂点《ちょうてん》・山《やま》の頂《いただき》 頂《いただ》き物《もの》 | 頁11画 |

◆「阝」(こざとへん)「阝」(おおざと)のつく漢字

|  |  |  |  |
|---|---|---|---|
| ❸ | 階 | 階段《かいだん》・階級《かいきゅう》 五階建《ごかいだ》て | 阝12画 |
| ❸ | 陽 | 太陽《たいよう》・陽子《ようし》 陽《よう》イオン | 阝12画 |
| ❹ | 陸 | 陸地《りくち》・陸橋《りっきょう》 陸上競技《りくじょうきょうぎ》 | 阝11画 |

❶ □には漢字を、（　）には漢字と送りがなを書きなさい。（一つ2点）

(1) 天候が不《ふ》□《じゅん》だ。

(2) □《い》国《こく》の地を踏《ふ》む。

(3) チームは全《ぜん》□《ぱい》した。

(4) 差《さ》□《がく》を計算する。

(5) 荷物を（あずかる）。

(6) 得意の絶《ぜっ》□《ちょう》にある。

(7) □《ぼう》音《おん》装置を付ける。

(8) 一流だと自《じ》□《ふ》する。

(9) 名作を鑑《かん》□《しょう》する。

(10) チームに残《ざん》□《りゅう》する。

(11) 音楽《おんがく》□《たい》の演奏。

(12) □《はん》ごとに研究する。

(13) 楽譜《がくふ》の音《おん》□《かい》。

(14) □《るい》似点《じてん》を探す。

(15) 健康保《ほ》□《けん》への加入。

(16) □《ほう》置《ち》された自転車。

(17) □《ちょ》水池《すいち》の水。

(18) 名前の□《ゆ》来《らい》。

(19) 要《よう》□《りょう》を得る。

(20) バンドの解《かい》□《さん》。

(21) 接戦で（やぶれる）。

(22) 自然《しぜん》□《かい》の法則。

(23) □《こう》水量《すいりょう》を調べる。

(24) 土地を□《ばい》収《しゅう》する。

得点 ／100点

学習日 月 日

| | | | |
|---|---|---|---|
| ④ | 隊 | 隊長《たいちょう》・音楽隊《おんがくたい》 探検隊《たんけんたい》・兵隊《へいたい》 | 阝12画 |
| ⑤ | 防 | 予防《よぼう》・防災《ぼうさい》 混乱《こんらん》を防《ふせ》ぐ | 阝7画 |
| ⑤ | 限 | 限界《げんかい》・無限《むげん》 今日《きょう》限《かぎ》り | 阝9画 |
| ⑤ | 険 | 険悪《けんあく》・危険《きけん》 険《けわ》しい山道《やまみち》 | 阝11画 |
| ⑤ | 際 | 交際《こうさい》・実際《じっさい》 国際《こくさい》・際限《さいげん》 | 阝14画 |
| ⑥ | 降 | 下降《かこう》・小降《こぶ》り 車《くるま》を降《お》りる | 阝10画 |
| ⑥ | 障 | 障子《しょうじ》・支障《ししょう》 障害《しょうがい》・故障《こしょう》 | 阝14画 |
| ⑥ | 郵 | 郵便局《ゆうびんきょく》・郵送《ゆうそう》 郵便物《ゆうびんぶつ》 | 阝11画 |

## ◆「攵」「田」「王」のつく漢字

| | | | |
|---|---|---|---|
| ③ | 整 | 整然《せいぜん》・整理《せいり》 呼吸《こきゅう》を整《ととの》える | 攵16画 |
| ③ | 放 | 解放《かいほう》・放射《ほうしゃ》 放《はな》す・放《ほう》る | 攵8画 |
| ④ | 改 | 改革《かいかく》・改造《かいぞう》 年《とし》が改《あらた》まる | 攵7画 |
| ④ | 敗 | 敗者《はいしゃ》・連敗《れんぱい》 試合《しあい》に敗《やぶ》れる | 攵11画 |
| ④ | 散 | 散乱《さんらん》・散歩《さんぽ》 飛《と》び散《ち》る | 攵12画 |
| ⑤ | 政 | 政治《せいじ》・行政《ぎょうせい》 財政《ざいせい》・国政《こくせい》 | 攵9画 |
| ⑤ | 救 | 救出《きゅうしゅつ》・救済《きゅうさい》 人《ひと》を救《すく》う | 攵11画 |
| ⑥ | 敬 | 尊敬《そんけい》・敬語《けいご》 師《し》を敬《うやま》う | 攵12画 |
| ② | 画 | 画伯《がはく》・原画《げんが》 総画《そうかく》・計画《けいかく》 | 田8画 |
| ② | 番 | 番地《ばんち》・番号《ばんごう》 十番勝負《じゅうばんしょうぶ》 | 田12画 |
| ③ | 由 | 理由《りゆう》・自由《じゆう》 経由《けいゆ》・由来《ゆらい》 | 田5画 |
| ③ | 界 | 世界《せかい》・学界《がっかい》 芸能界《げいのうかい》・限界《げんかい》 | 田9画 |
| ⑤ | 留 | 留学《りゅうがく》・留守《るす》 目《め》に留《と》まる | 田10画 |
| ⑤ | 略 | 計略《けいりゃく》・略歴《りゃくれき》 省略記号《しょうりゃくきごう》 | 田11画 |
| ⑥ | 異 | 異国《いこく》・異例《いれい》 立場《たちば》を異《こと》にする | 田11画 |
| ③ | 球 | 地球《ちきゅう》・打球《だきゅう》 電灯《でんとう》の球《たま》 | 王11画 |
| ⑥ | 班 | 班長《はんちょう》・三班《さんぱん》 救護班《きゅうごはん》 | 王10画 |

□ (25) 太《たい》□《よう》電池を使う。

□ (26) 荷物を□《ゆう》送《そう》する。

□ (27) けが人《にん》を□《きゅう》助《じょ》する。

□ (28) 江《え》戸《ど》時代の□《せい》治《じ》。

□ (29) がまんの□《げん》度《ど》。

□ (30) 道路を□《せい》備《び》する。

□ (31) □《よ》金《きん》通帳。

□ (32) □《せき》任《にん》をもつ。

□ (33) 番組を録《ろく》□《が》する。

□ (34) □《か》物《もつ》船《せん》に乗る。

□ (35) 策《さく》□《りゃく》にはまる。

□ (36) 家を□《かい》築《ちく》する。

□ (37) □《さい》限《げん》なく続く。

□ (38) 議《ぎ》□《だい》にのぼる。

□ (39) バスの運《うん》□《ちん》。

□ (40) 力の［　　］《かぎり》戦う。

□ (41) 念《ねん》□《がん》の旅行をする。

□ (42) 旅客機《りょかくき》が着《ちゃく》□《りく》する。

□ (43) □《けい》意《い》をはらう。

□ (44) 絶《ぜっ》□《さん》を博した曲。

□ (45) 中国との□《ぼう》易《えき》。

□ (46) 支《し》□《しょう》をきたす。

□ (47) 地下□《し》源《げん》。

□ (48) 南半《みなみはん》□《きゅう》の地図。

□ (49) へびの［　　］《たぐい》。

□ (50) □《ばん》犬《けん》を飼う。

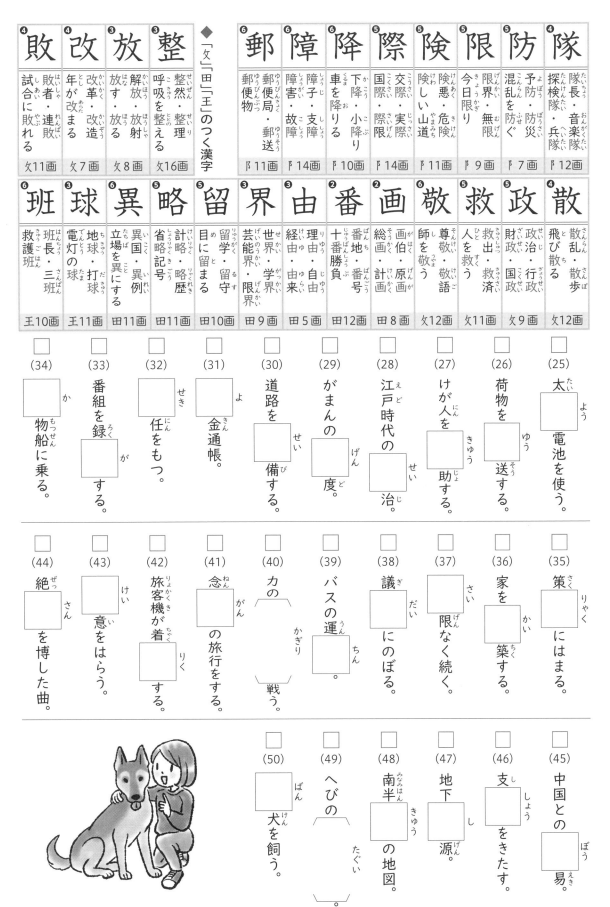

# 「書き」チェック 13

●数字は、小学校で学習した学年

得点　／100点
学習日　月　日

◆「辶」「廴」のつく漢字

|  |  |  |  |
|---|---|---|---|
| 近 | ❷ | 近日《きんじつ》・付近《ふきん》／近道《ちかみち》・間近《まぢか》 | 辶 7画 |
| 遠 | ❷ | 遠近《えんきん》・永遠《えいえん》／遠足《えんそく》・遠《とお》い国《くに》 | 辶 13画 |
| 返 | ❸ | 返事《へんじ》・返信《へんしん》／跳《は》ね返《かえ》る | 辶 7画 |
| 追 | ❸ | 追求《ついきゅう》・追放《ついほう》／追跡《ついせき》・追《お》い風《かぜ》 | 辶 9画 |
| 送 | ❸ | 送金《そうきん》・発送《はっそう》／放送《ほうそう》・見送《みおく》り | 辶 9画 |
| 進 | ❸ | 進路《しんろ》・精進《しょうじん》／大学《だいがく》に進《すす》む | 辶 11画 |
| 遊 | ❸ | 遊園地《ゆうえんち》・遊牧《ゆうぼく》／外遊《がいゆう》・水遊《みずあそ》び | 辶 12画 |
| 辺 | ❹ | 周辺《しゅうへん》・海辺《うみべ》／この辺《あた》り | 辶 5画 |
| 連 | ❹ | 連合《れんごう》・道連《みちづ》れ／連《つ》れる・連《つら》なる | 辶 10画 |
| 達 | ❹ | 達成《たっせい》・達者《たっしゃ》／通達《つうたつ》・速達《そくたつ》 | 辶 12画 |
| 選 | ❹ | 選挙《せんきょ》・選定《せんてい》／チーム選《えら》び | 辶 15画 |
| 述 | ❺ | 著述《ちょじゅつ》・記述《きじゅつ》／お礼《れい》を述《の》べる | 辶 8画 |
| 逆 | ❺ | 逆上《ぎゃくじょう》・逆流《ぎゃくりゅう》／逆転《ぎゃくてん》・逆立《さかだ》ち | 辶 9画 |
| 造 | ❺ | 造形《ぞうけい》・創造《そうぞう》／酒《さけ》を造《つく》る | 辶 10画 |
| 適 | ❺ | 適温《てきおん》・適度《てきど》／適材適所《てきざいてきしょ》 | 辶 14画 |
| 退 | ❻ | 退席《たいせき》・早退《そうたい》／敵《てき》を退《しりぞ》ける | 辶 9画 |
| 建 | ❹ | 建築《けんちく》・再建《さいけん》／建《た》て売《う》り | 廴 9画 |
| 延 | ❻ | 延長《えんちょう》・延期《えんき》／延《の》べ日数《にっすう》 | 廴 8画 |

◆「儿」「火・⺌・灬」のつく漢字

|  |  |  |  |
|---|---|---|---|
| 元 | ❷ | 元素《げんそ》・元来《がんらい》／家元《いえもと》・元栓《もとせん》 | 儿 4画 |
| 光 | ❷ | 光源《こうげん》・光景《こうけい》／光《ひかり》・星《ほし》が光《ひか》る | 儿 6画 |
| 炭 | ❸ | 石炭《せきたん》・練炭《れんたん》／炭火《すみび》・炭焼《すみや》き | 火 9画 |

**1** □には漢字を、〔　〕には漢字と送りがなを書きなさい。（一つ2点）

(1) □《ぎん》製《せい》の食器。
(2) 将軍に反《はん》□《ぎゃく》する。
(3) 鉄《てっ》□《こう》石《せき》の輸入量。
(4) 作品を□《てん》示《じ》する。
(5) □《む》断《だん》で借用する。
(6) 原料を厳《げん》□《せん》する。
(7) 健《けん》□《こう》状態を調べる。
(8) 電車の遅《ち》□《えん》証明。
(9) 敵が□《たい》散《さん》する。
(10) 期限が〔　〕《のびる》。
(11) □《えん》方《ぽう》からの来客。
(12) 今月の学習単《たん》□《げん》。
(13) □《どう》メダル。
(14) 化学部に所《しょ》□《ぞく》する。
(15) 傷物を□《へん》品《ぴん》する。
(16) 気象《きしょう》□《ちょう》の発表。
(17) □《たん》酸《さん》ガス。
(18) 重大な□《きょく》面《めん》。
(19) 荷物の発《はっ》□《そう》。
(20) 主語と□《じゅつ》語《ご》。
(21) □《けん》国記念《こくきねん》の日《ひ》。
(22) 富裕《ふゆう》な階《かい》□《そう》。
(23) 窓《まど》□《べ》の席。
(24) 展覧会の目《もく》□《ろく》。

- ❹ 灯：灯台《とうだい》・外灯《がいとう》　灯油《とうゆ》・電灯《でんとう》　火6画
- ❹ 無：無言《むごん》・無礼《ぶれい》　雲一《くもひと》つ無《な》い　灬12画
- ❹ 照：照明《しょうめい》・対照《たいしょう》　照《て》り返《かえ》し　灬13画
- ❹ 熱：光熱費《こうねつひ》・熱気《ねっき》　熱戦《ねっせん》・熱《あつ》い湯《ゆ》　灬15画
- ❺ 燃：燃料《ねんりょう》・燃焼《ねんしょう》　燃《も》えるごみ　火16画

## ◆「金・釒」「广」「尸」のつく漢字

- ❸ 鉄：鉄筋《てっきん》・鉄板《てっぱん》　地下鉄《ちかてつ》・鉄材《てつざい》　金13画
- ❸ 銀：水銀《すいぎん》・銀河《ぎんが》　銀世界《ぎんせかい》・銀行《ぎんこう》　金14画
- ❹ 録：録音《ろくおん》・収録《しゅうろく》　住所録《じゅうしょろく》・付録《ふろく》　金16画
- ❹ 鏡：鏡台《きょうだい》・望遠鏡《ぼうえんきょう》　顕微鏡《けんびきょう》・手鏡《てかがみ》　金19画
- ❺ 鉱：鉱山《こうざん》・鉱脈《こうみゃく》　金鉱《きんこう》・鉄鉱石《てっこうせき》　金13画
- ❺ 銅：銅貨《どうか》・銅像《どうぞう》　分銅《ふんどう》・銅線《どうせん》　金14画
- ❻ 針：長針《ちょうしん》・針路《しんろ》　針葉樹《しんようじゅ》・針箱《はりばこ》　金10画

- ❸ 庫：車庫《しゃこ》・金庫《きんこ》　貯蔵庫《ちょぞうこ》・宝庫《ほうこ》　广10画
- ❹ 底：地底《ちてい》・徹底《てってい》　底力《そこぢから》・船底《ふなぞこ》　广8画
- ❹ 康：健康《けんこう》・安康《あんこう》　小康状態《しょうこうじょうたい》　广11画
- ❺ 序：序曲《じょきょく》・順序《じゅんじょ》　年功序列《ねんこうじょれつ》　广7画
- ❻ 庁：都庁《とちょう》・官庁《かんちょう》　国税庁《こくぜいちょう》・庁舎《ちょうしゃ》　广5画
- ❸ 局：結局《けっきょく》・薬局《やっきょく》　局地的《きょくちてき》・支局《しきょく》　尸7画
- ❸ 屋：屋外《おくがい》・家屋《かおく》　小屋《こや》・屋根《やね》　尸9画
- ❺ 居：居住地《きょじゅうち》・皇居《こうきょ》　居所《いどころ》・居間《いま》　尸8画
- ❺ 属：専属《せんぞく》・付属《ふぞく》　貴金属《ききんぞく》・所属《しょぞく》　尸12画
- ❻ 展：展開《てんかい》・展望《てんぼう》　絵画展《かいがてん》・発展《はってん》　尸10画
- ❻ 尺：尺寸《しゃくすん》・尺度《しゃくど》　縮尺《しゅくしゃく》・巻《ま》き尺《じゃく》　尸4画
- ❻ 届：届《とど》け物《もの》・欠席届《けっせきとどけ》　行《い》き届《とど》く　尸8画
- ❻ 層：年齢層《ねんれいそう》・地層《ちそう》　高層《こうそう》ビル　尸14画

□ (25) 杉《すぎ》は□《しん》葉樹《ようじゅ》だ。

□ (26) 観《かん》□《こう》名所を巡《めぐ》る。

□ (27) 祖父の老眼《ろうがん》□《きょう》。

□ (28) チームの□《れん》帯感《たいかん》。

□ (29) 小包を〔とどける〕。

□ (30) 住《じゅう》□《きょ》を定める。

□ (31) □《ぶ》事《じ》に過ごす。

□ (32) □《ゆう》歩道《ほどう》を歩く。

□ (33) 順《じゅん》□《じょ》よく並ぶ。

□ (34) 外《がい》□《とう》がともる。

□ (35) 砂《さ》□《てつ》を集める。

□ (36) 注文を□《つい》加《か》する。

□ (37) 海産物の宝《ほう》□《こ》。

□ (38) 海《かい》□《てい》の様子。

□ (39) 原文と□《しょう》合《ごう》する。

□ (40) 資材を調《ちょう》□《たつ》する。

□ (41) 縮《しゅく》□《しゃく》五万分の一。

□ (42) 可《か》□《ねん》性《せい》のロープ。

□ (43) 菓子《かし》を製《せい》□《ぞう》する。

□ (44) 流れに〔さからう〕。

□ (45) □《おく》内《ない》のプール。

□ (46) 大統領の側《そっ》□《きん》。

□ (47) □《てき》当《とう》な温度。

□ (48) 家を〔たてる〕。

□ (49) 先《せん》□《しん》国《こく》の首脳。

□ (50) □《ねつ》弁《べん》をふるう。

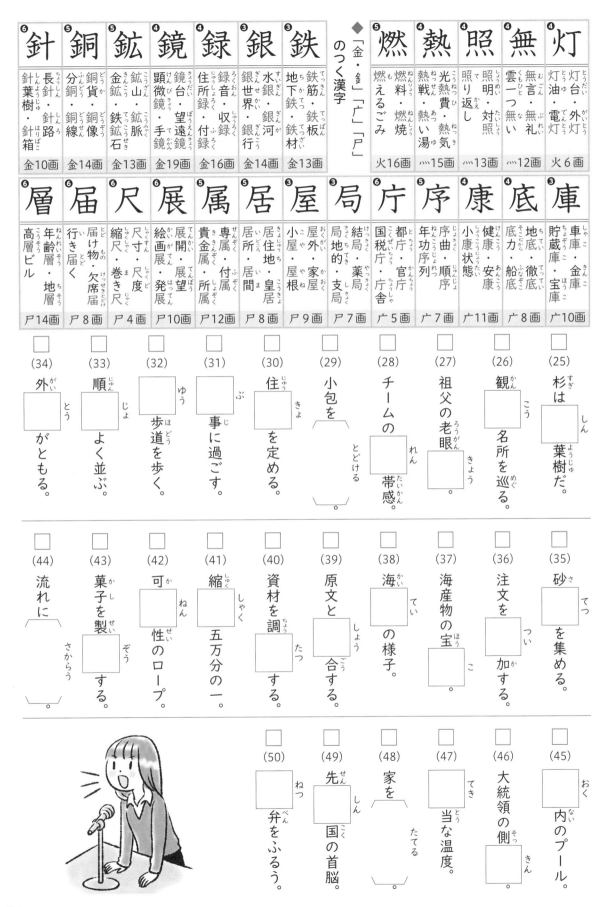

# テスト 6

**1** ――の漢字の読みがなを書きなさい。（一つ1点／18点）

(1) ① 造船技術《ぎじゅつ》の発展。（　　）
② 庭園を造る。（　　）

(2) ① 地底の調査を行う。（　　）
② 心の底から感謝する。（　　）

(3) ① 郊外《こうがい》に転居する。（　　）
② 居所を知らせる。（　　）

(4) ① 険悪な顔つき。（　　）
② 険しい道を進む。（　　）

(5) ① 彼《かれ》の熱意に敬服する。（　　）
② 敬いの気持ち。（　　）

(6) ① 高額なプレゼント。（　　）
② 額に汗《あせ》が光る。（　　）

(7) ① 明日以降の予定。（　　）
② 主役を降りる。（　　）
③ 雨が小降りになる。（　　）

(8) ① 回答を保留する。（　　）
② 留守番をたのまれる。（　　）
③ ボタンを留める。（　　）

**2** 次の漢字の総画数を書きなさい。（一つ1点／8点）

例 放（ 8 ）

(1) 負（　　）　(2) 属（　　）
(3) 番（　　）　(4) 録（　　）　(5) 尺（　　）
(6) 願（　　）　(7) 延（　　）　(8) 選（　　）

**3** 次の漢字の部首を書きなさい。（一つ1点／8点）

例 頂（ 頁 ）

(1) 適（　　）　(2) 元（　　）
(3) 炭（　　）　(4) 庁（　　）　(5) 届（　　）
(6) 敗（　　）　(7) 略（　　）　(8) 銅（　　）

**4** 筆順の正しいものの記号を、○で囲みなさい。（一つ1点／4点）

(1) 隊
ア 阝 阝⺌ 阝⺌ 阝⺌ 隊 隊
イ 阝 阝⺌ 阝⺌ 阝⺌ 隊

(2) 題
ア 頁 頁 題
イ 日 是 題

(3) 無
ア 𠂉 𠂉 𠂉 無 無
イ 𠂉 𠂉 無 無 無
ウ 𠂉 𠂉 無 無 無

(4) 局
ア 丿 尸 局 局
イ コ 弓 局 局
ウ コ 尸 局 局

得点　／100点
学習日　月　日

**5** □に漢字を書きなさい。（一つ2点／16点）

(1)
① 川の水が□《ぎゃく》流《りゅう》する。
② 体験を記《き》□《じゅつ》する。

(2)
① 通《つう》□《か》の単位。
② □《ちん》貸《たい》マンション。

(3)
① 銀行に□《よ》金《きん》する。
② □《りょう》収書《しゅうしょ》を受け取る。

(4)
① 駅前の食《しょく》□《どう》。
② 音楽を鑑《かん》□《しょう》する。

**6** 次の読み方をする漢字を□に書きなさい。（一つ1点／20点）

(1) キュウ
① 難民を□済《さい》する。
② 全力で投《とう》□する。

(2) ガ
① マンガの原《げん》□。
② 発《はっ》□の条件。

(3) ヘン
① 小包で□送《そう》する。
② 都市の周《しゅう》□に住む。

(4) サン
① □同《どう》を得た意見。
② ストレスの発《はっ》□。

(5) シン
① 教育方《ほう》□を決める。
② 二年生に□級《きゅう》する。

(6) ボウ
① 犯罪を□止《し》する。
② □易《えき》収支は黒字だ。

(7) コウ
① 健《けん》□的《てき》な生活。
② 鉄《てっ》□石《せき》の輸入。

(8) ショウ
① 地図を参《さん》□する。
② □害物《がいぶつ》をよける。

(9) カイ
① 品種を□良《りょう》する。
② 体力の限《げん》□。

(10) ユウ
① 理《り》□を述べる。
② □便物《びんぶつ》が届く。

**7** 次の文を漢字を使って書き直しなさい。（漢字一字2点／26点）

(1) **しょるい**を**せいり**してから**も**やす。（五字）

［　　　　　］

(2) **ぼうえんきょう**をのぞくと、**こうそう**ビルなどの**たてもの**がみえた。（八字）

［　　　　　］

# 「書き」チェック 14

●数字は、小学校で学習した学年

得点　／100点

学習日　月　日

◆「宀」のつく漢字

|  |  |  |  |
| --- | --- | --- | --- |
| 安 | 3 | 安心《あんしん》・安定《あんてい》・安全《あんぜん》・安《やす》売《う》り | 宀 6画 |
| 定 | 3 | 定員《ていいん》・案《あん》の定《じょう》・法《ほう》の定《さだ》め | 宀 8画 |
| 宿 | 3 | 宿題《しゅくだい》・下宿《げしゅく》・宿屋《やどや》・宿《やど》り木《ぎ》 | 宀 11画 |
| 完 | 4 | 完全《かんぜん》・完了《かんりょう》・未完成《みかんせい》・完備《かんび》 | 宀 7画 |
| 官 | 4 | 官庁《かんちょう》・長官《ちょうかん》・警察官《けいさつかん》・器官《きかん》 | 宀 8画 |
| 害 | 4 | 水害《すいがい》・危害《きがい》・殺害《さつがい》・公害《こうがい》 | 宀 10画 |
| 容 | 5 | 収容《しゅうよう》・容積《ようせき》・許容《きょよう》・形容詞《けいようし》 | 宀 10画 |
| 寄 | 5 | 寄生《きせい》・寄付《きふ》・寄宿《きしゅく》・身寄《みよ》り | 宀 11画 |
| 宇 | 6 | 宇宙《うちゅう》・気宇《きう》・一宇《いちう》・堂宇《どうう》 | 宀 6画 |
| 宙 | 6 | 宇宙船《うちゅうせん》・宙返《ちゅうがえ》り | 宀 8画 |
| 宝 | 6 | 宝石《ほうせき》・国宝《こくほう》・宝物《ほうもつ》・宝《たから》くじ | 宀 8画 |
| 宣 | 6 | 宣言《せんげん》・宣伝《せんでん》・宣戦布告《せんせんふこく》 | 宀 9画 |
| 密 | 6 | 密集《みっしゅう》・秘密《ひみつ》・密入国《みつにゅうこく》・密接《みっせつ》 | 宀 11画 |
| 宅 | 6 | 社宅《しゃたく》・宅地《たくち》・自宅《じたく》・住宅地《じゅうたくち》 | 宀 6画 |

◆「⺮」のつく漢字

|  |  |  |  |
| --- | --- | --- | --- |
| 笛 | 3 | 汽笛《きてき》・警笛《けいてき》・口笛《くちぶえ》・横笛《よこぶえ》 | ⺮ 11画 |
| 第 | 3 | 第一章《だいいっしょう》・及第《きゅうだい》・第二走者《だいにそうしゃ》 | ⺮ 11画 |
| 等 | 3 | 等分《とうぶん》・優等生《ゆうとうせい》・長《なが》さが等《ひと》しい | ⺮ 12画 |
| 筆 | 3 | 筆順《ひつじゅん》・鉛筆《えんぴつ》・絵筆《えふで》・筆立《ふでた》て | ⺮ 12画 |
| 箱 | 3 | 箱庭《はこにわ》・重箱《じゅうばこ》・弁当箱《べんとうばこ》・巣箱《すばこ》 | ⺮ 15画 |
| 管 | 4 | 気管《きかん》・管理《かんり》・保管《ほかん》・鉄《てつ》の管《くだ》 | ⺮ 14画 |
| 築 | 5 | 新築《しんちく》・改築《かいちく》・城《しろ》を築《きず》く | ⺮ 16画 |
| 筋 | 6 | 筋肉《きんにく》・腹筋《ふっきん》・首筋《くびすじ》・筋書《すじが》き | ⺮ 12画 |

**1** □には漢字を、〔　〕には漢字と送りがなを書きなさい。（一つ2点）

(1) 夢と□《き》望《ぼう》をもつ。

(2) 脱《だつ》□《らく》者《しゃ》が出る。

(3) 鳥が□《す》立《だ》つ。

(4) 並木道を散《さん》□《さく》する。

(5) 自《じ》□《そん》心《しん》を失う。

(6) 話の内《ない》□《よう》を聞く。

(7) □《だい》一線《いっせん》で活躍《かつやく》する。

(8) ガスを噴《ふん》□《しゃ》する。

(9) □《く》難《なん》を乗り切る。

(10) 列車の警《けい》□《てき》が鳴る。

(11) 新商品の□《せん》伝《でん》。

(12) ロープで固《こ》□《てい》する。

(13) 皆《みな》に重《ちょう》□《ほう》がられる。

(14) 命が〔　　〕《やどる》。

(15) □《きん》骨《こつ》たくましい。

(16) チームの主《しゅ》□《しょう》。

(17) 警察庁長《ちょう》□《かん》。

(18) □《たん》独《どく》の首位。

(19) 収支を記《き》□《ちょう》する。

(20) 木《もっ》□《かん》楽器の奏者。

(21) □《すん》法《ぽう》を測る。

(22) □《そん》敬《けい》する人物。

(23) 宇《う》□《ちゅう》のはて。

(24) 事業を〔　　〕《いとなむ》。

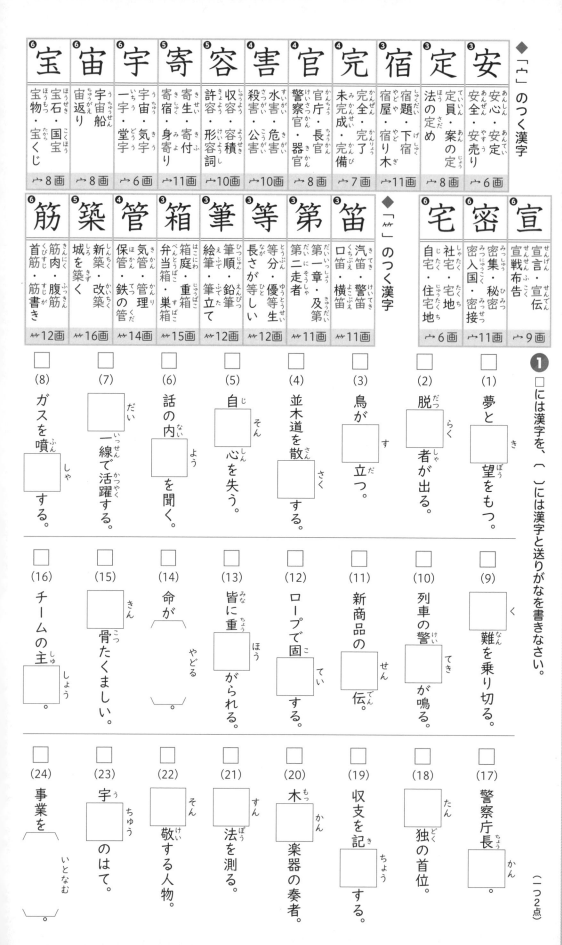

❻ 策
策略《さくりゃく》・政策《せいさく》
画策《かくさく》・対策《たいさく》
⺮12画

❻ 簡
簡素《かんそ》・簡単《かんたん》
簡便化《かんべんか》・簡潔《かんけつ》
⺮18画

◆「艹」「冖」「⺍」「亠」のつく漢字

❸ 苦
苦労《くろう》・苦笑《にがわら》い
息《いき》が苦《くる》しい
艹8画

❸ 薬
薬局《やっきょく》・火薬《かやく》
薬品《やくひん》・飲《の》み薬《ぐすり》
艹16画

❸ 落
落下《らっか》・落第《らくだい》
集落《しゅうらく》・落《お》ち度《ど》
艹12画

❹ 芸
芸術《げいじゅつ》・芸人《げいにん》
学芸会《がくげいかい》・園芸《えんげい》
艹7画

❸ 写
写真《しゃしん》・写実《しゃじつ》
写生《しゃせい》・大写《おおうつ》し
冖5画

❹ 単
単身《たんしん》・単語《たんご》
簡単《かんたん》・単元《たんげん》
⺍9画

❹ 巣
巣箱《すばこ》・巣立《すだ》ち
鳥《とり》の巣《す》・古巣《ふるす》
⺍11画

❺ 営
営業《えいぎょう》・民営《みんえい》
店《みせ》を営《いとな》む
⺍12画

❻ 亡
死亡《しぼう》・亡命《ぼうめい》
亡霊《ぼうれい》・逃亡《とうぼう》
亠3画

◆「巾」「寸」のつく漢字

❷ 帰
帰国《きこく》・帰省《きせい》
帰宅《きたく》・帰《かえ》り道《みち》
巾10画

❸ 帳
手帳《てちょう》・記帳《きちょう》
練習帳《れんしゅうちょう》・帳簿《ちょうぼ》
巾11画

❹ 帯
包帯《ほうたい》・熱帯《ねったい》
帯《お》びる・帯《おび》
巾10画

❹ 希
希望《きぼう》・希少《きしょう》
希薄《きはく》・希求《ききゅう》
巾7画

❺ 布
毛布《もうふ》・布教《ふきょう》
財布《さいふ》・布切《ぬのき》れ
巾5画

❺ 常
常時《じょうじ》・異常《いじょう》
常《つね》に努力《どりょく》する
巾11画

❻ 幕
黒幕《くろまく》・閉幕《へいまく》
幕切《まくぎ》れ・幕府《ばくふ》
巾13画

❺ 導
指導《しどう》・導線《どうせん》
新入生《しんにゅうせい》を導《みちび》く
寸15画

❻ 寸
寸前《すんぜん》・寸法《すんぽう》
一寸《いっすん》・原寸《げんすん》
寸3画

❻ 射
注射《ちゅうしゃ》・乱射《らんしゃ》
矢《や》を射《い》る
寸10画

❻ 将
大将《たいしょう》・将来《しょうらい》
将軍《しょうぐん》・主将《しゅしょう》
寸10画

❻ 尊
尊敬《そんけい》・命《いのち》を尊《とうと》ぶ
師《し》を尊《たっと》ぶ
寸12画

(25) □《かん》単《たん》な手続き。

(26) 風景を□《しゃ》生《せい》する。

(27) 住《じゅう》□《たく》が密集する。

(28) 農薬を散《さん》□《ぷ》する。

(29) □《しゅく》題《だい》を提出する。

(30) 医《い》□《やく》品《ひん》を取《と》り扱《あつか》う。

(31) 店の□《えい》業《ぎょう》時間。

(32) 世《せ》□《たい》数《すう》を調査する。

(33) □《き》宿舎《しゅくしゃ》で暮らす。

(34) 平和の〔　　〕《とうとさ》。

(35) ドラマの□《かん》結編《けっぺん》。

(36) 手《しゅ》□《げい》品《ひん》売り場。

(37) 万年《まんねん》□《ひつ》を使う。

(38) 駅に行く道《みち》□《すじ》。

(39) 国家の存《そん》□《ぼう》。

(40) □《とう》身大《しんだい》の人形。

(41) 新型機の□《どう》入《にゅう》。

(42) □《あん》直《ちょく》な方法。

(43) 父の□《き》宅《たく》時間。

(44) □《う》宙《ちゅう》旅行。

(45) □《ばく》末《まつ》の志士《しし》。

(46) 精《せい》□《みつ》な図面。

(47) 夏の冷《れい》□《がい》対策。

(48) □《じょう》識的《しきてき》な行い。

(49) 家を増《ぞう》□《ちく》する。

(50) 小鳥の巣《す》□《ばこ》を作る。

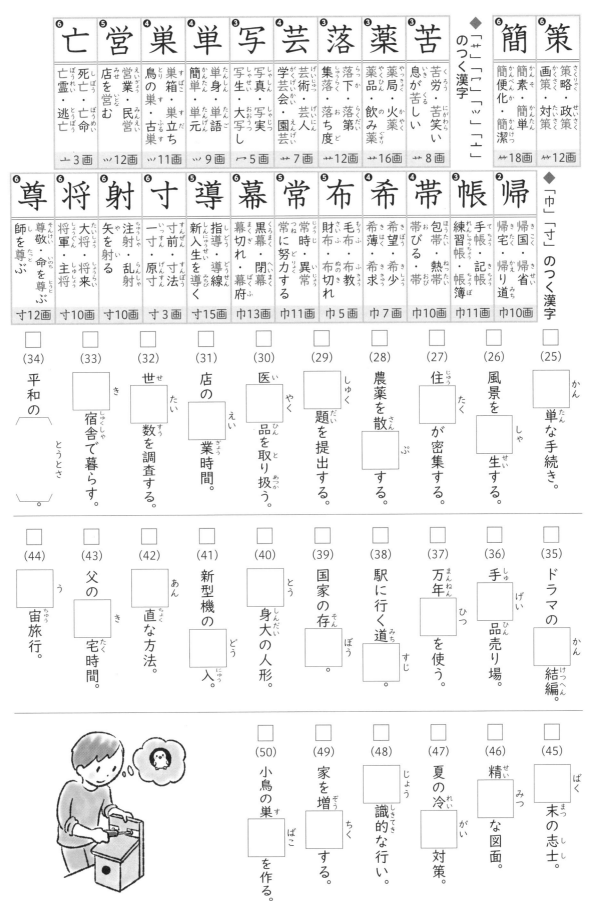

# 「書き」チェック 15

●数字は、小学校で学習した学年

◆「力」のつく漢字

|  |  |  |  |
|---|---|---|---|
| 力 | 1 | 体力《たいりょく》・強力《きょうりょく》 力作《りきさく》・力《ちから》こぶ | 力2画 |
| 加 | 4 | 増加《ぞうか》・加入《かにゅう》 付《つ》け加《くわ》える | 力5画 |
| 功 | 4 | 成功《せいこう》・功名《こうみょう》 功績《こうせき》・功労《こうろう》 | 力5画 |
| 労 | 4 | 苦労《くろう》・労働《ろうどう》 勤労《きんろう》・功労《こうろう》 | 力7画 |
| 努 | 4 | 努力《どりょく》 実現《じつげん》に努《つと》める | 力7画 |
| 勇 | 4 | 勇気《ゆうき》・武勇伝《ぶゆうでん》 勇《いさ》み立《た》つ | 力9画 |
| 効 | 5 | 効果《こうか》・効力《こうりょく》 発効《はっこう》・効《き》き目《め》 | 力8画 |
| 務 | 5 | 義務《ぎむ》・事務《じむ》 役員《やくいん》を務《つと》める | 力11画 |
| 勢 | 5 | 勢力《せいりょく》・情勢《じょうせい》 勢《いきお》いづく | 力13画 |
| 勤 | 6 | 通勤《つうきん》・勤務《きんむ》 転勤《てんきん》・勤《つと》め先《さき》 | 力12画 |

◆「衣・ネ」「示・ネ」「食・食」のつく漢字

|  |  |  |  |
|---|---|---|---|
| 表 | 3 | 表現《ひょうげん》・発表《はっぴょう》 裏表《うらおもて》・書《か》き表《あらわ》す | 衣8画 |
| 製 | 5 | 製品《せいひん》・製作《せいさく》 製造《せいぞう》・木製《もくせい》 | 衣14画 |
| 複 | 5 | 複雑《ふくざつ》・重複《ちょうふく》 複文《ふくぶん》・複製《ふくせい》 | ネ14画 |
| 補 | 6 | 補修《ほしゅう》・候補《こうほ》 不足《ふそく》を補《おぎな》う | ネ12画 |
| 祭 | 3 | 祭日《さいじつ》・文化祭《ぶんかさい》 祭典《さいてん》・夏祭《なつまつ》り | 示11画 |
| 礼 | 3 | 礼儀《れいぎ》・朝礼《ちょうれい》 失礼《しつれい》・敬礼《けいれい》 | ネ5画 |
| 福 | 3 | 幸福《こうふく》・祝福《しゅくふく》 福引《ふくび》き・福祉《ふくし》 | ネ13画 |
| 祝 | 4 | 祝賀《しゅくが》・祝日《しゅくじつ》 お祝《いわ》いの品《しな》 | ネ9画 |
| 票 | 4 | 伝票《でんぴょう》・得票《とくひょう》 投票《とうひょう》・票数《ひょうすう》 | 示11画 |
| 禁 | 5 | 禁止《きんし》・厳禁《げんきん》 解禁《かいきん》・禁物《きんもつ》 | 示13画 |
| 飲 | 3 | 飲食《いんしょく》・飲料水《いんりょうすい》 飲用《いんよう》・飲《の》み水《みず》 | 食12画 |
| 館 | 3 | 旅館《りょかん》・館内《かんない》 開館《かいかん》・古い館《やかた》 | 食16画 |
| 飯 | 4 | 夕飯《ゆうはん》・赤飯《せきはん》 昼飯《ひるめし》・冷《ひ》や飯《めし》 | 食12画 |

**1** □には漢字を、（　）には漢字と送りがなを書きなさい。（一つ2点）

□ (1) 石油を□《ゆ》入《にゅう》する。

□ (2) 武《ぶ》□《ゆう》伝《でん》を語《かた》る。

□ (3) □《ざん》暑《しょ》が厳しい。

□ (4) 明日は□《さい》日《じつ》だ。

□ (5) 討論を開《かい》□《し》する。

□ (6) （　　）《いさましい》戦士。

□ (7) 日本《にほん》□《しゅ》を飲む。

□ (8) 会社の事《じ》□《む》職《しょく》。

□ (9) 真実を（　　）《たしかめる》。

□ (10) 利益を分《ぶん》□《ぱい》する。

□ (11) 栄《えい》□《よう》がかたよる。

□ (12) 電車で通《つう》□《きん》する。

□ (13) □《どく》立《りつ》して店を出す。

□ (14) 結婚《けっこん》を祝《しゅく》□《ふく》する。

□ (15) 事務所が移《い》□《てん》する。

□ (16) 権《けん》□《りょく》をふるう。

□ (17) 夕《ゆう》□《はん》の支度《したく》。

□ (18) □《こう》感《かん》を持つ。

□ (19) 経済□《じょう》態《たい》の把握《はあく》。

□ (20) □《ふく》雑《ざつ》な事情。

□ (21) 薬の□《こう》果《か》。

□ (22) 絶《ぜっ》□《ぱん》の本。

□ (23) 実験に成《せい》□《こう》する。

□ (24) 自転車の車《しゃ》□《りん》。

得点

／100点

学習日

月

日

| ❹養 | ❺飼 |
|---|---|
| 栄養《えいよう》・教養《きょうよう》<br>体力《たいりょく》を養《やしな》う | 飼育《しいく》・飼料《しりょう》<br>飼《か》い主《ぬし》 |
| 食15画 | 食13画 |

◆「女・女」「車」のつく漢字

| ❸委 | ❸始 | ❹好 | ❻姿 | ❸転 | ❹軍 | ❹輪 | ❺輸 |
|---|---|---|---|---|---|---|---|
| 委員《いいん》・委任《いにん》<br>委細《いさい》・委《ゆだ》ねる | 開始《かいし》・年始《ねんし》<br>仕事始《しごとはじ》め | 好感《こうかん》・良好《りょうこう》<br>好《この》み・大好《だいす》き | 姿勢《しせい》・容姿《ようし》<br>晴《は》れ姿《すがた》 | 運転《うんてん》・移転《いてん》<br>回転《かいてん》・寝転《ねころ》ぶ | 軍隊《ぐんたい》・軍勢《ぐんぜい》<br>陸軍《りくぐん》・将軍《しょうぐん》 | 輪郭《りんかく》・車輪《しゃりん》<br>指輪《ゆびわ》・輪《わ》ゴム | 輸入《ゆにゅう》・輸送《ゆそう》<br>運輸《うんゆ》・輸血《ゆけつ》 |
| 女8画 | 女8画 | 女6画 | 女9画 | 車11画 | 車9画 | 車15画 | 車16画 |

◆「石」「米」「酉」「犬・犭」のつく漢字

| ❺破 | ❺確 |
|---|---|
| 破壊《はかい》・突破《とっぱ》<br>破《やぶ》り捨《す》てる | 確認《かくにん》・正確《せいかく》<br>確《たし》かな話《はなし》 |
| 石10画 | 石15画 |

| ❻磁 | ❺粉 | ❻糖 | ❸酒 | ❸配 | ❺酸 | ❺状 | ❺独 |
|---|---|---|---|---|---|---|---|
| 磁石《じしゃく》・磁力《じりょく》<br>陶磁器《とうじき》・磁気《じき》 | 粉末《ふんまつ》・花粉《かふん》<br>粉雪《こなゆき》・小麦粉《こむぎこ》 | 砂糖《さとう》・糖分《とうぶん》<br>血糖値《けっとうち》・果糖《かとう》 | 日本酒《にほんしゅ》・禁酒《きんしゅ》<br>酒屋《さかや》・酒飲《さけの》み | 配達《はいたつ》・分配《ぶんぱい》<br>心配《しんぱい》・気配《きくば》り | 酸素《さんそ》・酸化《さんか》<br>酸性《さんせい》・酸味《さんみ》 | 状態《じょうたい》・状況《じょうきょう》<br>現状《げんじょう》・白状《はくじょう》 | 単独《たんどく》・独立《どくりつ》<br>独断《どくだん》・独《ひと》り言《ごと》 |
| 石14画 | 米10画 | 米16画 | 酉10画 | 酉10画 | 酉14画 | 犬7画 | 犭9画 |

◆その他の漢字

| ❸死 | ❹残 | ❹特 | ❺版 | ❻党 |
|---|---|---|---|---|
| 死亡《しぼう》・必死《ひっし》<br>犬《いぬ》が死《し》ぬ | 残暑《ざんしょ》・残業《ざんぎょう》<br>生《い》き残《のこ》る | 特製《とくせい》・特定《とくてい》<br>特異《とくい》・独特《どくとく》 | 版画《はんが》・出版《しゅっぱん》<br>活版印刷《かっぱんいんさつ》 | 与党《よとう》・政党《せいとう》<br>党派《とうは》・悪党《あくとう》 |
| 歹6画 | 歹10画 | 牛10画 | 片8画 | 小10画 |

(25) 国民の□《しゅく》日《じつ》。

(26) 飲酒運転は厳《げん》□《きん》だ。

(27) □《さん》性《せい》の液体。

(28) 国の情《じょう》□《せい》が変わる。

(29) 新《しん》□《せい》品《ひん》の宣伝。

(30) 自然を□《は》壊《かい》する。

(31) □《れい》儀《ぎ》を重んじる。

(32) □《とく》製《せい》のケーキ。

(33) □《ぐん》隊《たい》が出動する。

(34) 人口が増《ぞう》□《か》する。

(35) 勤《きん》□《ろう》感謝《かんしゃ》の日《ひ》。

(36) 事故で□《し》亡《ぼう》する。

(37) 有力な候《こう》□《ほ》者《しゃ》。

(38) □《じ》石《しゃく》のN《エヌ》極。

(39) 言葉で□《ひょう》現《げん》する。

(40) 選挙で投《とう》□《ひょう》する。

(41) □《とう》分《ぶん》を控《ひか》える。

(42) 旅《りょ》□《かん》の予約。

(43) 整った容《よう》□《し》。

(44) 妻子を〔　〕《やしなう》。

(45) 政《せい》□《とう》政治。

(46) 駅前の□《いん》食店《しょくてん》。

(47) □《い》員会《いんかい》を開く。

(48) □《ふん》末《まつ》のミルク。

(49) □《ど》力《りょく》の結果。

(50) 馬を□《し》育《いく》する。

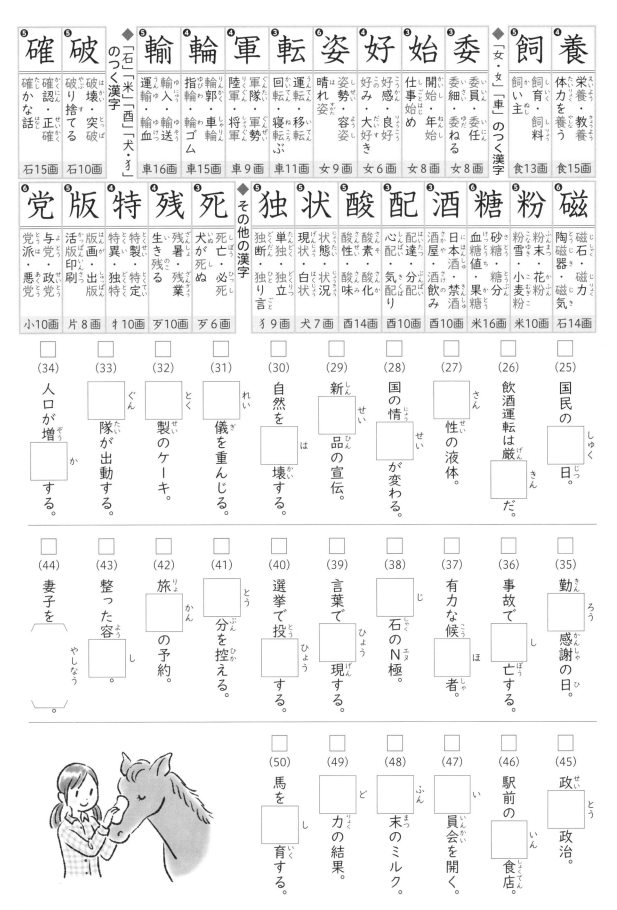

# テスト 7

得点 ／100点

学習日 月 日

**1** ——の漢字の読みがなを書きなさい。（一つ1点／18点）

(1) ① 保険に加入する。（　　） ② 塩を加える。（　　）

(2) ① 一回戦を突《とっ》破する。（　　） ② 画用紙を破る。（　　）

(3) ① 会社を経営する。（　　） ② 旅館を営む。（　　）

(4) ① 高層ビルの建築。（　　） ② 堤防《ていぼう》を築く。（　　）

(5) ① 病院に寄付する。（　　） ② 友人の家に寄る。（　　）

(6) ① ガソリンの補給。（　　） ② 不足分を補う。（　　）

(7) ① 体調は良好だ。（　　） ② 音楽の好みが合う。（　　） ③ スポーツが好きだ。（　　）

(8) ① 苦労して作文を書く。（　　） ② 苦しい表情になる。（　　） ③ 苦い薬を処方する。（　　）

**2** 次の漢字の総画数を書きなさい。（一つ1点／8点）

例 容（10）

(1) 第（　　） (2) 配（　　） (3) 館（　　） (4) 導（　　） (5) 磁（　　） (6) 筆（　　） (7) 確（　　） (8) 幕（　　）

**3** 次の漢字の部首を書きなさい。（一つ1点／8点）

例 粉（米）

(1) 落（　　） (2) 宿（　　） (3) 箱（　　） (4) 祭（　　） (5) 労（　　） (6) 酒（　　） (7) 委（　　） (8) 軍（　　）

**4** 筆順の正しいものの記号を、○で囲みなさい。（一つ2点／8点）

(1) 尊
ア 䒑 䒑 酋 酋 尊
イ 䒑 酋 酋 酋 尊

(2) 表
ア 一 十 キ 主 表
イ 一 二 三 主 表

(3) 帯
ア 丨 川 卌 卌 帯
イ 一 十 卄 卌 卌 帯
ウ 一 七 廿 卌 卌 帯

(4) 版
ア ノ 丿 片 片 版
イ 丨 亠 片 片 版
ウ 丨 亠 片 片 版

**5** □に漢字を書きなさい。 (一つ1点／12点)

(1)
① 誕生日のお□《いわ》い。
② お□《れい》を言う。

(2)
① 毛《もう》□《ふ》をかける。
② 意欲が□《き》薄《はく》な人。

(3)
① 小鳥の□《す》箱《ばこ》。
② □《たん》純《じゅん》な性格。

(4)
① 貴重品を保《ほ》□《かん》する。
② 消化器《き》□《かん》の検査。

(5)
① □《いん》料水《りょうすい》を買う。
② 赤《せき》□《はん》を炊《た》く。

(6)
① 犬の首《くび》□《わ》を外す。
② 木材を□《ゆ》送《そう》する。

**6** 次の読み方をする漢字を□に書きなさい。 (一つ2点／46点)

(1) サン
① 鉄が□化《か》してさびる。
② 東北地方の□業《ぎょう》。

(2) つと(める)
① 委員長を□める。
② 洋品店に□める。
③ 泣かないよう□める。

(3) フク
① 問題点が□数《すう》ある。
② 幸《こう》□な日々。

(4) キン
① 腕《うで》の□肉《にく》。
② 立ち入り□止《し》。

(5) カン
① 宿題は□璧《ぺき》だ。
② □素《そ》な住まい。

(6) セイ
① 試合で優《ゆう》□を保つ。
② 紙容器を□造《ぞう》する。

(7) シャ
① 光が反《はん》□する。
② □真《しん》をとる。

(8) コウ
① 薬の□果《か》が出る。
② □績《せき》を残す。

(9) シ
① にわとりの□育係《いくがかり》。
② 必《ひっ》□に勉強する。
③ 年《ねん》□のあいさつ。

(10) ジョウ
① 案《あん》の□、失敗した。
② 現《げん》□を維持《いじ》する。
③ 平《へい》□通《どお》り仕事する。

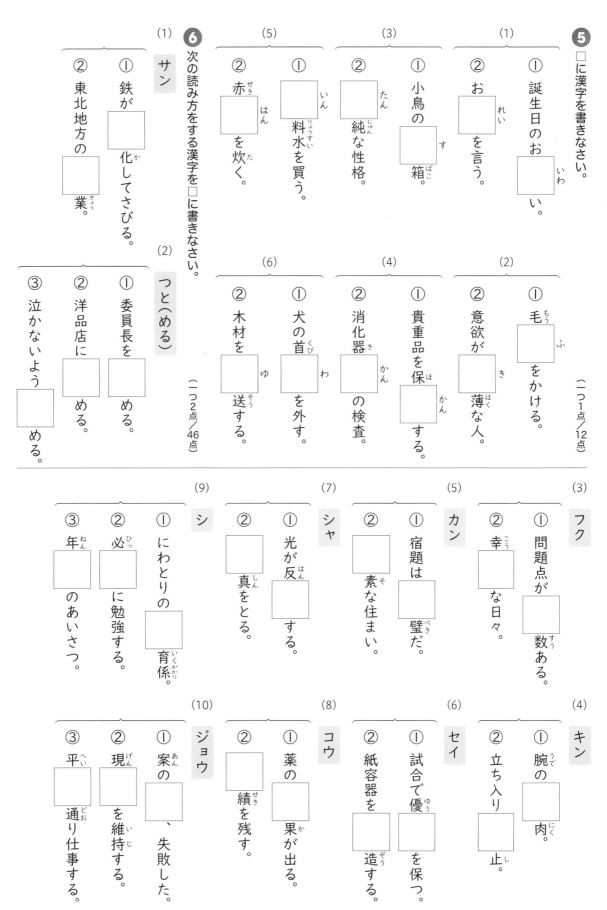

# 「書き」チェック 16

●数字は、小学校で学習した学年

得点　／100点
学習日　月　日

◆「口」「門」のつく漢字

- ❷ 回　回転《かいてん》・回想《かいそう》　回《まわ》り道《みち》　口6画
- ❹ 固　固定《こてい》・確固《かっこ》　頭《あたま》が固《かた》い　口8画
- ❺ 因　原因《げんいん》・因果《いんが》　要因《よういん》・敗因《はいいん》　口6画
- ❺ 団　団地《だんち》・集団《しゅうだん》　視察団《しさつだん》　口6画
- ❺ 囲　周囲《しゅうい》・範囲《はんい》　取《と》り囲《かこ》む　口7画
- ❻ 困　貧困《ひんこん》・困惑《こんわく》　困《こま》り果《は》てる　口7画
- ❸ 開　開発《かいはつ》・公開《こうかい》　開《ひら》き戸《ど》・店《みせ》が開《あ》く　門12画
- ❹ 関　関東《かんとう》・関連《かんれん》　関所《せきしょ》・関《かか》わり　門14画
- ❻ 閣　内閣《ないかく》・閣僚《かくりょう》　天守閣《てんしゅかく》　門14画

◆「行」「勹」「冂」のつく漢字

- ❺ 衛　防衛《ぼうえい》・護衛《ごえい》　衛生管理《えいせいかんり》　行16画
- ❹ 包　包囲《ほうい》・包帯《ほうたい》　包《つつ》み紙《がみ》　勹5画

◆「冂」「耂」のつく漢字

- ❺ 再　再現《さいげん》・再来年《さらいねん》　再《ふたた》び会《あ》う　冂6画
- ❻ 冊　何冊《なんさつ》・別冊《べっさつ》　小冊子《しょうさっし》　冂5画
- ❹ 置　位置《いち》・設置《せっち》　置《お》き手紙《てがみ》　罒13画
- ❺ 罪　謝罪《しゃざい》・犯罪《はんざい》　罪深《つみぶか》い・罪人《つみびと》　罒13画
- ❷ 考　思考《しこう》・考察《こうさつ》　じっくり考《かんが》える　耂6画
- ❹ 老　老人《ろうじん》・敬老《けいろう》　年老《としお》いる　耂6画

◆「皿」「子」「大」「八」「立」「耳」のつく漢字

- ❸ 皿　小皿《こざら》・皿回《さらまわ》し　灰皿《はいざら》　皿5画
- ❺ 益　利益《りえき》・収益《しゅうえき》　国益《こくえき》・益虫《えきちゅう》　皿10画
- ❻ 盟　加盟《かめい》・連盟《れんめい》　同盟《どうめい》　皿13画
- ❻ 存　存在《そんざい》・現存《げんぞん》　存続《そんぞく》・存分《ぞんぶん》　子6画
- ❻ 孝　孝行《こうこう》・忠孝《ちゅうこう》　親不孝《おやふこう》　子7画

**1** □には漢字を、〔　〕には漢字と送りがなを書きなさい。（一つ2点）

(1) 中《ちゅう》□《おう》官庁で働く。
(2) 新製品を発《はっ》□《ばい》する。
(3) くぎで□《こ》定《てい》する。
(4) 神《しん》□《せい》な場所。
(5) □《いん》果《が》関係を探《さぐ》る。
(6) 結末に□《しつ》望《ぼう》する。
(7) □《ふん》起《き》して勉強する。
(8) 利《り》□《えき》を追求する。

(9) 頭の□《かい》転《てん》が速い。
(10) 自信を〔　　〕《うしなう》。
(11) 会社の□《そん》続《ぞく》を願う。
(12) 大《たい》□《さ》で勝つ。
(13) 宅地を□《かい》発《はっ》する。
(14) 一キロの範《はん》□《い》内《ない》。
(15) □《きょう》通《つう》の話題。
(16) 別《べっ》□《さつ》の付録。

(17) 大統領の護《ご》□《えい》。
(18) 新人を□《き》用《よう》する。
(19) 見《けん》□《ぶん》を広める。
(20) 犯人を□《ほう》囲《い》する。
(21) 外出を禁《きん》□《し》する。
(22) 内《ない》□《かく》総理大臣《そうりだいじん》。
(23) 店を拡《かく》□《ちょう》する。
(24) 古《こ》□《てん》の作品。

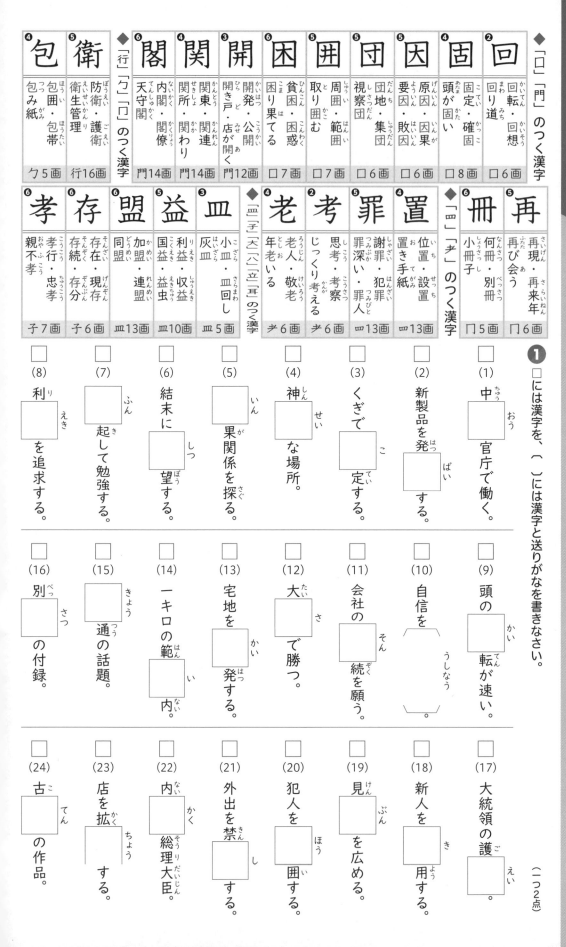

|  |  |  |  |
|---|---|---|---|
| ❸ | 央 | 中央《ちゅうおう》・中央区《ちゅうおうく》<br>中央官庁《ちゅうおうかんちょう》 | 大5画 |
| ❹ | 失 | 失望《しつぼう》・消失《しょうしつ》<br>失敗《しっぱい》・見失《みうしな》う | 大5画 |
| ❻ | 奏 | 演奏《えんそう》・奏上《そうじょう》<br>伴奏《ばんそう》・協奏曲《きょうそうきょく》 | 大9画 |
| ❻ | 奮 | 興奮《こうふん》・奮起《ふんき》<br>奮《ふる》い立《た》つ | 大16画 |
| ❸ | 具 | 文具《ぶんぐ》・具体的《ぐたいてき》<br>筆記用具《ひっきようぐ》 | 八8画 |
| ❹ | 共 | 共通《きょうつう》・共感《きょうかん》<br>共同《きょうどう》・共食《ともぐ》い | 八6画 |
| ❹ | 典 | 古典《こてん》・典型《てんけい》<br>国語辞典《こくごじてん》 | 八8画 |
| ❶ | 立 | 成立《せいりつ》・立証《りっしょう》<br>立《た》ち木《き》・木立《こだち》 | 立5画 |
| ❸ | 章 | 文章《ぶんしょう》・受章《じゅしょう》<br>憲章《けんしょう》・校章《こうしょう》 | 立11画 |
| ❷ | 聞 | 見聞《けんぶん》・新聞《しんぶん》<br>聞《き》き手《て》 | 耳14画 |
| ❺ | 職 | 職業《しょくぎょう》・就職《しゅうしょく》<br>辞職《じしょく》・職場《しょくば》 | 耳18画 |
| ❻ | 聖 | 神聖《しんせい》・聖書《せいしょ》<br>聖火《せいか》ランナー | 耳13画 |

## ◆「弓」「走」「工」「士」「止」「己」のつく漢字

|  |  |  |  |
|---|---|---|---|
| ❷ | 弱 | 弱点《じゃくてん》・貧弱《ひんじゃく》<br>力《ちから》が弱《よわ》い | 弓10画 |
| ❷ | 引 | 引用《いんよう》・引力《いんりょく》<br>引《ひ》き金《がね》・引《ひ》き算《ざん》 | 弓4画 |
| ❺ | 張 | 拡張《かくちょう》・緊張《きんちょう》<br>値《ね》が張《は》る | 弓11画 |
| ❷ | 走 | 競走《きょうそう》・独走《どくそう》<br>走《はし》り高跳《たかと》び | 走7画 |
| ❸ | 起 | 起用《きよう》・起床《きしょう》<br>起立《きりつ》・早起《はやお》き | 走10画 |
| ❷ | 工 | 工場《こうじょう》・人工《じんこう》<br>大工《だいく》・工面《くめん》 | 工3画 |
| ❹ | 差 | 大差《たいさ》・差別《さべつ》<br>差《さ》し出《だ》す | 工10画 |
| ❷ | 売 | 発売《はつばい》・商売《しょうばい》<br>売《う》り物《もの》・安売《やすう》り | 士7画 |
| ❺ | 士 | 武士《ぶし》・勇士《ゆうし》<br>弁護士《べんごし》 | 士3画 |
| ❷ | 止 | 禁止《きんし》・防止《ぼうし》<br>行《い》き止《ど》まり | 止4画 |
| ❺ | 武 | 武器《ぶき》・武将《ぶしょう》<br>武者人形《むしゃにんぎょう》 | 止8画 |
| ❻ | 巻 | 巻頭《かんとう》・上巻《じょうかん》<br>右巻《みぎま》き・巻物《まきもの》 | 己9画 |

(25) 敬《けい》□《ろう》の日《ひ》。

(26) □《ぶ》器《き》を捨てる。

(27) 消火器を設《せっ》□《ち》する。

(28) 事件に□《かん》連《れん》がある。

(29) 集《しゅう》□《だん》で行動する。

(30) 本の上《じょう》□《かん》。

(31) □《ぐ》体的《たいてき》に話す。

(32) 思《し》□《こう》をめぐらす。

(33) 内閣が成《せい》□《りつ》する。

(34) 〔　　〕《ふたたび》出会う。

(35) 謝《しゃ》□《ざい》の文書。

(36) 貧《ひん》□《こん》にあえぐ。

(37) 名言を□《いん》用《よう》する。

(38) 勇気を〔　　〕《ふるう》。

(39) 国連に加《か》□《めい》する。

(40) 人《じん》□《こう》の宝石。

(41) 希望の□《しょく》業《ぎょう》に就《つ》く。

(42) ピアノを演《えん》□《そう》する。

(43) 箱根《はこね》の□《せき》所跡《しょあと》。

(44) 事件を□《さい》現《げん》する。

(45) たばこの灰《はい》□《ざら》。

(46) 武《ぶ》□《し》が刀を持つ。

(47) 児童憲《じどうけん》□《しょう》。

(48) 親《おや》□《こう》行《こう》な娘《むすめ》。

(49) 貧《ひん》□《じゃく》な体。

(50) リレーで独《どく》□《そう》する。

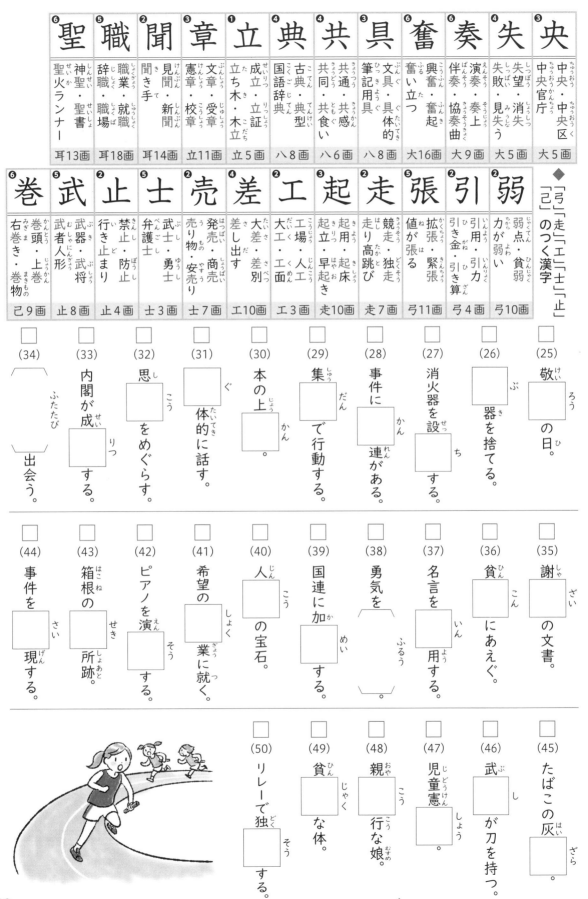

# 「書き」チェック 17

●数字は、小学校で学習した学年

得点　　／100点
学習日　　月　　日

◆「一」「又」「羊」「亅」「十」「白」のつく漢字

- ❸両　両立《りょうりつ》・車両《しゃりょう》　賛否両論《さんぴりょうろん》　一6画
- ❸世　中世《ちゅうせい》・世界《せかい》　世代《せだい》・世《よ》の中《なか》　一5画
- ❹不　不安《ふあん》・不明《ふめい》　不器用《ぶきよう》　一4画
- ❸取　取得《しゅとく》・取材《しゅざい》　受《う》け取《と》る　又8画
- ❸受　受信《じゅしん》・受験《じゅけん》　受《う》け持《も》ち　又8画
- ❻収　収拾《しゅうしゅう》・収入《しゅうにゅう》　成功《せいこう》を収《おさ》める　又4画
- ❸着　到着《とうちゃく》・着替《きが》え　落《お》ち着《つ》く　羊12画
- ❺義　義務《ぎむ》・定義《ていぎ》　意義《いぎ》・正義感《せいぎかん》　羊13画
- ❸事　事故《じこ》・事務《じむ》　行事《ぎょうじ》・仕事《しごと》　亅8画
- ❹争　競争《きょうそう》・戦争《せんそう》　言《い》い争《あらそ》い　亅6画
- ❹協　協力《きょうりょく》・協調性《きょうちょうせい》　協議会《きょうぎかい》　十8画
- ❹博　博学《はくがく》・博識《はくしき》　博物館《はくぶつかん》・博士《はくし》　十12画
- ❹的　的中《てきちゅう》・的確《てきかく》　知的《ちてき》・的外《まとはず》れ　白8画
- ❻皇　皇居《こうきょ》・皇后《こうごう》　天皇《てんのう》・皇子《おうじ》　白9画

◆「方」「月（つきへん）」「日」「豆」「耒」のつく漢字

- ❸旅　旅行《りょこう》・旅費《りょひ》　旅人《たびびと》・旅立《たびだ》つ　方10画
- ❹旗　国旗《こっき》・反旗《はんき》　旗印《はたじるし》・旗色《はたいろ》　方14画
- ❸服　服装《ふくそう》・着服《ちゃくふく》　感服《かんぷく》・服従《ふくじゅう》　月8画
- ❸曲　曲線《きょくせん》・作曲《さっきょく》　曲《ま》がり角《かど》　日6画
- ❹最　最善《さいぜん》・最適《さいてき》　最《もっと》も高《たか》い　日12画
- ❸豆　納豆《なっとう》・大豆《だいず》　豆《まめ》まき・枝豆《えだまめ》　豆7画
- ❺豊　豊富《ほうふ》・豊作《ほうさく》　実《みの》り豊《ゆた》か　豆13画
- ❺耕　農耕《のうこう》・耕地《こうち》　畑《はたけ》を耕《たがや》す　耒10画

**1** □には漢字を、（　）には漢字と送りがなを書きなさい。（一つ2点）

(1) 戦《せん》□《そう》に反対する。
(2) 適切に□《しょ》置《ち》する。
(3) □《きょう》味《み》がわく。
(4) 原因は□《ふ》明《めい》だ。
(5) □《ぎ》惑《わく》がふくらむ。
(6) □《さっ》虫剤《ちゅうざい》をまく。
(7) 服装が（　　）《みだれる》。
(8) 永《えい》□《きゅう》に動く機械。

(9) □《しゅう》拾《しゅう》がつかない。
(10) 可《か》□《のう》な限り話す。
(11) 公式を応《おう》□《よう》する。
(12) 母親の□《せ》代《だい》。
(13) （　　）《もっとも》高い山。
(14) □《し》急連絡《きゅうれんらく》を取る。
(15) 賛否《さんぴ》□《りょう》論《ろん》の声。
(16) □《のう》業《ぎょう》を営む。

(17) 食中《しょくちゅう》□《どく》の予防。
(18) □《こう》居《きょ》の堀《ほり》。
(19) メールの□《じゅ》信《しん》。
(20) 知識が□《ほう》富《ふ》だ。
(21) □《はく》識《しき》な人。
(22) 四季の□《へん》化《か》。
(23) 駅に（　　）《いたる》。
(24) □《ひ》料《りょう》をまく。

◆「月（にくづき）」「隹」「殳」「卩」のつく漢字

|  |  |  |
|---|---|---|
| ❺肥 | 肥料《ひりょう》・畑《はたけ》の肥《こえ》 土地《とち》を肥《こ》やす | 月 8画 |
| ❺能 | 可能《かのう》・才能《さいのう》 能力《のうりょく》・能率《のうりつ》 | 月10画 |
| ❺雑 | 混雑《こんざつ》・雑用《ざつよう》 雑巾《ぞうきん》・雑木林《ぞうきばやし》 | 隹14画 |
| ❻難 | 困難《こんなん》・災難《さいなん》 難《むずか》しい問題《もんだい》 | 隹18画 |
| ❺殺 | 殺意《さつい》・殺害《さつがい》 殺気《さっき》・見殺《みごろ》し | 殳10画 |
| ❻段 | 段落《だんらく》・階段《かいだん》 手段《しゅだん》・段階《だんかい》 | 殳9画 |
| ❹印 | 印象《いんしょう》・調印《ちょういん》 矢印《やじるし》・目印《めじるし》 | 卩6画 |

◆その他の漢字

|  |  |  |
|---|---|---|
| ❷用 | 応用《おうよう》・用件《ようけん》 本《ほん》を用《もち》いる | 用 5画 |
| ❸農 | 農家《のうか》・農業《のうぎょう》 農産物《のうさんぶつ》 | 辰13画 |
| ❺航 | 航空《こうくう》・航路《こうろ》 運航《うんこう》・欠航《けっこう》 | 舟10画 |
| ❹参 | 参加《さんか》・参照《さんしょう》 持参《じさん》・宮参《みやまい》り | ム 8画 |
| ❺毒 | 中毒《ちゅうどく》・消毒《しょうどく》 有毒《ゆうどく》・解毒《げどく》 | 毋8画 |
| ❹料 | 料理《りょうり》・原料《げんりょう》 料金《りょうきん》・給料《きゅうりょう》 | 斗10画 |
| ❺非 | 非常《ひじょう》・非道《ひどう》 非売品《ひばいひん》 | 非 8画 |
| ❺興 | 興奮《こうふん》・復興《ふっこう》 興味《きょうみ》・余興《よきょう》 | 臼16画 |
| ❺支 | 支持《しじ》・支給《しきゅう》 家計《かけい》を支《ささ》える | 支 4画 |
| ❺久 | 永久《えいきゅう》・持久力《じきゅうりょく》 久《ひさ》しぶり | ノ 3画 |
| ❺夢 | 悪夢《あくむ》・夢中《むちゅう》 正夢《まさゆめ》・初夢《はつゆめ》 | 夕13画 |
| ❻至 | 必至《ひっし》・至急《しきゅう》 今《いま》に至《いた》る | 至 6画 |
| ❻痛 | 苦痛《くつう》・痛感《つうかん》 指《ゆび》が痛《いた》い | 疒12画 |
| ❻疑 | 疑問《ぎもん》・疑惑《ぎわく》 発言《はつげん》を疑《うたが》う | 疋14画 |
| ❹変 | 変化《へんか》・変更《へんこう》 変《か》わり目《め》 | 夊 9画 |
| ❻処 | 対処《たいしょ》・処置《しょち》 処分《しょぶん》・処方《しょほう》 | 几 5画 |
| ❻乱 | 混乱《こんらん》・乱雑《らんざつ》 振《ふ》り乱《みだ》す | 乙 7画 |

(25) □《りょ》費《ひ》を集める。

(26) 手《しゅ》□《だん》を尽《つ》くす。

(27) ノートを持《じ》□《さん》する。

(28) 混《こん》□《ざつ》した売り場。

(29) 大統領を□《し》持《じ》する。

(30) 納《なっ》□《とう》を食べる。

(31) 初対面の□《いん》象《しょう》。

(32) □《む》中《ちゅう》になって遊ぶ。

(33) 駅に到《とう》□《ちゃく》する。

(34) □《きょく》線《せん》を描《えが》く。

(35) 国《こっ》□《き》を掲《かか》げる。

(36) 力の差を□《つう》感《かん》する。

(37) □《さい》適《てき》な温度。

(38) テレビの□《しゅ》材《ざい》。

(39) 農《のう》□《こう》に使う道具。

(40) セメントの原《げん》□《りょう》。

(41) □《きょう》調性《ちょうせい》を欠く。

(42) 命令に□《ふく》従《じゅう》する。

(43) 困《こん》□《なん》に立ち向かう。

(44) 心の〔　　〕《ゆたか》な人。

(45) □《ひ》常《じょう》に喜ぶ。

(46) 知《ち》□《てき》な人物。

(47) 納税の□《ぎ》務《む》。

(48) 学校の□《じ》務《む》室《しつ》。

(49) ごみが散《さん》□《らん》する。

(50) □《こう》空《くう》ショーを見る。

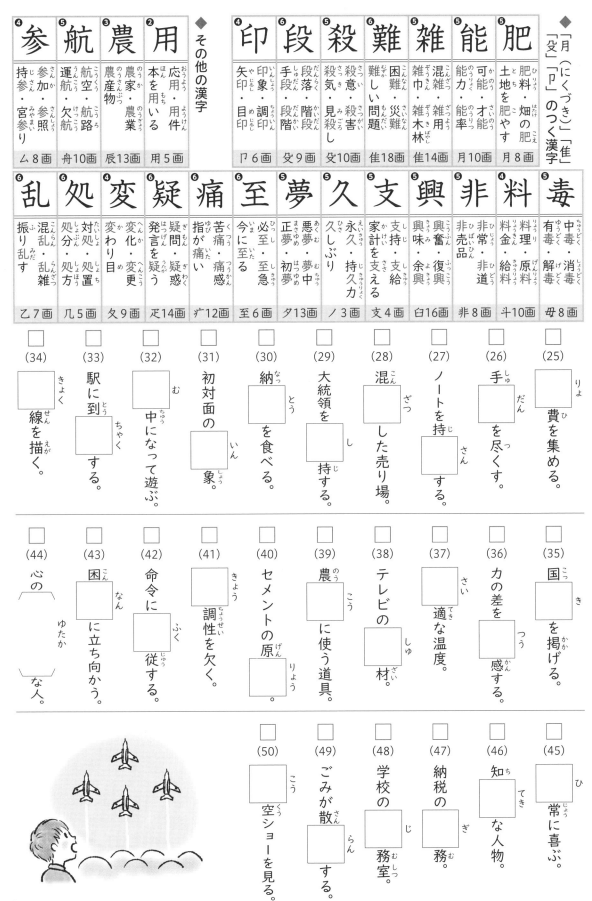

# 「書き」チェック 18

●数字は、小学校で学習した学年

得点　／100点

学習日　月　日

◆「都道府県名」に関係ある漢字

|  |  |  |  |
|---|---|---|---|
| 都 | 3 | 都市《とし》・首都《しゅと》 都度《つど》・花《はな》の都《みやこ》 | 阝11画 |
| 府 | 4 | 政府《せいふ》・京都府《きょうとふ》 江戸幕府《えどばくふ》 | 广8画 |
| 県 | 3 | 県庁《けんちょう》・県議会《けんぎかい》 秋田県《あきたけん》 | 目9画 |
| 郡 | 4 | 郡部《ぐんぶ》 愛知県知多郡《あいちけんちたぐん》 | 阝10画 |
| 茨 | 4 | 茨《いばら》の道《みち》 茨城県《いばらきけん》 | 艹9画 |
| 城 | 4 | 城下町《じょうかまち》・城跡《しろあと》 宮城県《みやぎけん》 | 土9画 |
| 栃 | 4 | 栃《とち》の実《み》 栃木県《とちぎけん》 | 木9画 |
| 群 | 4 | 大群《たいぐん》・群馬県《ぐんまけん》 群《む》れ・群《むら》がる | 羊13画 |
| 埼 | 4 | 埼玉県《さいたまけん》 埼京線《さいきょうせん》 | 土11画 |
| 新 | 2 | 新年《しんねん》・新《あたら》しい 新《あら》た・新妻《にいづま》 | 斤13画 |
| 潟 | 4 | 干潟《ひがた》 新潟県《にいがたけん》 | 氵15画 |
| 富 | 4 | 豊富《ほうふ》・富山県《とやまけん》 巨万《きょまん》の富《とみ》 | 宀12画 |
| 井 | 4 | 井戸《いど》・井《い》の中 福井県《ふくいけん》 | 二4画 |
| 梨 | 4 | 梨《なし》の実《み》 山梨県《やまなしけん》 | 木11画 |
| 岐 | 4 | 岐阜《ぎふ》の山《やま》 岐阜県《ぎふけん》 | 山7画 |
| 阜 | 4 | 岐阜県《ぎふけん》 岐阜市《ぎふし》 | 阜8画 |
| 重 | 3 | 重要《じゅうよう》・尊重《そんちょう》 三重県《みえけん》・重《おも》い | 里9画 |
| 滋 | 4 | 滋賀県《しがけん》 滋賀大学《しがだいがく》 | 氵12画 |
| 賀 | 4 | 年賀状《ねんがじょう》・賀正《がしょう》 祝賀会《しゅくがかい》 | 貝12画 |
| 阪 | 4 | 大阪府《おおさかふ》 大阪市《おおさかし》 | 阝7画 |
| 岡 | 4 | 岡山県《おかやまけん》 福岡県《ふくおかけん》 | 山8画 |

**1** □には漢字を、（　）には漢字と送りがなを書きなさい。（一つ2点）

(1) □《しろ》跡《あと》の公園。

(2) □《とち》木《ぎ》県の温泉地。

(3) □《いばら》城《き》県の海岸。

(4) 東京《とうきょう》□《と》の交通。

(5) 京都《きょうと》□《ふ》の寺社。

(6) □《けん》庁《ちょう》所在地。

(7) □《ぐん》馬《ま》県の観光地。

(8) □《さい》玉《たま》県の鉄道。

(9) 新《にい》□《がた》県産の米。

(10) □《と》山《やま》県の漁港。

(11) 山《やま》□《なし》県の果物。

(12) 宮《みや》□《ぎ》県の特産品。

(13) □《ぎ》阜《ふ》県の山脈。

(14) 大《おお》□《さか》市内の名所。

(15) □《し》賀《が》県の湖。

(16) □《おか》山《やま》県のぶどう。

(17) 岐《ぎ》□《ふ》の世界遺産。

(18) 福《ふく》□《い》県の名産。

(19) 愛知《あいち》県知多《ちた》□《ぐん》。

(20) □《な》良《ら》県にある寺。

(21) 滋《し》□《が》県の歴史。

(22) □《ひょう》庫《ご》県の姫路城《ひめじじょう》。

(23) □《か》川《がわ》県のうどん。

(24) 愛《え》□《ひめ》県の産業。

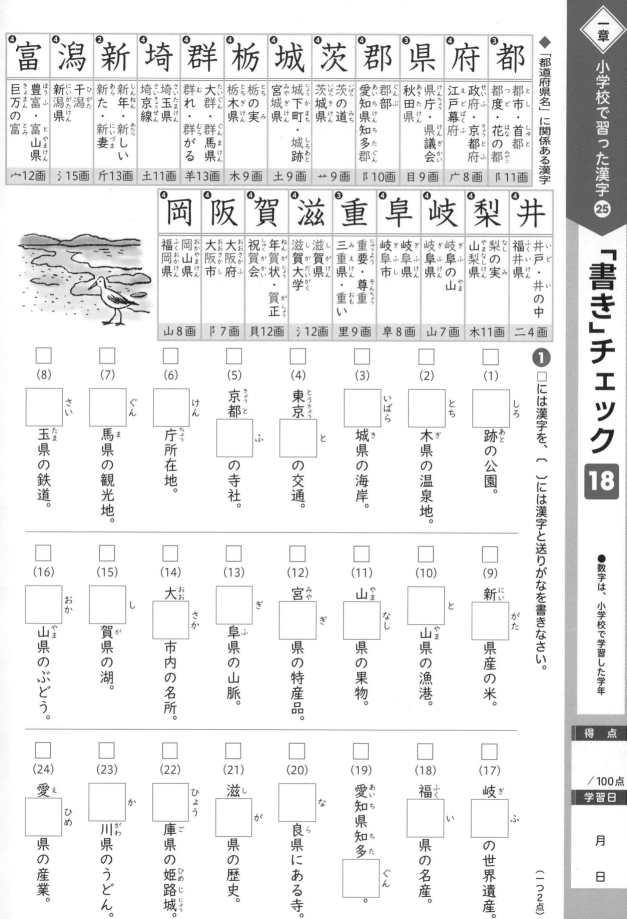

| ❹ 奈 | ❹ 兵 | ❹ 香 | ❹ 徳 | ❹ 媛 | ❹ 佐 |
|---|---|---|---|---|---|
| 奈良県《ならけん》<br>神奈川県《かながわけん》 | 兵隊《へいたい》・兵器《へいき》<br>兵庫県《ひょうごけん》 | 香川県《かがわけん》<br>花《はな》の香《かお》り | 道徳《どうとく》・徳用《とくよう》<br>徳島県《とくしまけん》 | 愛媛県《えひめけん》<br>愛媛《えひめ》みかん | 補佐《ほさ》<br>佐賀県《さがけん》 |
| 大 8画 | 八 7画 | 香 9画 | 彳14画 | 女12画 | イ 7画 |

| ❹ 崎 | ❹ 熊 | ❹ 鹿 | ❹ 児 | ❹ 沖 | ❹ 縄 |
|---|---|---|---|---|---|
| 長崎県《ながさきけん》<br>宮崎県《みやざきけん》 | 熊《くま》の親子《おやこ》<br>熊本県《くまもとけん》 | 鹿《しか》の角《つの》<br>鹿児島県《かごしまけん》 | 児童《じどう》・児童会《じどうかい》<br>鹿児島市《かごしまし》 | 沖合《おきあ》い<br>沖縄県《おきなわけん》 | 縄《なわ》とび<br>縄《なわ》ばしご |
| 山11画 | 灬14画 | 鹿11画 | 儿7画 | 氵7画 | 糸15画 |

□ (25) 四国の□《とく》島《しま》県。

□ (26) □《さ》賀《が》県の有田焼《ありたやき》。

□ (27) 長《なが》□《さき》市の出島《でじま》。

□ (28) □《くま》本《もと》城の天守閣。

□ (29) □《か》児島《ごしま》の桜島《さくらじま》。

□ (30) □《おき》縄《なわ》の海。

□ (31) □《いばら》の道。

□ (32) 古い□《じょう》下町《かまち》。

□ (33) □《しか》の親子。

□ (34) □《にい》潟《がた》のスキー場。

□ (35) 鹿《か》□《ご》島《しま》県の農業。

□ (36) 沖《おき》□《なわ》の首里城《しゅりじょう》。

□ (37) 三《み》□《え》県の海岸線。

□ (38) □《しん》年《ねん》のあいさつ。

□ (39) □《とみ》と名声を得る。

□ (40) その□《つ》度《ど》話す。

□ (41) □《あら》たな試み。

□ (42) 相手を尊《そん》□《ちょう》する。

□ (43) 豊《ほう》□《ふ》な資源。

□ (44) おもちゃの□《へい》隊《たい》。

□ (45) えさに□《むら》がる。

□ (46) □《じゅう》要《よう》な書類。

□ (47) □《じ》童会《どうかい》の行事。

□ (48) 宮《みや》□《ざき》県《けん》の産業。

□ (49) 魚の□《む》れ。

□ (50) □《なわ》目《め》模様の土器。

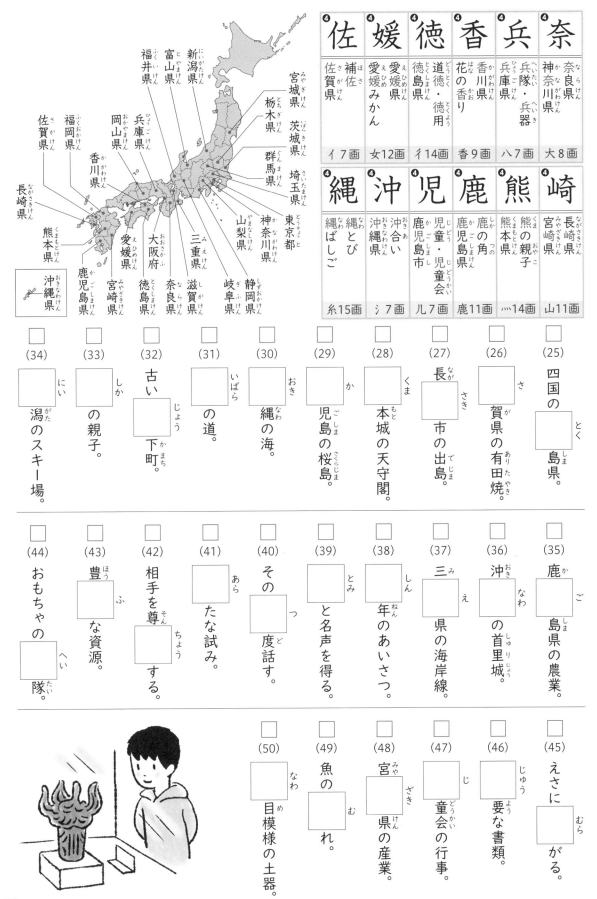

# テスト 8

得点 ／100点
学習日 月 日

## 1 ―の漢字の読みがなを書きなさい。（一つ1点／18点）

(1)
① 庭の周囲に木を植える。（　）（　）
② 記号を丸で囲む。（　）

(2)
① 予想が的中する。（　）
② 的を外す。（　）

(3)
① 持久力のある選手。（　）
② 久しく会っていない。（　）

(4)
① 会社の収益が出る。（　）
② 成果を収める。（　）

(5)
① 耕地に種をまく。（　）
② 畑を耕す。（　）

(6)
① 非難の声が上がる。（　）
② 難しい問題。（　）

(7)
① 納《なっ》豆をまぜる。（　）
② 大豆を煮《に》る。（　）
③ 豆まきをする。（　）

(8)
① 群馬県の温泉地。（　）
② 羊の群れ。（　）
③ えさに群がる。（　）

## 2 次の漢字の総画数を書きなさい。（一つ1点／8点）

例 受（8）

(1) 段（　）　(2) 航（　）　(3) 印（　）　(4) 閣（　）
(5) 衛（　）　(6) 潟（　）　(7) 毒（　）　(8) 痛（　）

## 3 次の漢字の部首を書きなさい。（一つ1点／8点）

例 旅（方）

(1) 因（　）　(2) 盟（　）　(3) 雑（　）　(4) 肥（　）
(5) 奈（　）　(6) 聞（　）　(7) 取（　）　(8) 老（　）

## 4 筆順の正しいものの記号を、○で囲みなさい。（一つ1点／4点）

(1) 服
ア 月 月 肌 服 服
イ 月 肜 肌 服 服

(2) 処
ア ノ ク 夂 処 処
イ ノ 几 ノ几 処 処

(3) 博
ア 十 十 十十 博 博 博
イ 十 十 博 博 博 博
ウ 十 十 十十 博 博 博

(4) 典
ア 口 日 曲 典
イ 口 曲 曲 典
ウ 丨丨 曲 曲 典

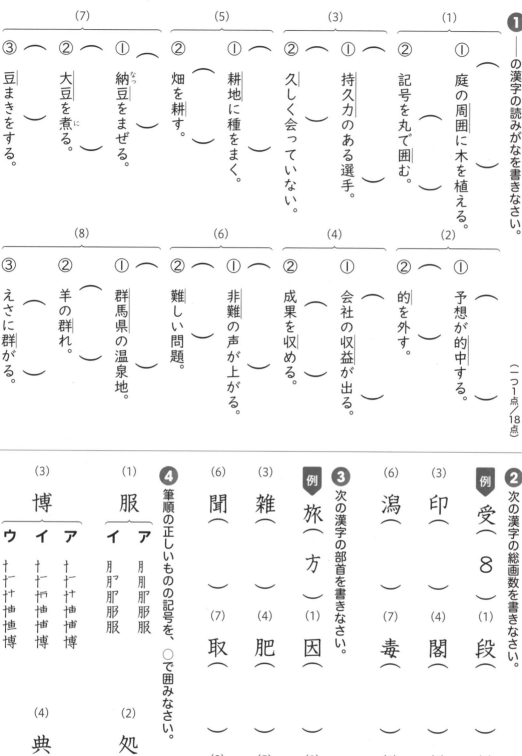

**5** □に漢字を書きなさい。（一つ1点／8点）

(1)
① クラスの□《だん》結力《けつりょく》。
② □《こん》惑《わく》した表情。

(2)
① 魚を加《か》□《こう》する。
② 弁護《べんご》□《し》になりたい。

(3)
① 親《おや》□《こう》行《こう》をする。
② 英語の参《さん》□《こう》書《しょ》。

(4)
① □《さら》を洗う。
② 本を何《なん》□《さつ》か買う。

**6** 次の読み方をする漢字を□に書きなさい。（一つ2点／54点）

(1) カイ
① 文明□化《か》。
② 体力が□復《ふく》する。

(2) ブ
① 旅の□事《じ》を祈《いの》る。
② □道《どう》の達人。

(3) ノウ
① 仕事の□率《りつ》が上がる。
② □民《みん》の暮らし。

(4) シ
① 運転を休《きゅう》□する。
② □近距離《きんきょり》。
③ 交通費を□給《きゅう》する。

(5) サイ
① 旧友に□会《かい》する。
② □善《ぜん》をつくす。

(6) カン
① □東《とう》地区《ちく》の天気。
② □頭《とう》の文章を読む。

(7) リョウ
① 入場は無《む》□だ。
② コインの□面《めん》。

(8) セイ
① 新約《しんやく》□書《しょ》の一節。
② 近《きん》□の文学作品。

(9) ギ
① 兄は正《せい》□感《かん》が強い。
② □問《もん》に思う。

(10) ホウ
① 米が□作《さく》の年。
② □容力《ようりょく》のある人。

(11) キョウ
① 南アフリカ□和国《わこく》。
② □味《み》がある本。
③ クラスで□力《りょく》する。

(12) ソウ
① ピアノの独《どく》□。
② 価格競《きょう》□が激しい。
③ 馬が暴《ぼう》□する。

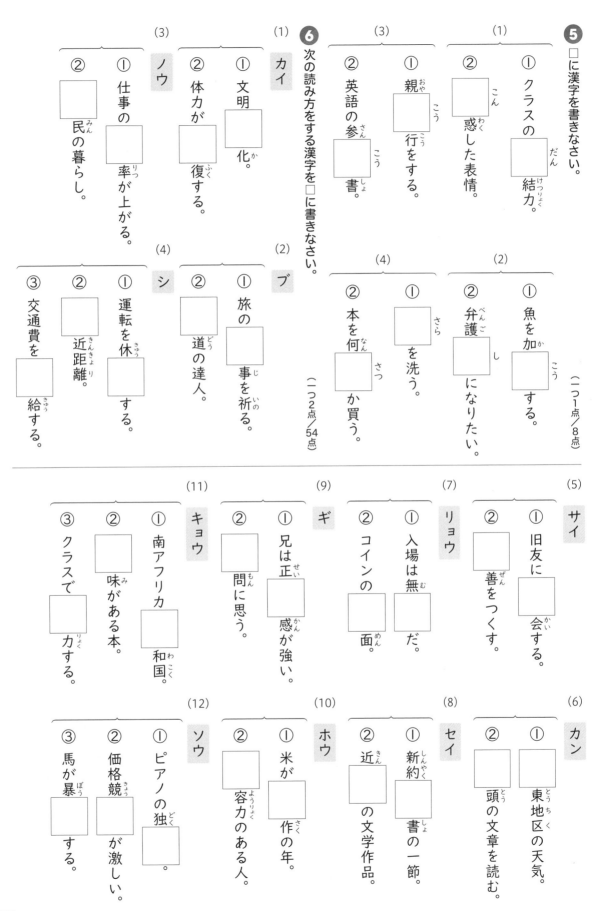

# 中学校で習う音訓 1

●数字は、小学校で学習した学年

得点 ／100点
学習日 月 日

◀中学校で学習する［　］の読み方の漢字を□に書こう。

|  |  |  |  |
|---|---|---|---|
| ❷ 交 | コウ まじわる まじえる まじる・まざる まぜる・かう かわす | 行《い》き□《か》う・取《と》り□《か》わす 交通《こうつう》・交差点《こうさてん》・友と交《まじ》わる | 亠 6画 |
| ❺ 犯 | ハン おかす | 罪を□《おか》す・犯人《はんにん》・犯行《はんこう》・共犯《きょうはん》・犯罪《はんざい》 | 犭 5画 |
| ❻ 座 | ザ すわる | いすに□《すわ》る・座席《ざせき》・正座《せいざ》・王座《おうざ》・星座《せいざ》 | 广 10画 |
| ❻ 訪 | ホウ おとずれる たずねる | 春が□《おとず》れる・訪問《ほうもん》・探訪《たんぼう》・友人を訪《たず》ねる | 言 11画 |
| ❸ 速 | ソク・はやい はやめる はやまる すみやか | □《すみ》やかに動く・時速《じそく》・速《はや》い・速《はや》まる | 辶 10画 |
| ❻ 優 | ユウ やさしい すぐれる | □《やさ》しい人・□《すぐ》れた力・優秀《ゆうしゅう》・優勝《ゆうしょう》 | 亻 17画 |
| ❹ 衣 | イ ころも | □《ころも》替《が》え・羽《は》□《ごろも》・衣服《いふく》・衣類《いるい》 | 衣 6画 |
| ❺ 提 | テイ さげる | 手《て》□《さ》げ・提出《ていしゅつ》・前提《ぜんてい》・提案《ていあん》・提起《ていき》 | 扌 12画 |

❶ ―の漢字の読みがなを書きなさい。（一つ2点）

(1) 回転が速まる。（　）

(2) 素質に恵《めぐ》まれる。（　）

(3) 有名な俳優。（　）

(4) 万博に行く。（　）

(5) 言葉を交わす。（　）

(6) 黄金虫を見つける。（　）

(7) 砂利を踏《ふ》む。（　）

(8) 承認を得る。（　）

(9) かばんを提げる。（　）

(10) 失笑をかう。（　）

(11) 仲の良い姉妹《まい》。（　）

(12) 優れた人材。（　）

(13) 速やかに進める。（　）

(14) 行き交う人々。（　）

(15) 脳裏に焼きつく。（　）

(16) 過失を犯す。（　）

(17) ほほ笑む。（　）

(18) 床《ゆか》に座る。（　）

(19) 衣替《が》えをする。（　）

(20) 倉庫を焼失する。（　）

(21) 黄河に臨《のぞ》む。（　）
黄土で水が黄色くにごっている中国の大河に臨む。

(22) 工夫された作品。（　）

(23) 素早い動作。（　）

(24) 小学校を訪れる。（　）

(25) 優しい母。（　）

| ❷ 姉 | ❷ 万 | ❹ 夫 | ❹ 焼 | ❺ 素 | ❻ 認 | ❻ 裏 | ❻ 砂 | ❷ 黄 | ❹ 笑 |
|---|---|---|---|---|---|---|---|---|---|
| シ あね | マン バン ― | フ フウ おっと | ショウ やく やける | ソ ス ― | ニン みとめる | リ うら | サ シャ すな | コウ オウ き・こ | ショウ わらう えむ |
| □《し》妹《まい》・わたしの姉《あね》 | □《ばん》国《こく》・□《ばん》全《ぜん》・億万《おくまん》 | 工《く》□《ふう》・□《ふう》婦《ふ》・夫人《ふじん》・妻《つま》と夫《おっと》 | 燃《ねん》□《しょう》・□《しょう》却《きゃく》・日焼《ひや》け | □《す》敵《てき》・□《す》足《あし》・質素《しっそ》・素材《そざい》・色素《しきそ》・要素《ようそ》 | 確《かく》□《にん》・□《にん》識《しき》・才能を認《みと》める | 脳《のう》□《り》・表《ひょう》□《り》・裏地《うらじ》・裏側《うらがわ》 | 土《ど》□《しゃ》・□《じゃ》利《り》・砂漠《さばく》・砂糖《さとう》・砂場《すなば》・砂絵《すなえ》 | □《こう》道《どう》・□《こ》金色《がねいろ》・黄土色《おうどいろ》・黄色《きいろ》 | 爆《ばく》□《しょう》・優《やさ》しい□《え》み・笑《わら》い声《ごえ》 |
| 女 8画 | 一 3画 | 大 4画 | 火 12画 | 糸 10画 | 言 14画 | 衣 13画 | 石 9画 | 黄 11画 | ⺮ 10画 |

**2** □には漢字を、（　）には漢字と送りがなを書きなさい。（一つ2点）

(1) □《はん》行《こう》を認める。

(2) □□《うらみち》を抜《ぬ》ける。

(3) 知人を（　）《たずねる》。

(4) （　）《やさしい》性格。

(5) いすに（　）《すわる》。

(6) （　）《すみやか》に集まる。

(7) 平和が（　）《おとずれる》。

(8) 本で□□《かくにん》する。

(9) □□□《こがねいろ》の葉。

(10) 過《あやま》ちを（　）《おかす》。

(11) （　）《すぐれた》作品。

(12) □□《ばんぜん》を期する。

(13) 天女《てんにょ》の□□《はごろも》。

(14) 学校の□《しょう》却《きゃく》炉《ろ》。

(15) □《え》みを浮《う》かべる。

(16) 話が飛び□《か》う。

(17) □□《すあし》で歩く。

(18) □□《どしゃ》崩《くず》れ。

(19) □□《てさ》げ袋《ぶくろ》。

(20) 中国の□《こう》河《が》。

(21) 手紙を（　）《かわす》。

(22) 四人□《し》妹《まい》。

(23) 談《だん》□《しょう》する。

(24) □□《ひょうり》一体《いったい》。
おもてうらが一つになっている様子。

(25) □□《ふうふ》円満《えんまん》。

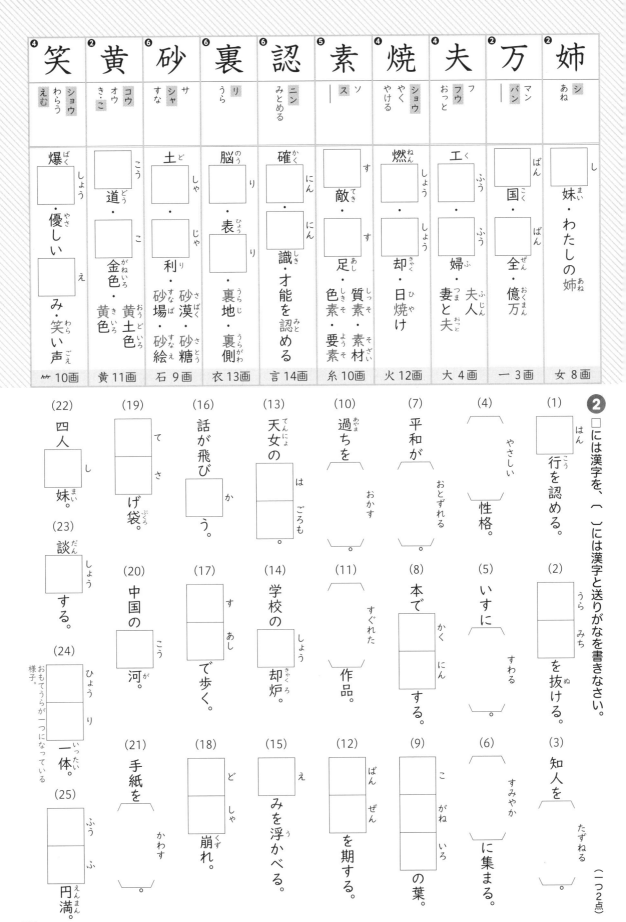

# 中学校で習う音訓 2

●数字は、小学校で学習した学年

得点 ／100点
学習日 月 日

◀中学校で学習する［　］の読み方の漢字を□に書こう。

|  |  |  |  |
|---|---|---|---|
| ❻危 | キ／あぶない／あやうい／あやぶむ | □《あや》うい状況《じょうきょう》・成功を□《あや》ぶむ／危険《きけん》・危機《きき》・危《あぶ》ない場所 | 卩 6画 |
| ❻推 | スイ／おす | 会長《かいちょう》に□《お》す（会長につくようにすすめる。）・推測《すいそく》・推理《すいり》 | 扌 11画 |
| ❸集 | シュウ／あつまる／あつめる／つどう | 友が□《つど》う・特集《とくしゅう》・かき集《あつ》める | 隹 12画 |
| ❹試 | シ／こころみる／ためす | 力を□《ため》す・入試《にゅうし》・初めての試《こころ》み | 言 13画 |
| ❺謝 | シャ／あやまる | 心から□《あやま》る・謝礼《しゃれい》・謝恩会《しゃおんかい》 | 言 17画 |
| ❻探 | タン／さぐる／さがす | 原因を□《さぐ》る・探求《たんきゅう》・探険《たんけん》・探《さが》し回《まわ》る | 扌 11画 |
| ❻欲 | ヨク／（ほっする）／ほしい | □《ほ》しい物《もの》・意欲《いよく》・欲求《よっきゅう》 | 欠 11画 |
| ❶文 | ブン／モン／ふみ | □《ふみ》を読む（手紙・書物のこと。）・文学《ぶんがく》・英文《えいぶん》・注文《ちゅうもん》・文様《もんよう》 | 文 4画 |

**1** ―の漢字の読みがなを書きなさい。（一つ2点）

(1) 岐路に立つ。（　）
(2) 感謝の気持ち。（　）
(3) 地方特有の土産品《みやげひん》。（　）
(4) 天文学を学ぶ。（　）
(5) 推測に過ぎない。（　）
(6) 新しい技《わざ》を試みる。（　）
(7) 母音の発音。（　）
(8) 有頂天になる。（　）
たいへん得意になる。
(9) 最下位に低迷する。（　）
(10) 京阪地域の工業。（　）
(11) 達成を危ぶむ。（　）
(12) 生徒会長に推す。（　）
(13) 一切を任せる。（　）
(14) 文月の夜。（　）
昔のこよみで七月のこと。
(15) 公民館に集う。（　）
(16) 一丁目を歩く。（　）
(17) 内気な性格。（　）
(18) 相手の心を探る。（　）
(19) 立場が危うい。（　）
(20) 首相の演説。（　）
(21) 境《けい》内に入る。（　）
(22) 本が欲しい。（　）
(23) 丁寧《ねい》に扱《あつか》う。（　）
(24) 実力を試す。（　）
(25) 深く謝る。（　）

|  |  |  |  |
| --- | --- | --- | --- |
| ❶ 音 | オン・イン・おと・ね | 子《し》□《いん》・母《ぼ》□《いん》・音楽《おんがく》・発音《はつおん》・足音《あしおと》・音色《ねいろ》 | 音 9画 |
| ❷ 切 | セツ・サイ・きる・きれる | 一《いっ》□《さい》を失う・適切《てきせつ》・大切《たいせつ》・切《き》り絵・品切《しなぎ》れ | 刀 4画 |
| ❷ 京 | キョウ・ケイ・— | □《けい》浜《ひん》工業地帯・東京《とうきょう》・京《きょう》の都《みやこ》 | 亠 8画 |
| ❷ 内 | ナイ・ダイ・うち | 境《けい》□《だい》（寺や神社のしき地の中。）・□《だい》裏《り》・内容《ないよう》・内緒《ないしょ》・内気《うちき》・内訳《うちわけ》 | 冂 4画 |
| ❸ 丁 | チョウ・テイ・— | □《てい》重《ちょう》・□《てい》寧《ねい》（礼ぎ正しく、大切にあつかう様子。）・一丁《いっちょう》・包丁《ほうちょう》 | 一 2画 |
| ❸ 有 | ユウ・ウ・ある | □《う》無《む》を言わせない・有名《ゆうめい》・所有《しょゆう》・有《あ》り余《あま》る | 月 6画 |
| ❸ 相 | ソウ・ショウ・あい | 首《しゅ》□《しょう》・外《がい》□《しょう》・手相《てそう》・相談《そうだん》・相手《あいて》・相性《あいしょう》 | 目 9画 |
| ❺ 迷 | メイ・まよう | □《めい》路《ろ》・□《めい》惑《わく》・道に迷《まよ》う・心の迷《まよ》い | 辶 9画 |
| ❹ 阪 | ハン・— | □《はん》神《しん》・京《けい》□《はん》・大阪府《おおさかふ》 | 阝 7画 |
| ❹ 岐 | キ・— | □《き》路《ろ》・分《ぶん》□《き》点《てん》・岐阜県《ぎふけん》 | 山 7画 |

**2** □には漢字を、（　）には漢字と送りがなを書きなさい。（一つ2点）

(1) □□《すいり》小説。

(2) □□《てきせつ》な処置《しょち》。

(3) □《たん》険《けん》に行く。

(4) （あぶない）予感。

(5) 実験を（こころみる）。

(6) □□《きろ》に立つ。

(7) 昔の□《ふみ》を見つける。

(8) 事実の□□《うむ》。（事実のあるなし。）

(9) □□《いっさい》をやり直す。

(10) 神社の境《けい》□《だい》。

(11) □□□《しゃおんかい》に入る。

(12) 外国語の□□《ぼいん》。

(13) □□《ゆうめい》な人物。

(14) □□《めいろ》に入る。

(15) □□《けいはん》地域。

(16) 日本の□□《しゅしょう》。

(17) （あやうい）状況《じょうきょう》。

(18) 力を（ためす）。

(19) □□《いよく》がある。

(20) 部長に（おす）。

(21) 会に（つどう）。

(22) 事実を（さぐる）。

(23) 試験の合格を（あやぶむ）。

(24) ゲームが（ほしい）と思う。

(25) 必死に（あやまる）。

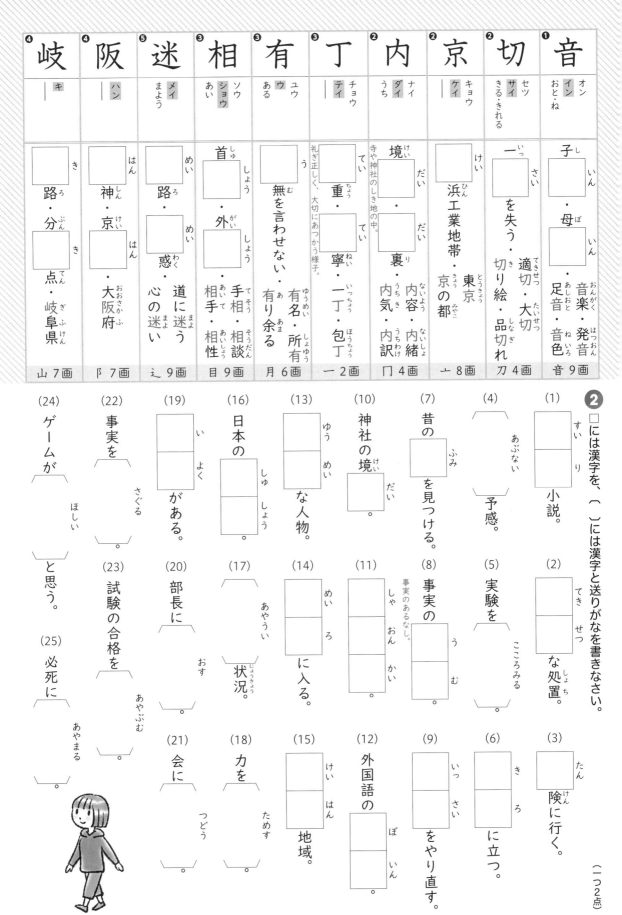

# 中学校で習う音訓 3

●数字は、小学校で学習した学年

得点　／100点
学習日　月　日

◀中学校で学習する［　］の読み方の漢字を□に書こう。

|  |  |  |  |  |
|---|---|---|---|---|
| 貴 | 6 | キ／たっとい／とうとい／たっとぶ／とうとぶ | □《たっと》い経験・□《とうと》い資料／貴族《きぞく》・貴重《きちょう》・貴金属《ききんぞく》 | 貝 12画 |
| 臨 | 6 | リン／のぞむ | 海に□《のぞ》む・臨時《りんじ》・臨席《りんせき》 | 臣 18画 |
| 操 | 6 | ソウ／(みさお)／あやつる | □《あやつ》り人形・操作《そうさ》・操業《そうぎょう》・操縦《そうじゅう》・体操《たいそう》 | 扌 16画 |
| 傷 | 6 | ショウ／きず／いたむ／いためる | 家の□《いた》み・傘《かさ》を□《いた》める・感傷《かんしょう》・傷口《きずぐち》 | イ 13画 |
| 蒸 | 6 | ジョウ／むす／むれる／むらす | □《む》し器《き》・豆を□《む》らす・蒸気《じょうき》 | 艹 13画 |
| 閉 | 6 | ヘイ／とじる／とざす／しめる／しまる | 口を□《と》ざす・閉店《へいてん》・閉《と》じこもる・閉《し》め切《き》る・店が閉《し》まる | 門 11画 |
| 下 | 1 | カ・ゲ／した・しも／もと／さげる／さがる／くだる／くだす／くださる／おろす・おりる | 足《あし》□《もと》・法の□《もと》・地下《ちか》・下校《げこう》・下町《したまち》・風下《かざしも》・押《お》し下《さ》げる・ぶら下《さ》がる・川下《かわくだ》り・書き下《くだ》す・書き下《お》ろす・幕が下《お》りる | 一 3画 |

❶ ―の漢字の読みがなを書きなさい。（一つ2点）

(1) 足を負傷する。（　　）
(2) 貴重な品々。（　　）
(3) 利益を分割する。（　　）
(4) 米を蒸らす。（　　）
(5) 灯台下暗《くら》し。（　　）
(6) 貧困から解放される。（　　）
(7) 桜の園。（　　）
(8) 早速、お願いする。（　　）
(9) 学問を貴ぶ。（　　）
(10) 墓穴を掘《ほ》る。（　　）
自分のしたことが、自分の身をほろぼす結果になる。
(11) 家具を傷める。（　　）
(12) 蒸したパン。（　　）
(13) 公園で遊ぶ。（　　）
(14) 藩《はん》ごとの石高。（　　）
(15) 時間を割く。（　　）
(16) 貴い身分の人。（　　）
(17) 毒舌を吐《は》く。（　　）
(18) 除目の儀式《ぎしき》。（　　）
平安時代の官職を任命する式。
(19) 口を閉ざす。（　　）
(20) ご飯が蒸れる。（　　）
(21) 率直な感想を述べる。（　　）
(22) 試合に臨む。（　　）
(23) 家が傷む。（　　）
(24) 寺社の境内。（　　）
(25) 人形を操る。（　　）

|  |  |  |  |
|---|---|---|---|
| ❷ 園 | エン／**その** | 花《はな》□《その》・学《まな》びの□《その》・公園《こうえん》　園芸《えんげい》 | 口 13画 |
| ❺ 貧 | **ヒン**／ビン／まずしい | □《ひん》弱《じゃく》・□《ひん》困《こん》・貧乏《びんぼう》　貧《まず》しい経験 | 貝 11画 |
| ❻ 舌 | **ゼツ**／した | 筆《ひっ》□《ぜつ》・毒《どく》□《ぜつ》・舌打《したう》ち　猫舌《ねこじた》 | 舌 6画 |
| ❺ 率 | **ソツ**／リツ／ひきいる | 引《いん》□《そつ》・□《そっ》直《ちょく》・確率《かくりつ》・能率《のうりつ》　常《つね》に率《ひき》いる | 玄 11画 |
| ❺ 境 | キョウ／**ケイ**／さかい | □《けい》内《だい》・環境《かんきょう》・国境《こっきょう》　境目《さかいめ》・県境《けんざかい》 | 土 14画 |
| ❻ 除 | ジョ／**ジ**／のぞく | 掃《そう》□《じ》・□《じ》目《もく》・除草《じょそう》・駆除《くじょ》　取《と》り除《のぞ》く | 阝 10画 |
| ❻ 穴 | **ケツ**／あな | 墓《ぼ》□《けつ》・洞《どう》□《けつ》・穴場《あなば》・横穴《よこあな》　落《お》とし穴《あな》 | 穴 5画 |
| ❶ 早 | ソウ・**サッ**／はやい／はやまる／はやめる | □《さっ》速《そく》・早朝《そうちょう》・予定《よてい》が早《はや》まる　早退《そうたい》・時間《じかん》を早《はや》める | 日 6画 |
| ❶ 石 | セキ／シャク／**コク**／いし | □《こく》高《だか》（米などのとれた量。）・百万《ひゃくまん》□《ごく》・小石《こいし》・岩石《がんせき》　磁石《じしゃく》 | 石 5画 |
| ❻ 割 | **カツ**／わる・わり／われる／**さく** | 分《ぶん》□《かつ》・紙面を□《さ》く・割引《わりびき》　割《わ》れ物《もの》 | 刂 12画 |

## 2 □には漢字を、（　）には漢字と送りがなを書きなさい。（一つ2点）

(1) 門を（　　）《とざす》。

(2) 茶葉を（　　）《むらす》。

(3) 偉業《いぎょう》を（　　）《とうとぶ》。

(4) 服が（　　）《いたむ》。

(5) 海に（　　）《のぞむ》。

(6) 舟《ふね》のかじを（　　）《あやつる》。

(7) （　　）《とうとい》資料。

(8) 部屋を掃《そう》□《じ》する。

(9) □□《はなぞの》を見つける。

(10) □□《さっそく》、出向く。

(11) 法の□《もと》の平等。

(12) □□《ひつぜつ》に尽《つ》くしがたい。（文章や言葉では表現できない。）

(13) 靴《くつ》を（　　）《いためる》。

(14) □□《ひんじゃく》な体。

(15) 百万《ひゃくまん》□《ごく》の城下町。

(16) 山の洞《どう》□《けつ》。

(17) 真実を（　　）《たっとぶ》。

(18) 暑さで（　　）《むれる》。

(19) 寺の□□《けいだい》。

(20) 先生が□□《いんそつ》する。

(21) □□《ぶんかつ》して払《はら》う。

(22) 学びの□《その》。

(23) □《む》し暑い。

(24) 人手を□《さ》く。

(25) （　　）《たっとい》経験。

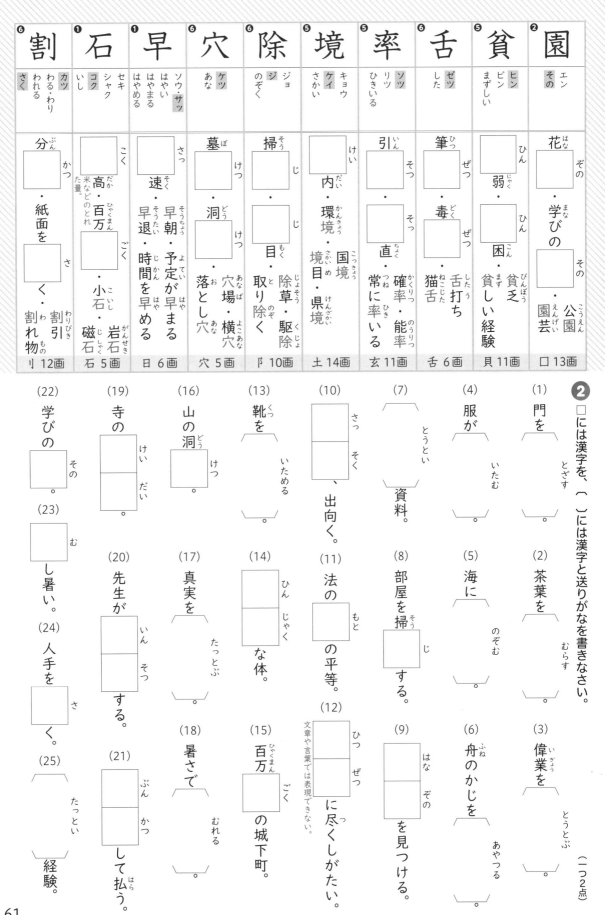

# 読み書きチェック 1

1 ——の漢字の読みがなを書きなさい。（一つ1点）

(1) 首相のあいさつ。（　）
(2) 速やかに避難《ひなん》する。（　）
(3) ほほ笑み返す。（　）
(4) 間違《まちが》いを犯す。（　）
(5) 機械を操る。（　）
(6) 毒舌を吐《は》く人。（　）
(7) 力を燃焼させる。（　）
(8) 学生が集う。（　）
(9) いい迷惑《わく》だ。（　）
(10) 法の下の平等。（　）

(11) 果物が傷む。（　）
(12) 部屋の掃《そう》除。（　）
(13) 三人姉妹《まい》。（　）
(14) 水が欲しい。（　）
(15) 失敗を謝る。（　）
(16) 黄金色に輝《かがや》く。（　）
(17) 脳裏に浮《う》かぶ。（　）
(18) 在庫の有無を調べる。（　）
(19) 試験に臨む。（　）
(20) 部員を統率する。（　）

(21) 神社の境内。（　）
(22) 素敵なドレス。（　）
(23) 丁重に断る。（　）
(24) 秘密を探る。（　）
(25) 貧弱な体つき。（　）
(26) 衣替《が》えの時季。（　）
(27) 気分が優れない。（　）
(28) 手提げかばん。（　）
(29) 委員長に推す。（　）
(30) 秘密の花園。（　）

(31) 京阪地域。（　）
(32) 対策を万全にする。（　）
(33) 危うい立場。（　）
(34) 砂利道を歩く。（　）
(35) 門を閉ざす。（　）
(36) 文月の夜。（　）
(37) 一切を取り仕切る。（　）
(38) 握手《あくしゅ》を交わす。（　）
(39) 洞《どう》穴に入る。（　）
(40) 貴いお言葉。（　）

(41) 早速、手配する。（　）
(42) 母音と子音。（　）
(43) 認識を深める。（　）
(44) 米の石高。（　）
(45) 工夫をこらす。（　）
(46) 新製品を試す。（　）
(47) 土地を分割する。（　）
(48) 草の上に座る。（　）
(49) 芋《いも》を蒸す。（　）
(50) 夏が訪れる。（　）

得点
／100点
学習日
月
日

## 2 □には漢字を、（　）には漢字と送りがなを書きなさい。（一つ1点）

(1) 天女《てんにょ》の□□《はごろも》。
(2) □□《めいろ》に入る。
(3) 役員に□《お》す。
(4) 車が行き□《か》う。
(5) □□《けいはん》地域。
(6) 法の□《もと》にある。
(7) （　　）《すみやか》に移動する。
(8) 原因を（　　）《さぐる》。
(9) 失敗を（　　）《あやまる》。
(10) 壁《かべ》を（　　）《いためる》。

(11) 力を（　　）《ためす》。
(12) （　　）《とうとい》体験。
(13) 大罪を（　　）《おかす》。
(14) 新居を（　　）《おとずれる》。
(15) 結果を（　　）《あやぶむ》。
(16) （　　）《やさしい》心を持つ。
(17) 心を（　　）《とざす》。
(18) （　　）《ほしい》物を買う。
(19) 機械を（　　）《あやつる》。
(20) ご飯を（　　）《むらす》。

(21) かばんを（　　）《さげる》。
(22) □□《ぼけつ》を掘《ほ》る。
(23) 談《だん》□《しょう》する。
(24) □□《いんそつ》の先生。
(25) □□《いっさい》を断る。
(26) □□《ふうふ》になる。
(27) 出席の□□《うむ》。
(28) □□《ばんこく》共通。
(29) □《ふみ》を受け取る。
(30) 会議に（　　）《のぞむ》。

(31) □□《すなお》な性格。
(32) 時間を□《さ》く。
(33) 偉業《いぎょう》を（　　）《とうとぶ》。
(34) 寺社の□□《けいだい》。
(35) 結果の□□《かくにん》。
(36) □□《しゅしょう》の会見。
(37) □□《さっきゅう》な処置。
(38) □□《ひんこん》問題。
(39) 広場に（　　）《つどう》。
(40) ごみの□《しょう》却《きゃく》。

(41) 庭を掃《そう》□《じ》する。
(42) □□《どしゃ》崩《くず》れ。
(43) □□《どくぜつ》家《か》。
(44) □□《のうり》をよぎる。
(45) （　　）《あやうい》状況《じょうきょう》。
(46) 穏《おだ》やかな□《え》み。
(47) 美しい□□《はなぞの》。
(48) 双子《ふたご》の□《し》妹《まい》。
(49) （　　）《すわり》心地《ごこち》。
(50) □□《きろ》に立つ。

# 中学校で習う音訓 4

●数字は、小学校で学習した学年

得点　／100点
学習日　月　日

◀中学校で学習する［　］の読み方の漢字を□に書こう。

| ❷後 | ❸研 | ❸病 | ❹競 | ❹省 | ❸軽 | ❸幸 | ❹戦 |
|---|---|---|---|---|---|---|---|
| ゴ・コウ のち・うしろ あと おくれる | ケン とぐ | ビョウ （ヘイ） やむ やまい | キョウ ケイ きそう （せる） | セイ ショウ かえりみる はぶく | ケイ かるい かろやか | コウ さいわい さち しあわせ | セン いくさ たたかう |
| 気《き》□《おく》れする・後程《のちほど》・後《うし》ろ・午後《ごご》・後半《こうはん》・後味《あとあじ》が悪い | 米を□《と》ぐ・□《と》ぎすます・研究《けんきゅう》・研修《けんしゅう》 | 気に□《や》む・□《や》み上《あ》がり・病気《びょうき》・病《やまい》 | 順位を□《きそ》う・□《きそ》い合う・競争《きょうそう》・競技《きょうぎ》・競馬《けいば》・競売《けいばい》 | 己《おのれ》を□《かえり》みる・反省《はんせい》・省略《しょうりゃく》・手間《てま》を省《はぶ》く | □《かろ》やかな足取り・軽快《けいかい》・身軽《みがる》 | 海《うみ》の□《さち》・幸福《こうふく》・幸《さいわ》い・幸《しあわ》せ者《もの》 | 勝《か》ち□《いくさ》・作戦《さくせん》・戦争《せんそう》・戦《たたか》い合う |
| 彳 9画 | 石 9画 | 疒 10画 | 立 20画 | 目 9画 | 車 12画 | 干 8画 | 戈 13画 |

❶ ――の漢字の読みがなを書きなさい。（一つ2点）

(1) 旅行の支度。（　　）
(2) 戦に臨《のぞ》む。（　　）
(3) 病み上がり。（　　）
(4) 詩の対句。（　　）
(5) 仲の良い姉妹。（　　）
(6) わが身を省みる。（　　）
(7) 外科で診《み》てもらう。（　　）
(8) 美しい女神。（　　）
(9) 競馬を見に行く。（　　）
(10) 一対の茶わん。（　　）
(11) 幾《き》何学を研究する。（　　）
(12) 会う度に見違《みちが》える。（　　）
(13) ことの次第を話す。（　　）
(14) 軽やかな足取り。（　　）
(15) むだを省く。（　　）
(16) 師弟の関係。（　　）
(17) 度重《かさ》なる失敗。（　　）
(18) 気後れする。（　　）
(19) 竜《りゅう》宮城を思い描《えが》く。（　　）
(20) 山の幸を食べる。（　　）
(21) 猫《ねこ》がつめを研ぐ。（　　）
(22) 天女の舞《まい》。（　　）
(23) 気に病む。（　　）
(24) 弟子をとる。（　　）
(25) 技《わざ》を競う。（　　）

|  |  |  |  |
| --- | --- | --- | --- |
| ❷ 妹 | マイ / いもうと | 姉《し》□《まい》・実《じつ》□《まい》・姉と妹《いもうと》 | 女 8画 |
| ❷ 何 | カ / なに / なん | 幾《き》□《か》学《がく》（図形の形や大きさ・位置などを研究する学問。）・何事《なにごと》・何時《なんじ》・何度《なんど》 | イ 7画 |
| ❷ 弟 | テイ / ダイ / デ / おとうと | 師《し》□《てい》・□《で》子《し》・兄弟《きょうだい》・弟《おとうと》 | 弓 7画 |
| ❷ 外 | ガイ・ゲ / そと・ほか / はずす / はずれる | □《げ》科《か》・外国《がいこく》・外出《がいしゅつ》・内《うち》と外《そと》・思《おも》いの外《ほか》・羽目《はめ》を外《はず》す・外《はず》れる | タ 5画 |
| ❸ 宮 | キュウ / グウ / (ク) / みや | 竜《りゅう》□《ぐう》・神《じん》□《ぐう》・迷宮《めいきゅう》・宮様《みやさま》 | 宀 10画 |
| ❸ 対 | タイ / ツイ / ― | □《つい》句《く》・一《いっ》□《つい》・応対《おうたい》・対立《たいりつ》 | 寸 7画 |
| ❸ 次 | ジ・シ / つぐ / つぎ | 式《しき》□《し》第《だい》（式などの順序。）・次回《じかい》・取《と》り次《つ》ぐ・次期《じき》・次《つぎ》の日《ひ》 | 欠 6画 |
| ❶ 女 | ジョ / ニョ / (ニョウ) / め / おんな | 天《てん》□《にょ》・□《め》神《がみ》・女性《じょせい》・女流《じょりゅう》・王女《おうじょ》・女《おんな》の人《ひと》 | 女 3画 |
| ❸ 度 | ド・(ト) / タク / たび | 支《し》□《たく》・この□《たび》・温度《おんど》・態度《たいど》 | 广 9画 |

## ❷ □には漢字を、（　）には漢字と送りがなを書きなさい。（一つ2点）

(1) 己《おのれ》を（かえりみる）。

(2) 流行に（おくれる）。

(3) 優勝を（きそう）。

(4) 幾《いく》□《たび》も振《ふ》り返る。

(5) （かろやか）に踊《おど》る。

(6) □《つい》□《く》を用いる。

(7) 気に（やむ）。

(8) □《てん》□《にょ》の伝説。

(9) 竜《りゅう》□《ぐう》城《じょう》での暮らし。

(10) 式《しき》□《し》□《だい》。

(11) 師《し》□《てい》の関係。

(12) 食事の支《し》□《たく》をする。

(13) 自由の□《め》□《がみ》。

(14) □《げ》□《か》に通院する。

(15) つめを□《と》ぐ。

(16) 三人□《し》□《まい》。

(17) □《いっ》□《つい》の茶わん。

(18) □《さち》あれと願う。

(19) □《たび》重《かさ》なる事故。

(20) 気《き》（おくれ）がする。

(21) 幾《き》□《か》□《がく》。

(22) 米を□《と》ぐ。

(23) □《いくさ》で勝つ。

(24) 山の□《さち》。

(25) □《で》□《し》入《い》り。

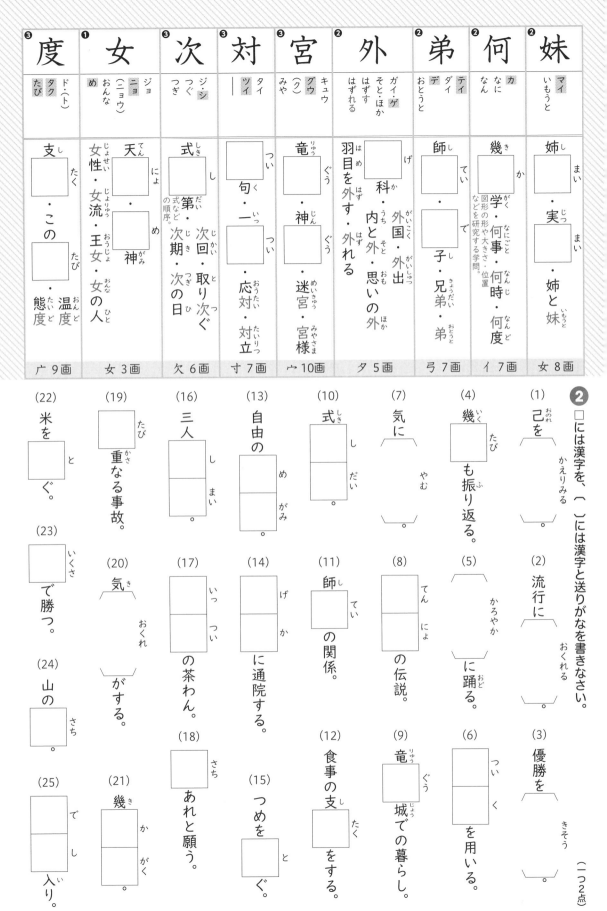

# 中学校で習う音訓 5

●数字は、小学校で学習した学年

得点 ／100点

学習日 月 日

◀中学校で学習する［　］の読み方の漢字を□に書こう。

|  |  |  |  |
|---|---|---|---|
| ❺ 授 | ジュ／さずける／さずかる | 秘伝《ひでん》を□《さず》ける・□《さず》かり物 授賞《じゅしょう》・授業《じゅぎょう》・伝授《でんじゅ》 | 扌 11画 |
| ❻ 就 | シュウ・(ジュ)／つく／つける | 職《しょく》に□《つ》く・就職《しゅうしょく》・就学《しゅうがく》 | 尢 12画 |
| ❺ 技 | ギ／わざ | □《わざ》をみがく・寝《ね》□《わざ》・技術《ぎじゅつ》・演技《えんぎ》 | 扌 7画 |
| ❺ 基 | キ／もと／(もとい) | 内容に□《もと》づく・法に□《もと》づく 基本《きほん》・基礎《きそ》・基準《きじゅん》 | 土 11画 |
| ❻ 誠 | セイ／まこと | □《まこと》の武士・□《まこと》を尽《つ》くす・誠実《せいじつ》・誠意《せいい》 | 言 13画 |
| ❻ 革 | カク／かわ | つり□《かわ》・□《かわ》靴《ぐつ》・革命《かくめい》・改革《かいかく》 | 革 9画 |
| ❻ 値 | チ／ね／あたい | 称賛《しょうさん》に□《あたい》する・価値《かち》・数値《すうち》・値段《ねだん》・高値《たかね》 | イ 10画 |
| ❶ 手 | シュ／て／た | □《た》綱《づな》・□《た》繰《ぐ》る・手腕《しゅわん》・握手《あくしゅ》・手紙《てがみ》・人手《ひとで》 | 手 4画 |

❶ ——の漢字の読みがなを書きなさい。（一つ2点）

(1) 美しい衣装。（　）
(2) 石灰と灰をまぜる。（　）（　）
(3) データに基づく。（　）
(4) さけの産卵の様子。（　）
(5) 賞を授かる。（　）
(6) 仕事に就く。（　）
(7) 己の信念を貫《つらぬ》く。（　）
(8) 川柳《りゅう》を作る。（　）
(9) 得意の技をきめる。（　）
(10) 納得のいく話。（　）
(11) 電車のつり革。（　）
(12) 記憶《きおく》を手繰《ぐ》る。（　）
(13) 卵黄をまぜる。（　）
(14) 出納帳を管理する。（　）
(15) 知恵《ちえ》を授ける。（　）
(16) 革靴《ぐつ》をはく。（　）
(17) 誠に残念だ。（　）
(18) 利己的《てき》な考え方。（　）
(19) 小児科へ行く。（　）
(20) $x$《エックス》の値を求める。（　）
(21) 王座に就ける。（　）
(22) 手綱《づな》を引く。（　）
(23) 柔道《じゅうどう》の寝《ね》技。（　）（　）
(24) 一朝一夕。（　）
(25) 知己を頼《たよ》る。（　）

|  |  |  |  |
|---|---|---|---|
| ❶ 出 | シュツ・スイ／でる・だす | □《すい》納係《とうがかり》・出場《しゅつじょう》・人出《ひとで》・出発《しゅっぱつ》・飛《と》び出《だ》す | 凵 5画 |
| ❹ 児 | ジ・ニ／— | 小《しょう》□《に》科《か》・児童《じどう》・幼児《ようじ》・育児《いくじ》・乳児《にゅうじ》・鹿児島県《かごしまけん》 | 儿 7画 |
| ❻ 装 | ソウ・ショウ／（よそおう） | 衣《い》□《しょう》・□《しょう》束《ぞく》・装飾《そうしょく》・服装《ふくそう》 | 衣 12画 |
| ❻ 卵 | ラン／たまご | 産《さん》□《らん》・□《らん》黄《おう》・金《きん》の卵《たまご》・卵焼《たまごや》き | 卩 7画 |
| ❻ 納 | ノウ・ナッ（ナ）（ナン）・トウ／おさめる・おさまる | □《なっ》得《とく》・□《なっ》豆《とう》・出《すい》□《とう》（お金や品物を出し入れすること。）・納税《のうぜい》・納品《のうひん》・税金を納《おさ》める・仕事納《おさ》め | 糸 10画 |
| ❻ 灰 | カイ／はい | 石《せっ》□《かい》・□《かい》白色《はくしょく》・灰色《はいいろ》・火山灰《かざんばい》 | 火 6画 |
| ❶ 川 | セン／かわ | 河《か》□《せん》・□《せん》柳《りゅう》・川岸《かわぎし》・川底《かわぞこ》・小川《おがわ》 | 川 3画 |
| ❶ 夕 | セキ／ゆう | 一朝《いっちょう》一《いっ》□《せき》（わずかな時間のこと。）・夕方《ゆうがた》・今夕《こんゆう》 | 夕 3画 |
| ❻ 己 | コ・キ／おのれ | 知《ち》□《き》・□《おのれ》の意志《いし》・自己《じこ》 | 己 3画 |

❷ □には漢字を、（　）には漢字と送りがなを書きなさい。（一つ2点）

(1) 子を（さずかる）。

(2) 父の□《かわ》靴《ぐつ》。

(3) 管理職に（つける）。

注意 ここでは「付」を使わないで書く。

(4) 十年来の□□《ちき》。

(5) □□《なっとう》を食べる。

(6) 法に□《もと》づく。

(7) 馬の□《た》綱《づな》。

(8) □□《かせん》敷《しき》の公園。

(9) 結果に□□《なっとく》する。

(10) □《わざ》を競《きそ》い合う。

(11) □□《いしょう》をまとう。

(12) 亀《かめ》の□□《さんらん》を見る。

(13) 黒《くろ》□□《しょうぞく》の人。

(14) □□《すいとう》帳《ちょう》。

(15) □□□□《いっちょういっせき》。

(16) 教えに□《もと》づく。

(17) □□《しょうに》科《か》の診察《しんさつ》。

(18) □□《せっかい》石《せき》を拾う。

(19) 尊敬に□《あたい》する人。

(20) 綱《つな》を□《た》繰《ぐ》る。

(21) 称号《しょうごう》を（さずける）。

(22) 床《とこ》に□《つ》く。

(23) つり□《かわ》。

(24) □《おのれ》を省《かえり》みる。

(25) □《まこと》を尽《つ》くす。

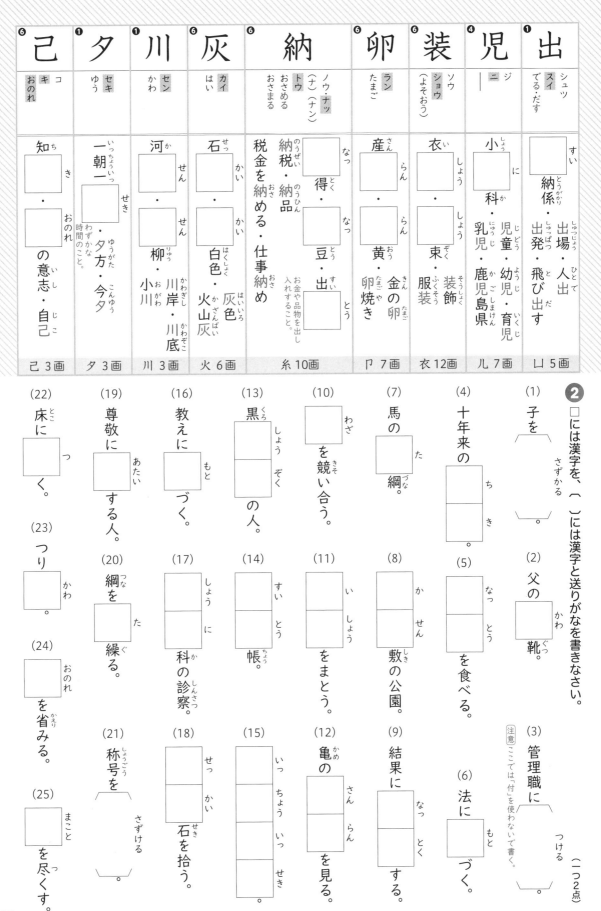

# 中学校で習う音訓 6

●数字は、小学校で学習した学年

得点 ／100点

学習日 月 日

◀中学校で学習する［　］の読み方の漢字を□に書こう。

| 上 ❶ | 生 ❶ | 図 ❷ | 商 ❸ | 調 ❸ | 字 ❶ | 頭 ❷ |
|---|---|---|---|---|---|---|
| ジョウ （ショウ） うえ・うわ かみ・あげる あがる のぼる のぼせる のぼす | セイ・ショウ いきる・いかす いける うまれる うむ・おう はえる・はやす き・なま | ズ ト はかる | ショウ あきなう | チョウ しらべる ととのう ととのえる | ジ あざ | トウ・ズ （ト） あたま かしら |
| 口に□《のぼ》せる・食卓《しょくたく》に□《のぼ》す 上演《じょうえん》・年上《としうえ》・上着《うわぎ》・上座《かみざ》 仕上《しあ》げる・立《た》ち上《あ》がる・上《のぼ》り坂《ざか》 | □《お》い茂《しげ》る・□《き》糸《いと》 生命《せいめい》・一生《いっしょう》・長生《ながい》き・生《う》まれ月《づき》 毛《け》が生《は》える・生意気《なまいき》 | 便宜《べんぎ》を□《はか》る・地図《ちず》・図画《ずが》 図書《としょ》・意図《いと》 | 野菜《やさい》を□《あきな》う・商売《しょうばい》・商品《しょうひん》 | 味が□《ととの》う・材料を□《ととの》える 調子《ちょうし》・調節《ちょうせつ》・取《と》り調《しら》べ | 大《おお》□《あざ》・漢字《かんじ》・字典《じてん》 市や町や村の中の小さな区分。 | □《かしら》文字《もじ》・先頭《せんとう》・頭脳《ずのう》・頭数《あたまかず》 |
| 一 3画 | 生 5画 | 囗 7画 | 口 11画 | 言 15画 | 子 6画 | 頁 16画 |

❶ ——の漢字の読みがなを書きなさい。（一つ2点）

(1) 兄弟で遊ぶ。（　　）

(2) 材料を調える。（　　）

(3) 荒《あら》業をこなす。（　　）

(4) 返事を強いる。（　　）

(5) 議題に上せる。（　　）

(6) さなぎが羽化する。（　　）

(7) 耳《じ》鼻科《か》の先生。（　　）

(8) 弓道を習い始める。（　　）

(9) 生糸をつむぐ。（　　）

(10) 体よく断る。（　　）
さしさわりがないように断る。

(11) 父兄が集まる。（　　）

(12) 動物の仕業。（　　）

(13) パスポートの申請《せい》。（　　）

(14) 草が生い茂《しげ》る。（　　）

(15) 費用が調う。（　　）

(16) 強引に押《お》しつける。（　　）

(17) 大字のつく住所。（　　）

(18) 夏至が近づく。（　　）

(19) わが家の長兄。（　　）

(20) 話題に上す。（　　）

(21) 頭文字を言う。（　　）

(22) 解決を図る。（　　）

(23) 羽毛のまくら。（　　）

(24) 神の化身。（　　）

(25) 商いをする。（　　）

| | 業 | 羽 | 弓 | 夏 | 兄 | 体 | 鼻 | 化 | 申 | 強 |
|---|---|---|---|---|---|---|---|---|---|---|
| 学年 | ❸ | ❷ | ❷ | ❷ | ❷ | ❷ | ❸ | ❸ | ❸ | ❷ |
| 読み | ギョウ (ゴウ) わざ | ウ は・はね | キュウ ゆみ | カ ゲ なつ | ケイ キョウ あに | タイ テイ からだ | ビ はな | カ・ケ ばける ばかす | シン もうす | キョウ・ゴウ つよい つよまる つよめる しいる |
| 用例 | 仕《し》□《わざ》・早《はや》□《わざ》・職業《しょくぎょう》 授業《じゅぎょう》 | □《う》毛《もう》・□《う》化《か》・羽衣《はごろも》 羽《はね》を伸《の》ばす | □《きゅう》道《どう》・洋《よう》□《きゅう》・弓矢《ゆみや》 | □《げ》至《し》・初夏《しょか》・夏期《かき》 真夏《まなつ》・夏物《なつもの》 | 父《ふ》□《けい》・長《ちょう》□《けい》・兄弟《きょうだい》・兄貴《あにき》 | □《てい》裁《さい》・□《てい》よく・体温《たいおん》 体《からだ》を張《は》る | 耳《じ》□《び》科《か》・□《び》炎《えん》・鼻声《はなごえ》 | □《け》粧《しょう》・□《け》身《しん》・文化《ぶんか》・羽化《うか》 化《ば》ける | □《しん》告《こく》・□《しん》請《せい》・物申《ものもう》す | □《ごう》引《いん》・負担《ふたん》を□《し》いる・強固《きょうこ》 根強《ねづよ》い |
| 部首・画数 | 木 13画 | 羽 6画 | 弓 3画 | 夂 10画 | 儿 5画 | 亻 7画 | 鼻 14画 | 匕 4画 | 田 5画 | 弓 11画 |

## 2 □には漢字を、（　）には漢字と送りがなを書きなさい。（一つ2点）

(1) きつねが（ばける）。

(2) 道具が（ととのう）。

(3) 安全を（はかる）。

(4) 難題を（しいる）。

(5) 口に（のぼす）。

(6) 食べ物を（あきなう）。

(7) □《お》い茂《しげ》る草花。

(8) □《てい》□《さい》を気にする。

(9) 弟の□《し》□《わざ》。

(10) □《かしら》文字を書く。

(11) □《う》□《もう》の布団《ふとん》。

(12) 所得を□《しん》□《こく》する。

(13) □《てい》よく断《ことわ》られる。

(14) 生徒の□《ふ》□《けい》。

(15) □《め》□《がしら》が熱くなる。

(16) □《ごう》□《いん》な方法。

(17) □《び》炎《えん》。

(18) □《げ》□《し》の日。

(19) 味を（ととのえる）。

(20) 町村の中の□《おお》□《あざ》。

(21) 母が□《け》粧《しょう》をする。

(22) □《きゅう》□《どう》の大会。

(23) 意識に（のぼせる）。

(24) 至難の□《わざ》。（やりとげることが難しい。）

(25) □《き》□《いと》の輸入。

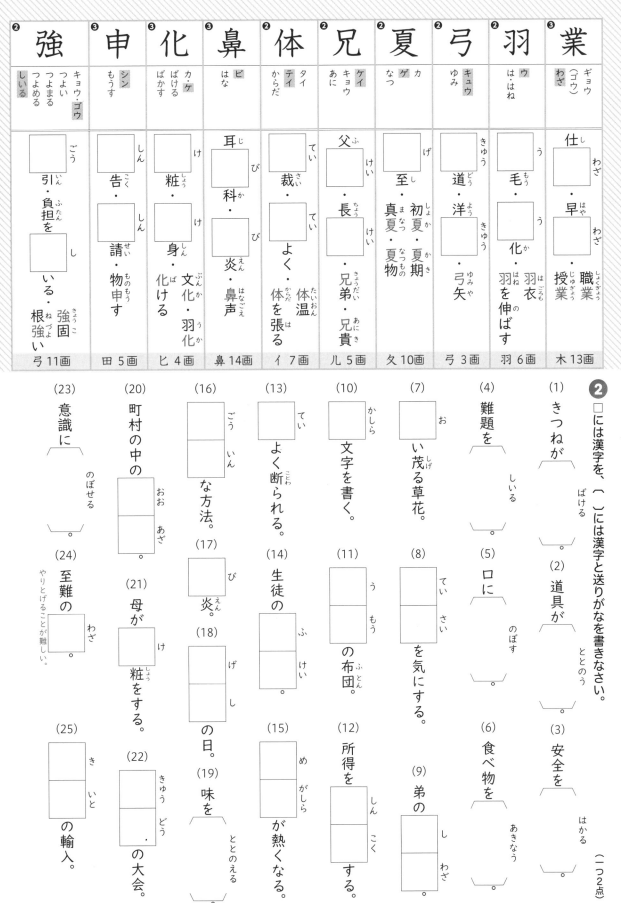

# 読み書きチェック 2

**1** ――の漢字の読みがなを書きなさい。（一つ1点）

(1) 一対の人形。（　）
(2) 技を覚える。（　）
(3) 華《はな》やかな衣装。（　）
(4) 気に病む。（　）
(5) 河川敷《しき》の広場。（　）
(6) 魚を商う。（　）
(7) 人生を省みる。（　）
(8) 弟子になる。（　）
(9) 夏至をむかえる。（　）
(10) 子供を授かる。（　）

(11) 会う度に親しくなる。（　）
(12) 資料に基づく。（　）
(13) 戦に勝つ。（　）
(14) 石灰水を作る。（　）
(15) 腕前《うでまえ》を競う。（　）
(16) 自由の女神。（　）
(17) 幾《き》何学《がく》模様。（　）
(18) 納豆を食べる。（　）
(19) つり革をつかむ。（　）
(20) 目頭を押《お》さえる。（　）

(21) 生まじめな人。（　）
(22) 姉妹で出かける。（　）
(23) 一朝一夕。（　）
(24) 人生に幸あれ。（　）
(25) 天女の舞《まい》。（　）
(26) 職に就ける。（　）
(27) 卵黄をとく。（　）
(28) 己に勝つ。（　）
(29) 生い茂《しげ》った草。（　）
(30) 強引に引っ張る。（　）

(31) 小児病棟《びょうとう》。（　）
(32) 包丁を研ぐ。（　）
(33) 師弟関係にある。（　）
(34) 気後れする。（　）
(35) 式の値を求める。（　）
(36) 食卓《しょくたく》に上す。（　）
(37) 次第に回復する。（　）
(38) ひもを手繰《ぐ》る。（　）
(39) 夕食を調える。（　）
(40) 申請《せい》用紙に書く。（　）

(41) 外科の医師。（　）
(42) 身支度をする。（　）
(43) 役所の出納係《がかり》。（　）
(44) 最良の知己を得る。（　）
(45) 合理化を図る。（　）
(46) 至難の業。（　）
(47) 軽やかに動く。（　）
(48) 耳《じ》鼻科《か》へ行く。（　）
(49) 誠を尽《つ》くす。（　）
(50) 弓道を練習する。（　）

得点
／100点
学習日
月　日

❷ □には漢字を、（　）には漢字と送りがなを書きなさい。（一つ1点）

(1) 返答を（　　）《しいる》。

(2) 勲章《くんしょう》を（　　）《さずける》。

(3) 食事が（　　）《ととのう》。

(4) 技術を（　　）《きそう》。

(5) 規則に□《もと》づく。

(6) 生活を（　　）《かえりみる》。

(7) 小物を（　　）《あきなう》。

(8) 流行に（　　）《おくれる》。

(9) 改善を（　　）《はかる》。

(10) 整形□□《げか》。

(11) □□《かるわざ》師《し》。

(12) □□《げし》の日。

(13) 美しい□□《めがみ》。

(14) 柔道《じゅうどう》の□《わざ》。

(15) 目を□《や》む。

(16) せみの□□《うか》。

(17) □□《ていさい》が悪い。

(18) □《せん》柳《りゅう》を詠《よ》む。

(19) 三人□□《しまい》。

(20) □□《きいと》の輸入。

(21) 意識に□《のぼ》せる。

(22) 式□□《しだい》。

(23) 馬の□《た》綱《づな》。

(24) 幾《いく》□《たび》も会う。

(25) □□《なっとく》する。

(26) □《かわ》のかばん。

(27) 海の□《さち》を食べる。

(28) 住所に□《あざ》を含《ふく》む。

(29) □《び》炎《えん》の症状《しょうじょう》。

(30) 竜《りゅう》□《ぐう》城《じょう》。

(31) 負け□《いくさ》をする。

(32) 師と□□《でし》。

(33) □《まこと》にありがたい。

(34) 税金の□□《しんこく》。

(35) □《おのれ》を責める。

(36) □□《せっかい》水《すい》。

(37) 生徒の□□《ふけい》。

(38) □□《すいとう》帳《ちょう》。

(39) 詩の□□《ついく》。

(40) （　　）《かろやか》な足音。

(41) 専門職に□《つ》く。

(42) 大工の□《かしら》。

(43) □《け》粧《しょう》をする。

(44) 一見に□《あたい》する。

(45) □□《きゅうどう》部《ぶ》。

(46) □□《てんにょ》の伝説。

(47) 魚の□□《さんらん》。

(48) 米を□《と》ぐ。

(49) □□《ごういん》な方法。

(50) □□《しょうに》科《か》。

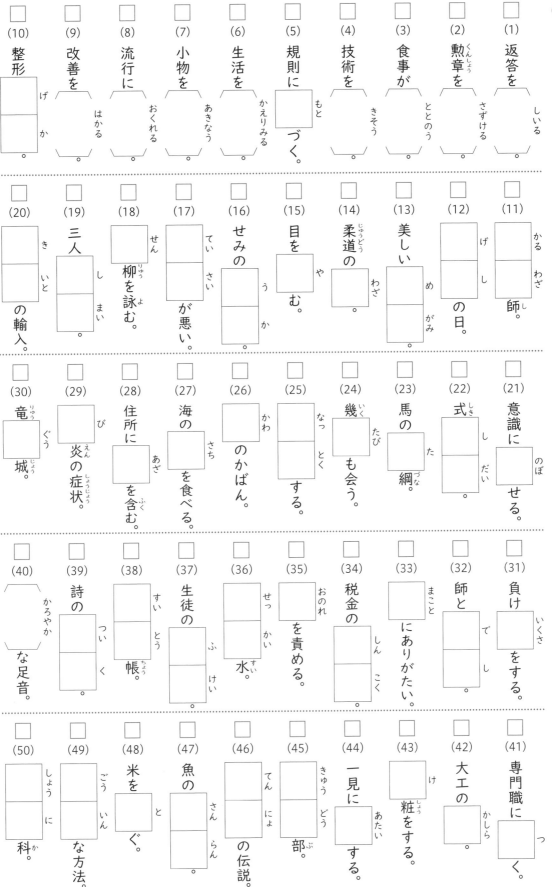

# 中学校で習う音訓 7

●数字は、小学校で学習した学年

得点 ／100点
学習日 月 日

◀中学校で学習する▭の読み方の漢字を□に書こう。

|  |  |  |  |
|---|---|---|---|
| ❹ 初 | ショ はじめ はじめて・はつ（うい）・そめる | 書《か》き□《ぞ》め・最初《さいしょ》・四月の初《はじ》め 初《はじ》めての旅行・初雪《はつゆき》 | 刀 7画 |
| ❺ 断 | ダン たつ ことわる | □《た》ち切る・横断歩道《おうだんほどう》・決断《けつだん》 誘《さそ》いを断《ことわ》る | 斤 11画 |
| ❸ 面 | メン おも・おもて（つら） | □《おも》白《しろ》い・矢《や》□《おもて》・仮面《かめん》 面積《めんせき》 | 面 9画 |
| ❹ 器 | キ うつわ | 白い□《うつわ》・□《うつわ》が大きい・食器《しょっき》 楽器《がっき》 | 口 15画 |
| ❹ 氏 | シ うじ | □《うじ》神《がみ》・□《うじ》子《こ》・氏名《しめい》 田中氏《たなかし》 | 氏 4画 |
| ❹ 民 | ミン たみ | □《たみ》の声・多くの□《たみ》・住民《じゅうみん》 農民《のうみん》 | 氏 5画 |
| ❻ 銭 | セン ぜに | 小《こ》□《ぜに》・□《ぜに》入《い》れ・金銭《きんせん》 おさい銭《せん》 | 金 14画 |
| ❺ 災 | サイ わざわい | □《わざわ》いが起こる・防災訓練《ぼうさいくんれん》 天災《てんさい》・災害《さいがい》 | 火 7画 |
| ❸ 命 | メイ ミョウ いのち | 寿《じゅ》□《みょう》・生命《せいめい》・命令《めいれい》・運命《うんめい》 命《いのち》の恩人・命綱《いのちづな》 | 口 8画 |

❶ ――の漢字の読みがなを書きなさい。（一つ2点）

(1) 仮病で休む。（　）
(2) 示唆《さ》に富む話。（　）
(3) 未練を断ち切る。（　）
(4) 極秘の指令。（　）
(5) 電池の寿《じゅ》命が尽《つ》きる。（　）
(6) 才媛と評判の女性。（　）
(7) 災いの種。（　）
(8) 面を上げる。（　）
注意 ここでは「メン」ではない読みを書く。
(9) ぜいたくの極み。（　）
(10) 王様が民の声を聞く。（　）
(11) 厚意に感謝する。（　）
(12) 相似形《けい》の三角形。（　）
(13) 小銭で支《し》払《はら》う。（　）
(14) 面白い本を読む。（　）
(15) けんかの仲裁をする。（　）
(16) 氏神を祭る。（　）
その土地や一族の神を祭る。
(17) 静脈注射。（　）
(18) 円い器。（　）
(19) お経を読む。（　）
(20) 右手を示す。（　）
(21) 新年の書き初め。（　）
(22) 極度に緊張《きんちょう》する。（　）
(23) 気を静める。（　）
(24) おさい銭を投じる。（　）
(25) 極めて大きい。（　）

|  |  |  |  |
|---|---|---|---|
| ❹ 仲 | チュウ / なか | □《ちゅう》裁《さい》・□《ちゅう》介《かい》・伯《はく》□《ちゅう》・仲間《なかま》・仲直《なかなお》り | イ 6画 |
| ❹ 静 | セイ・ジョウ / しず・しずか / しずまる / しずめる | □《じょう》脈《みゃく》・静止《せいし》・安静《あんせい》・静観《せいかん》・波が静《しず》かだ | 青 14画 |
| ❺ 厚 | コウ / あつい | □《こう》意《い》・温《おん》□《こう》・厚手《あつで》・厚《あつ》み | 厂 9画 |
| ❺ 経 | ケイ・キョウ / へる | お□《きょう》・経済《けいざい》・経験《けいけん》・東京《とうきょう》を経《へ》て京都へ行く | 糸 11画 |
| ❺ 似 | ジ / にる | 類《るい》□《じ》品《ひん》・相《そう》□《じ》・似顔絵《にがおえ》・顔が似《に》る | イ 7画 |
| ❺ 示 | ジ・シ / しめす | 図《ず》□《し》・□《し》唆《さ》・指示《しじ》・示《しめ》す（それとなくしめすこと。） | 示 5画 |
| ❺ 仮 | カ・ケ / かり | □《け》病《びょう》・仮定《かてい》・仮説《かせつ》・仮《かり》に・仮初《かりそ》め | イ 6画 |
| ❹ 極 | キョク・ゴク / きわめる / きわまる / きわみ | □《ごく》楽《らく》・□《ごく》秘《ひ》・北極《ほっきょく》・極度《きょくど》・□《きわ》めて危ない・喜びの□《きわ》み | 木 12画 |
| ❹ 媛 | エン / — | 才《さい》□《えん》・愛媛県《えひめけん》 | 女 12画 |

## ❷ □には漢字を、（　）には漢字と送りがなを書きなさい。（一つ2点）

(1) 書《か》き（ぞめ）。

(2) □□《じょうみゃく》と動脈《どうみゃく》。

(3) □□《さいえん》の誉《ほま》れが高い。

(4) （わざわい）を転じて福となす。
さい難をうまく活用して幸せになるようにする。

(5) 電池の寿《じゅ》□《みょう》。

(6) □□《おもなが》な顔。

(7) □□《こぜに》入《い》れを出す。

(8) 誘《さそ》いを（ことわる）。

(9) □□《ぼうさい》訓練《くんれん》。

(10) 頂点を（きわめる）。

(11) □□□《るいじひん》が多い。

(12) 田中《たなか》□《し》が来る。

(13) 批判の□□《やおもて》に立つ。
批判の集中する立場にいる。

(14) 食事を（たつ）。

(15) □□《うじこ》の総代。
うじ神に守られて、そこに住む人々の代表。

(16) □□《おんこう》な性格だ。

(17) □□《けびょう》を使う。

(18) （きわめて）美しい。

(19) 白い□《うつわ》。

(20) □□《ずし》する。

(21) □□《ほっきょく》圏《けん》。

(22) □《たみ》の声。

(23) 不動産の□《ちゅう》介《かい》。

(24) 事態を□□《せいかん》する。

(25) お□《きょう》を唱える。

# 中学校で習う音訓 8

●数字は、小学校で学習した学年

得点 ／100点

学習日 月 日

◀中学校で学習する■の読み方の漢字を□に書こう。

|  |  |  |  |  |
|---|---|---|---|---|
| 承 | 6 | ショウ・うけたまわる | 注文を□《うけたまわ》る・承《しょう》知《ち》・伝《でん》承《しょう》・承《しょう》認《にん》・了《りょう》承《しょう》 | 手 8画 |
| 損 | 5 | ソン・そこなう・そこねる | 見《み》□《そこ》なう・書き□《そこ》ねる・損《そん》得《とく》・破《は》損《そん》 | 扌 13画 |
| 報 | 5 | ホウ・むくいる | 恩に□《むく》いる・報《ほう》道《どう》・報《ほう》じる・報《ほう》告《こく》・予《よ》報《ほう》 | 土 12画 |
| 著 | 6 | チョ・あらわす・いちじるしい | 本を□《あらわ》す・□《いちじる》しい変化・著《ちょ》作《さく》権《けん》・著《ちょ》名《めい》な作《さっ》家《か》 | 艹 11画 |
| 裁 | 6 | サイ・たつ・さばく | 布を□《た》つ・体《てい》裁《さい》・裁《さい》判《ばん》・事件を裁《さば》く | 衣 12画 |
| 秘 | 6 | ヒ・ひめる | 胸に□《ひ》める・秘《ひ》密《みつ》・秘《ひ》書《しょ》・秘《ひ》境《きょう》・神《しん》秘《ぴ》 | 禾 10画 |
| 厳 | 6 | ゲン・(ゴン)・おごそか・きびしい | □《おごそ》かな祭り（いかめしく重々しい祭り。）・厳《げん》重《じゅう》・厳《げん》格《かく》・厳《きび》しい寒さ | ⺍ 17画 |
| 蔵 | 6 | ゾウ・くら | □《くら》に運ぶ・土《ど》蔵《ぞう》・貯《ちょ》蔵《ぞう》・蔵《ぞう》書《しょ》・秘《ひ》蔵《ぞう》 | 艹 15画 |

**1** ――の漢字の読みがなを書きなさい。（一つ2点）

(1) 水郷の町。（　）
(2) 仁王立ちになる。（　）
(3) 感染症《しょう》に気をつける。（　）（　）
(4) 話を承る。（　）
(5) 本を著す。（　）（本を書く。）
(6) 可能性を秘める。（　）
(7) 並行して走る。（　）
(8) 蔵にしまう。（　）
(9) 無我夢中で走る。（　）（熱中してわれを忘れて走る。）
(10) 仁義を重んじる。（　）
(11) 実力の片りんを見せる。（　）
(12) 健康を損ねる。（　）
(13) 厳かに式を挙げる。（　）
(14) 著しい進歩。（　）
(15) 盛大に行う。（　）
(16) 我が国の首相《しゅしょう》。（　）
(17) 電車に乗り損なう。（　）
(18) いたずらの報い。（　）
(19) 火が燃《も》え盛る。（　）
(20) 忘年会の幹事《かんじ》。（　）
(21) 秘境に出かける。（　）
(22) 空が紅色に染まる。（　）
(23) 深紅の口紅。（　）
(24) はさみで裁つ。（　）
(25) サッカーが盛んな学校。（　）

|  |  |  |  |
|---|---|---|---|
| ⑥ 郷 | キョウ　ゴウ　― | 近《きん》□《ごう》（都会近くの村や村里。）・水《すい》□《ごう》・郷土《きょうど》　故郷《こきょう》 | 阝 11画 |
| ⑥ 仁 | ジン　ニ　― | □《に》王像《おうぞう》・□《に》王立《おうだ》ち・仁愛《じんあい》　仁義《じんぎ》 | 亻 4画 |
| ⑥ 片 | ヘン　かた | □《へん》りん（ほんの一部分。）・破《は》□《へん》・片道《かたみち》　片手《かたて》 | 片 4画 |
| ⑥ 染 | セン　そめる　そまる　（しみる）・（しみ） | □《せん》色《しょく》・感《かん》□《せん》・染《そ》め物《もの》 | 木 9画 |
| ⑥ 並 | ヘイ　なみ・ならべる　ならぶ・ならびに | □《へい》列《れつ》・□《へい》行《こう》・物を並《なら》べる　並《なみ》の品 | 一 8画 |
| ⑥ 忘 | ボウ　わすれる | □《ぼう》年会《ねんかい》・□《ぼう》却《きゃく》・度忘《どわす》れ　忘《わす》れ物《もの》 | 心 7画 |
| ⑥ 我 | ガ　われ　わ | 無《む》□《が》夢中《むちゅう》・□《わ》が家《や》・我先《われさき》 | 戈 7画 |
| ⑥ 紅 | コウ・ク　べに　くれない | 深《しん》□《く》（真っ赤。）・□《くれない》色《いろ》・口紅《くちべに》　紅白《こうはく》 | 糸 9画 |
| ⑥ 盛 | セイ・（ジョウ）　もる・さかる　さかん | 全《ぜん》□《せい》期《き》・燃《も》え□《さか》る　□《さか》んな産業・土を盛《も》る | 皿 11画 |

## 2 □には漢字を、（　）には漢字と送りがなを書きなさい。（一つ2点）

(1) 先生の恩に（むくいる）。

(2) □《くら》に荷物を運ぶ。
注意 ここでは「倉」を使わないで書く。

(3) □《きん》□《ごう》に住む。

(4) 思いを（ひめる）。

(5) ガラスの□《は》□《へん》。

(6) （いちじるしい）変化。

(7) 寺の□《に》□《おう》□《ぞう》。

(8) 布を□《せん》色《しょく》する。

(9) 意見を（うけたまわる）。

(10) （おごそか）な祭り。

(11) □《ぼう》□《ねん》会《かい》を開く。

(12) □《くれない》□《いろ》の花。

(13) 映画を見《み》（そこなう）。

(14) □《じ》□《が》を貫《つらぬ》く。

(15) 本を（あらわす）。

(16) □《へい》□《れつ》に接続する。

(17) □《しん》□《く》の花。

(18) 機嫌《きげん》を（そこねる）。

(19) □《わ》が家《や》に帰る。

(20) 燃《も》え（さかる）炎《ほのお》。

(21) 平氏《へいし》の□《ぜん》□《せい》期《き》。

(22) □《げん》□《かく》な父。

(23) 布の端《はし》を（たつ）。

(24) □《そん》と得。

(25) □《さい》縫《ほう》。

# 中学校で習う音訓 9

●数字は、小学校で学習した学年

得点 ／100点
学習日 月 日

◀中学校で学習する▒の読み方の漢字を□に書こう。

|  |  |  |  |
|---|---|---|---|
| ❷ 来 | ライ くる きたる きたす | □《きた》る十月・変化を□《きた》す 未来《みらい》・来年《らいねん》・台風が来《く》る | 木 7画 |
| ❸ 究 | キュウ きわめる | 学問を□《きわ》める・研究《けんきゅう》・究極《きゅうきょく》 | 穴 7画 |
| ❹ 要 | ヨウ かなめ いる | 診断書《しんだんしょ》が□《い》る・重要《じゅうよう》・必要《ひつよう》 扇《おうぎ》の要《かなめ》 | 西 9画 |
| ❷ 門 | モン かど | □《かど》松《まつ》・笑《わら》う□《かど》・水門《すいもん》 平家一門《へいけいちもん》 | 門 8画 |
| ❸ 州 | シュウ す | 三角《さんかく》□《す》・中《なか》□《す》・本州《ほんしゅう》 欧州《おうしゅう》 | 川 6画 |
| ❸ 神 | シン・ジン かみ・かん (こう) | □《かん》主《ぬし》 神を祭ることを仕事にしている人。・精神《せいしん》・神社《じんじゃ》 神様《かみさま》・神業《かみわざ》 | ネ 9画 |
| ❸ 守 | シュ・ス まもる もり | お□《も》りをする・守衛《しゅえい》・留守《るす》 秘密《ひみつ》を守《まも》る | 宀 6画 |
| ❹ 牧 | ボク まき | □《まき》場《ば》 注意「牧場」は「ボクジョウ」とも「まきば」とも読む。・牧草《ぼくそう》・放牧《ほうぼく》 牧師《ぼくし》・牧畜《ぼくちく》 | 牜 8画 |

❶ ――の漢字の読みがなを書きなさい。（一つ2点）

(1) 学問を究める。（　　）
(2) 機を織る音。（　　）
(3) 体調に変化を来す。（　　）
(4) 六月ごろを麦秋という。（　　）
(5) チームの要。（　　）
(6) 牛が牧草を食べる。（　　）
(7) 笑う門には福来る。（　　）
(8) 耳鼻科へ行く。（　　）
(9) 出世街道を歩む。（　　）
(10) 来る四月六日。（　　）
(11) 妹のお守りをする。（　　）
(12) 麦飯を食べる。（　　）
(13) 賛成と反対。（　　）
(14) 仕事に資本が要る。（　　）
(15) 門限は七時だ。（　　）
(16) 門出を祝う。（　　）
(17) 川の中州。（　　）
(18) 牧場の朝。（　　）
(19) 渓《けい》谷をさかのぼる。（　　）
(20) 神社の神主。（　　）
(21) 茶道部に入る。（　　）
(22) 金星は、明《あ》けの明星という。（　　）
(23) 面目をつぶす。（　　）
(24) 欧《おう》州へ旅行する。（　　）
(25) 反物を売って暮らす。（　　）

|  |  |  |  |
|---|---|---|---|
| ❹ 機 | キ／はた | □《はた》を織る・機会《きかい》・機械《きかい》・機転《きてん》・飛行機《ひこうき》 | 木 16画 |
| ❶ 耳 | ジ／みみ | □《じ》鼻科《びか》・牛《ぎゅう》□《じ》る・犬の耳《みみ》・耳障《みみざわ》り | 耳 6画 |
| ❶ 目 | モク／ボク／め・(ま) | 面《めん》□《ぼく》無《な》い（失敗などをして、人に会えないほどはずかしい様子。）・種目《しゅもく》・目盛《めも》り | 目 5画 |
| ❷ 谷 | コク／たに | 渓《けい》□《こく》（川のある谷。）・峡《きょう》□《こく》・谷川《たにがわ》・谷間《たにま》 | 谷 7画 |
| ❷ 麦 | バク／むぎ | □《ばく》芽《が》・□《ばく》秋《しゅう》（麦を取り入れる季節。）・大麦《おおむぎ》・小麦《こむぎ》・麦《むぎ》わら帽子《ぼうし》 | 麦 7画 |
| ❷ 茶 | チャ・サ／— | □《さ》道《どう》・喫《きっ》□《さ》店《てん》・茶畑《ちゃばたけ》・紅茶《こうちゃ》 | 艹 9画 |
| ❷ 星 | セイ／ショウ／ほし | 宵《よい》の明《みょう》□《じょう》（金星のこと。）・流《なが》れ星《ぼし》・星座《せいざ》・図星《ずぼし》 | 日 9画 |
| ❸ 反 | ハン・(ホン)／タン／そる・そらす | □《たん》物《もの》・反対《はんたい》・指が反《そ》る・背中を反《そ》らす | 又 4画 |
| ❹ 街 | ガイ／カイ／まち | □《かい》道《どう》・街並《まちな》み・街灯《がいとう》・市街《しがい》 | 行 12画 |

## ❷ □には漢字を、（　）には漢字と送りがなを書きなさい。（一つ2点）

(1) 三角《さんかく》□《す》が広がる。

(2) 背中を（そらす）。

(3) □□《じゅうよう》な話。

(4) □□《たんもの》を売る。

(5) 混乱を（きたす）。

(6) スポーツマン□□《せいしん》。

(7) □□《きゅうきょく》の一品。

(8) □□《めんぼく》を保つ。

(9) 工作□□《きかい》の工場。

(10) 学問を（きわめる）。

(11) □□《かどまつ》を飾《かざ》る。

(12) 宵《よい》の□□《みょうじょう》。

(13) 神社の□□《かんぬし》。

(14) 許可が（いる）。

(15) □□《ばくが》はビールの原料だ。

(16) 妹のお（もり）。

(17) □《はた》織《お》り。

(18) □《さ》道部《どうぶ》。

(19) 教会の□□《ぼくし》。

(20) 美しい渓《けい》□《こく》。

(21) □□《こうちゃ》を飲む。

(22) □□《まきば》を駆《か》ける馬。

(23) 出世□□《かいどう》。

(24) （きたる）四月五日。

(25) □□《じび》科《か》の検診《けんしん》。

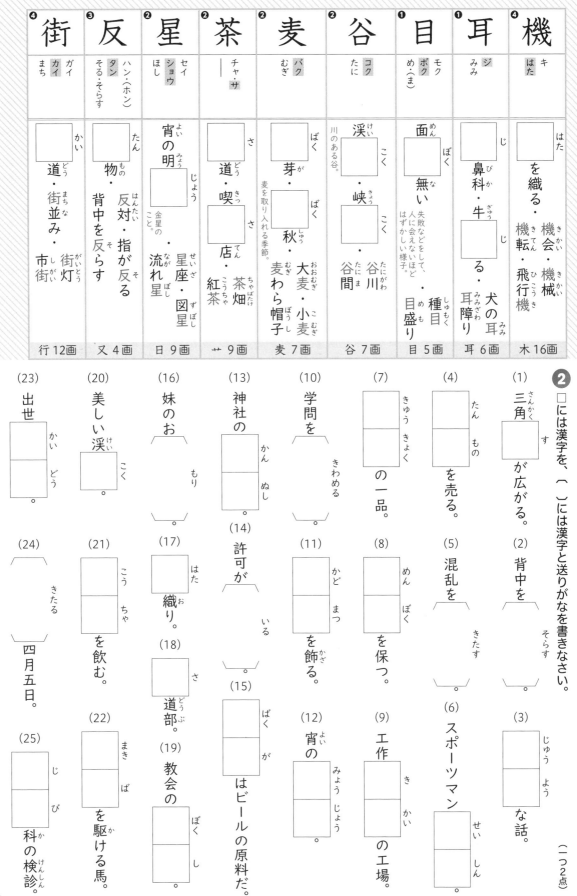

# 読み書きチェック 3

得点
／100点
学習日
月
日

1 ――の漢字の読みがなを書きなさい。（一つ1点）

(1) 静脈と動脈。
(2) 極楽を思い描《えが》く。
(3) 近郷の村へ行く。
(4) 注文を承る。
(5) 可能性を秘めた人。
(6) 弟は仮病を使う。
(7) 才媛の誉《ほま》れが高い。
(8) 神社の神主。
(9) 美しい反物。
(10) 茶道の家元。
(11) 娘《むすめ》が機を織る。
(12) バスに乗り損なう。
(13) 彼《かれ》が著した小説。
(14) 体調に異変を来す。
(15) 麦秋のころ。ここでは「むぎあき」ではない読みを書く。
(16) お経を上げる。
(17) 電池の寿《じゅ》命。
(18) 宵《よい》の明星。
(19) 厳かな式典。
(20) 小銭を貯金する。
(21) 蔵を片付ける。
(22) 氏子の住む土地。
(23) その道を究める。
(24) 民の声が届く。
(25) 厚意に感謝する。
(26) 資格の要る仕事。
(27) 中州に鳥がいる。
(28) ガラスの破片。
(29) 門出を祝う。
(30) 布を半分に裁つ。
(31) 銀の器。
(32) 耳鼻科の医院。
(33) 敵の進路を断つ。
(34) 図示して説明する。
(35) 無我夢中になる。
(36) 感染する病気。
(37) 仁王立ちになる。
(38) 渓《けい》谷を歩く。
(39) 類似した商品。
(40) 報いを受ける。
(41) 姉がお守りをする。
(42) 面白い映画。
(43) 災いの原因。
(44) 書き初めの行事。
(45) 並行して審議《しんぎ》する。
(46) 面目が立たない。
(47) 空が紅に染《そ》まる。
(48) スポーツが盛んだ。
(49) 会社の忘年会。
(50) けんかの仲裁。

2 □には漢字を、（　）には漢字と送りがなを書きなさい。（一つ1点）

(1) 河の三角《さんかく》□《す》。
(2) 美しい□□《たんもの》。
(3) 類《るい》□《じ》品《ひん》に注意。
(4) （おごそか）な式典。
(5) □□《ずし》する。
(6) □□《かんぬし》の仕事。
(7) お□《きょう》を読む声。
(8) □《ちゅう》介《かい》手数料。
(9) □《せん》色《しょく》した布。
(10) 農耕の□《たみ》。
(11) 頂点を（きわめる）。
(12) □□《めんぼく》を保つ。
(13) □□□《ぼうねんかい》。
(14) 時間が（いる）。
(15) 書《か》き（ぞめ）。
(16) □□《におう》像《ぞう》。
(17) 関係を（たつ）。
(18) □□《せいだい》な式典。
(19) □《うつわ》に盛る。
(20) （いちじるしく）変わる。
(21) 白壁《しらかべ》の□《くら》。

注意 ここでは「倉」を使わないで書く。

(22) □《じょう》脈《みゃく》注射。
(23) 明《あ》けの□□《みょうじょう》。
(24) □□《こぜに》で払《はら》う。
(25) 真理を（きわめる）。
(26) （わざわい）が去る。
(27) □□《まきば》に行く。
(28) 寿《じゅ》□《みょう》が長い。
(29) 美しい渓《けい》□《こく》。
(30) □□《やおもて》に立つ。
(31) 正月の□□《かどまつ》。
(32) □□《きんごう》の村々。
(33) □□《けびょう》で休む。
(34) 話を（うけたまわる）。
(35) □□《さどう》の流派。
(36) □□□《じびか》。
(37) 兄を見《み》（そこなう）。
(38) （きたる）八月。
(39) 努力に（むくいる）。
(40) □《へい》列《れつ》と直列。
(41) □《ばく》芽《が》を育てる。
(42) □《わ》が家《や》に帰る。
(43) 胸に（ひめる）。
(44) 才能の□《へん》りん。
(45) 弟のお（もり）。
(46) 布を（たつ）。
(47) □□《おんこう》な人。
(48) □□《うじがみ》を祭る。
(49) □□《しんく》のばら。
(50) □《はた》織《お》り機。

# 中学校で習う音訓 10

●数字は、小学校で学習した学年

得点 ／100点
学習日 月 日

◀中学校で学習する■の読み方の漢字を□に書こう。

|  |  |  |  |  |
|---|---|---|---|---|
| 討 | 6 | トウ／**うつ** | 敵を□《う》つ・不意《ふい》□《う》ち・検討《けんとう》・討論《とうろん》 | 言 10画 |
| 映 | 6 | エイ／うつる／うつす／**はえる** | 夕《ゆう》□《ば》え・上映《じょうえい》・テレビに映《うつ》る・画面に映《うつ》す | 日 9画 |
| 背 | 6 | ハイ／せ・せい／**そむく**／**そむける** | 顔を□《そむ》ける・背筋《はいきん》・背比《せいくら》べ・背《せ》が高い | 月 9画 |
| 朗 | 6 | ロウ／**ほがらか** | □《ほが》らかな人・朗報《ろうほう》・明朗《めいろう》 | 月 10画 |
| 故 | 5 | コ／**ゆえ** | □《ゆえ》に・何《なに》□《ゆえ》・故郷《こきょう》・事故《じこ》（物事の理由。） | 攵 9画 |
| 敵 | 6 | テキ／**かたき** | 目《め》の□《かたき》・□《かたき》討《う》ち・強敵《きょうてき》・無敵《むてき》 | 攵 15画 |
| 眼 | 5 | ガン・(ゲン)／**まなこ** | 寝《ね》ぼけ□《まなこ》・血《ち》□《まなこ》になる（一生けん命になる様子。）・眼下《がんか》・肉眼《にくがん》 | 目 11画 |
| 公 | 2 | コウ／**おおやけ** | □《おおやけ》にする・公平《こうへい》・公務員《こうむいん》 | 八 4画 |

**1** ―の漢字の読みがなを書きなさい。（一つ2点）

(1) 成果を公にする。（　）
(2) 敵の大将を討つ。（　）
(3) 人質を救出する。（　）
(4) 故あって欠席する。（　）
(5) 刺《し》客を差し向ける。（　）
(6) 財布を買う。（　）
(7) 滋養強壮《きょうそう》。（　）
(8) 目の敵。（　）
(9) 雑役をする。（　）
こまごまとした仕事をする。
(10) 物事の発端《たん》。（　）
物事の始まり。
(11) 質屋に預ける。（　）
(12) 兄と背比べをする。（　）
(13) 朗らかに笑う。（　）
(14) 学問に精進する。（　）
(15) 夕日に映える山。（　）
(16) 国家《こっか》公務員。（　）
(17) 君に会えて本望だ。（　）
(18) 密約を暴露《ろ》する。（　）
(19) 故郷を懐《なつ》かしむ。（　）
(20) 世界平和を望む。（　）
(21) 血眼になって探す。（　）
(22) 縄文土器。（　）
(23) 目を背ける。（　）
(24) 旅行代金を精算する。（　）
(25) 教えに背く。（　）

|  |  |  |  |
| --- | --- | --- | --- |
| ❸ 客 | キャク　カク　― | 刺《し》□《かく》・旅《りょ》□《かく》機《き》・乗客《じょうきゃく》・客観的《きゃっかんてき》 | 宀 9画 |
| ❸ 役 | ヤク　エキ　― | 雑《ざっ》□《えき》・現《げん》□《えき》・役目《やくめ》・役者《やくしゃ》・役割《やくわり》・役所《やくしょ》 | 彳 7画 |
| ❸ 発 | ハツ　ホツ　― | □《ほっ》足《そく》・□《ほっ》端《たん》・発表《はっぴょう》・発見《はっけん》 | 癶 9画 |
| ❹ 望 | ボウ　モウ　のぞむ | 本《ほん》□《もう》・大《たい》□《もう》・希望《きぼう》・人望《じんぼう》・平和を望《のぞ》む | 月 11画 |
| ❺ 質 | シツ　シチ・(チ)　― | □《しち》屋《や》・人《ひと》□《じち》・質問《しつもん》・性質《せいしつ》・品質《ひんしつ》・質素《しっそ》 | 貝 15画 |
| ❺ 財 | ザイ　サイ　― | □《さい》布《ふ》・財産《ざいさん》・文化財《ぶんかざい》・財宝《ざいほう》・財政《ざいせい》 | 貝 10画 |
| ❺ 精 | セイ　ショウ　― | □《しょう》進《じん》・筆不《ふでぶ》□《しょう》・精神《せいしん》・精算《せいさん》・精《せい》を出す | 米 14画 |
| ❺ 暴 | ボウ・バク　(あばく)　あばれる | 秘密を□《ばく》露《ろ》する・暴風雨《ぼうふうう》・暴《あば》れん坊《ぼう》 | 日 15画 |
| ❹ 滋 | ジ　― | □《じ》養《よう》・□《じ》味《み》・滋賀県《しがけん》 | 氵 12画 |
| ❹ 縄 | ジョウ　なわ | □《じょう》文《もん》時代・沖縄県《おきなわけん》 | 糸 15画 |

**2** □には漢字を、（　）には漢字と送りがなを書きなさい。（一つ2点）

(1) □《ゆえ》なくしかられる。
理由なくしかられる。

(2) □□《じょうもん》時代。

(3) （ほがらか）な人。

(4) かたきを（うつ）。

(5) □□《ざつえき》が多い。

(6) 美しい夕《ゆう》（ばえ）。

(7) 目の□《かたき》にする。

(8) □□《きゃっかん》的《てき》な意見。

(9) □□《はいきん》を鍛《きた》える。

(10) 寝《ね》ぼけ□《まなこ》。

(11) 日々、□□《しょうじん》する。

(12) 命令に（そむく）。

(13) 町の□□《しちや》。

(14) 顔を（そむける）。

(15) □《おおやけ》の立場。

(16) 母の□□《さいふ》。

(17) □□《じよう》の多い食べ物。

(18) 真相を□《ばく》露《ろ》する。

(19) 事件の□《ほっ》端《たん》。

(20) □□《ほんもう》を遂《と》げる。

(21) 敵に刺《し》□《かく》を放つ。

(22) □《せい》を出して働く。

(23) 委員会が□□《ほっそく》する。

(24) □□《ひとじち》を救う。

(25) □《しっ》素《そ》な生活。

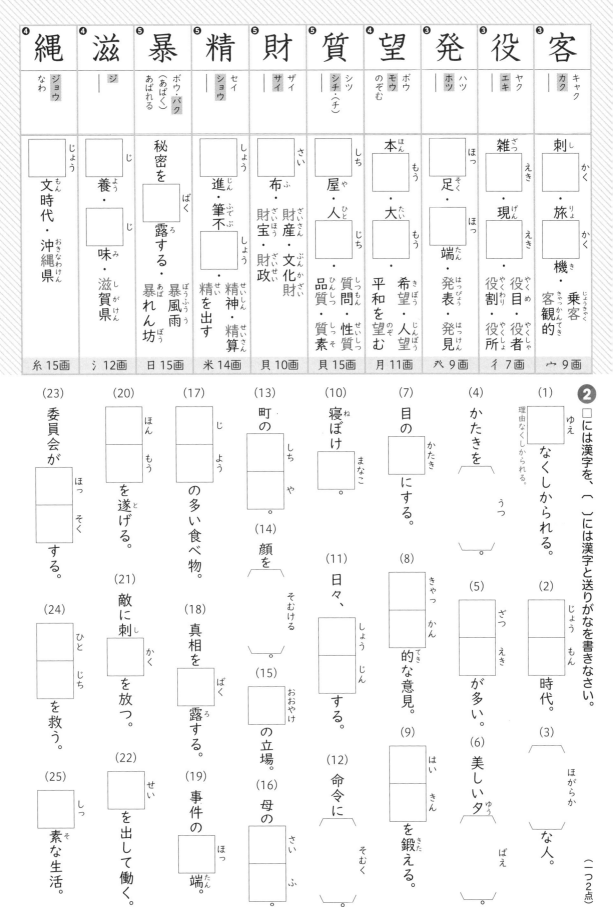

# 中学校で習う音訓 11

●数字は、小学校で学習した学年

得点　／100点
学習日　月　日

◀中学校で学習する（網かけ）の読み方の漢字を□に書こう。

|  |  |  |  |  |
| --- | --- | --- | --- | --- |
| 和 | ③ | ワ・(オ)<br>**やわらぐ**<br>**やわらげる**<br>**なごむ**<br>**なごやか** | 気分が□《やわ》らぐ・心が□《なご》む<br>平和《へいわ》・和服《わふく》・和室《わしつ》・温和《おんわ》 | 口 8画 |
| 勝 | ③ | ショウ<br>かつ<br>**まさる** | 男《おとこ》□《まさ》り・<br>勝利《しょうり》・勝敗《しょうはい》<br>勝《か》ち負《ま》け | 力 12画 |
| 結 | ④ | ケツ<br>むすぶ<br>**ゆう**<br>**ゆわえる** | 髪《かみ》を□《ゆ》う・□《ゆい》納《のう》・<br>結果《けっか》<br>結《むす》び目《め》 | 糸 12画 |
| 辞 | ④ | ジ<br>**やめる** | 会社を□《や》める・<br>辞書《じしょ》・辞典《じてん》<br>辞退《じたい》・賛辞《さんじ》 | 辛 13画 |
| 健 | ④ | ケン<br>**すこやか** | □《すこ》やかな成長・<br>健康《けんこう》・健在《けんざい》<br>健全《けんぜん》・保健《ほけん》 | イ 11画 |
| 声 | ② | セイ・(ショウ)<br>こえ<br>**こわ** | □《こわ》色《いろ》・□《こわ》高《だか》になる・<br>声楽《せいがく》<br>歌声《うたごえ》 | 士 7画 |
| 助 | ③ | ジョ<br>たすける<br>たすかる<br>**すけ** | 寝坊《ねぼ》□《すけ》・□《すけ》太刀《だち》・<br>助言《じょげん》・助走《じょそう》<br>人助《ひとだす》け | 力 7画 |
| 香 | ④ | **コウ**<br>(キョウ)<br>か・かおり<br>かおる | □《こう》水《すい》の香《かお》り・香川県《かがわけん》 | 香 9画 |

**1** ―の漢字の読みがなを書きなさい。（一つ2点）

(1) 委員を辞める。（　　）
(2) 香水のにおい。（　　）
(3) 若い人。（　　）
(4) 重い荷物《もつ》。（　　）
(5) 髪《かみ》の毛《け》を結う。（　　）
(6) 公定《こうてい》歩合。（　　）
(7) ピアノの音程。（　　）
(8) 事態を収拾する。（　　）
(9) 気持ちが和らぐ。（　　）
(10) 茶の湯の宗家。（　　）
(11) 野菜を出荷する。（　　）
(12) 鋼のように硬《かた》い。（　　）
(13) 遺言状に従う。（　　）
(14) 寝坊《ねぼ》助な兄。（　　）
(15) 身の程を知る。（　　）
(16) 優勝を目指す。（　　）
(17) 気性の激しい人。（　　）
(18) 母がお歳《せい》暮を送る。（　　）
(19) 金《きん》拾万円を納める。（　　）
(20) 表情が和む。（　　）
(21) 実力の勝る相手。（　　）
(22) 声高に叫《さけ》ぶ。（　　）
(23) 声楽を学ぶ。（　　）
人間の声によって表現する音楽を学ぶ。
(24) 健やかに育つ。（　　）
(25) 若年層の問題。（　　）

|  |  |  |  |
|---|---|---|---|
| ❺ 程 | テイ ほど | □《ほど》遠《とお》い・身《み》の□《ほど》・程度《ていど》 音程《おんてい》 | 禾 12画 |
| ❻ 鋼 | コウ はがね | □《はがね》のように硬《かた》い・（こう鉄。）鉄鋼《てっこう》・鋼材《こうざい》 鋼鉄《こうてつ》・製鋼《せいこう》 | 金 16画 |
| ❺ 性 | セイ ショウ ― | 気《き》□《しょう》が荒《あら》い・根《こん》□《じょう》・性質《せいしつ》 性別《せいべつ》 | 忄 8画 |
| ❻ 遺 | イ ユイ ― | □《ゆい》言《ごん》・□《ゆい》言状《ごんじょう》・遺跡《いせき》・遺伝《いでん》 遺族《いぞく》・遺産《いさん》 | 辶 15画 |
| ❻ 宗 | シュウ ソウ ― | □《そう》家《け》（流派の家元。）・□《そう》匠《しょう》（短歌・俳句・茶道などの先生。）・宗教《しゅうきょう》 宗派《しゅうは》 | 宀 8画 |
| ❻ 若 | ジャク (ニャク) わかい (もしくは) | □《じゃく》年層《ねんそう》・□《じゃっ》干《かん》・若《わか》い人 若葉《わかば》 | 艹 8画 |
| ❻ 暮 | ボ くれる くらす | お歳《せい》□《ぼ》・野《や》□《ぼ》・夕暮《ゆうぐ》れ 暮《く》らし | 日 14画 |
| ❷ 歩 | ホ ブ・(フ) あるく あゆむ | □《ぶ》合《あい》・日《ひ》□《ぶ》（一日当たりの利息。）・歩道《ほどう》・歩《ある》く 歩《あゆ》み寄《よ》る | 止 8画 |
| ❸ 拾 | シュウ ジュウ ひろう | □《しゅう》得《とく》・金《きん》□《じゅう》万円《まんえん》・くり拾《ひろ》い 貝を拾《ひろ》う | 扌 9画 |
| ❸ 荷 | カ に | 出《しゅっ》□《か》・負《ふ》□《か》・荷物《にもつ》・重荷《おもに》 荷車《にぐるま》・初荷《はつに》 | 艹 10画 |

❷ □には漢字を、〔 〕には漢字と送りがなを書きなさい。（一つ2点）

(1) □《こわ》□《いろ》を変える。

(2) 態度を〔 〕《やわらげる》。

(3) 母の□《こう》□《すい》。

(4) 年末のお歳《せい》□《ぼ》。

(5) 社長が〔 〕《やめる》。

(6) 代表を□《じ》□《たい》する。

(7) □《しゅう》□《とく》物《ぶつ》を届ける。

(8) □《い》跡《せき》の発掘《はっくつ》。

(9) □《き》□《しょう》が荒《あら》い。

(10) 心が〔 〕《なごむ》。

(11) □《はがね》のよろい。

(12) □《ほど》合《あ》いを見る。

(13) □《ぶ》□《あい》給《きゅう》。

(14) □《じゃく》□《ねん》層《そう》。

(15) 弟は寝《ね》坊《ぼ》□《すけ》だ。

(16) 髪《かみ》を〔 〕《ゆう》。

(17) 全国へ□《しゅっ》□《か》する。

(18) 教会の□《しゅう》□《きょう》画《が》。

(19) 茶道《さどう》の□《そう》□《け》。

(20) □《ゆう》□《ぐ》れ時。

(21) 〔 〕《すこやか》な成長。

(22) □《ゆい》□《ごん》を読む。

(23) 男《おとこ》〔 〕《まさり》な性格。

(24) □《こう》□《てつ》のドア。

(25) □《こん》□《じょう》がある。

# 中学校で習う音訓 12

●数字は、小学校で学習した学年

得点 ／100点
学習日 月 日

◀中学校で学習する[　]の読み方の漢字を□に書こう。

|  |  |  |  |
|---|---|---|---|
| ⑥熟 | ジュク うれる | 柿《かき》の実が□《う》れる・熟読《じゅくどく》・熟年《じゅくねん》 | 灬 15画 |
| ⑥干 | カン ほす ひる | □《ひ》物《もの》・□《ひ》潟《がた》・干害《かんがい》・若干《じゃっかん》・梅干《うめぼ》し | 干 3画 |
| ⑤費 | ヒ ついやす ついえる | 時間を□《つい》やす・交通費《こうつうひ》・自費《じひ》 | 貝 12画 |
| ⑤得 | トク える うる | 有《あ》り□《う》ること・損得《そんとく》・得策《とくさく》・得手《えて》・心得《こころえ》 | 彳 11画 |
| ⑥専 | セン もっぱら | □《もっぱ》ら歌を歌う・専業《せんぎょう》・専門家《せんもんか》・専念《せんねん》・専務《せんむ》 | 寸 9画 |
| ⑥乳 | ニュウ ちち ち | □《ち》飲《の》み子《ご》・□《ち》首《くび》・授乳《じゅにゅう》・乳歯《にゅうし》・乳《ちち》 | 乙 8画 |
| ⑥胸 | キョウ むね むな | □《むな》騒《さわ》ぎ（心配ごとなどで胸がどきどきすること。）・胸中《きょうちゅう》・度胸《どきょう》・胸《むね》が痛む | 月 10画 |
| ②室 | シツ むろ | □《むろ》町《まち》時代・暗室《あんしつ》・温室《おんしつ》・室外《しつがい》・別室《べっしつ》 | 宀 9画 |

1 ——の漢字の読みがなを書きなさい。（一つ2点）

(1) 勉強机を買う。（　）
(2) 梅干しを漬《つ》ける。（　）
(3) 交通費を精算する。（　）
(4) 学問に専念する。（　）
(5) 損得を考える。（　）
(6) 別室で待機する。（　）
(7) 天井の板。（　）
(8) 泣き言は言わない。（　）
(9) 有《あ》り得る出来事。（　）
(10) 車中で専ら本を読む。（　）
(11) 童歌を教える。（　）
(12) 資金を貸与《よ》する。（　）
(13) 室町時代の政治。（　）
(14) 古今和《わ》歌《か》集《しゅう》。（　）
(15) 乳飲《の》み子《ご》が笑う。（　）
(16) 今昔の貨幣《かへい》。（　）
(17) 実が熟れる。（　）
(18) 湖の深浅。（　）
(19) 思わず感泣する。（　）
(20) なかなかの代物だ。（　）
(21) 寺で修行する。（　）
(22) 五年を費やす。（　）
(23) あじの干物。（　）
(24) 胸騒《さわ》ぎがする。（　）
(25) 机上の空論に終わる。（　）

|  |  |  |  |
|---|---|---|---|
| ❸ 代 | ダイ・タイ かわる かえる・よ しろ | □《しろ》物《もの》・代表《だいひょう》・代償《だいしょう》・交代《こうたい》・身代《みが》わり・千代紙《ちよがみ》 | イ 5画 |
| ❸ 童 | ドウ わらべ | □《わらべ》歌《うた》を歌う・学童《がくどう》・神童《しんどう》 童心《どうしん》・童謡《どうよう》 | 立 12画 |
| ❺ 修 | シュウ シュ おさめる おさまる | 剣《けん》の□《しゅ》行《ぎょう》・監修《かんしゅう》・補修《ほしゅう》 身を修《おさ》める | イ 10画 |
| ❺ 貸 | タイ かす | □《たい》与《よ》・賃《ちん》□《たい》・貸《か》し借《か》り | 貝 12画 |
| ❷ 今 | コン キン いま | 古《こ》□《きん》和《わ》歌《か》集《しゅう》・今後《こんご》・昨今《さっこん》 今更《いまさら》・今時《いまどき》 | 人 4画 |
| ❸ 昔 | (セキ) シャク むかし | 今《こん》□《じゃく》物語集《ものがたりしゅう》・昔風《むかしふう》 昔《むかし》ながら | 日 8画 |
| ❹ 泣 | キュウ なく | 感《かん》□《きゅう》・号《ごう》□《きゅう》・泣《な》き言《ごと》 泣《な》き虫《むし》 | 氵 8画 |
| ❹ 浅 | セン あさい | 深《しん》□《せん》・□《せん》学《がく》・浅瀬《あさせ》 学識があさいこと。 | 氵 9画 |
| ❻ 机 | キ つくえ | □《き》上《じょう》・作業机《さぎょうづくえ》・勉強机《べんきょうづくえ》 | 木 6画 |
| ❹ 井 | (セイ) ショウ い | 天《てん》□《じょう》・井戸《いど》・福井県《ふくいけん》 | 二 4画 |

**2** □には漢字を、（　）には漢字と送りがなを書きなさい。（一つ2点）

(1) 部屋の□□《てんじょう》。

(2) □□《じゅにゅう》の時間。

(3) □《むかし》ながらの作り方。

(4) 本を□□《じゅくどく》する。

(5) 学問を（　《おさめる》）。

(6) □□《ふくい》県の位置。

(7) □□《きょうちゅう》を察する。

(8) □□《せんがく》を恥《は》じる。

(9) 妹が□□《ごうきゅう》する。

(10) □《ち》飲《の》み子《ご》。

(11) 実が赤く（　《うれる》）。

(12) □□《わらべうた》が聞こえる。

(13) 金を（　《ついやす》）。

(14) 高価な□□《しろもの》。

(15) □□《むろまち》時代の文化。

(16) □□《ちんたい》契約《けいやく》。

(17) □□《こきん》和《わ》歌《か》集《しゅう》。

(18) 有《あ》り（　《うる》）ケース。

(19) 魚の□□《ひもの》。

(20) 休日は（　《もっぱら》）散歩する。

(21) 小学校の□□《じどう》。

(22) 武者《むしゃ》□□《しゅぎょう》。

(23) □《き》上《じょう》の空論。

(24) □□《こんじゃく》の本。

(25) □《むな》騒《さわ》ぎ。

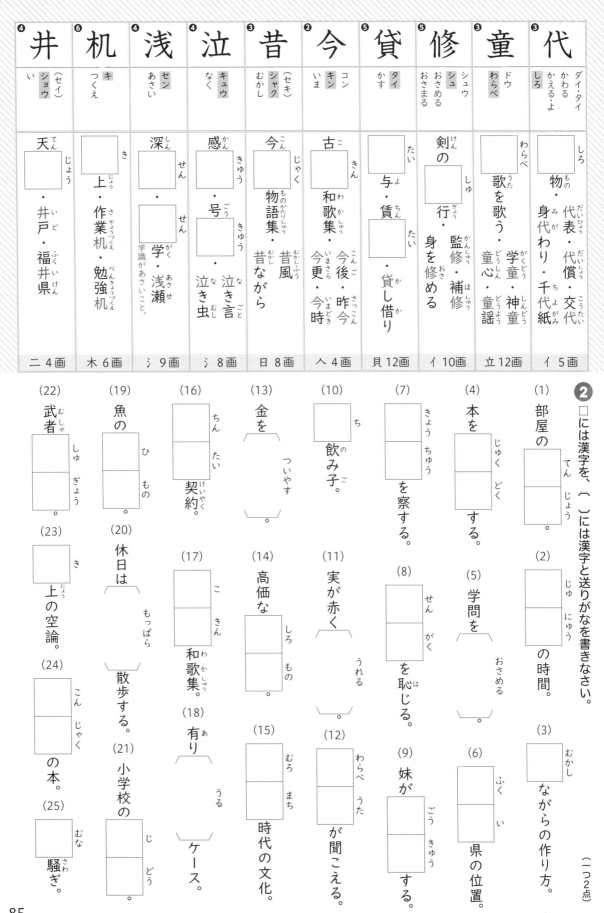

# 読み書きチェック 4

**1** ——の漢字の読みがなを書きなさい。（一つ1点）

(1) 商売敵の店。
(2) 縄文時代。
(3) 有《あ》り得る出来事。
(4) 遺言状を残す。
(5) 乳飲《の》み子《ご》が泣く。
(6) 革《かわ》の財布。
(7) 出荷作業を手伝う。
(8) 胸騒《さわ》ぎがする。
(9) 読書して感泣する。
(10) 秘密を暴露《ろ》する。
(11) 役職を辞める。
(12) 事件が公になる。
(13) 気性が激しい。
(14) 専ら練習する。
(15) ちょんまげを結う。
(16) 刺《し》客を退ける。
(17) 滋養のある食べ物。
(18) 古今和《わ》歌《か》集《しゅう》を読む。
(19) お歳《せい》暮が届く。
(20) 年月を費やす。
(21) 若年層に訴《うった》える。
(22) 童歌を覚える。
(23) 朗らかな表情。
(24) 血眼になって追う。
(25) 寝《ね》坊《ぼ》助な弟。
(26) 命令に背く。
(27) 敵を討つ。
(28) 歩合制の仕事。
(29) 拾二万三千円。
(30) 本望を遂《と》げる。
(31) 着物が映える。
(32) 健やかな子供。
(33) かさを貸与《よ》する。
(34) 毎日精進する。
(35) 身の程知らずな人。
(36) 室町時代の将軍。
(37) 人質を助け出す。
(38) 今昔物語《ものがたり》を読む。
(39) 鋼のよろい。
(40) 干物を食べる。
(41) 珍《めずら》しい代物。
(42) 力が勝る。
(43) 厳しい修行。
(44) 宗家の跡《あと》取《と》り。
(45) 故あって話せない。
(46) 果実が熟れる。
(47) 痛みを和らげる。
(48) 湖の深浅を測る。
(49) 声高になる。
(50) 物語の発端を聞く。

得点　／100点

学習日　月　日

❷ □には漢字を、（　）には漢字と送りがなを書きなさい。　（一つ1点）

(1) 思わず号《ごう》□《きゅう》する。
(2) □《ほど》よく混ぜる。
(3) 父に（　）《まさる》。
(4) 目の□《かたき》にする。
(5) □《ち》飲《の》み子《ご》を抱《だ》く。
(6) 刺《し》□《かく》を使う。
(7) □《さい》布《ふ》のひも。
(8) □《せん》学《がく》を恥《は》じる。
(9) 有《あ》り（　）《うる》話。
(10) □《ゆい》言《ごん》を伝える。

(11) □《しゅう》得物《とくぶつ》を届ける。
(12) 日夜、□《しょう》進《じん》する。
(13) 根《こん》□《じょう》を見せる。
(14) 実が（　）《うれる》。
(15) 議会が□《ほっ》足《そく》する。
(16) 歳月《さいげつ》を（　）《ついやす》。
(17) □《こわ》色《いろ》を真似《まね》る。
(18) □《しち》□《や》の主人。
(19) 気分が（　）《なごむ》。
(20) かたきを□《う》つ。

(21) 会長を（　）《やめる》。
(22) 寝《ね》ぼけ□《まなこ》の妹。
(23) 古《こ》□《きん》和《わ》歌《か》集《しゅう》。
(24) □《ゆえ》なくいら立つ。
(25) （　）《もっぱら》泳ぐ。
(26) お歳《せい》□《ぼ》の季節。
(27) □《わらべ》歌《うた》が好きだ。
(28) □《はがね》のかぶと。
(29) 日々の□《ざつ》□《えき》。
(30) 果物の□《しゅっ》□《か》。

(31) □《ちん》□《たい》住宅。
(32) （　）《すこやか》な成長。
(33) □《おおやけ》の場に出る。
(34) □《こん》□《じゃく》の歌。
(35) 公定《こうてい》□《ぶ》□《あい》。
(36) 夕《ゆう》（　）《ばえ》の空。
(37) 本《ほん》□《もう》を遂《と》げる。
(38) （　）《ほがらか》に話す。
(39) 髪《かみ》を（　）《ゆう》。
(40) □《じゃく》年層《ねんそう》に属する。

(41) 目を（　）《そむける》。
(42) 心が（　）《やわらぐ》。
(43) 魚の□《ひ》□《もの》。
(44) 武道の□《しゅ》□《ぎょう》。
(45) 寝坊《ねぼう》□《すけ》で困る。
(46) 嫌《いや》な□《しろ》□《もの》。
(47) □《き》□《じょう》の考え。
(48) □《むろ》□《まち》時代。
(49) 茶道《さどう》の□《そう》□《け》。
(50) □《ばく》露《ろ》する。

# テスト 9



**1** ――の漢字の読みがなを書きなさい。 （一つ1点／18点）

(1)
① 貴い体験。（　）
② 平安時代の貴族。（　）

(2)
① 雨《あめ》後、晴れ。（　）
② 人前で気後れする。（　）

(3)
① 点数を競う。（　）
② 百メートル競走。（　）

(4)
① 不治の病。（　）
② 気に病む必要はない。（　）

(5)
① 蒸気機関車《きかんしゃ》。（　）
② 十分間蒸らす。（　）

(6)
① 納得のいく説明。（　）
② 役所の出納係。（　）

(7)
① 優しい言葉。（　）
② 成績が優秀《しゅう》だ。（　）
③ 能力が優れた人。（　）

(8)
① 引率の先生。（　）
② 能率よく作業する。（　）
③ 先生が生徒を率いる。（　）

**2** 次の漢字の総画数を書きなさい。 （一つ1点／8点）

例 姉（8）
(1) 度（　）　(2) 迷（　）
(3) 省（　）　(4) 就（　）　(5) 謝（　）
(6) 値（　）　(7) 除（　）　(8) 傷（　）

**3** 次の漢字の部首を書きなさい。 （一つ1点／8点）

例 探（扌）
(1) 集（　）　(2) 万（　）
(3) 危（　）　(4) 卵（　）　(5) 臨（　）
(6) 率（　）　(7) 夫（　）　(8) 裏（　）

**4** 筆順の正しいものの記号を、○で囲みなさい。 （一つ1点／4点）

(1) 舌
ア 二 千 舌
イ 亻 千 舌

(2) 基
ア 丷 甘 基 基
イ 一 甘 其 基

(3) 誠
ア 言 訁 訢 試 誠
イ 言 訁 訢 誠 誠
ウ 言 訁 試 試 誠

(4) 装
ア 丨 丬 壮 装 装
イ 丶 丬 壮 装 装
ウ 丶 丬 壮 装 装

**5** □に漢字を書きなさい。（一つ1点／8点）

(1)
① 気持ちを□《さぐ》る。
② 人形を□《あやつ》る。

(2)
① □《しょう》却炉《きゃくろ》の煙突《えんとつ》。
② 紙が□《も》える。

(3)
① 運を□《ため》す。
② 事前に確《かく》□《にん》する。

(4)
① 賞を□《う》ける。
② 知恵《ちえ》を□《さず》ける。

(5) ケイ
① 神社の□内《だい》。
② □浜工業地帯《ひんこうぎょうちたい》。
③ 児童の父《ふ》□。

(6) もと
① 足《あし》□に注意する。
② 規則に□づく。
③ □を断《た》つ。

**6** 次の読み方をする漢字を□に書きなさい。（一つ2点／32点）

(1) ジュ
① 針葉《しんよう》□の森。
② □業参観日《ぎょうさんかんび》。

(2) ゴウ
① □引《いん》な人。
② 交差点の信《しん》□。

(3) シャ
① 土《ど》□を運ぶ。
② 注《ちゅう》□を打つ。
③ 感《かん》□の気持ち。

(4) ショウ
① サッカー部の主《しゅ》□。
② 友達と大爆《だいばく》□する。
③ 衣《い》□を借りる。

**7** 次の文を漢字を使って書き直しなさい。（漢字一字1点／16点）

(1) **おのれ**の**こうどう**を**ふかくかえり**みる。（五字）
(2) **うつく**しい**はなぞの**で、**しまい**が**あそ**ぶ。（六字）
(3) **さっそく**、**しあい**に**のぞ**む。（五字）

**8** AとBの漢字を組み合わせて、反対（対《つい》）になる漢字でできた熟語を作りなさい。（漢字は一回しか使えない。）（一つ2点／6点）

A　有・開・貧・大
B　小・無・閉・富

例　大小・□□・□□

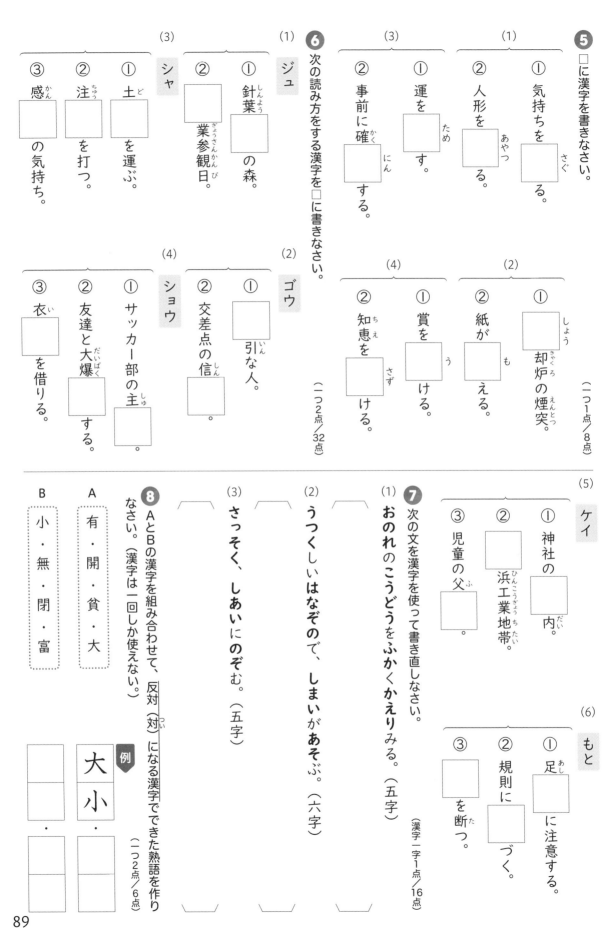

# テスト 10

## 1 ——の漢字の読みがなを書きなさい。（一つ1点／18点）

(1)
① 美しさの極み。（　　）
② 計画を極秘に進める。（　　）

(2)
① 鋼のような体。（　　）
② 鉄鋼の生産量。（　　）

(3)
① 恐竜《きょうりゅう》の全盛期。（　　）
② スポーツの盛んな町。（　　）

(4)
① 工場の機械を直す。（　　）
② 機を織る人。（　　）

(5)
① ひもを結ぶ。（　　）
② 髪《かみ》の毛《け》を結う。（　　）

(6)
① 教えに背く。（　　）
② 友達と背比べをする。（　　）

(7)
① 本の著作権。（　　）
② 著しい進歩。（　　）
③ 本を著す。（　　）

(8)
① 空が紅に染まる。（　　）
② 真紅のルビー。（　　）
③ 口紅をつける。（　　）

---

## 2 次の漢字の総画数を書きなさい。（一つ1点／8点）

例 初（ 7 ）

(1) 片（　　）
(2) 報（　　）
(3) 災（　　）
(4) 質（　　）
(5) 発（　　）
(6) 費（　　）
(7) 要（　　）
(8) 忘（　　）

## 3 次の漢字の部首を書きなさい。（一つ1点／8点）

例 往（ 彳 ）

(1) 映（　　）
(2) 故（　　）
(3) 反（　　）
(4) 厳（　　）
(5) 眼（　　）
(6) 専（　　）
(7) 片（　　）
(8) 承（　　）

## 4 筆順の正しいものの記号を、○で囲みなさい。（一つ1点／4点）

(1) 修
ア 亻 亻 攸 修 修
イ 们 亻 攸 修

(2) 我
ア 亅 千 我 我
イ 二 千 我 我

(3) 州
ア 丿 川 州 州 州
イ 丶 丿 丿 州 州
ウ 丶 丶 丶 州 州

(4) 機
ア 木 机 機 機 機
イ 木 木 木 機 機
ウ 木 木 機 機 機

得点
／100点

学習日
月　日

**5** □に漢字を書きなさい。（一つ2点／16点）

(1) ① □《か》物《もつ》列車。 ② 賃《ちん》□《たい》の住宅。

(2) ① □《しょう》進《じん》料理。 ② □《きよ》らかな川。

(3) ① 快《かい》□《てき》な暮らし。 ② 商売《しょうばい》□《がたき》。

(4) ① □《けん》設中《せっちゅう》のビル。 ② □《すこ》やかに育つ。

**6** 次の読み方をする漢字を□に書きなさい。（一つ2点／18点）

(1) きわ(める)
① 頂点を□める。 ② 真理を□める。

(2) そ(める)
① 女性を見《み》□める。 ② ほおを□める。

(3) バク
① □芽糖《がとう》。 ② □露《ろ》する。

(4) た(つ)
① 布を□つ。 ② 未練を□つ。 ③ 家が□つ。

---

**7** 次の文を漢字を使って書き直しなさい。（漢字一字1点／12点）

(1) **きんごう**の**わ**が**や**に**かえ**る。（五字）

(2) **くろ**い**かわ**の**さいふ**から**こぜに**を**だ**す。（七字）

**8** 次の文で、まちがって使われている漢字の横に──を引いて、右側に正しい漢字を書きなさい。（一字1点／4点）

例 分末《ふんまつ》の薬《くすり》を飯《の》む。 （粉・飲）

(1) 臓《くら》に何物《にもつ》を運《はこ》ぶ。

(2) 求急隊《きゅうきゅうたい》が人貸《ひとじち》を助《たす》け出《だ》す。

**9** AとBの漢字を組み合わせて、反対（対《つい》）になる漢字でできた熟語を作りなさい。（漢字は一回しか使えない。）（一つ4点／12点）

A 損・今・深・借・軽

B 昔・家・重・浅・得

例 軽重

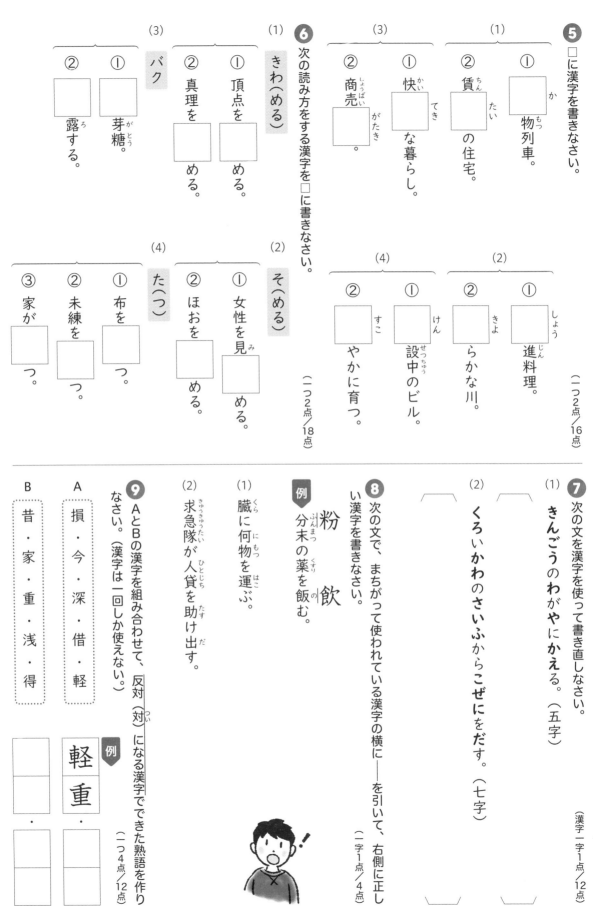

# 訓で名詞 1

| 舟 | 床 | 苗 | 袋 | 筒 | 炎 | 丈 | 丘 |
|---|---|---|---|---|---|---|---|
| シュウ ふね ふな | ショウ とこ ゆか | (ビョウ) なえ なわ | (タイ) ふくろ | トウ つつ | エン ほのお | ジョウ たけ | キュウ おか |
| 舟 6画 | 广 7画 | 艹 8画 | 衣 11画 | 竹 12画 | 火 8画 | 一 3画 | 一 5画 |

◀練習しよう。

◀上の漢字を使って用例を完成させよう。

- 舟：小《こ》□《ぶね》。□《ふな》歌《うた》。□《しゅう》航《こう》。
- 床：□《とこ》の間《ま》。□《ゆか》板《いた》。起《き》□《しょう》。
- 苗：□《なえ》木《ぎ》。□《なえ》床《どこ》。□《なわ》代《しろ》。
- 袋：紙《かみ》□《ぶくろ》。手《て》□《ぶくろ》。□《ふくろ》小路《こうじ》。
- 筒：□《つつ》抜《ぬ》け。水《すい》□《とう》。封《ふう》□《とう》。
- 炎：ガスの□《ほのお》。□《えん》上《じょう》。火《か》□《えん》。
- 丈：背《せ》□《たけ》。□《じょう》夫《ぶ》。気《き》□《じょう》。
- 丘：小高《こだか》い□《おか》。砂《さ》□《きゅう》。□《きゅう》陵《りょう》。

**1** ―の漢字の読みがなを書きなさい。（一つ2点）

(1) 背丈が伸《の》びる。（　）
(2) 末娘の靴《くつ》。（　）
(3) 紙袋を持つ。（　）
(4) 小舟に乗る。（　）
(5) 山の地肌。（　）
(6) 舟遊びをする。（　）
(7) 苗代を作る。（　）
(8) 起床時間。（　）
(9) 鳥取《とっとり》砂丘。（　）
(10) 船が炎上する。（　）
(11) 帆走する。（　）
(12) 姉が涙ぐむ。（　）
(13) 腕ずもう。（　）
(14) 湖を舟航する。（　）
(15) 美しい歌姫。（　）
(16) 丘を越《こ》える。（　）
(17) 床板をふく。（　）
(18) 封《ふう》筒のあて名。（　）
(19) 床の間《ま》の絵。（　）
(20) 気丈な人。（　）
(21) 炎が上がる。（　）
(22) 腕力をつける。（　）
(23) 小さな腰かけ。（　）
(24) 白帆が膨《ふく》らむ。（　）
(25) 肩身が狭《せま》い。（　）
世間に対してはずかしい気持ちになる。

得点　／100点
学習日　月　日

|  |  |  |  |  |
| --- | --- | --- | --- | --- |
| 姫 | — / ひめ | 女 | 10画 | 歌《うた》□《ひめ》。 お□《ひめ》様《さま》。 □《ひめ》君《ぎみ》。 |
| 娘 | — / むすめ | 女 | 10画 | 孫《まご》□《むすめ》。 □《むすめ》心《ごころ》。 末《すえ》□《むすめ》。 |
| 帆 | ハン / ほ | 巾 | 6画 | 白《しら》□《ほ》。 □《はん》船《せん》。 □《はん》走《そう》。 |
| 涙 | ルイ / なみだ | 氵 | 10画 | □《なみだ》声《ごえ》。 □《なみだ》ぐむ。 感《かん》□《るい》。 |
| 肌 | — / はだ | 月 | 6画 | □《はだ》着《ぎ》。 □《はだ》寒《さむ》い。 地《じ》□《はだ》。 |
| 肩 | （ケン） / かた | 月 | 8画 | □《かた》車《ぐるま》。 □《かた》身《み》。 □《かた》書《が》き。 |
| 腰 | （ヨウ） / こし | 月 | 13画 | □《こし》かけ。 本《ほん》□《ごし》。 弱《よわ》□《ごし》。 |
| 腕 | ワン / うで | 月 | 12画 | □《うで》時《ど》計《けい》。 □《うで》前《まえ》。 □《わん》力《りょく》。 |

## 体の部分を表す漢字

体の部分を表す漢字は、多くあります。

体・頭・首・肩《かた》・胸・腹・背・腕《うで》・腰《こし》・尻《しり》・手・足・指・皮

顔・額・毛・目・耳・鼻・口・歯・舌

脳・肺・心臓・胃・腸・血液・血管・動脈・筋肉・骨

## 2 □に漢字を書きなさい。（一つ2点）

(1) ヨットの□《ほ》。
(2) ガスの□《ほのお》。
(3) 話が□《つつ》抜《ぬ》けだ。
(4) □《うで》時《ど》計《けい》。
(5) □《こ》□《ぶね》。
(6) □《なみだ》を流す。
(7) □《ゆか》を拭《ふ》く。
(8) □《おか》の上。
(9) □《きゅう》陵《りょう》地《ち》の家。
(10) □《すい》□《とう》を持つ。
(11) お□《ひめ》様《さま》。
(12) □《はだ》□《ぎ》。
(13) 大《だい》□《じょう》□《ぶ》。
(14) □《ふな》歌《うた》。
(15) □《むすめ》□《ごころ》。
(16) □《かた》身《み》が狭《せま》い。
(17) □《て》□《ぶくろ》。
(18) □《ふな》遊び。
(19) 昔の□《はん》船《せん》。
(20) □《こし》が低い。
(21) □《なわ》□《しろ》。
(22) □《かん》□《るい》にむせぶ。
(23) □《びょう》□《しょう》にふせる。（病人がねどこで横になる。）
(24) □《なえ》□《どこ》を作る。
(25) □《わん》□《りょく》がある。

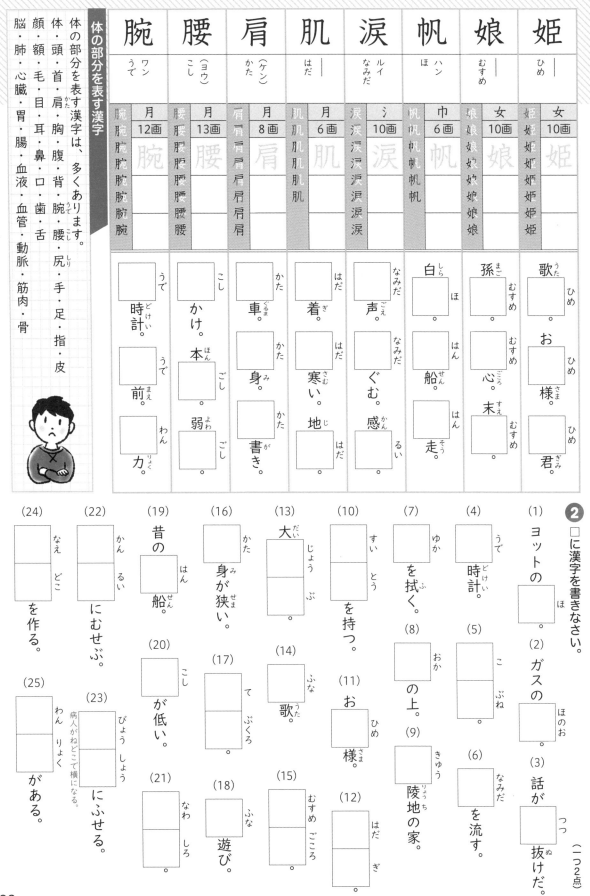

# 訓で名詞 2

| 芋 | 芝 | 棚 | 垣 | 鉛 | 鈴 | 麻 | 尾 |
| --- | --- | --- | --- | --- | --- | --- | --- |
| ― いも | ― しば | ― たな | ― かき | エン なまり | レイ リン すず | マ あさ | ビ お |
| 艹 | 艹 | 木 | 土 | 金 | 金 | 麻 | 尸 |
| 6画 | 6画 | 12画 | 9画 | 13画 | 13画 | 11画 | 7画 |

◀練習しよう。

◀上の漢字を使って用例を完成させよう。

- 芋：□《いも》掘《ほ》り。焼《や》き□《いも》。里《さと》□《いも》。
- 芝：□《しば》居《い》。□《しば》草《くさ》。□《しば》刈《か》り。
- 棚：戸《と》□《だな》。□《たな》上《あ》げ。本《ほん》□《だな》。
- 垣：□《かき》根《ね》。石《いし》□《がき》。生《い》け□《がき》。
- 鉛：□《なまり》色《いろ》。□《えん》筆《ぴつ》。亜《あ》□《えん》。
- 鈴：□《すず》の音《ね》。予《よ》□《れい》。風《ふう》□《りん》。
- 麻：□《あさ》糸《いと》。□《ま》薬《やく》。□《ま》酔《すい》。
- 尾：□《お》根《ね》。語《ご》□《び》。（言葉の終わりの部分。）□《び》行《こう》。

**1** ―の漢字の読みがなを書きなさい。（一つ2点）

(1) 世界の最高峰。（　）
(2) 虹がかかる。（　）
(3) 峠の茶屋。（　）
(4) 尾根伝《づた》い。（　）
(5) 大粒の雨。（　）
(6) 垣根を巡《めぐ》らす。（　）
(7) 芝居を見る。（　）
(8) 蚊が飛ぶ。（　）
(9) 亜《あ》鉛を含《ふく》む金属。（　）
(10) 岬の灯台。（　）
(11) 焼《や》き芋。（　）
(12) 本棚の整理。（　）
(13) 風鈴をつる。（　）
(14) 白い麻糸。（　）
(15) 渋《しぶ》柿の味。（　）
(16) 微《び》粒子。（　） つぶ状のごく小さい物。
(17) 蛍の光。（　）
(18) 蛍光灯の明かり。（　）
(19) 麻酔《すい》を打つ。（　）
(20) 鈴の音。（　）
(21) 峰が続く。（　）
(22) 鉛色の空。（　）
(23) 尾行する。（　）
(24) 砂嵐が起こる。（　）
(25) 丼のご飯。（　）

得点 ／100点

学習日 月 日

| 蚊 | 蛍 | 粒 | 岬 | 峠 | 峰 | 虹 | 嵐 | 柿 | 丼 |
|---|---|---|---|---|---|---|---|---|---|
| か | ケイ ほたる | リュウ つぶ | みさき | とうげ | ホウ みね | にじ | あらし | かき | どんぶり どん |
| 虫 10画 | 虫 11画 | 米 11画 | 山 8画 | 山 9画 | 山 10画 | 虫 9画 | 山 12画 | 木 9画 | 丶 5画 |
| やぶ□《か》。 □《か》取《と》り線香《せんこう》。 | □《ほたる》狩《が》り。 □《ほたる》火《び》。 □《けい》光灯《こうとう》。 | 砂《すな》□《つぶ》。 大《おお》□《つぶ》。 □《りゅう》子《し》。 | 襟裳《えりも》□《みさき》。 □《みさき》町《まち》。 □《みさき》巡《めぐ》り。 | □《とうげ》の店。 □《とうげ》越《ご》え。 □《とうげ》道《みち》。 | 山《やま》の□《みね》。 連《れん》□《ぽう》。 最高《さいこう》□《ほう》。 | □《にじ》が出る。 □《にじ》色《いろ》。 | 春の□《あらし》。 砂《すな》□《あらし》。 | □《かき》の実。 □《かき》色《いろ》。 渋《しぶ》□《がき》。 | □《どんぶり》飯《めし》。 牛《ぎゅう》□《どん》。 天《てん》□《どん》。 |

**2** □に漢字を書きなさい。（一つ2点）

(1) 馬の□《お》。
(2) □《ぎゅう》□《どん》の店。
(3) □《よ》□《れい》が鳴る。
(4) 重い□《なまり》。
(5) □《つぶ》ぞろい。
(6) 山の□《みね》。
(7) □《いも》を食べる。
(8) 知床《しれとこ》□《みさき》。
(9) □《ほたる》の名所。
(10) 庭の□《しば》。
(11) □《あらし》の夜。
(12) □《あさ》糸《いと》で結ぶ。
(13) □《とうげ》を越《こ》す。
(14) □《にじ》が出る。
(15) □《すず》が鳴る。
(16) 最高《さいこう》□《ほう》。
(17) やぶ□《か》。
(18) □《と》□《だな》にしまう。
(19) □《えん》□《ぴつ》で書く。
(20) □《ま》酔《すい》の薬。
(21) □《ふう》□《りん》の音。
(22) □《ご》□《び》を強める。
(23) □《りゅう》□《し》が粗《あら》い。
(24) □《けい》□《こう》□《とう》。
(25) □《いし》□《がき》が続く。

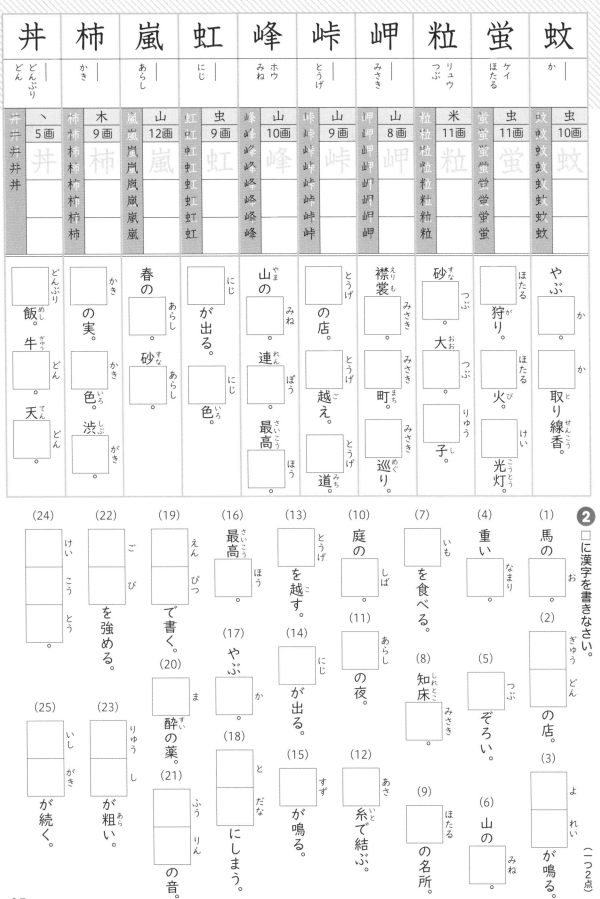

# 同じ字をもつ漢字 1

得点　／100点
学習日　月　日

◀これまでに学習した漢字。

付　付録《ふろく》・付近《ふきん》・取《と》り付《つ》ける

府　京都府《きょうとふ》・大阪府《おおさかふ》

◀練習しよう。

◀上の漢字を使って用例を完成させよう。

|  |  |  |  |
| --- | --- | --- | --- |
| 符 | フ | ⺮ 11画 | □《ふ》号《ごう》。切《きっ》□《ぷ》。音《おん》□《ぷ》。 |
| 附 | フ | 阝 8画 | □《ふ》属《ぞく》の学校。□《ふ》則《そく》。（注意）ふつう「付」で代用している。 |
| 腐 | フ くさる くされる くさらす | 肉 14画 | 豆《とう》□《ふ》。□《ふ》乱《らん》。魚が□《くさ》る。 |

同　同時《どうじ》・合同《ごうどう》・同《おな》じ色《いろ》

銅　銅貨《どうか》・銅像《どうぞう》

筒　水筒《すいとう》・封筒《ふうとう》・筒抜《つつぬ》け

|  |  |  |  |
| --- | --- | --- | --- |
| 洞 | ドウ ほら | 氵 9画 | 空《くう》□《どう》。□《どう》察力《さつりょく》。□《ほら》穴《あな》。 |
| 胴 | ドウ | 月 10画 | □《どう》体《たい》。□《どう》乱《らん》。□《どう》上《あ》げ。 |

**1** ——の漢字の読みがなを書きなさい。（一つ2点）

(1) 鋭い洞察力《りょく》。（　）
(2) 破裂寸前。（　）
(3) 和《なご》やかな雰囲気。（　）
(4) 挑戦する。（　）
(5) 葉を胴乱に入れる。（　）
(6) 四分《しぶ》音符。（　）
(7) 紛争が収まる。（　）
(8) 幹が裂ける。（　）
(9) 豆腐を食べる。（　）
(10) 強烈な印象。（　）
(11) 附属の施設《しせつ》。（　）
(12) 高く跳躍《やく》する。（　）
(13) 卵が腐る。（　）
(14) 球が跳ね返る。（　）
(15) 暗い洞穴。（　）
(16) 六段の跳び箱。（　）
(17) 気が紛れる。（　）
(18) 飛行機の胴体。（　）
(19) 熱烈なファン。（　）
(20) 強敵に挑む。（　）

**2** □には漢字を、（　）には漢字と送りがなを書きなさい。（一つ2点）

(1) □《ふ》□《ぞく》高校。
(2) □《れっ》□《か》の怒《いか》り。
(3) □《ほら》□《あな》。

（注意）ここでは「付」を使わないで書く。

## 列
行列《ぎょうれつ》・列車《れっしゃ》

## 例
用例《ようれい》・慣例《かんれい》・例《たと》えばの話

## 烈
レツ

| 灬 | 10画 |
| --- | --- |

烈 烈 烈 烈 烈 烈 烈

強《きょう》□《れつ》。 熱《ねっ》□《れつ》。 □《れっ》火《か》。（激しく燃える火。）

## 裂
レツ さく さける

| 衣 | 12画 |
| --- | --- |

裂 裂 裂 裂 裂 裂 裂

破《は》□《れつ》。 分《ぶん》□《れつ》。 □《さ》け目《め》。

## 分
五分間《ごふんかん》・分布《ぶんぷ》・区分《くぶん》・一分二厘《いちぶにりん》・分《わ》かれ道《みち》

## 粉
粉末《ふんまつ》・花粉《かふん》・小麦粉《こむぎこ》・粉雪《こなゆき》

## 紛
フン まぎれる まぎらす まぎらわす まぎらわしい

| 糸 | 10画 |
| --- | --- |

紛 紛 紛 紛 紛 紛 紛

□《ふん》失《しつ》。 □《ふん》争《そう》。 苦《くる》し□《まぎ》れ。

## 雰
フン ―

| 雨 | 12画 |
| --- | --- |

雰 雰 雰 雰 雰 雰 雰

□《ふん》囲気《いき》。 静かな□《ふん》囲気《いき》。

## 兆
前兆《ぜんちょう》・兆候《ちょうこう》

## 挑
チョウ いどむ

| 扌 | 9画 |
| --- | --- |

挑 挑 挑 挑 挑 挑 挑

□《ちょう》戦《せん》。 戦いを□《いど》む。

## 跳
チョウ はねる とぶ

| 足 | 13画 |
| --- | --- |

跳 跳 跳 跳 跳 跳 跳

□《ちょう》躍《やく》。 □《は》ねる。 □《と》び箱《ばこ》。

(4) □《ふん》囲気《いき》。
(5) 八分《はちぶ》□□《おんぷ》。
(6) 山に（いどむ）。
(7) 魚の□《どう》体《たい》。
(8) 細胞《さいぼう》□□《ぶんれつ》。
(9) □□《きっぷ》。
(10) （とび）箱《ばこ》。
注意 ここでは「飛」を使わないで書く。
(11) □《ちょう》躍力《やくりょく》。
(12) かえるが（はねる）。
(13) 二つに（さける）。
(14) □□《ふんしつ》届《とどけ》。
(15) □□《とうふ》。
(16) □□《ふらん》した魚。
(17) □□《くうどう》。
(18) □□《ちょうせん》者《しゃ》。
(19) 野菜が（くさる）。
(20) 気分が（まぎれる）。

## 3 □に漢字を書きなさい。（一つ4点）

(1)
① □《ふ》加価値《かかち》。
② 通信□《ふ》号《ごう》。
③ 鉄が□《ふ》食《しょく》する。（鉄がさびて形がくずれる。）

(2)
① 風船が破《は》□《れつ》する。
② 強《きょう》□《れつ》なパンチ。

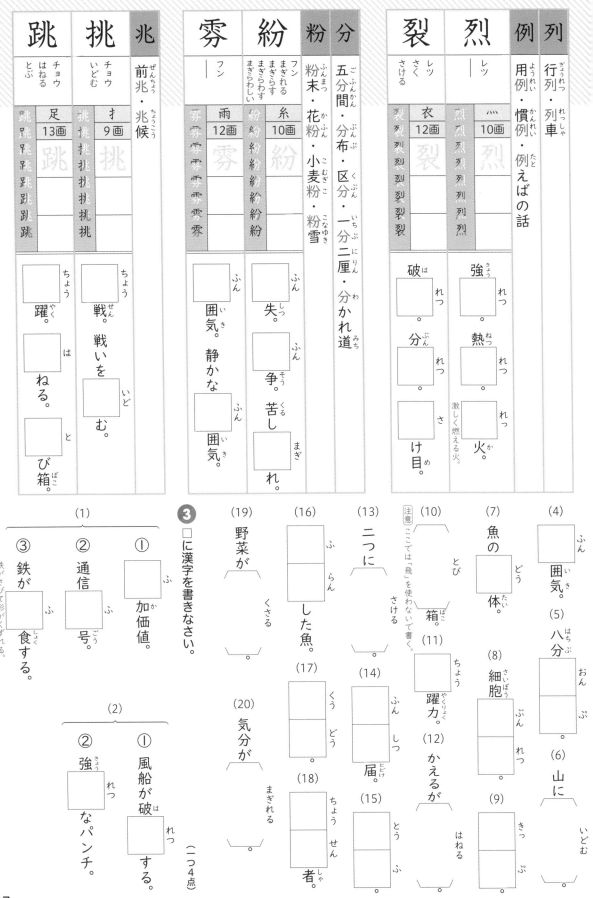

# 読み書きチェック 1

得点 ／100点

学習日 月 日

❶ ——の漢字の読みがなを書きなさい。（一つ1点）

(1) 丈夫な歯。（　）
(2) 一番上の娘。（　）
(3) 風鈴が鳴る。（　）
(4) 炎が上がる。（　）
(5) 感涙にむせぶ。（　）
(6) 強烈な印象。（　）
(7) 難問に挑む。（　）
(8) 鉛色の空。（　）
(9) 高い跳躍《やく》。（　）
(10) 湾内《わんない》を舟航する。（　）

(11) 夏の蛍狩《が》り。（　）
(12) 六時に起床する。（　）
(13) 雰囲気が良い。（　）
(14) 豆腐の料理。（　）
(15) 連峰を望む。（　）
(16) 木製の腰かけ。（　）
(17) 亜《あ》鉛を含《ふく》む合金。（　）
(18) 粒子が粗《あら》い。（　）
(19) 向こう岸へ跳ぶ。（　）
(20) 話が筒抜《ぬ》けだ。（　）

(21) 帆船が海に出る。（　）
(22) 城のお姫様《さま》。（　）
(23) 丘陵《りょう》が続く。（　）
あまり高くない山なみが続く。
(24) 洞穴をのぞく。（　）
(25) 肌寒《さむ》い一日。（　）
(26) 麻袋《ぶくろ》に入れる。（　）
(27) 灯台のある岬。（　）
(28) 苗木を育てる。（　）
(29) 写真を紛失する。（　）
(30) 金魚の尾ひれ。（　）

(31) 予鈴が鳴る。（　）
(32) 風船が破裂する。（　）
(33) 株価が跳ね上がる。（　）
(34) 腕を競《きそ》う。（　）
(35) 船頭の舟歌。（　）
(36) 石垣が続く。（　）
(37) おもしろい芝居。（　）
(38) 紛らわしい地名。（　）
(39) 封《ふう》筒を開ける。（　）
(40) 肩身が狭《せま》い。（　）

(41) 床の間の掛《か》け軸《じく》。（　）
(42) プラスの符号。（　）
(43) 紙が裂けてしまう。（　）
(44) 戸棚にしまう。（　）
(45) 刑事《けいじ》が尾行する。（　）
(46) 暑さが峠を越《こ》す。（　）
(47) 附属の中学校。（　）
(48) 紙袋を買う。（　）
(49) 火炎の温度。（　）
(50) 帆を張る。（　）

❷ □には漢字を、（　）には漢字と送りがなを書きなさい。（一つ1点）

□ (1) □《おか》にのぼる。

□ (2) 封《ふう》□《とう》を買う。

□ (3) □《しば》刈《か》り機。

□ (4) 試合に（　）《いどむ》。

□ (5) 大《おお》□《つぶ》のダイヤ。

□ (6) 昆虫《こんちゅう》の□《どう》体《たい》。

□ (7) □□《はれつ》する。

□ (8) □《たな》上《あ》げにする。

□ (9) 山の□《みね》。

□ (10) □《ゆか》板《いた》を拭《ふ》く。

□ (11) 狭《せま》い□□《ほらあな》。

□ (12) □《はだ》寒《さむ》い日。

□ (13) 色《いろ》□□《えんぴつ》。

□ (14) □《か》に刺《さ》される。

□ (15) □□《なわしろ》を作る。

□ (16) □《ふな》歌《うた》を聞く。
注意 ここでは「船」を使わないで書く。

□ (17) 焼《や》き□《いも》を買う。

□ (18) □《うで》時計《どけい》を見る。

□ (19) □《かた》が凝《こ》る。

□ (20) □□《なみだごえ》になる。

□ (21) 丸木《まるき》□《ぶね》。
注意 ここでは「船」を使わないで書く。

□ (22) □《とうげ》を越《こ》える。

□ (23) 肉が（　）《くさる》。

□ (24) □□《ふぞく》の学校。
注意 ここでは「付」を使わないで書く。

□ (25) 低い□□《かきね》。

□ (26) □《すず》が鳴る。

□ (27) 語《ご》□《び》を強める。

□ (28) □□《じょうぶ》な体。

□ (29) □□《くうどう》の幹。

□ (30) 船の白い□《ほ》。

□ (31) 小さい□□《てぶくろ》。

□ (32) 車が□《えん》上《じょう》する。

□ (33) 闇《やみ》に（　）《まぎれる》。

□ (34) □《と》び箱《ばこ》。
注意 ここでは「飛」を使わないで書く。

□ (35) □□《きしょう》時間。

□ (36) □□□《けいこうとう》。

□ (37) □□《ねつれつ》な歓迎《かんげい》。

□ (38) □《みさき》巡《めぐ》りのバス。

□ (39) 記録への□《ちょう》戦《せん》。

□ (40) □□《わんりょく》が強い。

□ (41) 弟の□□《せたけ》。

□ (42) かぐや□《ひめ》。

□ (43) 手術の□《ま》酔《すい》。

□ (44) □□《ふんしつ》物。

□ (45) 電車の□□《きっぷ》。

□ (46) 父の□《こし》かけ。

□ (47) 淡《あわ》い□□《むすめごころ》。

□ (48) 犬が□《お》を振《ふ》る。

□ (49) 飛び（　）《はねる》。

□ (50) 明るい□《ふん》囲《い》気《き》。

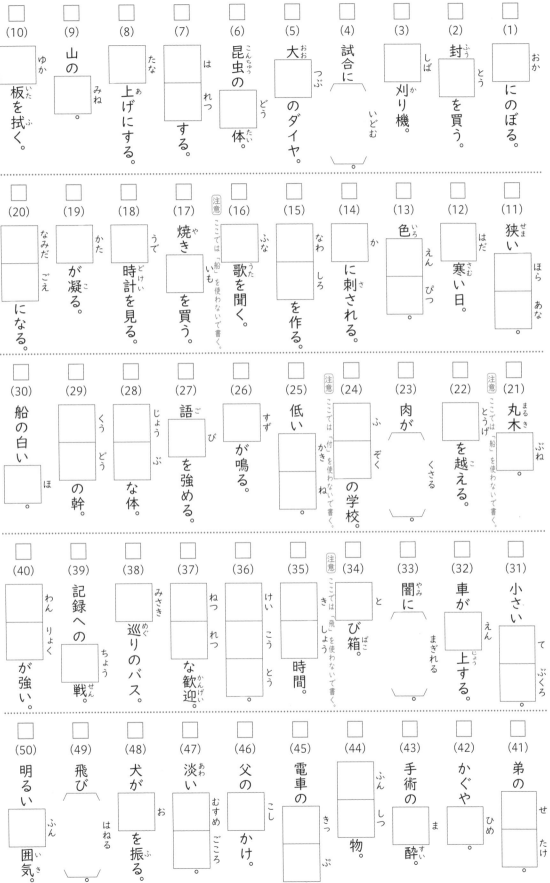

# 同じ字をもつ漢字 2

得点
／100点
学習日
月　日

◀これまでに学習した漢字。

|  |  |
|---|---|
| 皮 | 皮革《ひかく》・樹皮《じゅひ》・毛皮《けがわ》 |
| 波 | 波乱《はらん》・電波《でんぱ》・白波《しらなみ》 |
| 破 | 破片《はへん》・破壊《はかい》・紙が破《やぶ》れる |

◀練習しよう。

|  |  |  |  |  |
|---|---|---|---|---|
| 彼 | ヒ　かれ　かの | 彳　8画 | 彼彼彼彼彼彼彼彼 | □《ひ》岸《がん》。　□《かれ》ら。　□《かの》女《じょ》。 |
| 披 | ヒ　— | 扌　8画 | 披披披披披披披披 | □《ひ》露宴《ろうえん》。　□《ひ》見《けん》。（文書などを手にとって見ること。） |
| 疲 | ヒ　つかれる | 疒　10画 | 疲疲疲疲疲疲疲疲疲疲 | □《ひ》労《ろう》。　□《ひ》弊《へい》。　気《き》□《づか》れ。 |
| 被 | ヒ　こうむる | 衤　10画 | 被被被被被被被被被被 | □《ひ》害《がい》。　損害を□《こうむ》る。 |

|  |  |
|---|---|
| 方 | 方向《ほうこう》・方法《ほうほう》・夕方《ゆうがた》 |
| 訪 | 訪問《ほうもん》・探訪《たんぼう》・古都を訪《おとず》れる |

|  |  |  |  |  |
|---|---|---|---|---|
| 芳 | ホウ　（かんばしい） | 艹　7画 | 芳芳芳芳芳芳芳 | □《ほう》香《こう》。　□《ほう》名《めい》。　□《ほう》志《し》。 |

◀上の漢字を使って用例を完成させよう。

**1** ―の漢字の読みがなを書きなさい。（一つ2点）

(1) 寝《ね》坊をする。（　）
(2) 湖畔の店。（　）
(3) 混紡の洋服。（　）
(4) ピアノ伴奏。（　）
(5) 披露宴《ろうえん》に出る。（　）
(6) ぶどうの房。（　）
(7) 彼の話を聞く。（　）
(8) 被害の額。（　）
(9) 子を伴う。（　）
(10) 疲労困《こん》ぱい。（　）
(11) ご芳名。（　）
(12) 営業妨害。（　）
(13) 路傍の人。（　）
(14) 眠《ねむ》りを妨げる。（　）
(15) 彼岸の墓参り。（　）
(16) 体の脂《し》肪。（　）
(17) 疲れがたまる。（　）
(18) 芳香剤《ざい》。（　）
(19) 冷暖房完備の部屋。（　）
(20) 事態を傍観する。（　）

**2** □には漢字を、（　）には漢字と送りがなを書きなさい。（一つ2点）

(1) 損害を（　）《こうむる》。
(2) □□《ぼうがい》する。
(3) □□《かのじょ》。

|  |  |  |  |  |
|---|---|---|---|---|
| 坊 | ボウ・ボッ / — | 土 | 7画 | 赤《あか》ん□《ぼう》。寝《ね》□《ぼう》。□《ぼっ》ちゃん。 |
| 妨 | ボウ / さまたげる | 女 | 7画 | □《ぼう》害《がい》。安眠《あんみん》を□《さまた》げる。 |
| 肪 | ボウ / — | 月 | 8画 | 肉の脂《し》□《ぼう》分《ぶん》。脂《し》□《ぼう》過多。 |
| 房 | ボウ / ふさ | 戸 | 8画 | 暖《だん》□《ぼう》。冷《れい》□《ぼう》。一《ひと》□《ふさ》。 |
| 紡 | ボウ / (つむぐ) | 糸 | 10画 | □《ぼう》績《せき》。混《こん》□《ぼう》。□《ぼう》錘形《すいけい》。 |
| 傍 | ボウ / (かたわら) | イ | 12画 | □《ぼう》観《かん》。路《ろ》□《ぼう》。□《ぼう》聴《ちょう》。 |

**半** 半年《はんとし》・半熟《はんじゅく》・週の半《なか》ば

|  |  |  |  |  |
|---|---|---|---|---|
| 伴 | ハン・バン / ともなう | イ | 7画 | 同《どう》□《はん》。□《ばん》奏《そう》。妹を□《ともな》う。 |
| 畔 | ハン / — | 田 | 10画 | 湖《こ》□《はん》のホテル。河《か》□《はん》。 |

(4) □《ぼっ》ちゃん。

(5) 足が（　　）《つかれる》。

(6) 脂《し》□《ぼう》が多い。

(7) □《ぼう》績《せき》工場。

(8) □《ひ》見《けん》する。

(9) 一《ひと》□《ふさ》のぶどう。

(10) 河《か》□《はん》の宿。

(11) □《ほう》香《こう》を放つ。

(12) □《かれ》の本。

(13) 春のお□《ひ》□《がん》。

(14) □《だん》□《ぼう》器具。

(15) □《ひ》露宴《ろうえん》。

(16) □《ひ》□《がい》者《しゃ》。

(17) □《ぼう》観者《かんしゃ》。

(18) 通行の（　　）《さまたげ》。

(19) 会合に□《どう》□《はん》する。

(20) 歌の□《ばん》□《そう》をする。

**3** □に漢字を書きなさい。（一つ4点）

(1)
① 赤《あか》ん□《ぼう》。
② 肉の脂《し》□《ぼう》分《ぶん》。
③ □《ぼう》聴《ちょう》する。

(2)
① 湖《こ》□《はん》の宿。
② 弟を□《ともな》う。

# 同じ字をもつ漢字 3 部首が違う形の似た漢字 1

得点 ／100点

学習日 月 日

◀これまでに学習した漢字。 ◀練習しよう。 ◀上の漢字を使って用例を完成させよう。

**白** 紅白《こうはく》・純白《じゅんぱく》・白地《しろじ》・白木《しらき》

| 漢字 | 読み | 部首 | 画数 | 用例 |
|---|---|---|---|---|
| 伯 | ハク | イ | 7画 | 画《が》□《はく》。 □《はく》爵《しゃく》。 □《はく》仲《ちゅう》。 |
| 拍 | ハク ヒョウ | 扌 | 8画 | □《はく》手《しゅ》。 □《はく》車《しゃ》。 手《て》□《びょう》子《し》。 |
| 泊 | ハク とまる とめる | 氵 | 8画 | 宿《しゅく》□《はく》。 停《てい》□《はく》。 □《と》まり客。 |
| 舶 | ハク | 舟 | 11画 | 船《せん》□《ぱく》。 □《はく》来《らい》の食器。 |

**生** 生命《せいめい》・生涯《しょうがい》・生《い》き物《もの》・五月《ごがつ》生まれ・生《お》い茂《しげ》る・生《は》え際《ぎわ》・生糸《きいと》・生煮《なまに》え

| 漢字 | 読み | 部首 | 画数 | 用例 |
|---|---|---|---|---|
| 姓 | セイ ショウ | 女 | 8画 | □《せい》名《めい》。 同《どう》□《せい》。 百《ひゃく》□《しょう》。 |
| 性 | セイ | 牜 | 9画 | 犠《ぎ》□《せい》。 事故の犠《ぎ》□《せい》者《しゃ》。 |

**支** 支持《しじ》・支流《しりゅう》・柱で支《ささ》える

| 漢字 | 読み | 部首 | 画数 | 用例 |
|---|---|---|---|---|
| 肢 | シ | 月 | 8画 | □《し》体《たい》。 選択《せんたく》□《し》。 四《し》□《し》。 |

**1** ——の漢字の読みがなを書きなさい。（一つ2点）

(1) 鍛《きた》えた肢体。（　）
(2) 租税を納める。（　）
(3) 宿に泊まる。（　）
(4) 滴が垂れる。（　）
(5) 同姓同名。（　）
(6) 拍車をかける。（　）
(7) 零細企業《きぎょう》。（　）
(8) 粗末に扱《あつか》う。（　）
(9) 大《だい》邸宅。（　）
(10) 百姓一揆《いっき》。（　）
(11) 点滴注射。（　）
(12) 高齢な人。（　）
(13) 問題点の指摘。（　）
(14) 画伯の絵。（　）
(15) 犠《ぎ》牲になる。（　）
(16) 拍子をとる。（　）
(17) 舶来の品。（　）
(18) 粒子《りゅうし》が粗い壁《かべ》。（　）
(19) 阻害する。（　）
(20) 家を抵当に入れる。（　）
家を借金の引き当てにする。

**2** □には漢字を、（　）には漢字と送りがなを書きなさい。（一つ2点）

(1) 花を（つむ）。
(2) □□《そし》する。
(3) 犠《ぎ》□《せい》者《しゃ》。

**令**
命令《めいれい》・号令《ごうれい》

**冷**
冷凍《れいとう》・冷《つめ》たい水・底冷《そこび》え・湯冷《ゆざ》め

**零** レイ ― 雨 13画
零 零 零 零 零 零 零
□《れい》細《さい》。 □《れい》下《か》。 □《れい》時《じ》。

**齢** レイ ― 歯 17画
齢 齢 齢 齢 齢 齢 齢
年《ねん》□《れい》。 高《こう》□《れい》。 樹《じゅ》□《れい》。

**抵** テイ ― 扌 8画
抵 抵 抵 抵 抵 抵 抵 抵
□《てい》抗《こう》。 □《てい》当《とう》。 □《てい》触《しょく》。

**邸** テイ ― 阝 8画
邸 邸 邸 邸 邸 邸 邸 邸
□《てい》宅《たく》。 官《かん》□《てい》。 豪《ごう》□《てい》。

**阻** ソ （はばむ） 阝 8画
阻 阻 阻 阻 阻 阻 阻 阻
□《そ》止《し》。 □《そ》害《がい》。 険《けん》□《そ》。

**租** ソ ― 禾 10画
租 租 租 租 租 租 租 租
□《そ》税《ぜい》。 地《ち》□《そ》。 □《そ》借《しゃく》。

**粗** ソ あらい 米 11画
粗 粗 粗 粗 粗 粗 粗 粗
□《そ》末《まつ》。 □《そ》品《しな》。 目が□《あら》い。

**摘** テキ つむ 扌 14画
摘 摘 摘 摘 摘 摘 摘 摘
□《てき》出《しゅつ》。 指《し》□《てき》。 花《はな》□《つ》み。

**滴** テキ しずく （したたる） 氵 14画
滴 滴 滴 滴 滴 滴 滴 滴
水《すい》□《てき》。 点《てん》□《てき》。 雨《あめ》の□《しずく》。

(4) □□《はくしゅ》する。
(5) □□《そまつ》な服。
(6) □《てき》出《しゅつ》手術。
(7) 首相《しゅしょう》□□《かんてい》。
(8) 水《すい》□《てき》がつく。
(9) 実力□《はく》仲《ちゅう》。 実力の差がないこと。
(10) □□《しゅくはく》施設《しせつ》。
(11) 小型□□《せんぱく》。
(12) □《てい》抗《こう》する。
(13) □□《ねんれい》制限。
(14) □《せい》名《めい》を記す。
(15) 涙《なみだ》の□《しずく》。
(16) □《れい》下《か》三度。
(17) □□《そぜい》対象。
(18) 選択《せんたく》□《し》。
(19) お□□《ひゃくしょう》さんの仕事。
(20) 客を〔□《とめる》〕。

## 3 □に漢字を書きなさい。 （一つ4点）

(1)
① 平安《へいあん》時代の地《ち》□《そ》。 平安時代の土地に対する税。
② 発達を□《そ》害《がい》する。
③ 網目《あみめ》が□《あら》い。

(2)
① ホテルに□《と》まる。
② 手《て》□《びょう》子《し》をとる。

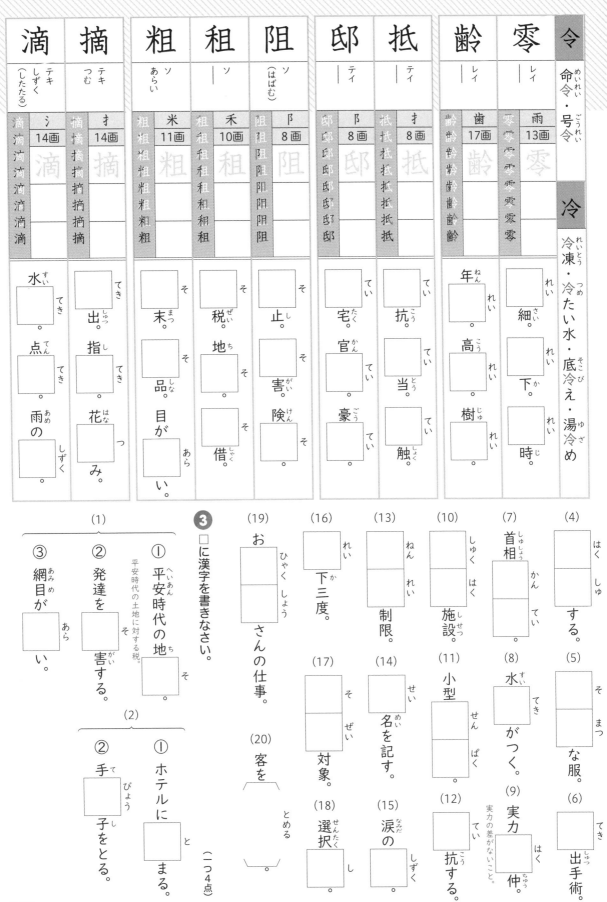

# 部首が違《ちが》う形の似た漢字 2

|  |  |  |  |
| --- | --- | --- | --- |
| 噴 | フン ふく | 口 | 15画 |
| 墳 | フン — | 土 | 15画 |
| 憤 | フン (いきどおる) | 忄 | 15画 |
| 偉 | イ えらい | 亻 | 12画 |
| 違 | イ ちがう ちがえる | 辶 | 13画 |
| 緯 | イ — | 糸 | 16画 |
| 描 | ビョウ えがく かく | 扌 | 11画 |
| 猫 | (ビョウ) ねこ | 犭 | 11画 |

◀練習しよう。

◀上の漢字を使って用例を完成させよう。

- 噴：□《ふん》水《すい》。 □《ふん》火《か》。 火を□《ふ》く。
- 墳：古《こ》□《ふん》。 □《ふん》墓《ぼ》。 方《ほう》□《ふん》。
- 憤：□《ふん》慨《がい》。 □《ふん》然《ぜん》。 義《ぎ》□《ふん》。
- 偉：□《い》人《じん》。 □《い》大《だい》。 □《えら》い人。
- 違：相《そう》□《い》。 □《い》反《はん》。 □《ちが》う服《ふく》。
- 緯：□《い》度《ど》。 経《けい》□《い》。 北《ほく》□《い》。
- 描：□《びょう》写《しゃ》。 □《えが》く。 絵を□《か》く。
- 猫：子《こ》□《ねこ》。 □《ねこ》舌《じた》。 飼《か》い□《ねこ》。

**1** ——の漢字の読みがなを書きなさい。（一つ2点）

(1) 利益の還元。（　）
(2) 姉が妊《にん》娠する。（　）
(3) 飼い猫。（　）
(4) 生徒を諭す。（　）
(5) 溝を埋《う》める。（　）
(6) 偉人の伝記。（　）
(7) 左右の振動。（　）
(8) 緯度を調べる。（　）
(9) 国語教諭。（　）
(10) 噴水がある池。（　）
(11) 人物の描写。（　）
(12) 僕らの学級。（　）
(13) 読み違い。（　）
(14) 風景を描く。（　）
(15) 偉い行為《こうい》。（　）
(16) 本を購入する。（　）
(17) 打撲傷《しょう》。（　）
(18) 愉快になる。（　）
(19) 環境がよい。（　）
(20) 憤然として席を立つ。（　）

**2** □には漢字を、（　）には漢字と送りがなを書きなさい。（一つ2点）

(1) 情景□《びょう》□《しゃ》。
(2) □《ふん》慨《がい》する。
(3) □《ぼく》滅《めつ》。

得点
／100点
学習日
月　日

| 娠 | 振 | 還 | 環 | 愉 | 諭 | 僕 | 撲 | 購 | 溝 |
|---|---|---|---|---|---|---|---|---|---|
| シン — | シン ふる ふるう ふれる | カン — | カン — | ユ — | ユ さとす | ボク — | ボク — | コウ — | コウ みぞ |
| 女 10画 | 扌 10画 | 辶 16画 | 王 17画 | 忄 12画 | 言 16画 | 亻 14画 | 扌 15画 | 貝 17画 | 氵 13画 |
| 妊《にん》□《しん》。 | □《しん》動《どう》。 | □《かん》元《げん》。（元にもどすこと。） | □《かん》境《きょう》。 | □《ゆ》快《かい》。 | 教《きょう》□《ゆ》。 | 公《こう》□《ぼく》。 | 打《だ》□《ぼく》。 | □《こう》入《にゅう》。 | 海《かい》□《こう》。 |
| 妊《にん》□《しん》期間。 | 不《ふ》□《しん》。 | 生《せい》□《かん》。 | □《かん》状《じょう》。 | □《ゆ》楽《らく》。 | □《ゆ》旨《し》。 | 下《げ》□《ぼく》。 | □《ぼく》滅《めつ》。 | □《こう》読《どく》。 | 排水《はいすい》□《こう》。 |
| | □《ふ》り子《こ》。 | 帰《き》□《かん》。 | 循《じゅん》□《かん》。 | □《ゆ》悦《えつ》。 | 子を□《さと》す。 | □《ぼく》ら。 | □《ぼく》殺《さつ》。 | □《こう》買《ばい》。 | 深い□《みぞ》。 |

**3** □に漢字を書きなさい。（一つ3点）

(4) 王の□□《こふん》。

(5) 〔　〕《ちがう》道。

(6) 日本海《かい》□《こう》。

(7) 師が〔　〕《さとす》。

(8) 車の□《しん》動《どう》。

(9) 生《せい》□《かん》する。

(10) 手を〔　〕《ふる》。

(11) 定期□□《こうどく》。

(12) 〔　〕《えらい》人。

(13) 英語□□《きょうゆ》。

(14) 静かな□□《かんきょう》。

(15) 子《こ》□《ねこ》。

(16) □□《ゆかい》な話。

(17) □《ぼく》の家。

(18) 道沿いの□《みぞ》。

(19) 妊《にん》□《しん》する。

(20) 夢を〔　〕《えがく》。

(21) 火を〔　〕《ふく》。

(1)
① 事件の経《けい》□《い》。
② 意見の相《そう》□《い》。
③ □《い》大《だい》な業績。

(2)
① □《ふん》墓《ぼ》がある地。
② ひどく□《ふん》慨《がい》する。
③ 火山の□《ふん》火《か》。

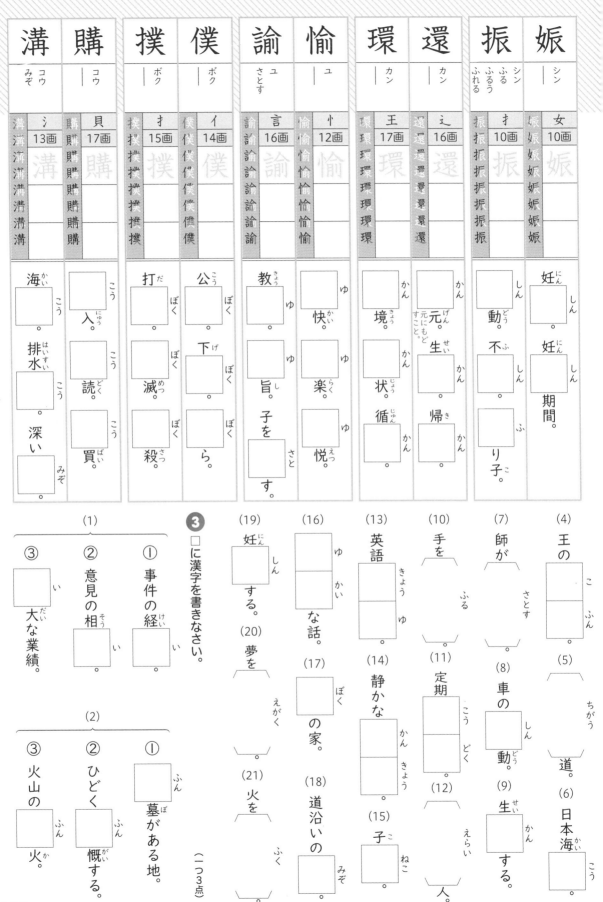

# 読み書きチェック 2

得点 ／100点

学習日 月 日

**1** ——の漢字の読みがなを書きなさい。（一つ1点）

(1) 弟は偉い。（　）
(2) 暖房を入れる。（　）
(3) 伴奏なしで歌う。（　）
(4) 静物を描く。（　）
(5) 愉快な仲間。（　）
(6) 肢体を伸《の》ばす。（　）
(7) 新聞を購読する。（　）
(8) 疲労を感じる。（　）
(9) 拍子をとる。（　）
(10) 上下の振動。（　）
(11) 考え方の相違。（　）
(12) 坊ちゃん。（　）
(13) 友人を泊める。（　）
(14) 拍車がかかる。（　）
(15) 彼女に本を貸す。（　）
(16) ひどく憤慨《がい》する。（　）
(17) 年齢別《べつ》に分かれる。（　）
(18) 公僕として働く。（　）
(19) 総理大臣官邸。（　）
(20) 環状道路。（　）
(21) 事態を傍観する。（　）
(22) お百姓さんの仕事。（　）
(23) ペルシャ猫。（　）
(24) 実力が伯仲する。（　）
(25) 点滴注射。（　）
(26) 台風の被害。（　）
(27) 脂《し》肪が多い。（　）
(28) 排水《はいすい》溝を掃除《そうじ》する。（　）
(29) 地租の改正。（　）
(30) 彼の話を聞く。（　）
(31) 河畔を歩く。（　）
(32) ご芳名。（　）
(33) 強く抵抗《こう》する。（　）
(34) 墳墓を発掘《はっくつ》する。（　）
(35) 進入を阻止する。（　）
(36) 事故の撲滅《めつ》を目指す。（　）
(37) 混紡のセーター。（　）
(38) 病巣《びょうそう》を摘出する。（　）
(39) 利益を還元する。（　）
(40) 水滴が落ちる。（　）
(41) 踊《おど》りを披露《ろう》する。（　）
(42) きめが粗い。（　）
(43) 電波妨害。（　）
(44) 犠《ぎ》牲が出る。（　）
(45) 溝にはまる。（　）
(46) 緯度が同じ。（　）
(47) 英語教諭。（　）
(48) 損失を被る。（　）
(49) 小型船舶の免許《めんきょ》。（　）
(50) 零下三十度。（　）

**2** □には漢字を、（　）には漢字と送りがなを書きなさい。（一つ1点）

(1) 損害を（　　）《こうむる》。
(2) （　　）《ちがい》を知る。
(3) 目が（　　）《つかれる》。
(4) □□《かんきょう》が整う。
(5) □□《こふん》を巡《めぐ》る。
(6) 天才□□《がはく》。
(7) 深い□《みぞ》。
(8) □《てい》抗《こう》力をつける。
(9) 温暖化の□□《そし》。
(10) ぶどうの□《ふさ》。

(11) 棒を（　　）《ふる》。
(12) □□《ぼうせき》産業。
(13) 顔面□□《だぼく》。
(14) □□《こはん》の店。
(15) □□《しゅくはく》する。
(16) 三つの選択《せんたく》□《し》。
(17) 風景□□《びょうしゃ》。
(18) □□《ひがん》の入り。
(19) □《ねこ》を飼う。
(20) 雨の□《しずく》。

(21) □□《ぼうかん》者《しゃ》。
(22) 宿に（　　）《とまる》。
(23) 公園の□□《ふんすい》。
(24) □□《れいさい》企業《きぎょう》。
(25) 強制□□《そうかん》。
(26) □《ほう》香剤《こうざい》を置く。
(27) 共同□□《こうにゅう》。
(28) □□《はくらい》品《ひん》。
(29) 教え（　　）《さとす》。
(30) お□□《そまつ》な話。

(31) 結婚《けっこん》□《ひ》露宴《ろうえん》。
(32) □□《けいい》を話す。
(33) □□《どうせい》同名。
(34) 花を（　　）《つむ》。
(35) 妊《にん》□《しん》三か月。
(36) □□《ねんれい》制限。
(37) □□《どうはん》者《しゃ》。
(38) □□《いだい》な人物。
(39) 火を（　　）《ふく》。
(40) 眠《ねむ》りを（　　）《さまたげる》。

(41) □□《はくしゅ》する。
(42) □《ぼく》の自転車。
(43) 大《だい》□□《ていたく》。
(44) □□《ゆかい》な話。
(45) 脂《し》□《ぼう》がつく。
(46) 犠《ぎ》□《せい》になる。
(47) □《ふん》慨《がい》する。
(48) □□《そぜい》の額。
(49) 妹を（　　）《ともなう》。
(50) □《ぼう》主《ず》頭《あたま》。

# テスト 1



**1** ――の漢字の読みがなを書きなさい。（一つ1点／18点）

(1) ① 蛍火が見える。（　　） ② 蛍光灯の明かり。（　　）

(2) ① 滴がぽとりと落ちる。（　　） ② 点滴を打つ。（　　）

(3) ① 粒子が粗《あら》い。（　　） ② 大粒の涙《なみだ》。（　　）

(4) ① 書類を紛失する。（　　） ② 人混みに紛れこむ。（　　）

(5) ① 犯人を尾行する。（　　） ② 混乱が尾を引く。（　　）

(6) ① 難しい問題に挑む。（　　） ② 新記録に挑戦する。（　　）

(7) ① 床の間《ま》の掛《か》け軸《じく》。（　　） ② 起床時間が早い。（　　） ③ 床にワックスをかける。（　　）

(8) ① 保護者が同伴する。（　　） ② ピアノで伴奏する。（　　） ③ 妹を伴って行く。（　　）

**2** 次の漢字の総画数を書きなさい。（一つ1点／8点）

例 肌（6）

(1) 姓（　　） (2) 彼（　　） (3) 抵（　　） (4) 跳（　　）
(5) 摘（　　） (6) 芝（　　） (7) 僕（　　） (8) 違（　　）

**3** 次の漢字の部首を書きなさい。（一つ1点／8点）

例 苗（艹）

(1) 蚊（　　） (2) 胴（　　） (3) 涙（　　） (4) 帆（　　）
(5) 雰（　　） (6) 齢（　　） (7) 峠（　　） (8) 袋（　　）

**4** 筆順の正しいものの記号を、○で囲みなさい。（一つ1点／4点）

(1) 房
ア ヨ 戸 戸 戸 戸 房
イ ヨ 戸 戸 戸 房 房

(2) 猫
ア ノ 犭 犭 犭 猫
イ ノ 犭 犭 犭 猫

(3) 溝
ア 氵 氵 氵 溝 溝 溝
イ 氵 氵 氵 溝 溝 溝
ウ 氵 氵 氵 溝 溝 溝

(4) 縄
ア 糸 絹 絹 絹 縄
イ 糸 紀 縄 縄 縄
ウ 紀 紀 縄 縄 縄

## 5 □に漢字を書きなさい。（一つ1点／8点）

(1)
① 多《た》□《き》にわたる。
② 四《し》□《し》を伸《の》ばす。

(2)
① 無事に生《せい》□《かん》する。
② 循《じゅん》□《かん》するバス。

(3)
① 高校の教《きょう》□《ゆ》。
② □《ゆ》悦《えつ》に浸《ひた》る。

(4)
① 北《ほく》□《い》三十五度。
② □《い》大《だい》な業績。

## 6 次の読み方をする漢字を□に書きなさい。（一つ1点／10点）

(1) レツ
① 強《きょう》□なにおい。
② 二つに分《ぶん》□する。

(2) ソ
① 進展を□止《し》する。
② □末《まつ》な食事。

(3) フ
① 防《ぼう》□剤《ざい》。
② 疑問《ぎもん》□を付ける。
③ □属《ぞく》の学校。

注意 ここでは「付」を使わないで書く。

(4) ボウ
① 事態を□観《かん》する。
② 寺のお□さん。
③ □害《がい》を受ける。

## 7 次の文を漢字を使って書き直しなさい。（漢字一字2点／26点）

(1) **はは**と**むすめ**が、**りょうり**の**うで**を**くら**べる。（六字）

(2) **えんぴつ**で、**いしがき**の**うえ**の**はな**を**えが**く。（七字）

## 8 次の文で、まちがって使われている漢字の横に――を引いて、右側に正しい漢字を書きなさい。（一字3点／12点）

例 湖伴《こはん》のホテルに一拍《いっぱく》する。（伴→畔　拍→泊）

(1) 損害《そんがい》を抜《こうむ》り、経営不振《けいえいふしん》におちいる。

(2) 丘《おか》の上《うえ》の抵宅《ていたく》には、大きな墳水《ふんすい》がある。

## 9 AとBの漢字を組み合わせて、似た意味の漢字でできた熟語を作りなさい。（漢字は一回しか使えない。）（一つ2点／6点）

A 減・停・破・購

B 裂・少・買・泊

例 減少

□□・□□・□□

# 二章 中学校で習う漢字⑩

# 同訓異字

◀これまでに学習した漢字。

**後**　後味《あとあじ》・後始末《あとしまつ》

◀練習しよう。　◀上の漢字を使って用例を完成させよう。

**跡**　セキ　あと　［足　13画］
足《あし》□《あと》。城《しろ》□《あと》。追《つい》□《せき》。

**聞**　物音を聞《き》く・聞《き》き耳《みみ》

**聴**　チョウ　きく　［耳　17画］
音楽を□《き》く。□《ちょう》衆《しゅう》。

**延**　時間が延《の》びる・延《の》べ人数《にんずう》

**伸**　シン　のびる　のばす　のべる　［亻　7画］
背《せ》□《の》び。手を□《の》べる。□《しん》縮《しゅく》。

**付**　ほこりが付《つ》く

**着**　船が港に着《つ》く

**就**　床《とこ》に就《つ》く

**突**　トツ　つく　［穴　8画］
棒で□《つ》く。玉《たま》□《つ》き。激《げき》□《とつ》。

**閉**　門を閉《し》める・開《あ》け閉《し》めする

**占**　セン　しめる　うらなう　［卜　5画］
買い□《し》め。□《うらな》い。□《せん》領《りょう》。

**絞**　（コウ）　しぼる　しめる　しまる　［糸　12画］
ひもで□《し》める。数を□《しぼ》る。

**1** ——の漢字の読みがなを書きなさい。（一つ2点）

(1) 絵の具を溶く。（　）
(2) 聴衆の数。（　）
(3) 事故に遭う。（　）
(4) 執着がある。（　）
(5) 席を占領する。（　）
(6) 映画を撮る。（　）
(7) 棒で突く。（　）
(8) お祝いを贈る。（　）
(9) 士気の高揚。（　）
(10) 知恵《ちえ》を絞る。（　）
(11) 犯人を捕まえる。（　）
(12) 名曲を聴く。（　）
(13) 野球の捕手。（　）
(14) 伸縮する布。（　）
(15) 猫《ねこ》の足《あし》跡。（　）
(16) 多くを占める。（　）
(17) ひもで絞める。（　）
(18) 贈答品《ひん》。（　）
(19) 犯人を追跡する。（　）
(20) 撮影場所を決める。（　）

**2** □には漢字を、（　）には漢字と送りがなを書きなさい。（一つ2点）

(1) 映画を（　）《とる》。
(2) （　）《うらない》師《し》。
(3) 寄《き》□《ぞう》品《ひん》。

得点　／100点

学習日　月　日

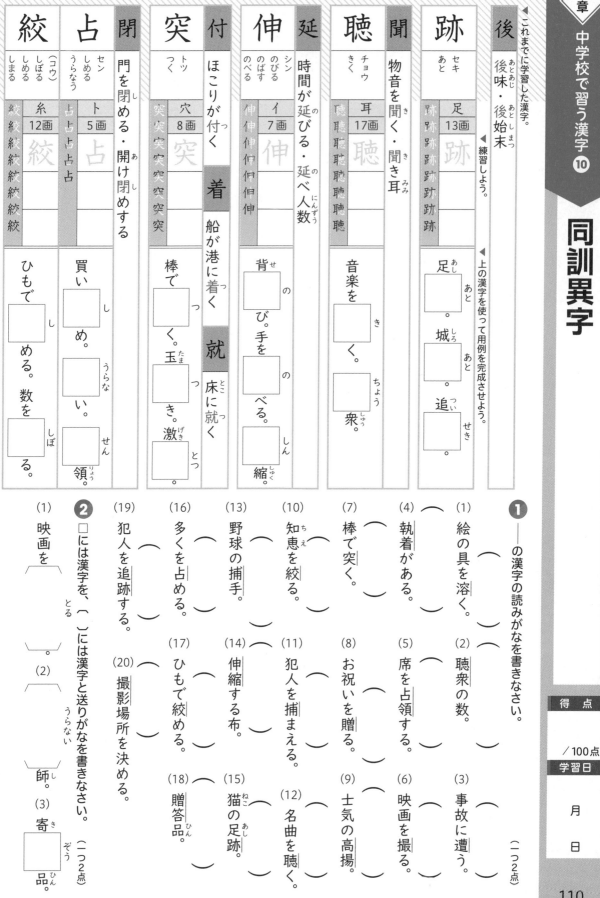

| 取 | | | | 送 | | 説 | | 上 | | 合 | |
|---|---|---|---|---|---|---|---|---|---|---|---|
| 命取《いのちと》り・帽子《ぼうし》を取《と》る | 執 | 捕 | 撮 | 荷物の送《おく》り状《じょう》・送《おく》り先《さき》 | 贈 | 教えを説《と》く・説《と》き伏《ふ》せる | 溶 | 棚《たな》に上《あ》げる・上《あ》げ底《ぞこ》 | 揚 | 助《たす》け合《あ》う・譲《ゆず》り合《あ》い | 遭 |
| | シツ シュウ とる | ホ とらえる とらわれる とる つかまえる つかまる | サツ とる | | ゾウ ソウ おくる | | ヨウ とける とかす とく | | ヨウ あげる あがる | | ソウ あう |
| | 土 11画 | 扌 10画 | 扌 15画 | | 貝 18画 | | 氵 13画 | | 扌 12画 | | 辶 14画 |
| 採 | 筆を□《と》る。□《しっ》筆《ぴつ》。□《しゅう》着《ちゃく》。 | 生《い》け□《ど》り。□《つか》まえる。□《ほ》手《しゅ》。 | 記念写真を□《と》る。□《さつ》影《えい》。 | | □《おく》り物《もの》。□《ぞう》答《とう》。寄《き》□《ぞう》。 | 解 | 水に□《と》ける。□《よう》岩《がん》。 | 挙 | たこを□《あ》げる。高《こう》□《よう》。 | 会 | 災難に□《あ》う。□《そう》難《なん》。 |
| 山菜を採《と》る・人を採《と》る | | | | | | 解《と》き明《あ》かす・なぞを解《と》く | | 式を挙《あ》げる・重量挙《じゅうりょうあ》げ | | 友人に会《あ》う・巡《めぐ》り会《あ》い | |

(4) 買い（　　）《しめる》。

(5) 事務を（　　）《とる》。

(6) 玉（　　）《つき》。

(7) □□《ついせき》調査。

(8) 水に（　　）《とける》。
注意 ここでは「解」を使わないで書く。

(9) □□《せんりょう》軍《ぐん》。

(10) □□《しっぴつ》する。

(11) 音楽を（　　）《きく》。
注意 ここでは「聞」を使わないで書く。

(12) □□《あしあと》。

(13) 数を（　　）《しぼる》。

(14) 災難《さいなん》に（　　）《あう》。

(15) □□《しんしゅく》性《せい》。

(16) 山の□《そう》難《なん》。

(17) 生《い》け（　　）《どり》。

(18) □□《しちょう》者《しゃ》。

(19) 映画の□《さつ》影《えい》。

(20) 記念品を（　　）《おくる》。
注意 ここでは「送」を使わないで書く。

**3** 次の読み方をする漢字を□に書きなさい。（一つ4点）

(1) あ（げる）
① すだれを□げる。
② 正月のたこ□げ。
③ 結婚式《けっこんしき》を□げる。

(2) の（びる）
① 平均寿命《じゅみょう》が□びる。
② ゴムが□びる。

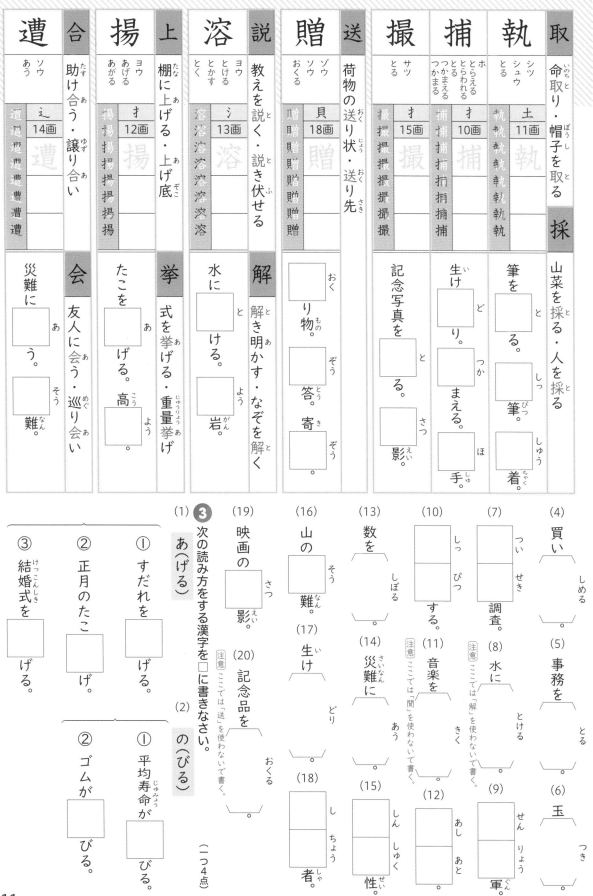

# 対義語・類義語 1

▼これまでに学習した漢字。 ▼練習しよう。 ▼上の漢字を使って用例を完成させよう。

**送**
放送《ほうそう》・郵送《ゆうそう》・荷物を送《おく》る

**迎**
ゲイ
むかえる
辶 7画
送《そう》□《げい》。
歓《かん》□《げい》会《かい》。
出《で》□《むか》え。

**甘**
カン
あまい
あまえる
あまやかす
甘 5画
□《かん》味《み》料《りょう》。
□《かん》受《じゅ》。
□《あま》口《くち》。

**辛**
シン
からい
辛 7画
□《しん》苦《く》。（つらく苦しいこと。）
□《から》口《くち》。
甘《あま》□《から》。

**急**
救急車《きゅうきゅうしゃ》・至急《しきゅう》・急《いそ》ぎ足《あし》

**緩**
カン
ゆるい
ゆるやか
ゆるむ
ゆるめる
糸 15画
□《かん》急《きゅう》。（ゆっくりなことと速いこと。）
□《かん》和《わ》。
□《ゆる》い坂。

**非**
非常識《ひじょうしき》・非難《ひなん》

**是**
ゼ
日 9画
□《ぜ》非《ひ》。
□《ぜ》正《せい》。
□《ぜ》認《にん》。

❶ ――の漢字の読みがなを書きなさい。（一つ2点）

(1) 優劣を競う。（　）
(2) 甘味料《りょう》を使う。（　）
(3) 美しい色彩。（　）
(4) 辛いカレー。（　）
(5) 知識が乏しい。（　）
(6) 物事の是非。（　）
(7) 世界進出を企てる。（　）
(8) 緩いカーブ。（　）
(9) 辛苦をしのぐ。（　）
(10) 土地の傾斜。（　）
(11) 性能が劣る。（　）
(12) 甘口のカレー。（　）
(13) 出迎えの車。（　）
(14) 彼《かれ》は秀才だ。（　）
(15) 歓《かん》迎会《かい》を行う。（　）
(16) 物資の欠乏。（　）
(17) 企画会議。（　）
(18) 緩急をつける。（　）
(19) 斜めの線。（　）
(20) 送迎バス。（　）
(21) 右に傾ける。（　）
(22) 運命を甘受する。（　）
(23) 美しい水彩画。（　）
(24) 格差の是正。（　）
(25) 優秀な成績を収める。（　）

得点
／100点
学習日
月　日

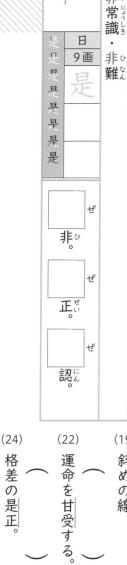

## 優

優勝《ゆうしょう》・俳優《はいゆう》・優《やさ》しい心・優《すぐ》れた能力

## 劣

レツ
おとる

力　6画

劣

優《ゆう》□《れつ》。
□《れつ》勢《せい》。
見《み》□《おと》り。

## 秀

シュウ
（ひいでる）

禾　7画

秀

優《ゆう》□《しゅう》。
□《しゅう》才《さい》。
□《しゅう》作《さく》。

## 欠

欠席《けっせき》・出欠《しゅっけつ》・グラスが欠《か》ける

## 乏

ボウ
とぼしい

ノ　4画

乏

欠《けつ》□《ぼう》。
経験が□《とぼ》しい。

## 色

特色《とくしょく》・変色《へんしょく》・色素《しきそ》・音色《ねいろ》

## 彩

サイ
（いろどる）

彡　11画

彩

色《しき》□《さい》。
多《た》□《さい》。
水《すい》□《さい》画《が》。

## 画

画伯《がはく》・画策《かくさく》・計画《けいかく》

## 企

キ
くわだてる

人　6画

企

□《き》画《かく》。
新事業を□《くわだ》てる。

## 傾

ケイ
かたむく
かたむける

イ　13画

傾

□《けい》向《こう》。
□《けい》聴《ちょう》。
日が□《かたむ》く。

## 斜

シャ
ななめ

斗　11画

斜

傾《けい》□《しゃ》。
□《しゃ》面《めん》。
□《なな》め読《よ》み。

**2** □には漢字を、（　）には漢字と送りがなを書きなさい。（一つ2点）

(1) □□《ぜせい》する。
(2) 資金が（とぼしい）。
(3) 日が（かたむく）。
(4) □□《そうげい》バス。
(5) □□《すいさい》画《が》。
(6) □《しゅう》才《さい》。
(7) （あまい）味。
(8) □□《からくち》。
(9) 進出を（くわだてる）。
(10) □□《けつぼう》する。
(11) （ゆるい）坂。
(12) （からい）味。
(13) □□《しんく》を味わう。
(14) □□《けいしゃ》角度。
(15) 出《で》（むかえ）。
(16) □□《ゆうしゅう》な人材。
(17) □□《ゆうれつ》を競《きそ》う。
(18) □□《しきさい》感覚。
(19) 力が（おとる）。
(20) □□《かんみ》料《りょう》。
(21) □□《かんきゅう》自在。
(22) （ななめ）前《まえ》。
(23) □《き》画書《かくしょ》。
(24) 上昇《じょうしょう》□□《けいこう》にある。
(25) □□《ぜひ》会いたい。

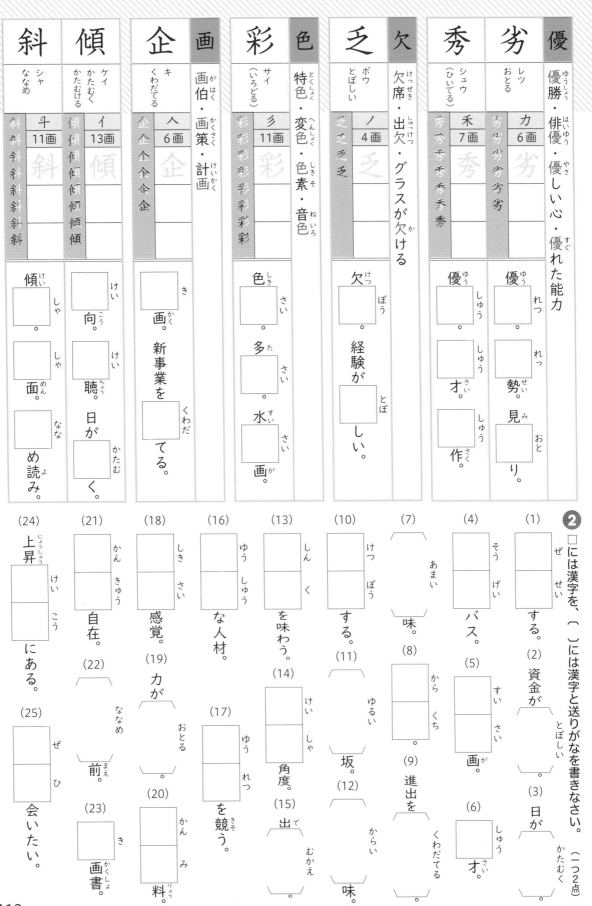

# 対義語・類義語 2

◀これまでに学習した漢字。

**終**　終始《しゅうし》・終結《しゅうけつ》・終《お》わり値《ね》

◀練習しよう。

◀上の漢字を使って用例を完成させよう。

**了**　リョウ／―　亅　2画
終《しゅう》□《りょう》。　完《かん》□《りょう》。　□《りょう》承《しょう》。

**細**　細菌《さいきん》・明細《めいさい》・細身《ほそみ》・事細《ことこま》か

**詳**　ショウ／くわしい　言　13画
□《しょう》細《さい》。　不《ふ》□《しょう》。　□《くわ》しい話。

**刻**　時刻《じこく》・定刻《ていこく》・小刻《こきざ》み

**彫**　チョウ／ほる　彡　11画
□《ちょう》刻《こく》。　□《ちょう》像《ぞう》。　木《き》□《ぼ》り。

**巧**　コウ／たくみ　工　5画
精《せい》□《こう》。　技《ぎ》□《こう》。　□《たく》みな技《わざ》。

**妙**　ミョウ／―　女　7画
絶《ぜっ》□《みょう》。　□《みょう》技《ぎ》。　奇《き》□《みょう》。

**1** ――の漢字の読みがなを書きなさい。（一つ2点）

(1) 恐ろしい出来事。（　）
(2) 準備が完了する。（　）
(3) 詳しい資料。（　）
(4) 定員を超える。（　）
(5) 精巧な時計。（　）
(6) 名前を彫る。（　）
(7) 有名な彫刻家《か》。（　）
(8) 恐縮して話す。（　）
(9) 体操の妙技。（　）
(10) 詳細に調べる。（　）
(11) 国境を越える。（　）
(12) 怖くて眠れない。（　）
(13) 快く了承する。（　）
(14) 堅い材質。（　）
(15) 予算を超過する。（　）
(16) 巧妙に隠《かく》す。（　）
(17) 競技の終了。（　）
(18) 美しい彫像。（　）
(19) 超越した考え。（　）
(20) 恐怖心《しん》をあおる。（　）
(21) 過半数を超える。（　）
(22) 堅固な意志。（　）
(23) 奇《き》妙な行動。（　）
(24) 年齢《ねんれい》不詳。（　）
(25) 言葉巧みに売りつける。（　）

得点　／100点
学習日　月　日

## 恐

キョウ
おそれる
おそろしい

心　10画

恐恐恐恐恐恐恐恐恐恐

□《きょう》縮《しゅく》。

□《おそ》ろしい話。

## 怖

フ
こわい

忄　8画

怖怖怖怖怖怖怖怖

恐《きょう》□《ふ》。

□《こわ》い話。

## 超

チョウ
こえる
こす

走　12画

超超超超超超超超

□《ちょう》過《か》。

予想を□《こ》える。

## 越

エツ
こす
こえる

走　12画

越越越越越越越越

超《ちょう》□《えつ》。

飛《と》び□《こ》す。

## 固

固定《こてい》・断固《だんこ》・固《かた》め技《わざ》

## 堅

ケン
かたい

土　12画

堅堅堅堅堅堅堅堅

□《けん》固《ご》。

□《かた》い材木。

### 「越」と「超」の使い分け

越…「越境《えっきょう》」のように、「あるものの上や時期を通り過ぎて行く。」ことを表す。

例　山を越《こ》える。峠《とうげ》を越《こ》える。川を越《こ》す。年を越《こ》える。冬を越《こ》す。（比喩《ひゆ》的に）

超…「超過《ちょうか》」のように、「ある量や限度を過ぎる。」ことを表す。

例　一万円を超《こ》える。十キロを超《こ》える。千人を超《こ》す。能力を超《こ》える。現代を超《こ》す。（比喩《ひゆ》的に）

**2** □には漢字を、（　）には漢字と送りがなを書きなさい。（一つ2点）

(1) □□《こう みょう》な手口。

(2) （　）《かたい》材木。
注意 ここでは「固」を使わないで書く。

(3) □《きょう》縮《しゅく》する。

(4) □□《ちょう か》料《りょう》。

(5) □□《しゅう りょう》時間。

(6) 奇《き》□《みょう》な話。

(7) □□《きょう ふ》心《しん》。

(8) （　）《たくみ》な技《わざ》。

(9) 年齢《ねんれい》□□《ふ しょう》。

(10) 限度を（　）《こえる》。

(11) （　）《おそろしい》夢。

(12) （　）《くわしい》地図。

(13) □《けん》固《ご》な城。

(14) 像を（　）《ほる》。
注意 ここでは「掘」を使わないで書く。

(15) 山を（　）《こえる》。

(16) □□《しょう さい》な図。

(17) （　）《こわい》話。

(18) 口が（　）《かたい》。
注意 ここでは「固」を使わないで書く。

(19) □□《ちょう えつ》する。

(20) 乗《の》り（　）《こえる》。

(21) □□《ちょう こく》刀《とう》。

(22) □□《せい こう》な作り。

(23) □□《みょう ぎ》を競《きそ》う。

(24) 仕事を□□《かん りょう》する。

(25) □《りょう》承《しょう》を得る。

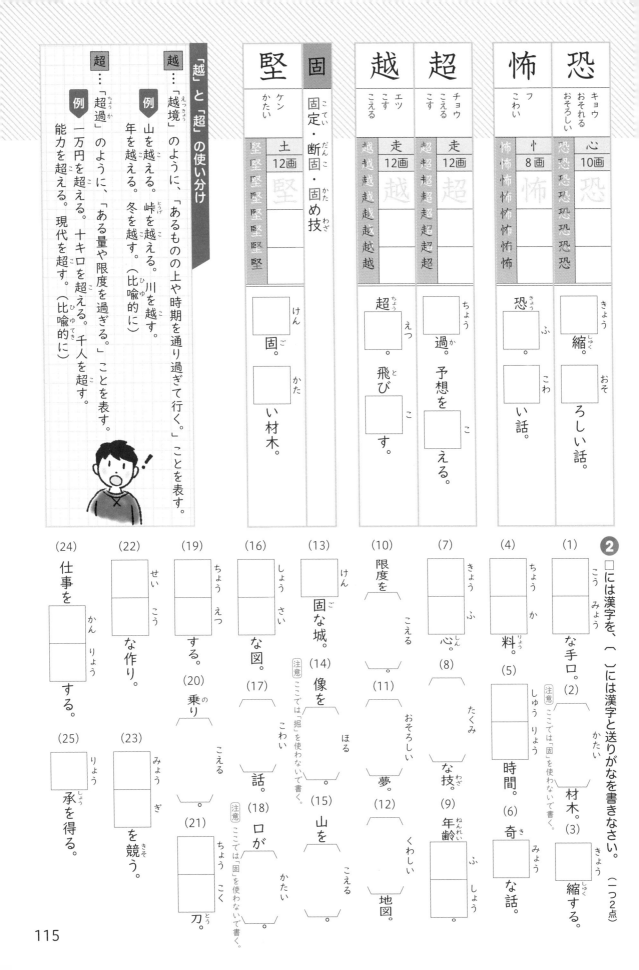

# 読み書きチェック 3

**1** ――の漢字の読みがなを書きなさい。（一つ1点）

(1) 優秀な成績。
(2) 天災に遭う。
(3) 甘口の味付け。
(4) 伸縮自在の包帯《ほうたい》。
(5) 占い師の言葉。
(6) 作業が完了する。
(7) 絞り染《ぞ》めをする。
(8) 外国の水彩画。
(9) 巧みな話術。
(10) 是非を論じる。

(11) 投手と捕手。
(12) 耳を傾ける。
(13) 突然、空が曇《くも》る。
(14) 性能が劣る。
(15) 堅固な城壁《じょうへき》。
(16) 駅まで送迎する。
(17) 弟が部屋を占領する。
(18) 恐怖感《かん》を覚える。
(19) 傾向と対策。
(20) 規制が緩い。

(21) 精巧な機械。
(22) 刑事《けいじ》が追跡する。
(23) 辛苦を味わう。
(24) 友人を出迎える。
(25) 執筆活動を始める。
(26) 企画が採用される。
(27) 人工甘味料《りょう》を使う。
(28) 巧妙に立ち回る。
(29) たこを揚げる。
(30) 時間を超過する。

(31) 意見を聴く。
(32) 終了を告げる。
(33) 贈呈式《ていしき》を行う。
(34) 規則を是正する。
(35) 緩急をつけた投球。
(36) 詳細に記す。
(37) 山で遭難する。
(38) 栄養が欠乏する。
(39) 甘辛い味付け。
(40) 版画を彫る。

(41) 彼女《かのじょ》は秀才だ。
(42) 妙技に拍手《はくしゅ》を送る。
(43) 恐縮しながら話す。
(44) 山の傾斜角度。
(45) 物に執着する。
(46) 作業が完了する。
(47) 聴衆が多い。
(48) 流れ出る溶岩。
(49) 鮮《あざ》やかな色彩。
(50) 身長が伸びる。

得点
／100点
学習日
月　日

**2** □には漢字を、〔 〕には漢字と送りがなを書きなさい。（一つ1点）

(1) 音楽を〔きく〕。 注意 ここでは「聞」を使わないで書く。

(2) たこを〔あげる〕。

(3) 出《で》〔むかえる〕。

(4) 飛《と》び〔こえる〕。

(5) 本の□□（しっぴつ）。

(6) 奇《き》□（みょう）な現象。

(7) 買《か》い〔しめる〕。

(8) 〔かたい〕木材。 注意 ここでは「固」を使わないで書く。

(9) □□（ちょうしゅう）の数。

(10) ひもで〔しめる〕。 注意 ここでは「締」を使わないで書く。

(11) 棒で〔つく〕。

(12) 政務を〔とる〕。

(13) 火山の□□（ようがん）。

(14) 首を〔かたむける〕。

(15) □□（ゆうしゅう）な成績。

(16) □□（ぞうとう）品《ひん》。

(17) 外で□（さつ）影《えい》する。

(18) □□（あまから）の煮物《にもの》。

(19) 魚を〔とる〕。 注意 ここでは「取」を使わないで書く。

(20) □□（ちょうこく）作品。

(21) 事業を〔くわだてる〕。

(22) 士気の□□（こうよう）。

(23) 水に〔とける〕。 注意 ここでは「解」を使わないで書く。

(24) □□（しきさい）感覚。

(25) 犬の□□（あしあと）。

(26) 〔ゆるい〕ズボン。

(27) □□（せんりょう）軍《ぐん》。

(28) □□（とつぜん）止まる。

(29) 資源の□□（けつぼう）。

(30) □□（けんご）な壁《かべ》。

(31) □□（しんしゅく）自在。

(32) □□（しゅうりょう）時間。

(33) 写真を〔とる〕。

(34) 海の□□（そうなん）。

(35) 資源が〔とぼしい〕。

(36) 雑草が〔のびる〕。

(37) □□（かんきゅう）自在。

(38) 〔くわしい〕内容。

(39) □□（ちょうえつ）した力。

(40) 〔こわい〕話。

(41) 星座〔うらない〕。

(42) 知恵《ちえ》を〔しぼる〕。

(43) □□（ぜひ）を問う。

(44) 勲章《くんしょう》を〔おくる〕。 注意 ここでは「送」を使わないで書く。

(45) □□（きかく）を練る。

(46) 定員を〔こえる〕。

(47) □□（ゆうれつ）がない。

(48) 〔おそろしい〕考え。

(49) 〔ななめ〕後《うし》ろ。

(50) 〔たくみ〕な話術。

# 「水・氵・氺」のつく漢字 1

得点　／100点
学習日　月　日

●これまでに学習した「水・氵・氺」のつく漢字

水 永 氷 池 汽 求 決
沖 泳 沿 河 泣 治 注 波 泊 法 油 海 活 浅 泉 洗
洞 派 洋 消 浴 流 涙 液 混 済 深 清 温 減 湖 港
滋 測 湯 満 漢 源 溝 準 溶 演 漁 滴 潟 潔 潮 激

|  |  |  |  |
| --- | --- | --- | --- |
| 汚 | オ (けがす) (けがれる) (けがらわしい) よごす よごれる きたない | 氵 | 6画 |
| 江 | コウ え | 氵 | 6画 |
| 沢 | タク さわ | 氵 | 7画 |
| 沼 | (ショウ) ぬま | 氵 | 8画 |
| 泥 | (デイ) どろ | 氵 | 8画 |

▲練習しよう。

▲上の漢字を使って用例を完成させよう。

汚：お□染《せん》。お□水《すい》処理。お□点《てん》。靴《くつ》がよご□れる。きたな□い手。

江：揚《よう》子《す》こう□。入《い》りえ□。え□戸《ど》。

沢：光《こう》たく□。さわ□の水。さわ□登《のぼ》り。

沼：ぬま□地《ち》。底なしぬま□。

泥：どろ□水《みず》。どろ□遊《あそ》び。どろ□沼《ぬま》。

**1** ——の漢字の読みがなを書きなさい。（一つ2点）

(1) 付き添う。（　　）
(2) 滝を見る。（　　）
(3) 山奥《やまおく》の沢。（　　）
(4) 服を汚す。（　　）
(5) 水が漏れる。（　　）
(6) 江戸時代。（　　）
(7) 川が濁る。（　　）
(8) 浜辺で遊ぶ。（　　）
(9) 沼の水。（　　）
(10) 津《つ》々《つ》浦々。（　　）
(11) 泥水が流れる。（　　）
(12) 手紙を添える。（　　）
(13) 年の瀬になる。（　　）
(14) 香りが漂う。（　　）
(15) 汚水の処理。（　　）
(16) 汚い色。（　　）
(17) 金属の光沢。（　　）
(18) 海浜植物。（　　）
(19) 服を漂白する。（　　）
(20) 漏水した所。（　　）
(21) 大気汚染。（　　）
(22) 資料を添付する。（　　）
(23) 幹が湾曲する。（　　）
(24) 濁流が渦《うず》巻《ま》く。（　　）
(25) 揚《よう》子《す》江の流域。（　　）
中国中央部を流れる大河（長江ともいう）の流域。

| 浜 | 浦 | 添 | 湾 | 滝 | 漂 | 漏 | 濁 | 瀬 |
|---|---|---|---|---|---|---|---|---|
| ヒン はま | ― うら | テン そえる そう | ワン ― | ― たき | ヒョウ ただよう | ロウ もる もれる もらす | ダク にごる にごす | ― せ |
| 氵 10画 | 氵 10画 | 氵 11画 | 氵 12画 | 氵 13画 | 氵 14画 | 氵 14画 | 氵 16画 | 氵 19画 |
| 海《かい》□《ひん》。 京《けい》□《ひん》。 □《はま》辺《べ》。 | 田子《たご》の□《うら》。 津《つ》々《つ》□《うら》々《うら》。 いたるところ、すべて。全国。 | □《てん》加《か》。 □《てん》付《ぷ》。 付き□《そ》い。 | □《わん》曲《きょく》。 港《こう》□《わん》。 □《わん》岸《がん》。 | □《たき》の水しぶき。 □《たき》口《ぐち》。 | □《ひょう》白《はく》。 □《ひょう》流《りゅう》。 波に□《ただよ》う。 | □《ろう》電《でん》。 □《ろう》水《すい》。 雨《あま》□《も》り。 | □《だく》流《りゅう》。 □《だく》音《おん》。 □《にご》り水《みず》。 | 浅《あさ》□《せ》。 年の□《せ》。 □《せ》戸《と》際《ぎわ》。 |

**2** □には漢字を、（　）には漢字と送りがなを書きなさい。（一つ2点）

(1) 海に（ただよう）。
(2) 顔が（よごれる）。
(3) □《たき》の写真。
(4) □《さわ》登《のぼ》り。
(5) 水が（にごる）。
(6) 田子《たご》の□《うら》。
(7) 花を（そえる）。
(8) □《ぬま》の魚。
(9) 雨《あま》（もり）。
(10) □《お》□《すい》。
(11) （きたない）手。
(12) 入《い》り□《え》の辺り。
(13) □《あさ》□《せ》。
(14) □《どろ》遊《あそ》び。
(15) 付き（そい）。
(16) □《はま》□《べ》。
(17) □《ひょう》□《りゅう》する。
(18) □《わん》□《がん》道路。
(19) □《てん》加《か》する。
(20) 環境《かんきょう》□《お》□《せん》。
(21) 揚子《ようす》□《こう》。
(22) □《ろう》□《でん》を防ぐ。
(23) □《だく》□《りゅう》にのまれる。
(24) 宝石の□《こう》□《たく》。
(25) □《かい》□《ひん》の美化。

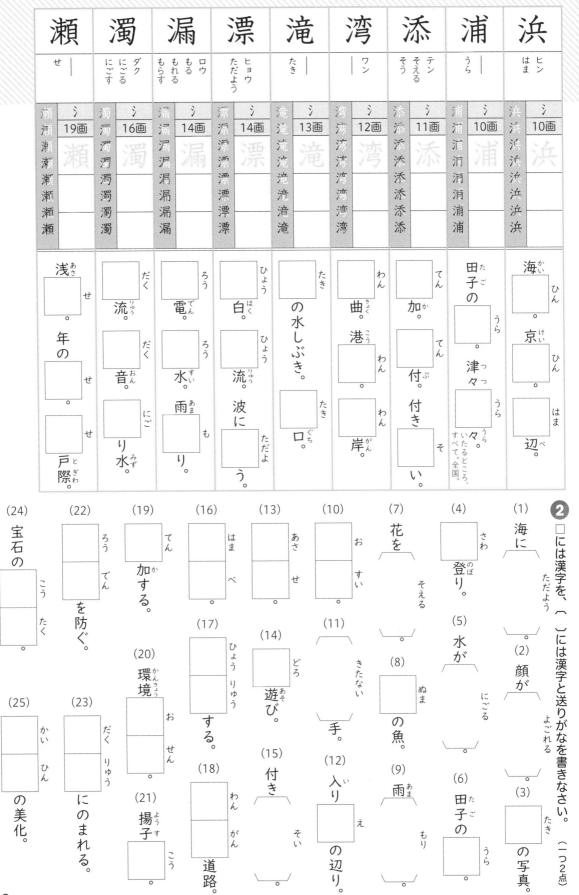

# 「水・氵・氺」のつく漢字 2

▼練習しよう。

| 漢字 | 読み | 部首 | 画数 |
|---|---|---|---|
| 没 | ボツ | 氵 | 7画 |
| 況 | キョウ | 氵 | 8画 |
| 沸 | フツ　わく　わかす | 氵 | 8画 |
| 洪 | コウ | 氵 | 9画 |
| 浄 | ジョウ | 氵 | 9画 |
| 津 | (シン)　つ | 氵 | 9画 |
| 浪 | ロウ | 氵 | 10画 |
| 涯 | ガイ | 氵 | 11画 |
| 渓 | ケイ | 氵 | 11画 |

▼上の漢字を使って用例を完成させよう。

- 没：日《にち》□《ぼつ》。　出《しゅつ》□《ぼつ》。　□《ぼっ》収《しゅう》。
- 況：状《じょう》□《きょう》。　近《きん》□《きょう》。　実《じっ》□《きょう》。
- 沸：□《ふっ》騰《とう》する。　湯が□《わ》く。
- 洪：□《こう》水《ずい》。　□《こう》積世《せきせい》。（大氷河時代の地質。約二百万年前から一万年前まで。）
- 浄：洗《せん》□《じょう》。　□《じょう》水場《すいじょう》。　□《じょう》化《か》。
- 津：□《つ》波《なみ》警報。　□《つ》々浦々《つうらうら》。
- 浪：放《ほう》□《ろう》。　波《は》□《ろう》。　□《ろう》費《ひ》。
- 涯：天《てん》□《がい》。　境《きょう》□《がい》。　生《しょう》□《がい》。
- 渓：□《けい》谷《こく》に架《か》かる橋。　□《けい》流《りゅう》。

**1** ——の漢字の読みがなを書きなさい。（一つ2点）

(1) 流れが滞る。（　　）
(2) 水が澄む。（　　）
(3) 津波警報。（　　）
(4) 涼しい風。（　　）
(5) 滑らかな肌《はだ》。（　　）
(6) 白菜が漬かる。（　　）
(7) のどを潤す。（　　）
(8) ふろが沸く。（　　）
(9) 渋いお茶。（　　）
(10) 通りを渡る。（　　）
(11) 雪道で滑る。（　　）
(12) 時間の浪費。（　　）
(13) 声が潤む。（　　）
(14) 実況中継《ちゅうけい》。（　　）
(15) 洪水を防ぐ。（　　）
(16) 生涯を閉じる。（　　）
(17) 渡航手続き。（　　）
(18) 潤滑油《ゆ》。（　　）
(19) 清涼な空気。（　　）
(20) 沸騰《とう》する。（　　）
(21) 渋滞にはまる。（　　）
(22) 渓谷の写真。（　　）
(23) 水質を浄化する。（　　）
(24) 熊が出没する。（　　）
(25) 滑稽《けい》なことを言う。（　　）

得点　／100点
学習日　月　日

| 渋 | 涼 | 渡 | 滑 | 滞 | 漬 | 潤 | 澄 |
|---|---|---|---|---|---|---|---|
| ジュウ しぶ しぶい しぶる | リョウ すずしい すずむ | ト わたる わたす | カツ コツ すべる なめらか | タイ とどこおる | — つける つかる | ジュン うるおう うるおす うるむ | （チョウ） すむ すます |
| 氵 11画 | 氵 11画 | 氵 12画 | 氵 13画 | 氵 13画 | 氵 14画 | 氵 15画 | 氵 15画 |
| 苦《く》□《じゅう》。 難《なん》□《じゅう》。 □《しぶ》い顔。 | 清《せい》□《りょう》。 納《のう》□《りょう》。 夕《ゆう》□《すず》み。 | □《と》航《こう》。 □《と》来《らい》。 □《わた》り鳥《どり》。 | 円《えん》□《かつ》。 □《かっ》走《そう》。 □《こっ》稽《けい》。 □《すべ》り台《だい》。 □《なめ》らかな表面。 | 渋《じゅう》□《たい》。 □《たい》在《ざい》。 □《とどこお》る。 | □《つ》ける。 白菜が□《つ》かる。 | 利《り》□《じゅん》。 □《じゅん》滑《かつ》油《ゆ》。 □《じゅん》沢《たく》。 草木が□《うるお》う。 目が□《うる》む。 | 水が□《す》む。 耳を□《す》ます。 |

**2** □には漢字を、（　）には漢字と送りがなを書きなさい。（一つ2点）

(1) 川を（　　）《わたる》。

(2) 水で（　　）《うるおす》。

(3) （　　）《しぶい》声。

(4) 口が（　　）《すべる》。

(5) （　　）《すずしい》夏。

(6) 塩で（　　）《つける》。

注意 ここでは「付」を使わないで書く。

(7) □《と》航《こう》情報。

(8) 水が（　　）《すむ》。

(9) 湯が（　　）《わく》。

(10) 目が（　　）《うるむ》。

(11) □□《つなみ》警報。

(12) □□《じゅんかつ》油《ゆ》。

(13) 日《にち》□《ぼつ》時刻。

(14) □□《せいりょう》飲料。

(15) 状《じょう》□《きょう》判断。

(16) □□《てんがい》孤独《こどく》。

(17) 放《ほう》□《ろう》する。

(18) □《こっ》稽《けい》な話。

(19) 深い□□《けいこく》。

(20) 交通□□《じゅうたい》。

(21) □□《せんじょう》液《えき》。

(22) （　　）《なめらか》な口調。

(23) 水が□《ふっ》騰《とう》する。

(24) 交通が（　　）《とどこおる》。

(25) □□《こうずい》による被害《ひがい》。

# 「水・氵・氺」「糸」のつく漢字

| 漢字 | 読み | 部首 | 画数 |
|---|---|---|---|
| 汁 | ジュウ しる | 氵 | 5画 |
| 汗 | カン あせ | 氵 | 6画 |
| 沈 | チン しずむ しずめる | 氵 | 7画 |
| 浮 | フ うく うかれる うかぶ うかべる | 氵 | 10画 |
| 渉 | ショウ — | 氵 | 11画 |
| 淡 | タン あわい | 氵 | 11画 |
| 湿 | シツ しめる しめす | 氵 | 12画 |
| 漠 | バク — | 氵 | 13画 |

◀練習しよう。

◀上の漢字を使って用例を完成させよう。

- 果《か》□《じゅう》。 苦《く》□《じゅう》。 □《しる》粉《こ》。
- 発《はっ》□《かん》。 □《かん》顔《がん》。 冷《ひ》や□《あせ》。
- □《ちん》着《ちゃく》。 □《ちん》黙《もく》。 日が□《しず》む。
- □《ふ》上《じょう》。 □《ふ》力《りょく》。 泡《あわ》が□《う》く。
- 交《こう》□《しょう》する。 干《かん》□《しょう》。 □《しょう》外《がい》。
- □《たん》水《すい》。 冷《れい》□《たん》。 □《あわ》い色。
- □《しっ》気《け》。 □《しめ》った布。
- □《ばく》然《ぜん》とした話。 砂《さ》□《ばく》。

**1** ―の漢字の読みがなを書きなさい。（一つ2点）

(1) 漆の器《うつわ》。（　　）
(2) 海中に潜る。（　　）
(3) お汁粉を食べる。（　　）
(4) 淡い期待。（　　）
(5) 手に汗を握《にぎ》る。（　　）
(6) 宙に浮く。（　　）
(7) 草かげに潜む。（　　）
(8) 体が沈む。（　　）
(9) 洗濯物《もの》。（　　）
(10) 砂漠が広がる。（　　）
(11) レモン果汁。（　　）
(12) 潜水する。（　　）
(13) 二位に浮上する。（　　）
(14) 淡水魚《ぎょ》。（　　）
(15) 漆黒の髪《かみ》。（　　）
(16) 冷静沈着。（　　）
(17) 湿気を取る。（　　）
(18) 交渉決裂《けつれつ》。（　　）
(19) 発汗を促《うなが》す。（　　）
(20) 漠然とした話。（　　）
(21) 雨で湿る。（　　）
(22) 絡めて話す。（　　）
(23) 紳士用《よう》の靴下《くつした》。（　　）
(24) 連絡がとだえる。（　　）
(25) 自己紹介《かい》をする。（　　）

得点　／100点
学習日　月　日

## 漆

シツ
うるし

氵 14画

□《しっ》器《き》。
□《しっ》黒《こく》。
□《うるし》塗《ぬ》り。

## 潜

セン
ひそむ
もぐる

氵 15画

□《せん》水《すい》。
□《せん》入《にゅう》。
□《せん》在《ざい》能力。
森に□《ひそ》む。
深く□《もぐ》る。

## 濯

― タク

氵 17画

洗《せん》□《たく》。
洗《せん》□《たく》機《き》。

### ●これまでに学習した「糸」のつく漢字

糸 系 紀 級 紅 約 紙 純 素 納 紛 紡 経 細 終 組
絵 給 結 絞 絶 統 絹 続 総 綿 緑 練 緩 縄 線 編
緯 縦 縮 績 織

## 紹

― ショウ

糸 11画

自己□《しょう》介《かい》。
□《しょう》介状《かいじょう》。

## 紳

― シン

糸 11画

□《しん》士《し》。
□《しん》士服《しふく》を買う。

## 絡

ラク
（からむ）
（からまる）
（からめる）

糸 12画

脈《みゃく》□《らく》。
連《れん》□《らく》。
短《たん》□《らく》的《てき》。

**2** □には漢字を、（　）には漢字と送りがなを書きなさい。（一つ2点）

(1) 海に（　　）《もぐる》。
(2) 船が（　　）《しずむ》。
(3) □《あせ》がひく。
(4) （　　）《あわい》色。
(5) 水に（　　）《うく》。
(6) 心に（　　）《ひそむ》。
(7) □《うるし》塗《ぬ》り。
(8) お□《しる》□《こ》。
(9) □《ちん》黙《もく》する。
(10) □《せん》□《すい》時間。
(11) □《たん》□《すい》魚《ぎょ》。
(12) □《せん》□《たく》機《き》。
(13) （　　）《しめった》布。
(14) 交《こう》□《しょう》権《けん》。
(15) 自己□《しょう》介《かい》。
(16) □《はっ》□《かん》作用。
(17) 木製□《しっ》□《き》。
(18) 砂《さ》□《ばく》化《か》。
(19) □《ふ》□《ゆう》物《ぶつ》。
(20) 指を（　　）《からめる》。
(21) 天然□《か》□《じゅう》。
(22) □《しっ》□《け》が多い。
(23) □《れん》□《らく》をとる。
(24) 友人を□《しょう》介《かい》する。
(25) □《しん》□《し》的《てき》な態度。

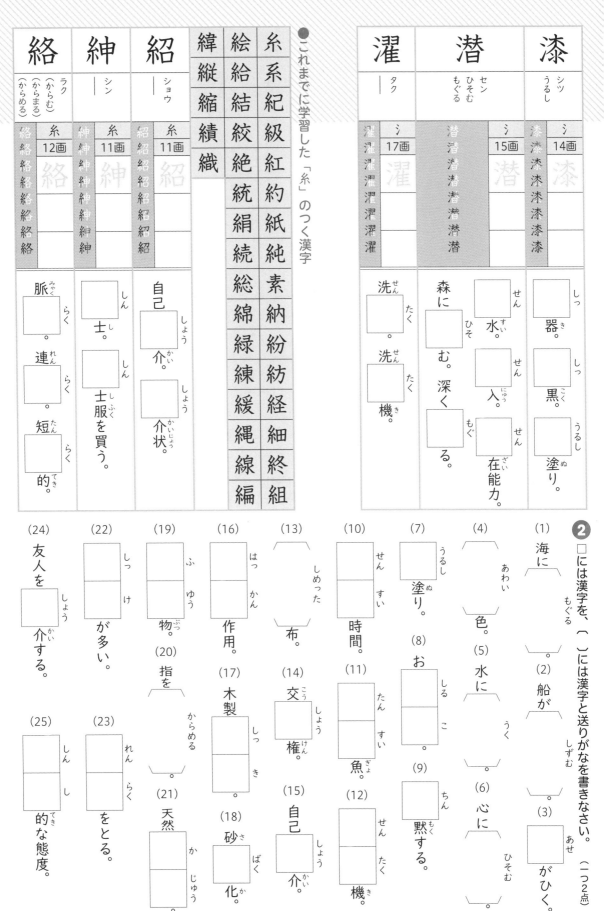

# 読み書きチェック 4

得点 ／100点
学習日 月 日

❶ ——の漢字の読みがなを書きなさい。（一つ1点）

(1) 海浜公園。（　）
(2) くらげが漂う。（　）
(3) 事故の状況。（　）
(4) 雪道で滑る。（　）
(5) 淡い思い出。（　）
(6) 物陰《ものかげ》に潜む。（　）
(7) 友人を紹介する。（　）
(8) 揚子《ようす》江を下る。（　）
(9) 手紙を添付する。（　）
(10) やかんの湯が沸く。（　）

(11) 大根を漬ける。（　）
(12) 潜水艦《せんすいかん》が浮上する。（　）
(13) 家族に連絡する。（　）
(14) 汚い部屋。（　）
(15) 津《つ》々《つ》浦々に広がる。（　）
(16) 各地を放浪する。（　）
(17) 澄んだ空気。（　）
(18) 苦汁をなめる。（　）
(19) 洗濯機《き》を買う。（　）
(20) 美しい光沢。（　）

(21) 山奥《やまおく》の滝。（　）
(22) 生涯忘れない。（　）
(23) 朝夕は涼しい。（　）
(24) 漠然と考える。（　）
(25) 紳士的《てき》な振《ふ》る舞《ま》い。（　）
(26) 瀬戸際《ぎわ》になる。（　）
(27) 財産の没収。（　）
(28) 流れが滞る。（　）
(29) 外国との交渉。（　）
(30) 湿度が高い。（　）

(31) 湾岸道路を走る。（　）
(32) 渓谷の写真を撮《と》る。（　）
(33) お茶でのどを潤す。（　）
(34) 漆黒の闇《やみ》。（　）
(35) すぐに連絡する。（　）
(36) 傷口を洗浄する。（　）
(37) 海外へ渡航する。（　）
(38) 発汗作用がある。（　）
(39) 川が汚染される。（　）
(40) 漏電の検査。（　）

(41) 渋い顔をする。（　）
(42) 体を沈める。（　）
(43) 機械の潤滑油《ゆ》。（　）
(44) 豪《ごう》雨による濁流。（　）
(45) 津波に備える。（　）
(46) 清涼飲料。（　）
(47) 泥水がはねる。（　）
(48) 大雨による洪水。（　）
(49) 濁《にご》った沼。（　）
(50) こたつに潜る。（　）

**2** □には漢字を、（　）には漢字と送りがなを書きなさい。（一つ1点）

(1) □□《えど》時代。
(2) 水が（　）《にごる》。
(3) 湯が□《ふっ》騰《とう》する。
(4) □□《たいざい》時間。
(5) □《あせ》がひく。
(6) □□《せんざい》能力。
(7) □《しょう》介状《かいじょう》。
(8) □□《はまべ》を歩く。
(9) 花を（　）《そえる》。
(10) 人手に（　）《わたる》。
(11) 宙に（　）《うく》。
(12) 手が（　）《よごれる》。
(13) □□《ひょうはく》した布。
(14) □□《くじゅう》の決断。
(15) □《うるし》の工芸品。
(16) □□《しんし》服《ふく》。
(17) □《さわ》に下りる。
(18) 水が（　）《もれる》。
(19) （　）《なめらか》な表面。
(20) □□《ちんちゃく》冷静。
(21) 交通の□□《じゅうたい》。
(22) □□《たんすい》くらげ。
(23) □□《れんらく》が入る。
(24) □□《せいりょう》飲料。
(25) □□《じゅんかつ》油《ゆ》の役。
(26) □□《しるこ》の小豆《あずき》。
(27) 静かな入《い》り□《え》。
(28) 田子《たご》の□《うら》。
(29) □□《じっきょう》放送。
(30) 時間の□□《ろうひ》。
(31) 耳を（　）《すます》。
(32) 和解の□□《こうしょう》。
(33) 外国の□□《さばく》。
(34) □□《せんたく》物《もの》。
(35) □□《どろぬま》化《か》する。
(36) 川の□□《あさせ》。
(37) □□《じょうすい》場《じょう》。
(38) □□《けいりゅう》の音。
(39) 白菜を（　）《つける》。
注意 ここでは「付」を使わないで書く。
(40) 字が（　）《きたない》。
(41) □□《わんがん》道路。
(42) 波に（　）《ただよう》。
(43) 観客が（　）《わく》。
(44) 短い□□《しょうがい》。
(45) 氷で（　）《すべる》。
(46) □《たき》に打たれる。
(47) （　）《あわい》色。
(48) 海に（　）《もぐる》。
(49) （　）《すずしい》風。
(50) （　）《しぶい》味。

# テスト 2

得点 ／100点

学習日 月 日

## 1 ―の漢字の読みがなを書きなさい。（一つ1点／18点）

(1)
① 食品添加物《ぶつ》。（　）
② 肉に野菜を添える。（　）

(2)
① パリに滞在する。（　）
② 支《し》払《はら》いが滞る。（　）

(3)
① 発汗作用がある。（　）
② 冷や汗が出る。（　）

(4)
① 精巧なロボット。（　）
② 巧みに操《あやつ》る。（　）

(5)
① 意気消沈する。（　）
② 悲しみに沈む。（　）

(6)
① 時間が超過する。（　）
② 予想を超える。（　）

(7)
① 汚職事件。（　）
② 手が汚れる。（　）
③ 汚いやり方。（　）

(8)
① 暗やみに潜む。（　）
② 川に潜る。（　）
③ 潜水して海底を探《さぐ》る。（　）

## 2 次の漢字の総画数を書きなさい。（一つ1点／8点）

例 応（7）

(1) 秀（　）
(2) 沸（　）
(3) 巧（　）
(4) 乏（　）
(5) 湾（　）
(6) 紳（　）
(7) 迎（　）
(8) 湿（　）

## 3 次の漢字の部首を書きなさい。（一つ1点／8点）

例 往（彳）

(1) 突（　）
(2) 贈（　）
(3) 甘（　）
(4) 絡（　）
(5) 占（　）
(6) 滋（　）
(7) 斜（　）
(8) 聴（　）

## 4 筆順の正しいものの記号を、○で囲みなさい。（一つ1点／4点）

(1) 泥
ア 氵 氵 汀 沪 泥 泥
イ 氵 氵 氵 沪 泥 泥

(2) 滞
ア 一 汁 汫 泄 滞
イ 氵 氵 汫 泄 滞

(3) 紹
ア 糸 糸 紹 紹 紹 紹
イ 糸 糸 紹 紹 紹 紹

(4) 遭
ア 一 廾 曲 曲 曹 遭
イ 一 冂 曲 曲 曹 遭
ウ 一 冂 日 曲 曹 遭

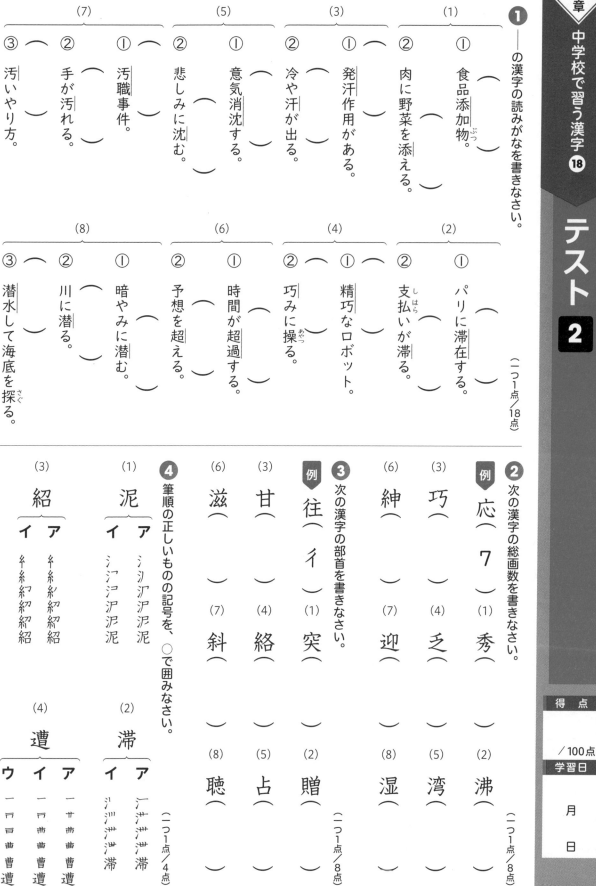

**5** □に漢字を書きなさい。（一つ2点／16点）

(1)
① □《しょう》介状《かいじょう》をもらう。
② □《ぬま》にすむ魚。

(2)
① 野菜の□《つけ》物《もの》。
② □《きよ》い川の流れ。

(3)
① 目《もく》□《ひょう》を達成する。
② 海岸に□《ひょう》着《ちゃく》する。

(4)
① □《しあわ》せに暮らす。
② □《から》い味の料理。

(5) あと
① □始末《しまつ》をする。
② 鳥の足《あし》□。

(6) あ(う)
① クラスで話し□う。
② 災難《さいなん》に□う。

(7) つ(く)
① 目的地に□く。
② 床《とこ》に□く。
③ 棒で□く。

(8) と(る)
① 事務を□る。
② 網《あみ》で虫を□る。
③ 映画を□る。

**6** 次の読み方をする漢字を□に書きなさい。（一つ2点／40点）

(1) の(びる)
① 売り上げが□びる。
② 日程が□びる。

(2) おく(る)
① 駅まで□る。
② 記念品を□る。
注意 ここでは「送」を使わないで書く。

(3) あ(げる)
① 天ぷらを□げる。
② 利益を□げる。
③ 全力を□げる。

(4) と(く)
① 難問を□く。
② 教えを□く。
③ 卵を□く。

**7** AとBの漢字を組み合わせて、反対（対《つい》）になる漢字でできた熟語を作りなさい。（漢字は一回しか使えない。）（一つ1点／3点）

A 優・是・緩・送・清
B 急・迎・濁・劣・正

例 清濁・□□・□□

**8** AとBの漢字を組み合わせて、似た意味の漢字でできた熟語を作りなさい。（漢字は一回しか使えない。）（一つ1点／3点）

A 終・詳・傾・精・企
B 算・画・了・細・斜

例 終了・□□・□□

# 「手・扌」のつく漢字

●これまでに学習した「手・扌」のつく漢字

才 手 打 技 折 投 批 拡 招 承 担 抵 拝 拍 披 指
持 拾 挑 挙 振 捕 採 捨 授 推 接 探 描 揮 提 揚
損 摘 撮 撲 操

◀練習しよう。 ◀上の漢字を使って用例を完成させよう。

|  |  |  |  |  |
| --- | --- | --- | --- | --- |
| 択 | タク | 扌 | 7画 | 取捨選《せん》□《たく》。 二者□《たく》一《いつ》。 |
| 抱 | ホウ だく いだく かかえる | 扌 | 8画 | □《ほう》負《ふ》。 □《だ》く。 □《かか》える。 |
| 拠 | キョ コ | 扌 | 8画 | 根《こん》□《きょ》。 □《きょ》点《てん》。 証《しょう》□《こ》。 |
| 拓 | タク | 扌 | 8画 | 開《かい》□《たく》。 干《かん》□《たく》。 魚《ぎょ》□《たく》。 |
| 括 | カツ | 扌 | 9画 | 総《そう》□《かつ》。 一《いっ》□《かつ》購入《こうにゅう》。 統《とう》□《かつ》。 |
| 捜 | ソウ さがす | 扌 | 10画 | □《そう》査《さ》。 □《そう》索《さく》。 人《ひと》□《さが》し。 |
| 掘 | クツ ほる | 扌 | 11画 | 発《はっ》□《くつ》。 採《さい》□《くつ》。 穴《あな》□《ほ》り。 |

**1** ―の漢字の読みがなを書きなさい。（一つ2点）

(1) 土を掘る。（　）
(2) マッチを擦る。（　）
(3) 迷子を捜す。（　）
(4) 証拠をつかむ。（　）
(5) 絵を掛ける。（　）
(6) 排除する。（　）
(7) 意見を総括する。（　）
(8) 取捨選択。（　）
(9) 疑問を抱く。（　）
(10) 湖を干拓する。（　）
(11) 遺跡《いせき》の発掘。（　）
(12) 応援合戦。（　）
(13) 栄養の摂取。（　）
(14) 捜索《さく》願《ねが》い。（　）
(15) 貿易摩《ま》擦。（　）
(16) 銃《じゅう》を撃つ。（　）
(17) 概《がい》括する。（　）
(18) 掲示板《ばん》。（　）
(19) 排気ガス。（　）
(20) 摂氏十度。（　）
(21) 開拓する。（　）
(22) 根拠を述べる。（　）
(23) 犯人を目撃する。（　）
(24) 目標を掲げる。（　）
(25) 将来の抱負を語る。（　）

得点 ／100点
学習日 月 日

|  |  |  |  |  |
|---|---|---|---|---|
| 排 | ハイ / — | 扌 11画 | 排 排 排 排 排 排 排 | □《はい》気《き》ガス。□《はい》出《しゅつ》。□《はい》除《じょ》。 |
| 掛 | — / かける かかる かかり | 扌 11画 | 掛 掛 掛 掛 掛 掛 掛 | □《か》け声《ごえ》。絵を□《か》ける。 |
| 掲 | ケイ / かかげる | 扌 11画 | 掲 掲 掲 掲 掲 掲 掲 | □《けい》示板《じばん》。理想を□《かか》げる。 |
| 援 | エン / — | 扌 12画 | 援 援 援 援 援 援 援 | □《えん》助《じょ》。応《おう》□《えん》。支《し》□《えん》。 |
| 摂 | セツ / — | 扌 13画 | 摂 摂 摂 摂 摂 摂 摂 | 栄養の□《せつ》取《しゅ》。□《せつ》氏《し》。 |
| 撃 | ゲキ / うつ | 手 15画 | 撃 撃 撃 撃 撃 撃 撃 | 目《もく》□《げき》者《しゃ》。けん銃《じゅう》を□《う》つ。 |
| 擦 | サツ / する すれる | 扌 17画 | 擦 擦 擦 擦 擦 擦 擦 | 摩《ま》□《さつ》。□《す》り傷《きず》。 |

### 「捜」と「探」の使い分け

捜…「捜査《そうさ》・捜索《そうさく》」のように、「見えなくなったものを見つけだそうとする。」ことを表す。例 犯人《はんにん》を捜《さが》す。迷子《まいご》を捜《さが》す。行方《ゆくえ》不明者を捜《さが》す。

探…「探訪《たんぼう》・探勝《たんしょう》」のように、「求めるものや欲しいものを見つけだそうとする。」ことを表す。例 空き家を探《さが》す。職を探《さが》す。プレゼントを探《さが》す。

注意「家を捜《さが》す。（家の中から見つけだそうとする）」、「家を探《さが》す。（住むべき家を見つけだそうとする）」のように、使い方が変わることもある。

**2** □には漢字を、（　）には漢字と送りがなを書きなさい。（一つ2点）

(1) （すり）傷《きず》。
(2) 犯人を（さがす）。
(3) 穴《あな》を（ほる）。
(4) □《かい》□《たく》する。
(5) □《こん》□《きょ》。
(6) □《はい》□《しゅつ》量《りょう》。
(7) □《そう》□《さ》機関。
(8) □《し》□《えん》物資。
(9) 二者□《たく》一《いつ》。
(10) □《はっ》□《くつ》する。
(11) （かけ）声。
(12) 栄養の□《せつ》取《しゅ》。
(13) □《しょう》□《こ》品《ひん》。
(14) □《そう》□《かつ》質問。
(15) 摩《ま》□《さつ》の力。
(16) 猫《ねこ》を（だく）。
(17) □《もく》□《げき》者《しゃ》。
(18) □《かん》□《たく》地《ち》。
(19) □《けい》載《さい》写真。
(20) □《はい》気《き》ガス。
(21) 銃《じゅう》を（うつ）。
(22) 旗を（かかげる）。
(23) □《いっ》□《かつ》購入《こうにゅう》する。
(24) 今年の□《ほう》□《ふ》。
(25) 花束を（かかえる）。

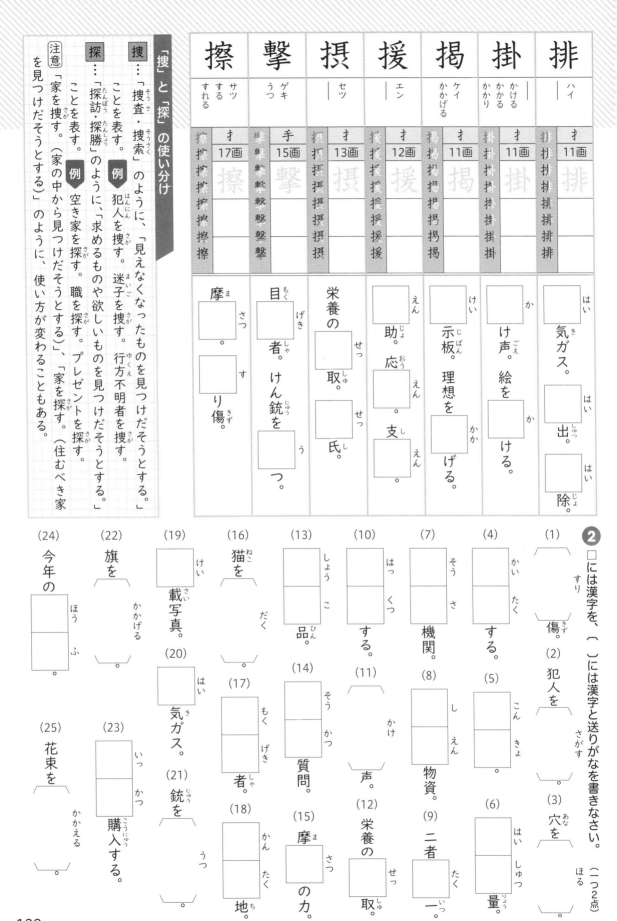

# 「手・扌」「土・𡈽」のつく漢字

| 漢字 | 掌 | 払 | 扱 | 把 | 抜 | 抑 | 押 | 拒 | 抽 |
|---|---|---|---|---|---|---|---|---|---|
| 音読み | ショウ | (フツ) | — | ハ | バツ | ヨク | (オウ) | キョ | チュウ |
| 訓読み | — | はらう | あつかう | — | ぬく ぬける ぬかす ぬかる | おさえる | おす おさえる | こばむ | — |
| 部首 | 手 | 扌 | 扌 | 扌 | 扌 | 扌 | 扌 | 扌 | 扌 |
| 画数 | 12画 | 5画 | 6画 | 7画 | 7画 | 7画 | 8画 | 8画 | 8画 |

◀練習しよう。

◀上の漢字を使って用例を完成させよう。

|  |  |
|---|---|
| 掌 | □《しょう》握《あく》する。車《しゃ》□《しょう》。合《がっ》□《しょう》。 |
| 払 | お金を□《はら》う。支《し》□《はら》う。 |
| 扱 | 大切に□《あつか》う。取《と》り□《あつか》い。 |
| 把 | □《は》握《あく》する。一《いち》□《わ》。 |
| 抜 | □《ばつ》群《ぐん》。□《ばっ》粋《すい》。□《ぬ》け道《みち》。 |
| 抑 | □《よく》制《せい》。□《よく》揚《よう》。□《おさ》える。 |
| 押 | 念を□《お》す。手で□《お》さえる。 |
| 拒 | □《きょ》否《ひ》する。協力を□《こば》む。 |
| 抽 | □《ちゅう》出《しゅつ》。□《ちゅう》選《せん》。□《ちゅう》象的《しょうてき》。 |

**1** ——の漢字の読みがなを書きなさい。（一つ2点）

(1) 要求を拒む。（　　）
(2) 床《ゆか》を掃く。（　　）
(3) 庭石を据える。（　　）
(4) ほこりを払う。（　　）
(5) 実権を握る。（　　）
(6) 戸を押す。（　　）
(7) 言葉を控える。（　　）
(8) 薬品を扱う。（　　）
(9) 力を抜く。（　　）
(10) 怒《いか》りを抑える。（　　）
(11) 色を塗る。（　　）
(12) 一《いち》把のねぎ。（　　）
(13) 厚い壁。（　　）
(14) 塗装工事。（　　）
(15) 教会の壁画。（　　）
(16) 抽選に漏《も》れる。（　　）
(17) 握手する。（　　）
(18) 強く拒否《ひ》する。（　　）
(19) 情勢の把握。（　　）
(20) バスの車掌。（　　）
(21) 抜群の成績。（　　）
(22) 抑揚をつける。（　　）
(23) 霊前《れいぜん》で合掌する。（　　）
(24) 校庭の清掃。（　　）
(25) データから抽出する。（　　）

得点 ／100点

学習日 月 日

| 漢字 | 読み | 部首・画数 | 例 |
|---|---|---|---|
| 控 | （コウ） ひかえる | 扌 11画 | 発言を□《ひか》える。 □《ひか》え室《しつ》。 |
| 据 | ― すえる すわる | 扌 11画 | □《す》え置《お》き。 腰《こし》が□《す》わる。 |
| 掃 | ソウ はく | 扌 11画 | 清《せい》□《そう》。 一《いっ》□《そう》。 □《は》き出《だ》す。 |
| 握 | アク にぎる | 扌 12画 | □《あく》力《りょく》。 □《あく》手《しゅ》。 手を□《にぎ》る。 |

●これまでに学習した「土・𡈽」のつく漢字

土　圧　在　地　均　坂　坊　垂　垣　型　城　域　基　埼　執　堂
堅　場　報　塩　墓　境　増　墳

| 漢字 | 読み | 部首・画数 | 例 |
|---|---|---|---|
| 塗 | ト ぬる | 土 13画 | □《と》装《そう》。 □《と》料《りょう》。 □《ぬ》り絵。 |
| 壁 | ヘキ かべ | 土 16画 | □《へき》画《が》。 絶《ぜっ》□《ぺき》。 □《かべ》紙《がみ》。 |

### 「押」と「抑」の使い分け

押…例 手で押《お》さえる。傷口を押《お》さえる。弱点を押《お》さえる。

抑…例 感情を抑《おさ》える。怒《いか》りを抑《おさ》える。発言を抑《おさ》える。

ふつう、「押」は「物理的・直接的に力が加わること」に、「抑」は「抽象的《ちゅうしょうてき》・間接的に力を加えること」に使う。

## 2 □には漢字を、（　）には漢字と送りがなを書きなさい。（一つ2点）

(1) 手を（　）《にぎる》。

(2) 取り（　）《あつかい》。

(3) 庭を（　）《はく》。

(4) 金を（　）《はらう》。

(5) 気を（　）《ぬく》。

(6) 目が（　）《すわる》。

(7) 車《しゃ》□《しょう》。

(8) 要求を（　）《こばむ》。

(9) 印《いん》を（　）《おす》。

(10) 酒を（　）《ひかえる》。

(11) 口を（　）《おさえる》。

(12) （　）《ぬり》絵。

(13) 白い□《かべ》。

(14) □《あく》□《りょく》計《けい》。

(15) □《きょ》否《ひ》する。

(16) 車の□《と》□《そう》。

(17) □《ちゅう》□《せん》会《かい》。

(18) □《よく》制《せい》する。

(19) 感情を（　）《おさえる》。

(20) 清《せい》□《そう》工場。

(21) □《ばっ》粋《すい》記事。

(22) 大昔の□《へき》□《が》。

(23) 人心を□《しょう》□《あく》する。

(24) 問題点を□《は》□《あく》する。

(25) 無作為《むさくい》に□《ちゅう》□《しゅつ》する。

# 「木・木」のつく漢字

●これまでに学習した「木・木」のつく漢字

| | | | |
|---|---|---|---|
| | 本 | 栄 | 検 |
| | 末 | 柿 | 植 |
| | 未 | 査 | 森 |
| | 机 | 染 | 棚 |
| | 材 | 柱 | 棒 |
| | 条 | 栃 | 楽 |
| | 束 | 案 | 業 |
| | 村 | 桜 | 構 |
| | 来 | 格 | 模 |
| | 果 | 株 | 様 |
| | 枝 | 校 | 横 |
| | 松 | 根 | 権 |
| | 東 | 梅 | 標 |
| | 板 | 械 | 機 |
| 木 | 枚 | 梨 | 橋 |
| 札 | 林 | 極 | 樹 |

◀練習しよう。

|  |  |  |  |
|---|---|---|---|
| 架 | カ／かける／かかる | 木 | 9画 |
| 棄 | キ | 木 | 13画 |
| 杉 | すぎ | 木 | 7画 |
| 柳 | リュウ／やなぎ | 木 | 9画 |
| 桃 | トウ／もも | 木 | 10画 |
| 朽 | キュウ／くちる | 木 | 6画 |
| 朴 | ボク | 木 | 6画 |

◀上の漢字を使って用例を完成させよう。

- □《か》空《くう》。担《たん》□《か》。□《か》け橋。
- □《き》権《けん》。放《ほう》□《き》。廃《はい》□《き》物《ぶつ》。
- □《すぎ》林《ばやし》。□《すぎ》板《いた》。□《すぎ》並木《なみき》。
- 川《せん》□《りゅう》。□《やなぎ》の葉。猫《ねこ》□《やなぎ》。
- 白《はく》□《とう》。黄《おう》□《とう》。□《もも》の木。
- 不《ふ》□《きゅう》。老《ろう》□《きゅう》。□《く》ち果てる。
- 素《そ》□《ぼく》な人柄《ひとがら》。純《じゅん》□《ぼく》。

**1** ――の漢字の読みがなを書きなさい。（一つ2点）

(1) 葉が枯れる。（　　）
(2) 桃の花。（　　）
(3) 川に橋を架ける。（　　）
(4) 校舎が朽ちる。（　　）
(5) 手柄を立てる。（　　）
(6) 柳の葉。（　　）
(7) 別棟に向かう。（　　）
(8) 杉の苗木《なえぎ》。（　　）
(9) 杯を交《か》わす。（　　）
(10) 柔らかな肉。（　　）
(11) 傘《かさ》の柄を握《にぎ》る。（　　）
(12) 優勝の祝杯。（　　）
(13) 将棋のこま。（　　）
(14) ビールの栓。（　　）
(15) 素朴な味わい。（　　）
(16) 小児《しょうに》病棟。（　　）
(17) 架空の人物。（　　）
(18) 欄外に書く。（　　）
(19) 栄枯盛衰《せいすい》。（　　）
さかんになったりおとろえたりすること。
(20) 棄権する。（　　）
(21) 現代の川柳。（　　）
(22) ニューヨークの摩天楼《まてんろう》。（　　）
高層ビル。
(23) 不朽の名作。（　　）
すたれないで残る名作。
(24) 黄桃の缶詰《かんづめ》。（　　）
(25) 柔和な顔つき。（　　）
やさしくおとなしい顔つき。

得点 ／100点

学習日 月 日

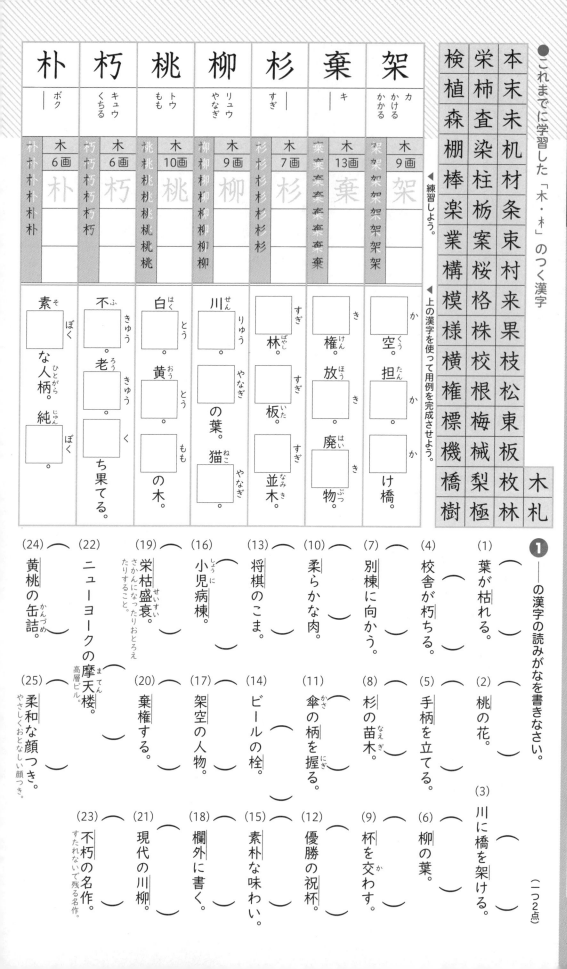

| 漢字 | 読み | 部首 | 画数 | 例 |
| --- | --- | --- | --- | --- |
| 杯 | ハイ　さかずき | 木 | 8画 | 祝《しゅく》□《はい》。乾《かん》□《ぱい》。金の□《さかずき》。 |
| 柔 | ジュウ　ニュウ　やわらか　やわらかい | 木 | 9画 | □《やわ》らかい毛布。□《じゅう》道《どう》。□《にゅう》和《わ》。 |
| 枯 | コ　かれる　からす | 木 | 9画 | 栄《えい》□《こ》。□《こ》渇《かつ》。□《か》れ木。 |
| 柄 | （ヘイ）　がら　え | 木 | 9画 | 人《ひと》□《がら》。手《て》□《がら》。傘《かさ》の□《え》。 |
| 栓 | セン　― | 木 | 10画 | 元《もと》□《せん》。□《せん》抜《ぬ》き。消火《しょうか》□《せん》。 |
| 棋 | キ　― | 木 | 12画 | 将《しょう》□《ぎ》を指す。□《き》士《し》。 |
| 棟 | トウ　むね　（むな） | 木 | 12画 | 外科《げか》病《びょう》□《とう》。別《べつ》□《むね》。 |
| 楼 | ロウ　― | 木 | 13画 | 新宿《しんじゅく》の摩天《まてん》□《ろう》。□《ろう》閣《かく》。 |
| 欄 | ラン　― | 木 | 20画 | 空《くう》□《らん》。□《らん》外《がい》。□《らん》干《かん》。 |

**2** □には漢字を、（　）には漢字と送りがなを書きなさい。（一つ2点）

(1) 銀の□《さかずき》。

(2) 家が（　　）《くちる》。

(3) 傘《かさ》の□《え》を握《にぎ》る。

(4) しだれ□《やなぎ》。

(5) 橋を（　　）《かける》。

(6) □《もも》の節句。

(7) 別《べつ》□《むね》の家。

(8) 草が（　　）《かれる》。

(9) □《すぎ》の林。

(10) （　　）《やわらかい》毛布。

(11) □《ひと》□《がら》。

(12) 川《せん》□《りゅう》を作る。

(13) □《か》□《くう》の話。

(14) □《せん》抜《ぬ》き。

(15) 内科□《びょう》□《とう》。

(16) 乾《かん》□《ぱい》の音頭《おんど》。

(17) 試合を□《き》権《けん》する。

(18) □《こ》渇《かつ》。

(19) □《しょう》□《ぎ》盤《ばん》。

(20) □《そ》□《ぼく》な男。

(21) 投書《とうしょ》□《らん》。

(22) □《じゅう》□《どう》の選手。

(23) □《ろう》□《きゅう》化《か》した家屋。

(24) □《はく》□《とう》の皮をむく。

(25) 摩天《まてん》□《ろう》が立ち並ぶ。

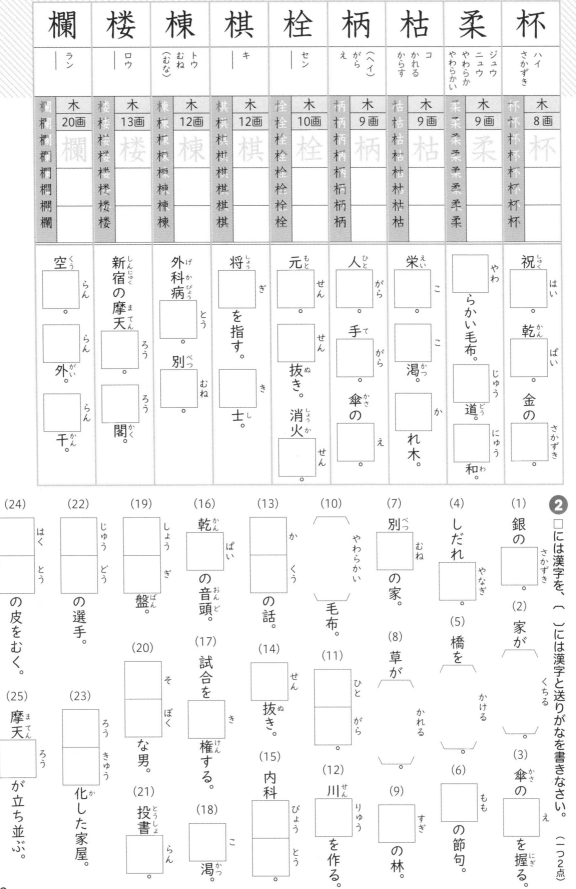

# 読み書きチェック 5

得点 ／100点

学習日 月 日

❶ ——の漢字の読みがなを書きなさい。（一つ1点）

(1) 確かな証拠。（　　）
(2) 排水溝《こう》が詰《つ》まる。（　　）
(3) 摩《ま》擦による熱。（　　）
(4) 宝石を扱う。（　　）
(5) 腹を据える。（　　）
(6) 廃《はい》棄物《ぶつ》の処理。（　　）
(7) 素朴な疑問。（　　）
(8) 植木が枯れる。（　　）
(9) 桃の皮をむく。（　　）
(10) 棟上《あ》げをする。（　　）
(11) 支援の物資。（　　）
(12) 新境地を開拓する。（　　）
(13) 井戸を掘る。（　　）
(14) 国旗を掲げる。（　　）
(15) 怒《いか》りを抑える。（　　）
(16) 汚《よご》れを払う。（　　）
(17) 握力を測定する。（　　）
(18) 電線を架ける。（　　）
(19) 人柄がよい。（　　）
(20) 欄外に書く。（　　）
(21) 迷子を捜す。（　　）
(22) 部下を掌握する。（　　）
(23) 一節を抜粋《すい》する。（　　）
(24) 車を塗装する。（　　）
(25) 楽屋に控える。（　　）
(26) 病院が朽ちる。（　　）
(27) 柳が風で揺《ゆ》れる。（　　）
(28) 犯人を目撃する。（　　）
(29) 絵を掛ける。（　　）
(30) 二者択一。（　　）
(31) 判断の根拠。（　　）
(32) ビタミンの摂取。（　　）
(33) 事態を把握する。（　　）
(34) 両手で押さえる。（　　）
(35) 抽選で当たる。（　　）
(36) 清掃車《しゃ》が通る。（　　）
(37) 今年の抱負。（　　）
(38) 杉の花粉が舞《ま》う。（　　）
(39) 杯を交わす。（　　）
(40) 栓抜きを使う。（　　）
(41) 棋士を目指す。（　　）
(42) 大都会の摩《ま》天《てん》楼。（　　）
(43) 会議を総括する。（　　）
(44) 柔らかい毛布。（　　）
(45) 自分を抑える。（　　）
(46) 肩《かた》の力を抜く。（　　）
(47) ほうきで庭を掃く。（　　）
(48) 架空の物語。（　　）
(49) 川柳を詠《よ》む。（　　）
(50) インフレの抑制。（　　）

**2** □には漢字を、（　）には漢字と送りがなを書きなさい。 （一つ1点）

(1) □□《はっくつ》調査。
(2) マッチを（　）《する》。
(3) 事件の□《そう》査《さ》。
(4) 要求を（　）《こばむ》。
(5) すしを（　）《にぎる》。
(6) □□《ふきゅう》の名作。
(7) 勝利の□□《しゅくはい》。
(8) 栄養の□□《せっしゅ》。
(9) 傘《かさ》の□《え》を握《にぎ》る。
(10) □□《はくとう》の実。

(11) 小児《しょうに》□□《びょうとう》。
(12) 子供を（　）《だく》。
(13) 汚水の□□《はいしゅつ》。
(14) （　）《かけ》算。
(15) 電車の□□《しゃしょう》。
(16) 薬品を（　）《あつかう》。
(17) 先頭を（　）《ぬく》。
(18) 戸を（　）《おす》。
(19) 度胸が（　）《すわる》。
(20) □□《かくう》の人物。

(21) □□《そぼく》な人。
(22) 木が（　）《かれる》。
(23) ガスの□□《もとせん》。
(24) □□《しょうぎ》大会。
(25) □《やなぎ》が揺《ゆ》れる。
(26) 銃《じゅう》を（　）《うつ》。
(27) お金を（　）《はらう》。
(28) 出荷の□□《よくせい》。
(29) □□《しょうこ》不十分。
(30) 茶色の□《かべ》。

(31) □□《けいじ》板《ばん》。
(32) 状況《じょうきょう》の□□《はあく》。
(33) 公表を（　）《ひかえる》。
(34) 玄関《げんかん》を（　）《はく》。
(35) □□《きけん》する。
(36) 縄文《じょうもん》□《すぎ》を守る。
(37) □□《へきが》を見る。
(38) 取捨□□《せんたく》。
(39) 色を（　）《ぬる》。
(40) 新規□□《かいたく》。

(41) □□《おうえん》団《だん》。
(42) 摩天《まてん》□《ろう》の写真。
(43) □□《きょひ》する。
(44) 一《いっ》□《かつ》で支はらう。
(45) 解答□《らん》。
(46) □□《ちゅうせん》結果。
(47) □□《じゅうどう》の選手。
(48) 話の□□《こんきょ》。
(49) 庭を（　）《ほる》。
(50) □《ばっ》粋《すい》する。

# 「人・入・亻」のつく漢字

●これまでに学習した「人・入・亻」のつく漢字

人 今 仁 仏 以 仕 他 代 付 令 仮 会 企 休 件 全
仲 伝 任 位 何 佐 作 似 住 伸 体 低 伯 伴 余 価
供 使 舎 例 係 信 便 保 個 候 借 修 倉 値 俳 倍
俵 健 側 停 偉 備 傍 傾 傷 働 像 僕 億 優

◀練習しよう。 ◀上の漢字を使って用例を完成させよう。

|  |  |  |  |  |  |
| --- | --- | --- | --- | --- | --- |
| 仙 | セン | 亻 | 5画 | 仙 仙 仙 仙 仙 | 歌《か》［せん］。／［せん］人《にん》。／水《すい》［せん］。 |
| 仰 | ギョウ コウ あおぐ (おおせ) | 亻 | 6画 | 仰 仰 仰 仰 仰 仰 | ［ぎょう］天《てん》。／信《しん》［こう］。／［あお］ぎ見る。 |
| 伏 | フク ふせる ふす | 亻 | 6画 | 伏 伏 伏 伏 伏 伏 | ［ふく］線《せん》。／起《き》［ふく］。／［ふ］し目《め》。 |
| 依 | イ (エ) | 亻 | 8画 | 依 依 依 依 依 依 依 依 | ［い］願《がん》。／［い］存《そん》(ぞん)。／［い］頼《らい》。 |
| 佳 | カ | 亻 | 8画 | 佳 佳 佳 佳 佳 佳 佳 佳 | ［か］境《きょう》。／［か］人《じん》。／［か］作《さく》。 |
| 侍 | ジ さむらい | 亻 | 8画 | 侍 侍 侍 侍 侍 侍 侍 侍 | ［じ］従《じゅう》。／［じ］医《い》。／［さむらい］の刀《かたな》。 |

**1** ――の漢字の読みがなを書きなさい。（一つ2点）

(1) 併せて考える。（　）
(2) 発言を促す。（　）
(3) 顔を伏せる。（　）
(4) 空を仰ぐ。（　）
(5) 領土を侵す。（　）
(6) 侍の役。（　）
(7) 敵を倒す。（　）
(8) 侍従の仕事。（　）
(9) 諸侯が治める。（　）
(10) 佳作に選ばれる。（　）
(11) 仕事の依頼。（　）
(12) 話に仰天する。（　）
(13) 販売《はんばい》の促進。（　）
(14) 俸給の金額。（　）
(15) 負債金額。（　）
(16) 敵を圧倒する。（　）
(17) 江戸《えど》の民俗。（　）
(18) 伏線を敷《し》く。（　）
(19) 模倣した絵。（　）
(20) 家宅《かたく》侵入の罪。（　）
(21) 信仰が厚い。（　）
(22) 薬を併用する。（　）
(23) 起伏に富んだ地形。（　）
(24) 六《ろっ》歌仙。（　）
和歌にひいでた六人。
(25) 倫理を重んじる。（　）

得点
／100点
学習日
月　日

|  |  |  |  |
|---|---|---|---|
| 併 | ヘイ／あわせる | 亻 | 8画 |
| 侯 | コウ／― | 亻 | 9画 |
| 侵 | シン／おかす | 亻 | 9画 |
| 促 | ソク／うながす | 亻 | 9画 |
| 俗 | ゾク／― | 亻 | 9画 |
| 倒 | トウ／たおれる／たおす | 亻 | 10画 |
| 俸 | ホウ／― | 亻 | 10画 |
| 倣 | ホウ／(ならう) | 亻 | 10画 |
| 倫 | リン／― | 亻 | 10画 |
| 債 | サイ／― | 亻 | 13画 |

併：□《へい》用《よう》。合《がっ》□《ぺい》。□《あわ》せて行う。

侯：王《おう》□《こう》。諸《しょ》□《こう》。江戸《えど》時代の大名を指す。

侵：□《しん》入《にゅう》する。権利を□《おか》す。

促：□《そく》進《しん》。催《さい》□《そく》。注意を□《うなが》す。

俗：通《つう》□《ぞく》。民《みん》□《ぞく》。□《ぞく》説《せつ》。

倒：圧《あっ》□《とう》。転《てん》□《とう》。横《よこ》□《だお》し。

俸：年《ねん》□《ぽう》。□《ほう》給《きゅう》。減《げん》□《ぽう》。

倣：方法を模《も》□《ほう》する。絵の模《も》□《ほう》。

倫：人《じん》□《りん》。□《りん》理《り》を説く。

債：□《さい》務《む》。負《ふ》□《さい》。□《さい》権《けん》。

**2** □には漢字を、（ ）には漢字と送りがなを書きなさい。（一つ2点）

(1) 天を（あおぐ）。

(2) □《さむらい》魂《だましい》。

(3) 会社の□□《ふさい》額《がく》。

(4) 国境を（おかす）。

(5) 物語の□《ふく》線《せん》。

(6) □□《りんり》学《がく》。

(7) 信《しん》□《こう》心《しん》。

(8) 本を（ふせる）。

(9) 会社を（あわせる）。

(10) 木が（たおれる）。

(11) □□《ぞくせつ》による。

(12) 水《すい》□《せん》の花。

(13) □□《あっとう》的《てき》。

(14) □《い》存心《そんしん》。

(15) 注意を（うながす）。

(16) 不法□□《しんにゅう》。

(17) □□《がっぺい》。

(18) □□《おうこう》貴族。

注意 ここでは「公」を使わないで書く。

(19) びっくり□□《ぎょうてん》。

(20) □□《じじゅう》として仕える。

(21) 宴《えん》が□□《かきょう》を迎《むか》える。

(22) 六《ろっ》□□《かせん》の和歌。

(23) □□《ねんぽう》制《せい》。

(24) 販売《はんばい》□□《そくしん》。

(25) □□《もほう》する。

# 「人・入・亻」「言」「亻」などのつく漢字

得点 ／100点

学習日 月 日

◀練習しよう。

|  |  |  |  |
|---|---|---|---|
| 偽 | ギ いつわる （にせ） | 亻 | 11画 |
| 催 | サイ もよおす | 亻 | 13画 |
| 償 | ショウ つぐなう | 亻 | 17画 |

◀上の漢字を使って用例を完成させよう。

偽：□《ぎ》造《ぞう》。真《しん》□《ぎ》。年を□《いつわ》る。

催：開《かい》□《さい》。□《さい》促《そく》。□《もよお》し物。

償：補《ほ》□《しょう》。弁《べん》□《しょう》。罪を□《つぐな》う。

●これまでに学習した「言」のつく漢字

言 計 記 訓 討 許 設 訪 訳 詞 証 評 詩 試 詳 誠

話 語 誤 誌 説 読 認 課 諸 誕 談 調 論 諭 講 謝

警 識 議 護

|  |  |  |  |
|---|---|---|---|
| 診 | シン みる | 言 | 12画 |
| 訴 | ソ うったえる | 言 | 12画 |
| 誉 | ヨ ほまれ | 言 | 13画 |
| 誓 | セイ ちかう | 言 | 14画 |

診：□《しん》察《さつ》。患者《かんじゃ》を□《み》る。

訴：起《き》□《そ》。告《こく》□《そ》。強い□《うった》え。

誉：名《めい》□《よ》。栄《えい》□《よ》。□《ほま》れ高い。

誓：□《せい》約《やく》。宣《せん》□《せい》。神に□《ちか》う。

**1** ――の漢字の読みがなを書きなさい。（一つ2点）

(1) 損失を償う。（　）
(2) 眠気を催す。（　）
(3) 名前を偽る。（　）
(4) 飢えた動物。（　）
(5) 我《わ》が校の誉れ。（　）
(6) 隣の町。（　）
(7) 不満を訴える。（　）
(8) 部屋を飾る。（　）
(9) 偽造の硬貨《こうか》。（　）
(10) 催促の連絡《れんらく》。（　）
(11) 補償を受ける。（　）
(12) 飢餓に苦しむ。（　）
(13) 家の装飾品《ひん》。（　）
(14) 起訴事実。（　）
(15) 名誉会長。（　）
(16) 誓いの言葉。（　）
(17) 飽和水溶液《すいようえき》。（　）
(18) 特徴を述べる。（　）
(19) 近隣の住民。（　）
(20) 患者《かんじゃ》を診察する。（　）
(21) 遊びに飽きる。（　）
(22) 誓約書《しょ》。（　）
(23) 徐行運転。（　）
(24) 病人を診る。（　）
(25) 真偽を確かめる。（　）

●これまでに学習した「彳」のつく漢字

役　往　径　彼　後　待　律　従　徒　得　復　徳

**徐**　ジョ　―　彳　10画

□《じょ》行運転《こううんてん》。　□《じょ》々《じょ》に進む。

**徴**　チョウ　―　彳　14画

□《ちょう》収《しゅう》。　象《しょう》□《ちょう》的《てき》。　特《とく》□《ちょう》。

●これまでに学習した「阝（こざとへん）」のつく漢字

阪　防　阻　附　限　院　降　除　陛　険　陸　階　隊　陽　際　障

**隣**　リン　となる　となり　阝　16画

近《きん》□《りん》。　□《とな》り合う。　両《りょう》□《どなり》。

●これまでに学習した「食・飠」のつく漢字

食　飲　飯　飼　養　館

**飾**　ショク　かざる　食　13画

装《そう》□《しょく》。　修《しゅう》□《しょく》。　絵を□《かざ》る。

**飢**　キ　うえる　食　10画

□《き》きん。　□《う》えに苦しむ。

**飽**　ホウ　あきる　あかす　食　13画

□《ほう》食《しょく》。　□《ほう》和《わ》。　□《あ》きる。

**餓**　ガ　―　食　15画

□《が》鬼大将《きだいしょう》。　□《が》死《し》。　飢《き》□《が》。

**2** □には漢字を、（　）には漢字と送りがなを書きなさい。（一つ2点）

(1) 年を（いつわる）。
(2) 罪を（つぐなう）。
(3) （もよおし）物《もの》。
(4) 首《くび》（かざり）。
(5) □□《ほうわ》状態。
(6) （ほまれ）高い。
(7) □《となり》の県。
(8) 強い（うったえ）。
(9) □□《しゅうしょく》語《ご》。
(10) □□《きが》感《かん》。
(11) □□《しょうちょう》的《てき》。
(12) 神に（ちかう）。
(13) 開《かい》□《さい》期間。
(14) 損害□□《ほしょう》。
(15) □《しん》察《さつ》する。
(16) （うえ）に苦しむ。
(17) 情報の□□《しんぎ》を確かめる。
(18) □□《こくそ》状《じょう》。
(19) 食べ（あきる）。
(20) □□《きんりん》諸国。
(21) □□《めいよ》市民。
(22) 患者《かんじゃ》を（みる）。
注意 ここでは「見」を使わないで書く。
(23) □□《えいよ》。
(24) 選手□□《せんせい》。
(25) □《じょ》々《じょ》に進む。

# 「心・忄」のつく漢字

●これまでに学習した「心・忄」のつく漢字

心 必 応 快 志 忘 性 忠 念 怖 急 思 恩 恐 息 悪
情 悲 愉 愛 意 感 想 慣 態 憤 憲

◀練習しよう。

|  |  |  |  |
|---|---|---|---|
| 忙 | ボウ　いそがしい | 忄 | 6画 |
| 忍 | ニン　しのぶ　しのばせる | 心 | 7画 |
| 怠 | タイ　おこたる　なまける | 心 | 9画 |
| 怒 | ド　いかる　おこる | 心 | 9画 |
| 恵 | ケイ　エ　めぐむ | 心 | 10画 |
| 恥 | チ　はじる　はじ　はじらう　はずかしい | 心 | 10画 |

◀上の漢字を使って用例を完成させよう。

- 忙：多《た》□《ぼう》。□《ぼう》殺《さつ》。□《いそが》しい。
- 忍：□《にん》耐《たい》。残《ざん》□《にん》。□《しの》び足《あし》。
- 怠：□《たい》慢《まん》。□《たい》惰《だ》な生活。努力を□《おこた》る。□《なま》け者《もの》。
- 怒：激《げき》□《ど》。喜《き》□《ど》哀楽《あいらく》。強い□《いか》り。激しく□《おこ》る。
- 恵：恩《おん》□《けい》。知《ち》□《え》。□《めぐ》みの雨。
- 恥：□《ち》辱《じょく》。厚顔無《こうがんむ》□《ち》。（あつかましいこと。）□《はじ》。

**1** ——の漢字の読みがなを書きなさい。（一つ2点）

(1) 恥をさらす。（　）
(2) 賞金が懸かる。（　）
(3) 忍耐強い。（　）
(4) 仕事を怠ける。（　）
(5) 恵まれた環境《かんきょう》。（　）
(6) 心の惑い。（　）
(7) 父に怒られる。（　）
(8) 努力を怠る。（　）
(9) 怒り心頭。（激しく怒ること。）（　）
(10) 休憩をとる。（　）
(11) 厚顔《こうがん》無恥。（　）
(12) 急患が運ばれる。（　）
(13) 悠然とする。（　）
(14) 忍び込《こ》む。（　）
(15) 慈悲の心。（　）
(16) 恩恵を受ける。（　）
(17) 父が激怒する。（　）
(18) 幼時の記憶。（　）
(19) 苦悩する。（　）
(20) 恋愛の物語。（　）
(21) 怠惰に暮らす。（　）
(22) 母を恋う。（　）
(23) 憩いの時間を過ごす。（　）
(24) 懸命に走る。（　）
(25) 知恵を働かせる。（　）

得点　／100点
学習日　月　日

|  |  |  |  |
|---|---|---|---|
| 恋 | レン こう こい こいしい | 心 | 10画 |
| 悩 | ノウ なやむ なやます | 忄 | 10画 |
| 患 | カン （わずらう） | 心 | 11画 |
| 悠 | ユウ ― | 心 | 11画 |
| 惑 | ワク まどう | 心 | 12画 |
| 惰 | ダ ― | 忄 | 12画 |
| 慈 | ジ （いつくしむ） | 心 | 13画 |
| 憩 | ケイ いこい （いこう） | 心 | 16画 |
| 憶 | オク ― | 忄 | 16画 |
| 懸 | ケン （ケ） かける かかる | 心 | 20画 |

恋：□《れん》愛《あい》。母を□《こ》う。□《こい》人《びと》。

悩：苦《く》□《のう》する。□《なや》みが多い。

患：□《かん》者《じゃ》。□《かん》部《ぶ》。急《きゅう》□《かん》。

悠：□《ゆう》然《ぜん》。□《ゆう》久《きゅう》。□《ゆう》長《ちょう》。

惑：迷《めい》□《わく》。困《こん》□《わく》。戸《と》□《まど》う。

惰：□《だ》性《せい》。□《だ》眠《みん》。怠《たい》□《だ》。

慈：□《じ》善《ぜん》事業。□《じ》悲《ひ》。□《じ》愛《あい》。

憩：休《きゅう》□《けい》する。□《いこ》いの場。

憶：追《つい》□《おく》。□《おく》測《そく》。記《き》□《おく》。

懸：□《けん》命《めい》。□《けん》賞《しょう》。命《いのち》□《が》け。

**2** □には漢字を、（　）には漢字と送りがなを書きなさい。（一つ2点）

(1) （　　）《めぐみ》の雨。

(2) 命を（　　）《かける》。

(3) 逃《に》げ（　　）《まどう》。

(4) □□《こいびと》。

(5) 耐《た》え（　　）《しのぶ》。

(6) （　　）《なまけ》者《もの》。

(7) 強い（　　）《いかり》。

(8) □□《きおく》力《りょく》。

(9) （　　）《おこり》顔《がお》。

(10) □□《けんしょう》金《きん》。

(11) □□《ちえ》がつく。

(12) （　　）《いそがしい》人。

(13) 入院□《かん》者《じゃ》。

(14) 思い（　　）《なやむ》。

(15) 休《きゅう》□《けい》時間。

(16) □《ゆう》然《ぜん》と歩く。

(17) 多《た》□《ぼう》な日。

(18) □□《きど》哀楽《あいらく》。

(19) 注意を（　　）《おこたる》。

(20) □□《くのう》の色が濃《こ》い。

(21) □□《れんあい》。

(22) □□《じぜん》事業。

(23) □□《たいだ》な生活。

(24) 近所□□《めいわく》。

(25) □□《おんけい》に浴する。

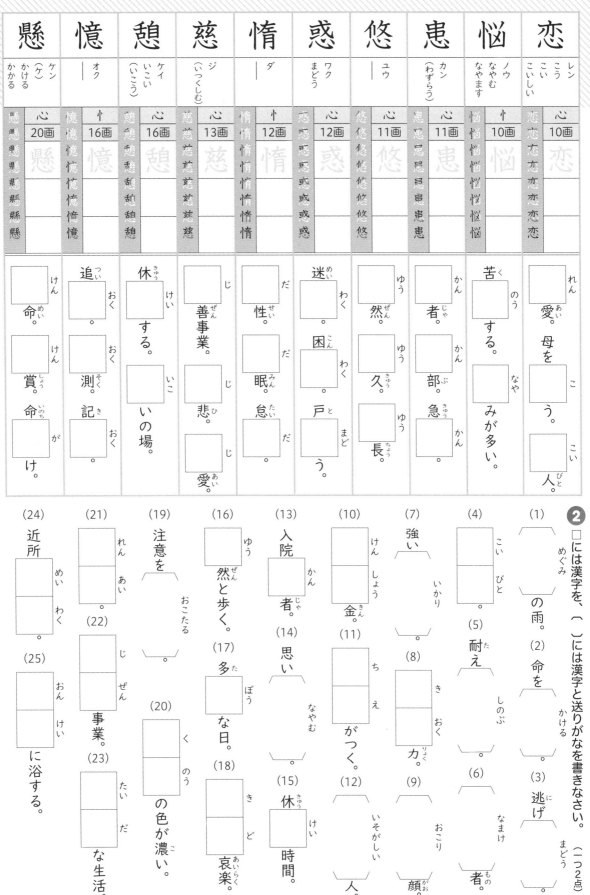

# 読み書きチェック 6

得点 ／100点
学習日 月 日

❶ ――の漢字の読みがなを書きなさい。（一つ1点）

(1) 年俸が上がる。（　　）
(2) 細かく記憶する。（　　）
(3) 損害の補償。（　　）
(4) 圧倒的《てき》な勢力。（　　）
(5) 会社の負債。（　　）
(6) 慈悲の心。（　　）
(7) 喜怒哀楽《あいらく》を表す。（　　）
(8) 飽和状態になる。（　　）
(9) 徐々に回復する。（　　）
(10) 作家の苦悩。（　　）

(11) 伏線を張る。（　　）
(12) 絵を模倣する。（　　）
(13) 賊《ぞく》が侵入する。（　　）
(14) 真偽を問う。（　　）
(15) 催促の電話。（　　）
(16) 近隣に住む。（　　）
(17) 患者を見守る。（　　）
(18) 悠然とした態度。（　　）
(19) 恋人が寄り添《そ》う。（　　）
(20) 多忙な日々。（　　）

(21) 民俗学的《がくてき》な見解。（　　）
(22) 人々が激怒する。（　　）
(23) 輸入の促進。（　　）
(24) 不良債権。（　　）
(25) びっくり仰天する。（　　）
(26) 公演の依頼《らい》。（　　）
(27) 六《ろっ》歌仙の和歌。（　　）
(28) 倫理の重要性。（　　）
(29) 中世の王侯貴族。（　　）
(30) 宴《えん》が佳境に入る。（　　）

(31) 宗教を信仰する。（　　）
(32) 患部に薬を塗《ぬ》る。（　　）
(33) 宣誓の言葉。（　　）
(34) 飢餓に苦しむ。（　　）
(35) コップを倒す。（　　）
(36) 顔を伏せる。（　　）
(37) 命を懸ける。（　　）
(38) 発言を促す。（　　）
(39) 怒りを表す。（　　）
(40) 訴えを起こす。（　　）

(41) 偽りの姿。（　　）
(42) 催し物の会場。（　　）
(43) 誉れが高い。（　　）
(44) 部屋の飾り付け。（　　）
(45) 空を仰ぎ見る。（　　）
(46) 勉強を怠ける。（　　）
(47) 戸惑いが見える。（　　）
(48) 罪を償う。（　　）
(49) 家が隣り合う。（　　）
(50) 併せて発表する。（　　）

**2** □には漢字を、（　）には漢字と送りがなを書きなさい。 （一つ1点）

(1) □□《けんしょう》金《きん》。

(2) □□《じぜん》事業。

(3) □□《しんさつ》する。

(4) 権利を（　　）《おかす》。

(5) 平和の□□《しょうちょう》。

(6) □《はじ》をかく。

(7) 目を（　　）《ふせる》。

(8) □□《きど》哀楽《あいらく》。

(9) □□《ふさい》額《がく》。

(10) 作業を（　　）《なまける》。

(11) （　　）《めぐみ》の雨。

(12) 絵の□□《もほう》。

(13) □□《めいわく》になる。

(14) □□《じょこう》する車。

(15) □□《きゅうけい》時間。

(16) 選手の□□《ねんぽう》。

(17) □□《ぞくせつ》が多い。

(18) □□《おうこう》の家系。 注意 ここでは「公」を使わないで書く。

(19) □□《あっとう》的《てき》多数。

(20) 花を（　　）《かざる》。

(21) 相手を（　　）《うったえる》。

(22) □□《きんりん》の家。

(23) □□《たいだ》な生活。

(24) （　　）《いかり》の表情。

(25) 部屋の□□《そうしょく》。

(26) □《ゆう》然《ぜん》と構える。

(27) 注意を（　　）《うながす》。

(28) □□《かいさい》期間。

(29) □□《がっぺい》した市。

(30) 名前を（　　）《いつわる》。

(31) □□《にんたい》強い。

(32) 入院□□《かんじゃ》。

(33) □□《きおく》にない。

(34) 食べ（　　）《あきる》。

(35) 天を（　　）《あおぐ》。

(36) □《か》境《きょう》に入る。

(37) □《い》頼《らい》を受ける。

(38) □□《めいよ》ばん回。

(39) 神に（　　）《ちかう》。

(40) □《さむらい》の武芸。

(41) □□《れんあい》の歌。

(42) （　　）《いそがしい》毎日。

(43) □□《りんり》を説く。

(44) 自然の□□《おんけい》。

(45) 六《ろっ》□□《かせん》。

(46) 人を（　　）《まどわす》。

(47) 損害□□《ほしょう》。

(48) 思い（　　）《なやむ》。

(49) □□《そくしん》運動。

(50) 準備を（　　）《おこたる》。

# テスト 3

**1** ――の漢字の読みがなを書きなさい。（一つ1点／18点）

(1)
① 大会の開催地《ち》。（　　）
② 茶会を催す。（　　）

(2)
① 不安を一掃する。（　　）
② ほうきで庭を掃く。（　　）

(3)
① 修飾する言葉。（　　）
② 商品を飾る。（　　）

(4)
① 恋愛小説を読む。（　　）
② ふるさとが恋しい。（　　）

(5)
① 自然の恩恵。（　　）
② 好天に恵まれる。（　　）

(6)
① 採掘した岩石。（　　）
② 山芋《やまいも》を掘る。（　　）

(7)
① 怠慢《まん》な態度。（　　）
② 努力を怠る。（　　）
③ 作業を怠ける。（　　）

(8)
① 怒号がとぶ。（　　）
② 怒りがこみ上げる。（　　）
③ 先生が怒る。（　　）

---

**2** 次の漢字の総画数を書きなさい。（一つ1点／8点）

例 恵（10）
(1) 徴（　　） (2) 把（　　）
(3) 扱（　　） (4) 朽（　　） (5) 惰（　　）
(6) 仰（　　） (7) 摂（　　） (8) 飽（　　）

**3** 次の漢字の部首を書きなさい。（一つ1点／8点）

例 抽（扌）
(1) 棄（　　） (2) 控（　　）
(3) 掌（　　） (4) 侯（　　） (5) 恥（　　）
(6) 飢（　　） (7) 慈（　　） (8) 隣（　　）

**4** 筆順の正しいものの記号を、○で囲みなさい。（一つ2点／8点）

(1) 桃
ア 木 杉 机 机 机 桃
イ 木 杉 杉 杉 机 桃

(2) 偽
ア 亻 伙 伪 偽 偽
イ 亻 伫 伪 偽 偽

(3) 俸
ア 仁 仗 伏 侠 倭 俸
イ 仁 仨 伕 侠 俸 俸
ウ 仁 仨 伕 侠 倭 俸

(4) 惑
ア 一 戸 戓 或 或 惑
イ 一 戸 戓 或 惑 惑
ウ 一 戸 戓 戓 或 惑

得点　／100点
学習日　月　日

**5** □に漢字を書きなさい。（一つ2点／16点）

(1)
① びっくり□《ぎょう》天《てん》。
② 生産を□《よく》制《せい》する。

(2)
① 雑草を取り□《のぞ》く。
② バスが□《じょ》行《こう》する。

(3)
① □《さくら》が満開になる。
② 新宿の摩《ま》天《てん》□《ろう》。

(4)
① 国民栄《えい》□《よ》賞《しょう》。
② □《きょ》手《しゅ》で決める。

**6** 次の読み方をする漢字を□に書きなさい。（一つ1点／8点）

(1) ソウ
① 清《せい》□工場。
② □作《さく》ダンス。

(2) さが(す)
① 出かけた弟を□す。
② 図書館で本を□す。

(3) オク
① 人口、一《いち》□二千万人。
② □測《そく》でものを言う。

(4) おか(す)
① 規則を□す。
② 人権を□す。

---

**7** 次の文を漢字を使って書き直しなさい。（漢字一字1点／18点）

(1) **い**頼《らい》を**う**けて、**がっこうしゅさい**のパーティーで、マジックを**み**せた。（七字）

(2) クイズの**けんしょう**は、**せいかいしゃ**の**なか**から、**げんせい**に**ちゅうせん**して**き**めている。（十一字）

**8** 次の文で、まちがって使われている漢字の横に——を引いて、右側に正しい漢字を書きなさい。（一字4点／16点）

例 改発《かいはつ》を足進《そくしん》するための会合《かいごう》。（開　促）

(1) わたしは、将基《しょうぎ》の大会《たいかい》で、圧討的勝利《あっとうてきしょうり》をおさめた。

(2) 小説《しょうせつ》が過境《かきょう》に入り、副線《ふくせん》が張《は》られていることに気《き》づく。

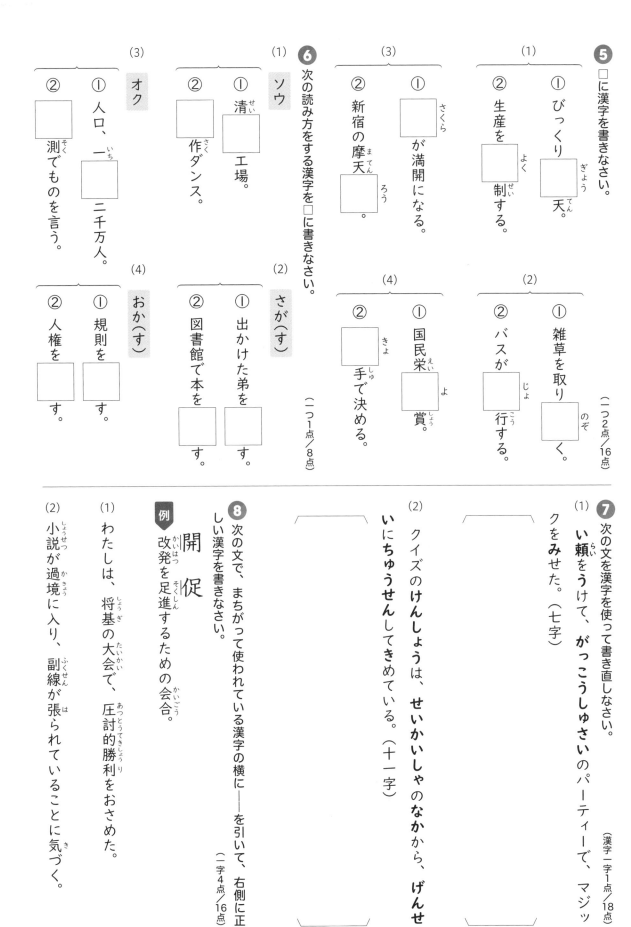

# 「心・忄」「口」のつく漢字

▼練習しよう。

| 漢字 | 読み | 部首 | 画数 |
|---|---|---|---|
| 怪 | カイ あやしい あやしむ | 忄 | 8画 |
| 恨 | コン うらむ うらめしい | 忄 | 9画 |
| 悟 | ゴ さとる | 忄 | 10画 |
| 惨 | サン （ザン） （みじめ） | 忄 | 11画 |
| 慌 | （コウ） あわてる あわただしい | 忄 | 12画 |
| 慎 | シン つつしむ | 忄 | 13画 |

▼上の漢字を使って用例を完成させよう。

□《かい》力《りき》。□《かい》談《だん》。□《あや》しい。

痛《つう》□《こん》。遺《い》□《こん》。□《うら》み言《ごと》。

覚《かく》□《ご》する。危険を□《さと》る。

悲《ひ》□《さん》。大《だい》□《さん》事《じ》。□《さん》状《じょう》。

大《おお》□《あわ》て。□《あわ》ただしい毎日。

□《しん》重《ちょう》。謹《きん》□《しん》。□《つつし》み深い。

●これまでに学習した「口」のつく漢字

口 右 可 句 古 号 史 司 台 各 吸 向 后 合 同 名 君 告 否 呼 周 味 命 和 品 員 商 唱 問 喜 善 器 噴

| 漢字 | 読み | 部首 | 画数 |
|---|---|---|---|
| 召 | ショウ めす | 口 | 5画 |

国会の□《しょう》集《しゅう》。□《め》し上がる。

**1** ——の漢字の読みがなを書きなさい。（一つ2点）

(1) 慌てて帰る。（　）
(2) 怪しい影《かげ》。（　）
(3) 恨みを晴らす。（　）
(4) 真理を悟る。（　）
(5) 水分を含む。（　）
(6) 召し上がる。（　）
(7) 大声で叫ぶ。（　）
(8) 弱音を吐く。（　）
(9) 口笛を吹く。（　）
(10) 痛恨のエラー。（　）
(11) 悲惨な事件。（　）
(12) 言葉を慎む。（　）
(13) 怪談を聞く。（　）
(14) 覚悟を決める。（　）
(15) 早咲きの桜。（　）
(16) 哲学の本。（　）
(17) 金の含有量《りょう》。（　）
(18) 拝啓で書き出す。（　）
(19) 議員が召集される。（　）
(20) 絶叫して助けを呼ぶ。（　）
(21) 表現を吟味する。（　）
(22) 吹奏楽団の公演。（　）
(23) 香りを満喫する。（　）
(24) 吐息を漏《も》らす。（　）（　）
(25) 嘆き悲しむ。（　）

得点 ／100点
学習日 月 日

| 叫 | 吐 | 含 | 吟 | 吹 | 咲 | 哲 | 啓 | 喫 | 嘆 |
|---|---|---|---|---|---|---|---|---|---|
| キョウ<br>さけぶ | ト<br>はく | ガン<br>ふくむ<br>ふくめる | ギン<br>― | スイ<br>ふく | ―<br>さく | テツ<br>― | ケイ<br>― | キツ<br>― | タン<br>なげく<br>なげかわしい |
| 口 6画 | 口 6画 | 口 7画 | 口 7画 | 口 7画 | 口 9画 | 口 10画 | 口 11画 | 口 12画 | 口 13画 |

叫：絶《ぜっ》□《きょう》する。□《さけ》び声。

吐：□《と》息《いき》。□《と》血《けつ》。□《は》き気《け》。

含：□《がん》有《ゆう》。包《ほう》□《がん》。口に□《ふく》む。

吟：詩《し》□《ぎん》。□《ぎん》味《み》する。

吹：□《すい》奏《そう》楽団。□《ふ》き消す。

咲：梅の花が□《さ》く。返り□《ざ》き。

哲：□《てつ》学《がく》。□《てつ》人《じん》。先《せん》□《てつ》。

啓：拝《はい》□《けい》。□《けい》示《じ》。□《けい》発《はつ》。

喫：□《きっ》茶店《さてん》。□《きつ》煙《えん》。満《まん》□《きつ》。

嘆：感《かん》□《たん》。□《たん》願《がん》。□《なげ》き悲しむ。

**2** □には漢字を、（　）には漢字と送りがなを書きなさい。（一つ2点）

(1) 実力を（さとる）。

(2) （うらみ）言《ごと》。

(3) （あやしい）男。

(4) □□《ぎんみ》する。

(5) 鉄を（ふくむ）。

(6) □□《ぜっきょう》する。

(7) 風が（ふく）。

(8) （はき）気《け》。

(9) （さけび）声。

(10) □□《しんちょう》派《は》。

(11) 決死の□□《かくご》。

(12) （あわて）者《もの》。

(13) □□《つうこん》のミス。

(14) □□《かいりき》の持ち主。

(15) □□《てつがく》者《しゃ》。

(16) □□《かんたん》の声。

(17) □□《がんゆう》量《りょう》。

(18) 自己□□《けいはつ》。

(19) □□《まんきつ》する。

(20) □□《といき》を漏《も》らす。

(21) 料理を（めし）上がる。

(22) 不幸を（なげく）。

(23) 国会を□□《しょうしゅう》する。

(24) 花が（さく）。

(25) □□《ひさん》な事故。

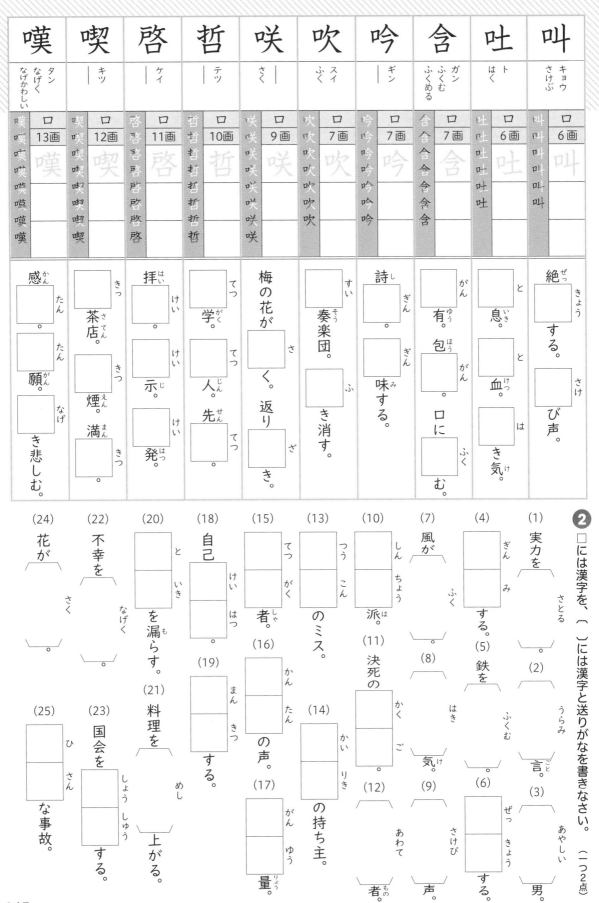

# 「艹」「廴」「广」などのつく漢字

得点　／100点
学習日　月　日

●これまでに学習した「艹」のつく漢字

芋 芝 花 芸 芳 英 芽 苦 若 苗 茨 草 茶 荷 菜 著 葉 落 蒸 蔵 薬

▶練習しよう。　▶上の漢字を使って用例を完成させよう。

|  |  |  |  |
|---|---|---|---|
| 茎 | ケイ／くき | 艹 8画 | 地下《ちか》□《けい》。根《こん》□《けい》。葉と□《くき》。 |
| 荒 | コウ／あらい／あれる／あらす | 艹 9画 | □《こう》天《てん》。□《あら》波《なみ》。□《あ》れ地《ち》。 |
| 華 | カ（ケ）／はな | 艹 10画 | □《か》道《どう》。栄《えい》□《が》。□《はな》やぐ。 |
| 菓 | カ | 艹 11画 | 製《せい》□《か》。□《か》子《し》。和《わ》□《が》子《し》。 |

●これまでに学習した「廴」のつく漢字

延 建

|  |  |  |  |
|---|---|---|---|
| 廷 | テイ | 廴 7画 | 宮《きゅう》□《てい》。法《ほう》□《てい》。朝《ちょう》□《てい》。 |

●これまでに学習した「广」のつく漢字

広 庁 序 床 底 店 府 度 庫 座 庭 康

|  |  |  |  |
|---|---|---|---|
| 廊 | ロウ | 广 12画 | □《ろう》下《か》。回《かい》□《ろう》。画《が》□《ろう》。 |

**1** ——の漢字の読みがなを書きなさい。（一つ2点）

(1) 踊りの練習。（　）
(2) 石を踏む。（　）
(3) 胸が躍る。（　）
(4) 歯茎が痛い。（　）
(5) 鼻息が荒い。（　）
(6) 製菓工場。（　）
(7) 花びらが舞う。（　）
(8) 鈍く光る。（　）
(9) 二点間の距離《り》。（　）
(10) 有名な舞踏家《か》。（　）
(11) 活躍する。（　）
(12) 法廷の様子。（　）
(13) 便宜を図《はか》る。（　）
(14) 中華料理。（　）
(15) 画廊を訪ねる。（　）
(16) 剣《つるぎ》の舞。（　）
(17) 鋭い考察。（　）
(18) 荒天の一日。（　）激しい風雨の一日。
(19) 大和《やまと》朝廷。（　）
(20) 座が華やぐ。（　）
(21) 荒れ地《ち》が続く。（　）
(22) 音楽鑑賞。（　）
(23) 新進気鋭の作家。（　）
(24) 菓子作り。（　）
(25) 痛みに鈍感な人。（　）

●これまでに学習した「金・釒」のつく漢字

金 針 鉛 鉱 鉄 鈴 銀 銭 銅 鋼 録 鏡

|  |  |  |  |  |
|---|---|---|---|---|
| 鈍 | ドン / にぶい / にぶる | 金 | 12画 | □《どん》感《かん》。 □《どん》痛《つう》。 □《にぶ》い音。 |
| 鋭 | エイ / するどい | 金 | 15画 | □《えい》利《り》。 気《き》□《えい》。 □《するど》い考察。 |
| 鑑 | カン / (かんがみる) | 金 | 23画 | 美術□《かん》賞《しょう》。 植物図《ず》□《かん》。 |

●これまでに学習した「足・𧾷」のつく漢字

足 跡 跳 路

|  |  |  |  |  |
|---|---|---|---|---|
| 距 | キョ / — | 足 | 12画 | 長い□《きょ》離《り》。 □《きょ》離《り》を保つ。 |
| 踊 | ヨウ / おどる / おどり | 足 | 14画 | 舞《ぶ》□《よう》。 □《おど》りを□《おど》る。 |
| 踏 | トウ / ふむ / ふまえる | 足 | 15画 | 舞《ぶ》□《とう》。 雑《ざっ》□《とう》。 足《あし》□《ぶ》み。 |
| 躍 | ヤク / おどる | 足 | 21画 | 活《かっ》□《やく》。 飛《ひ》□《やく》。 胸が□《おど》る。 |
| 舞 | ブ / まう / まい | 舛 | 15画 | □《ぶ》台《たい》。 □《まい》を□《ま》う。 |

※「舛」のつくは漢字は、ここで初めて学習します。

**2** □には漢字を、（　）には漢字と送りがなを書きなさい。（一つ2点）

(1) 盆《ぼん》（　）《おどり》。

(2) 大地を（　）《ふむ》。

(3) 胸が（　）《おどる》。

(4) （　）《あらい》波。

(5) 花と□《くき》。

(6) （　）《はなやか》な装《よそお》い。

注意 ここでは「花」を使わないで書く。

(7) 葉が（　）《まう》。

(8) （　）《にぶい》音。

(9) （　）《あれた》土地。

(10) □□《ぶ　たい》。

(11) 遠《えん》□《きょ》離《り》。

(12) （　）《するどい》牙《きば》。

(13) お□《か》子《し》。

(14) 昆虫図《こんちゅうず》□《かん》。

(15) 都会の□□《ざっ　とう》。

(16) □□《どん　かん》な人。

(17) □《ろう》下《か》。

(18) □□《かつ　やく》の場。

(19) 地下《ちか》□《けい》。

(20) □□《きゅう　てい》音楽。

天皇や国王の居所で栄えた音楽。

(21) 日本□□《ぶ　よう》。

(22) 豪《ごう》□《か》な食事。

(23) 有名な銘《めい》□《か》を食べる。

(24) □□《えい　り》な刃物《はもの》。

(25) □□《こう　てん》をついて出発する。

# 「目」「禾・禾」「馬」「巾」などのつく漢字

得点
／100点
学習日
月　日

●これまでに学習した「目」のつく漢字

目　直　看　県　省　相　真　眼

◀練習しよう。

| 漢字 | 読み | 部首 | 画数 |
|---|---|---|---|
| 冒 | ボウ　おかす | 目 | 9画 |
| 眠 | ミン　ねむる　ねむい | 目 | 10画 |
| 眺 | チョウ　ながめる | 目 | 11画 |
| 瞬 | シュン　（またたく） | 目 | 18画 |

◀上の漢字を使って用例を完成させよう。

- □《ぼう》険《けん》。□《ぼう》頭《とう》。危険を□《おか》す。
- 睡《すい》□《みん》。冬《とう》□《みん》。居《い》□《ねむ》り。
- □《ちょう》望《ぼう》。山から□《なが》める。
- □《しゅん》間《かん》。□《しゅん》時《じ》。一《いっ》□《しゅん》。

●これまでに学習した「禾・禾」のつく漢字

私　秀　科　秋　秒　租　秘　移　税　程　穀　種　積

| 漢字 | 読み | 部首 | 画数 |
|---|---|---|---|
| 称 | ショウ　— | 禾 | 10画 |
| 秩 | チツ　— | 禾 | 10画 |
| 稲 | トウ　いね　いな | 禾 | 14画 |
| 稿 | コウ　— | 禾 | 15画 |

- 名《めい》□《しょう》。対《たい》□《しょう》。愛《あい》□《しょう》。
- □《ちつ》序《じょ》。社会□《ちつ》序《じょ》。
- 水《すい》□《とう》。□《いね》刈《か》り。□《いな》作《さく》。
- 原《げん》□《こう》。投《とう》□《こう》。寄《き》□《こう》。

**1** ——の漢字の読みがなを書きなさい。（一つ2点）

(1) 筆の穂先。（　　）
(2) 稲刈《か》りの時期。（　　）
(3) 海を眺める。（　　）
(4) 長く眠る。（　　）
(5) 病に冒される。（　　）
(6) 相手を驚かす。（　　）
(7) 野原を駆ける。（　　）
(8) 稲穂が実る。（　　）
(9) 秩序を重んじる。（　　）
(10) 左右対称の図形。（　　）
(11) 水稲の生産高。（　　）
(12) 詩を投稿する。（　　）
(13) 山からの眺望。（　　）
(14) ゴールの瞬間。（　　）
(15) 熊が冬眠する。（　　）
(16) 冒頭の文。（　　）
(17) 新郎新婦。（　　）
(18) 驚異の記録。（　　）
(19) 機械を駆使する。（　　）
(20) 巨大な像。（　　）
(21) 巨額の予算。（　　）
(22) 原稿を書く。（　　）
(23) 愛称で呼ぶ。（　　）
(24) 害虫の駆除。（　　）
(25) 帽子をかぶる。（　　）

## 穂
（スイ）
ほ
禾 15画

稲《いな》□《ほ》。
□《ほ》先《さき》。
□《ほ》波《なみ》。

●これまでに学習した「馬」のつく漢字
馬 駅 験

## 驚
キョウ
おどろく
おどろかす
馬 22画

□《きょう》異《い》。
□《きょう》嘆《たん》。
音に□《おどろ》く。

## 駆
ク
かける
かる
馬 14画

□《く》使《し》。
□《く》除《じょ》。
□《か》け足。

●これまでに学習した「巾」のつく漢字
市 布 帆 希 帰 師 席 帯 常 帳 幕

## 帽
ボウ
―
巾 12画

□《ぼう》子《し》。
学生《がくせい》□《ぼう》。
野球《やきゅう》□《ぼう》。

## 幅
フク
はば
巾 12画

振《しん》□《ぷく》。
全《ぜん》□《ぷく》。
道《みち》□《はば》。

●これまでに学習した「工」のつく漢字
工 左 巧 差

## 巨
キョ
―
工 5画

□《きょ》額《がく》。
□《きょ》大《だい》。
□《きょ》人《じん》。

●これまでに学習した「阝（おおざと）」のつく漢字
邸 郡 郷 都 部 郵

## 郎
ロウ
―
阝 9画

新《しん》□《ろう》。
□《ろう》党《とう》。
太《た》□《ろう》。

**2** □には漢字を、（　）には漢字と送りがなを書きなさい。（一つ2点）

(1) □□《いなほ》。
(2) 麦わら□□《ぼうし》。
(3) よく（　）《ねむる》。
(4) 海を（　）《ながめる》。
(5) 危険を（　）《おかす》。
(6) （　）《かけ》足《あし》。
(7) 妹を（　）《おどろかす》。
(8) 社会□《ちつ》序《じょ》。
(9) 原《げん》□《こう》用紙。
(10) □□《すいとう》の田。
(11) 左右□□《たいしょう》。
(12) □□《とうこう》作品。
(13) 正式□□《めいしょう》。
(14) □《しゅん》間《かん》。
(15) □□《ちょうぼう》がよい。
(16) □□《とうみん》する。
(17) □《いね》刈《か》り。
(18) □□《ぼうけん》の旅。
(19) □□《みちはば》。
(20) 新《しん》□《ろう》の入場。
(21) □□《きょだい》な城。
(22) □□《ぜんぷく》の信頼《しんらい》。
(23) □□《きょがく》の費用。
(24) □□《きょうい》的《てき》な記録。
(25) 技術を□□《くし》する。

# 読み書きチェック 7

得点 ／100点
学習日 月 日

1 ――の漢字の読みがなを書きなさい。（一つ1点）

(1) 悲惨な結末。（　）
(2) 学校までの距離《り》。（　）
(3) お菓子を食べる。（　）
(4) 海が荒れる。（　）
(5) 鋭い考察。（　）
(6) 書棚《しょだな》の哲学書《しょ》。（　）
(7) 巨大な岩。（　）
(8) 帽子をかぶる。（　）
(9) 秩序が乱れる。（　）
(10) 吹奏楽団の演奏。（　）

(11) 怪しい足跡《あしあと》。（　）
(12) 恨み言《ごと》を言う。（　）
(13) 料理を召し上がる。（　）
(14) 怪力の持ち主。（　）
(15) 塩分の含有量《りょう》。（　）
(16) 返り咲きの花。（　）
(17) 鈍感な人。（　）
(18) 感嘆の声をあげる。（　）
(19) 美術鑑賞。（　）
(20) 有名な舞踏家《か》。（　）

(21) 華やかな式典。（　）
(22) 踊りのけいこ。（　）
(23) 悲運を嘆く。（　）
(24) 慌てて片づける。（　）
(25) 砂糖を含む。（　）
(26) 新郎の学友。（　）
(27) ベッドで眠る。（　）
(28) 危険を冒す。（　）
(29) 巨額の財産。（　）
(30) 慎重に行動する。（　）

(31) 吐息を漏《も》らす。（　）
(32) 思いきり叫ぶ。（　）
(33) 吟味した表現。（　）
(34) 心が躍る。（　）
(35) 自然を満喫する。（　）
(36) 法廷での論争。（　）
(37) 驚異のスピード。（　）
(38) 瞬時に判断する。（　）
(39) 稲穂が揺《ゆ》れる。（　）
(40) 山頂から眺める。（　）

(41) 投稿した小説。（　）
(42) はすの地下茎。（　）
(43) 水稲の栽培《さいばい》。（　）
(44) 荒天の空模様。（　）
(45) 白馬が駆ける。（　）
(46) 息を吐く。（　）
(47) 鋭利なナイフ。（　）
(48) 痛恨のエラー。（　）
(49) 画廊の案内。（　）
(50) 縦笛を吹く。（　）

**②** □には漢字を、（ ）には漢字と送りがなを書きなさい。（一つ1点）

(1) 左右［たいしょう］。
(2) （ふみ）台《だい》。
(3) 虫の［くじょ］。
(4) ［げんこう］用紙。
(5) ［とうみん］する。
(6) ［しんちょう］な人。
(7) （あやしい）人。
(8) ［ひさん］な事件。
(9) ［ぼうとう］の一文。
(10) 口笛を（ふく）。

(11) 国会の［しょうしゅう］。
(12) 大声で（さけぶ）。
(13) 筆の［ほさき］。
(14) 和《わ》［がし］。
(15) ［いなさく］農家。
(16) ばらの［くき］。
(17) 山の［ちょうぼう］。
(18) 観客を（おどろかす）。
(19) 不幸を（なげく）。
(20) ［つうこん］のミス。

(21) ［ちつじょ］を保つ。
(22) ［きょだい］ドーム。
(23) 決定的［しゅんかん］。
(24) 民族［ぶよう］。
(25) （するどい）刃物《はもの》。
(26) （あわただしい）休日。
(27) 言葉を（つつしむ）。
(28) 植物［ずかん］。
(29) ［かつやく］した人。
(30) ［みちはば］が広い。

(31) 花が（さく）。
(32) 口に（ふくむ）。
(33) （にぶい）音。
(34) （さとり）の境地。
(35) ［ろうか］を歩く。
(36) ［ぜっきょう］する。
(37) 広場を（かける）。
(38) 様子を（ながめる）。
(39) ［きゅうてい］料理。
(40) ［ぼうし］を取る。

(41) ［しんろう］新婦。
(42) ［かくご］する。
(43) 自己［けいはつ］。
(44) ［てつがく］の本。
(45) 息を（はく）。
(46) 豪《ごう》［か］な花束。
(47) 長い［きょ］離《り》。
(48) ［ぎんみ］する。
(49) ［きっさ］室《しつ》。
(50) 海が（あれる）。

# 「刀・刂」「川・巛」「辶」などのつく漢字

得点　／100点
学習日　月　日

●これまでに学習した「刀・刂」のつく漢字

刀 切 分 刊 列 初 判 別
利 券 刻 刷 制 前 則 副 割 創 劇

▼練習しよう。　▼上の漢字を使って用例を完成させよう。

|  |  |  |  |  |
|---|---|---|---|---|
| 到 | トウ ― | 刂 | 8画 | とう□着《ちゃく》。 とう□達《たつ》。 殺《さっ》とう□。 |
| 削 | サク けずる | 刂 | 9画 | さく□除《じょ》。 鉛筆《えんぴつ》をけず□り。 |
| 剣 | ケン つるぎ | 刂 | 10画 | けん□道《どう》。 真《しん》けん□。 鋭《するど》い つるぎ□。 |

●これまでに学習した「川・巛」のつく漢字

川 州

|  |  |  |  |  |
|---|---|---|---|---|
| 巡 | ジュン めぐる | 巛 | 6画 | じゅん□回《かい》。 じゅん□礼《れい》。 めぐ□り合《あ》い。 |

●これまでに学習した「辶」のつく漢字

辺 近 迎 返 述 逆 送 退 追 迷 造 速 通 連 週 進
運 過 達 道 遊 違 遠 遭 適 遺 選 還

|  |  |  |  |  |
|---|---|---|---|---|
| 逃 | トウ にげる にがす のがす のがれる | 辶 | 9画 | とう□亡《ぼう》。 に□げ出す。 見《み》のが□す。 |
| 途 | ト ― | 辶 | 10画 | 前《ぜん》と□。（行く末。） 用《よう》と□。 と□中《ちゅう》。 |

**1** ―の漢字の読みがなを書きなさい。（一つ2点）

(1) 逃亡する犯人《はんにん》。（　）
(2) 到着時間。（　）
(3) 鉛筆《えんぴつ》を削る。（　）
(4) 出席の皆様。（　）
(5) 友に巡り合《あ》う。（　）
(6) 不正を見逃す。（　）
(7) 影《えい》響を受ける。（　）
(8) 食卓につく。（　）
(9) 遅刻する。（　）
(10) さけの缶詰《づめ》。（　）
(11) 帰る途中。（　）
(12) 夏の避暑地。（　）
(13) 町内を巡回する。（　）
(14) 透き通った水。（　）
(15) 削除する。（　）
(16) 人が殺到する。（　）
(17) 猫《ねこ》が逃げる。（　）
(18) 透視する。（　）
(19) 空《あ》き缶。（　）
(20) 声が響く。（　）
(21) 真剣に話をする。（　）
(22) バスに乗《の》り遅れる。（　）
(23) 兄は、三年間皆勤した。（　）
(24) 遅い時間。（　）
(25) 前途を祝う。（　）

| 透 | 遅 | 避 |
|---|---|---|
| トウ すく すかす すける | チ おくれる おくらす おそい | ヒ さける |
| 辶 10画 | 辶 12画 | 辶 16画 |
| 透透透透透透透透透透 | 遅遅遅遅遅遅遅遅遅遅遅遅 | 避避避避避避避避避避避避避避避避 |
| □《とう》明《めい》。□《とう》視《し》。□《す》ける。 | □《ち》刻《こく》。乗《の》り□《おく》れ。□《おそ》咲《ざ》き。 | □《ひ》難《なん》。□《ひ》暑《しょ》。□《さ》ける。 |

●これまでに学習した「十」のつく漢字

十 千 午 半 協 卒 南 博

| 卓 |
|---|
| タク — |
| 十 8画 |
| 卓卓卓卓卓卓卓卓 |
| 食《しょく》□《たく》。□《たく》上《じょう》。□《たっ》球《きゅう》。 |

●これまでに学習した「白」のつく漢字

白 百 的 皇

| 皆 |
|---|
| カイ みな |
| 白 9画 |
| 皆皆皆皆皆皆皆皆皆 |
| □《かい》勤《きん》。□《かい》無《む》。□《みな》様《さま》。 |

●これまでに学習した「音」のつく漢字

音

| 響 | 缶 |
|---|---|
| キョウ ひびく | カン — |
| 音 20画 | 缶 6画 |
| 響響響響響響響響 | 缶缶缶缶缶缶 |
| 影《えい》□《きょう》。反《はん》□《きょう》。鳴《な》り□《ひび》く。 | 空《あ》き□《かん》。□《かん》詰《づめ》。製《せい》□《かん》。 |

※「缶」のつく漢字は、ここで初めて学習します。

**2** □には漢字を、（　）には漢字と送りがなを書きなさい。（一つ2点）

(1) 見《み》（のがす）。
(2) □《つるぎ》の舞《まい》。
(3) □□《かいきん》賞《しょう》。
(4) 鳴《な》り（ひびく）。
(5) 魚の□《かん》詰《づめ》。
(6) □□《ひなん》訓練。
(7) 乗《の》り（おくれる）。
(8) （めぐり）合《あ》い。
(9) □□《けんどう》部《ぶ》。
(10) 殺《さっ》□《とう》する。
(11) （にげ）出《だ》す。
(12) □《ち》刻《こく》する。
(13) □《たっ》球《きゅう》大会。
(14) □□《みなさま》。
(15) □《さく》除《じょ》する。
(16) □□《ぜんと》多難《たなん》。
(17) 父の影《えい》□《きょう》。
(18) □□《とうちゃく》。
(19) □□《じゅんかい》する。
(20) 人目を（さける）。
(21) 空《あ》き□《かん》。
(22) 国外に□□《とうぼう》する。
(23) □□《ようと》が広い。
(24) 歩くのが（おそい）。
(25) □□《とうめい》な液体。

# 筆順に注意する漢字

▼練習しよう。

| 漢字 | 読み | 部首 | 画数 | 筆順 |
|---|---|---|---|---|
| 与 | ヨ あたえる | 一 | 3画 | 与 与 与 |
| 及 | キュウ およぶ および およぼす | ノ | 3画 | 及 及 及 |
| 互 | ゴ たがい | 二 | 4画 | 互 互 互 互 |
| 厄 | ヤク ― | 厂 | 4画 | 厄 厄 厄 厄 |
| 介 | カイ ― | 人 | 4画 | 介 介 介 介 |
| 冗 | ジョウ ― | 冖 | 4画 | 冗 冗 冗 冗 |
| 戒 | カイ いましめる | 戈 | 7画 | 戒 戒 戒 戒 戒 戒 戒 |
| 寿 | ジュ ことぶき | 寸 | 7画 | 寿 寿 寿 寿 寿 寿 寿 |
| 奔 | ホン ― | 大 | 8画 | 奔 奔 奔 奔 奔 奔 奔 奔 |

▼上の漢字を使って用例を完成させよう。

- 与：授《じゅ》□《よ》。　関《かん》□《よ》。　分け□《あた》え。
- 及：追《つい》□《きゅう》。（追いせめること。）　普《ふ》□《きゅう》。　害が□《およ》ぶ。
- 互：□《ご》角《かく》。　相《そう》□《ご》。　お□《たが》い。
- 厄：□《やく》年《どし》。　□《やっ》介《かい》。　災《さい》□《やく》。
- 介：紹《しょう》□《かい》。　□《かい》入《にゅう》。　□《かい》護《ご》。
- 冗：□《じょう》談《だん》を言う。　□《じょう》長《ちょう》。
- 戒：警《けい》□《かい》する。　己《おのれ》を□《いまし》める。
- 寿：□《じゅ》命《みょう》。　長《ちょう》□《じゅ》。　□《ことぶき》。
- 奔：□《ほん》走《そう》する。　自由□《ほん》放《ぽう》。

**1** ―の漢字の読みがなを書きなさい。（一つ2点）

(1) お互いに謝《あやま》る。（　　）
(2) 栄冠に輝《かがや》く。（　　）
(3) 切り離す。（　　）
(4) 責任の追及。（　　）
(5) 生徒を戒める。（　　）
(6) 冠をかぶる。（　　）
(7) 駅までの距離。（　　）
(8) 水を与える。（　　）
(9) 紫色の花。（　　）
(10) 厄介な仕事。（　　）
(11) 役職を兼ねる。（　　）
(12) 寿の祝い。（　　）
(13) 冗長な文章。（　　）
(14) 父親の権威。（　　）
(15) 幽閉期間。（　　）
(16) 賞状を授与する。（　　）
(17) 自由奔放。（　　）
(18) 厳重な警戒。（　　）
(19) 席を譲る。（　　）
(20) 互角の戦い。（　　）
(21) 夏の紫外線。（　　）
(22) 暇になる。（　　）
(23) 試合が三時間にも及ぶ。（　　）
(24) 譲歩を求める。（　　）
(25) 病気の治療。（　　）

得点　／100点

学習日　月　日

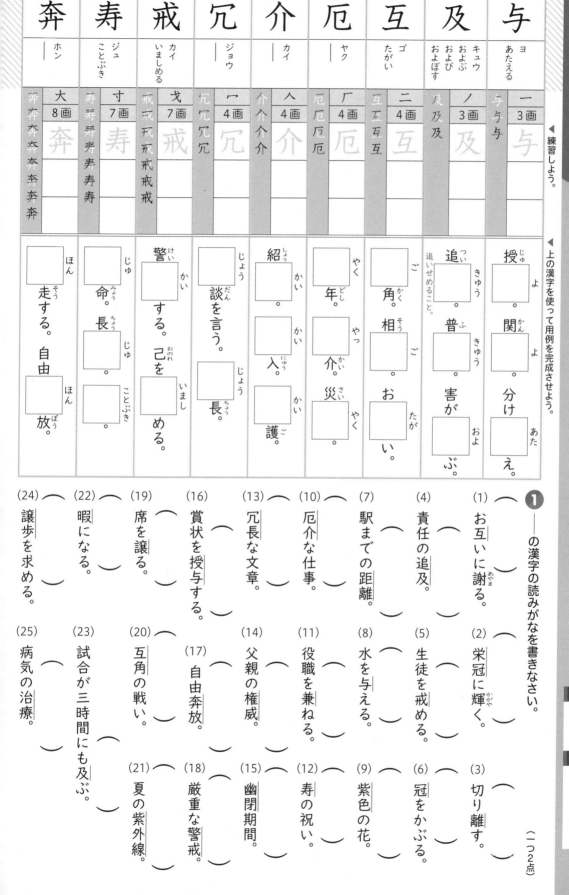

| 漢字 | 冠 | 幽 | 威 | 兼 | 紫 | 暇 | 療 | 離 | 譲 |
|---|---|---|---|---|---|---|---|---|---|
| 読み | カン かんむり | ユウ ― | イ ― | ケン かねる | シ むらさき | カ ひま | リョウ ― | リ はなれる はなす | ジョウ ゆずる |
| 部首 | 冖 | 幺 | 女 | 八 | 糸 | 日 | 疒 | 隹 | 言 |
| 画数 | 9画 | 9画 | 9画 | 10画 | 12画 | 13画 | 17画 | 19画 | 20画 |

冠：栄《えい》□《かん》。 王《おう》□《かん》。 王の□《かんむり》。

幽：□《ゆう》霊《れい》。 □《ゆう》閉《へい》。（一室に閉じこめること。） □《ゆう》玄《げん》。

威：□《い》力《りょく》。 □《い》厳《げん》。 権《けん》□《い》。

兼：□《けん》任《にん》。 職務を□《か》ねる。

紫：□《し》外線《がいせん》。 □《し》紺《こん》。 □《むらさき》色《いろ》。

暇：休《きゅう》□《か》。 寸《すん》□《か》。 □《ひま》つぶし。

療：医《い》□《りょう》。 治《ち》□《りょう》。 □《りょう》養《よう》。

離：距《きょ》□《り》。 □《り》陸《りく》。 切り□《はな》す。

譲：□《じょう》歩《ほ》。 謙《けん》□《じょう》。 席を□《ゆず》る。

**2** □には漢字を、〔 〕には漢字と送りがなを書きなさい。（一つ2点）

(1) 広く普《ふ》□《きゅう》する。
(2) 王の□《かんむり》。
(3) 球の□《い》力《りょく》。
(4) □《ほん》□《そう》する。
(5) 謙《けん》□《じょう》語《ご》。
(6) 席を〔 〕《ゆずる》。
(7) 平均□《じゅ》□《みょう》。
(8) □《ご》角《かく》の力。
(9) 栄《えい》□《かん》に輝《かがや》く。
(10) 水を〔 〕《あたえる》。
(11) □《ゆう》霊船《れいせん》。
(12) 目を〔 〕《はなす》。
(13) □《じょう》□《だん》を言う。
(14) 長《ちょう》□《きょ》□《り》。
(15) 休《きゅう》□《か》届《とどけ》。
(16) □《けい》□《かい》する。
(17) 男女□《けん》用《よう》。
(18) □《じゅ》□《よ》式《しき》。
(19) お〔 〕《たがい》さま。
(20) 役を〔 〕《かねる》。
(21) □《むらさき》色《いろ》。
(22) □《やっ》□《かい》な問題。
(23) 工事が深夜に〔 〕《およぶ》。
(24) いたずらを〔 〕《いましめる》。
(25) 地域の□《い》□《りょう》機関。

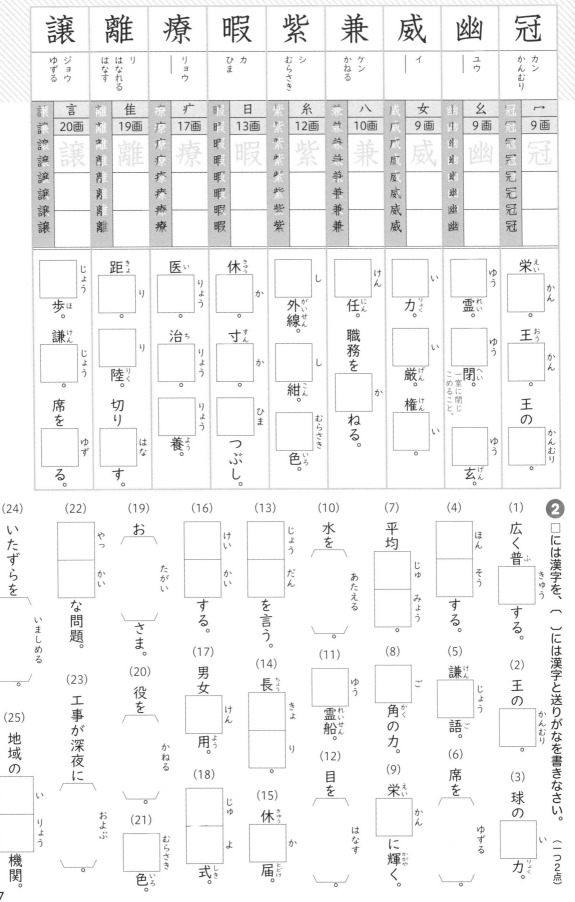

# 読み書きチェック 8

得点
／100点
学習日
月
日

**1** ——の漢字の読みがなを書きなさい。（一つ1点）

(1) 石油の用途。
(2) 店内を巡回する。
(3) 資金集めに奔走する。
(4) 互角に戦う。
(5) 幽霊《れい》の正体。
(6) 権威のある賞。
(7) 目的に到達する。
(8) 皆無に近い。
(9) 距離が近い。
(10) 卓上の時計。

(11) 真剣な顔つき。
(12) 政府が介入する。
(13) 勲章《くんしょう》を授与する。
(14) 冗談を言って笑う。
(15) 遅い時間。
(16) 友人が遅刻する。
(17) 警戒を解く。
(18) 順番を譲る。
(19) 紫のスカーフ。
(20) 逃亡を阻止《そし》する。

(21) 鉛筆《えんぴつ》削り。
(22) 三年に及ぶ制作。
(23) 透けて見える。
(24) 世界一の栄冠。
(25) 透明な容器。
(26) 災難を逃れる。
(27) お互いに励《はげ》む。
(28) 紫外線を防ぐ。
(29) 人目を避ける。
(30) 責任を追及する。

(31) 席を離れる。
(32) 相手に譲歩する。
(33) 栄誉《えいよ》を与える。
(34) 巡り合わせ。
(35) 文鳥が逃げ出す。
(36) 争いを避ける。
(37) 影《えい》響力《りょく》が大きい。
(38) 来年、父は厄年だ。
(39) 流行に乗り遅れる。
(40) 皆様にお礼を言う。

(41) 避難訓練。
(42) 季節が巡る。
(43) 作業の途中。
(44) 雷鳴《らいめい》が響き渡《わた》る。
(45) 空き缶を拾う。
(46) 遅咲《ざ》きの桜。
(47) 暇な時間。
(48) 机の間を離す。
(49) 王様の冠。
(50) 戒めを守る。

## 2 □には漢字を、〔　〕には漢字と送りがなを書きなさい。（一つ1点）

(1) 外に〔　〕《にげる》。

(2) 黄金の□《かんむり》。

(3) 荒《あら》〔　〕《けずり》の板。

(4) 〔　〕《めぐり》合う。

(5) □□《むらさきいろ》の花。

(6) □□《ちょうじゅ》の国。

(7) 〔　〕《いましめ》の言葉。

(8) 賞の□□《じゅよ》。

(9) □□《じょうだん》を言う。

(10) 影《えい》□《きょう》する。

(11) □□《とうちゃく》時刻。

(12) □□《やくどし》の人。

(13) 職務を〔　〕《かねる》。

(14) □□《ちこく》する。

(15) お〔　〕《たがい》の家。

(16) 聞き〔　〕《のがす》。

(17) 〔　〕《すき》通る。

(18) 責任の□□《ついきゅう》。

(19) 乗り〔　〕《おくれる》。

(20) □□《いりょく》を保つ。

(21) □□《さくじょ》する。

(22) 夏期□□《きゅうか》。

(23) □《ひま》な時間。

(24) えさを〔　〕《あたえる》。

(25) □《つるぎ》の舞《まい》。

(26) 自己□□《しょうかい》。

(27) □□《じゅんかい》公演。

(28) □□《とうめい》な水。

(29) □□《けいかい》心《しん》。

(30) 老人□□《かいご》。

(31) □□《りりく》態勢。

(32) 先進□□《いりょう》。

(33) 各地に〔　〕《およぶ》。

(34) 男女□□《けんよう》。

(35) □□《えいかん》に輝《かがや》く。

(36) □□《しょくたく》を囲む。

(37) □□《とうぼう》する。

(38) □□《ごかく》の勝負。

(39) □□《ようと》が広い。

(40) □□《みなさま》に会う。

(41) 明るい□□《ぜんと》。

(42) 声が〔　〕《ひびく》。

(43) 空《あ》き□《かん》。

(44) 〔　〕《おそく》なる。

(45) 自由□□《ほんぽう》。

(46) □□《さっとう》する。

(47) 席を〔　〕《はなれる》。

(48) □□《ゆうへい》の罰《ばつ》。

(49) □□《かいきん》賞《しょう》。

(50) □□《ひなん》訓練。

# テスト 4

得点　／100点
学習日　月　日

**1** ——の漢字の読みがなを書きなさい。（一つ1点／18点）

(1) ① 覚悟して臨《のぞ》む。（　　）　② 悟りを開く。（　　）

(2) ① 山頂からの眺望。（　　）　② 富士山《ふじさん》を眺める。（　　）

(3) ① 仮眠をとる。（　　）　② 眠い顔をする。（　　）

(4) ① 吹奏楽部に入る。（　　）　② 口笛を吹く。（　　）

(5) ① 感嘆符《ふ》を使う。（　　）　② 環境《かんきょう》破壊《はかい》を嘆く。（　　）

(6) ① 鉄の含有量《りょう》が多い。（　　）　② 口に水を含む。（　　）

(7) ① 必死で逃走する。（　　）　② 犬が逃げ回《まわ》る。（　　）　③ チャンスを逃す。（　　）

(8) ① 十分遅刻する。（　　）　② 一人だけ出遅れる。（　　）　③ 遅咲《ざ》きの桜。（　　）

**2** 次の漢字の総画数を書きなさい。（一つ1点／8点）

例 称（10）

(1) 巡（　　）　(2) 恨（　　）　(3) 与（　　）　(4) 厄（　　）　(5) 華（　　）　(6) 幽（　　）　(7) 響（　　）　(8) 瞬（　　）

**3** 次の漢字の部首を書きなさい。（一つ2点／16点）

例 吟（口）

(1) 剣（　　）　(2) 奔（　　）　(3) 紫（　　）　(4) 召（　　）　(5) 冗（　　）　(6) 卓（　　）　(7) 稿（　　）　(8) 駆（　　）

**4** 筆順の正しいものの記号を、○で囲みなさい。（一つ2点／8点）

(1) 互
ア 一 工 互 互
イ 一 丅 工 互 互

(2) 巨
ア 一 匚 巨 巨
イ 丨 ┌ 戸 巨 巨

(3) 及
ア 一 フ ろ 乃 及
イ 一 フ 乃 及
ウ ノ 乃 及

(4) 幽
ア 幺 幺 幺幺 幽
イ 丨 山 山 凶 幽
ウ 丨 幺 幺 幺幺 幽

**5** □に漢字を書きなさい。 （一つ2点／32点）

(1)
① 月末は□《あわ》ただしい。
② 海が□《あ》れる。

(2)
① □《ろう》下《か》の窓をふく。
② 新《しん》□《ろう》のあいさつ。

(3)
① □《ぼう》険《けん》小説。
② □《ぼう》子《し》をかぶる。

(4)
① 拝《はい》□《けい》で書き出す。
② □《てつ》学《がく》の本。

(5)
① 街中を警《けい》□《かい》する。
② □《い》力《りょく》を発揮する。

(6)
① □《ね》も葉もない話。
② □《うら》みを晴らす。

(7)
① 駅までの□《きょ》離《り》。
② 縄文杉《じょうもんすぎ》の□《きょ》木《ぼく》。

(8)
① 記録に□《ちょう》戦《せん》する。
② □《ちょう》望《ぼう》がよい場所。

**6** 次の読み方をする漢字を□に書きなさい。 （一つ1点／18点）

(1) カイ
① 友人を紹《しょう》□する。
② 夜の警《けい》□。
③ □無《む》に近い確率。
④ □物《ぶつ》が現れる。

(2) ト
① □息《いき》が漏《も》れる。
② □装《そう》の工事。
③ 登校の□中《ちゅう》で会う。
④ □航《こう》の手続き。

(3) トウ
① 水《すい》□の田。
② 前人未《み》□の快挙。
③ 群衆が殺《さっ》□する。
④ □明《めい》な容器。
⑤ 犯人《はんにん》が□亡《ぼう》する。

(4) おど(る)
① 胸が□る。
② サンバを□る。

(5) キョウ
① 絶《ぜっ》□マシンに乗る。
② □異《い》的《てき》な記録。
③ 状《じょう》□が変わる。

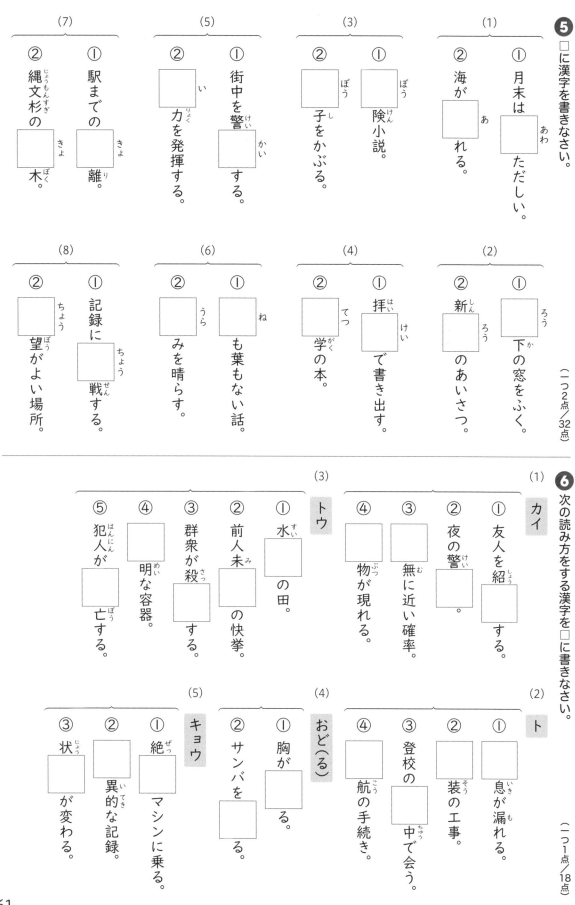

# 同音異字・同訓異字・字形の似た漢字

**1** □に漢字を書きなさい。（一つ2点／32点）

(1)
① 額に□《あせ》して働く。
② みそ□《しる》を飲む。

(2)
① □《か》子《し》パンを買う。
② ひなが□《す》立《だ》つ。

(3)
① 国民栄《えい》□《よ》賞《しょう》。
② 姉の□《きょ》式《しき》が近い。

(4)
① 福引きの□《ちゅう》選《せん》。
② ボタンを□《お》す。

(5)
① 睡《すい》□《みん》時間が少ない。
② 近《きん》□《がん》用《よう》の眼鏡。

(6)
① □《あぶ》ない場所。
② □《やっ》介《かい》な事件。

(7)
① 道路の分《ぶん》□《き》点《てん》。
② 三つの選択《せんたく》□《し》。

(8)
① 頂上を□《あお》ぐ。
② 出荷を□《よく》制《せい》する。

**2** 次の読み方をする漢字を□に書きなさい。（一つ2点／32点）

(1) ソ
① 行く手を□止《し》する。
② □品《しな》を贈呈《ぞうてい》する。

(2) あと
① 父の□を継《つ》ぐ。
② □回《まわ》しにする。

(3) キョ
① 申し出を□否《ひ》する。
② 長《ちょう》□離《り》トラック。

(4) の(びる)
① 学力が□びる。
② 出発の日が□びる。

(5) イ
① □業《ぎょう》を成し遂《と》げる。
② ルール□反《はん》。

(6) こ(える)
① 一万円を□える。
② 峠《とうげ》を□える。

(7) カン
① 伯父《おじ》が□暦《れき》を迎《むか》える。
② 住みよい□境《きょう》。

(8) おど(る)
① 手をつないで□る。
② 胸が□る。

得点
／100点

学習日
月
日

**3** □に漢字を書きなさい。

（一つ1点／12点）

(1)
① □《き》節《せつ》の変わり目。
② 彼《かれ》は□《しゅう》才《さい》だ。
③ □《い》任状《にんじょう》を渡《わた》す。

(2)
① □《こう》水《ずい》を防ぐ堤防《ていぼう》。
② □《しぶ》いお茶。
③ □《はま》風《かぜ》が強い。

(3)
① 高校に合《ごう》□《かく》する。
② 連《れん》□《らく》船《せん》に乗る。
③ ゲームを攻《こう》□《りゃく》する。

(4)
① 結婚式《けっこんしき》の□《しょう》待状《たいじょう》。
② □《ぬま》地《ち》が広がる。
③ 父母を□《しょう》介《かい》する。

**4** 次の読み方をする漢字を□に書きなさい。

（一つ1点／12点）

(1) フ
① 金網《かなあみ》が□食《しょく》する。
② 塗料《とりょう》が□着《ちゃく》する。
③ 終止《しゅうし》□を打つ。

(2) か（ける）
① つり橋を□ける。
② 馬が野原を□ける。
③ 命を□ける。

(3) ボウ
① 皮下脂《し》□。
② 走者を□害《がい》する。
③ □績《せき》工場の機械。

(4) と（く）
① 謎《なぞ》を□く。
② 絵の具を□く。
③ 教えを□く。

**5** 使い方をまちがっている漢字に──を引き、右側に正しい漢字を書きなさい。

（一字1点／12点）

例 先週末《せんしゅうまつ》、花瓶《かびん》の置《お》き場所《ばしょ》を映《うつ》した。 末 移

(1) 房《かた》がこったので、長時間入俗《ちょうじかんにゅうよく》して塩《あたた》める。

(2) 弟《おとうと》が部括中《ぶかつちゅう》にけがをしたので、族行《りょこう》は来月《らいげつ》に延期《えんき》した。

(3) 伐群《ばつぐん》の成績《せいせき》で優勝《ゆうしょう》し、自国《じこく》の国旗《こっき》が挙《あ》がる。

(4) 誕生日《たんじょうび》のお祝《いわ》いに、素滴《すてき》な送《おく》り物《もの》をもらう。

(5) 家族《かぞく》で、隣《となり》の県《けん》にある挑望《ちょうぼう》のすばらしい宿《やど》に止《と》まる。

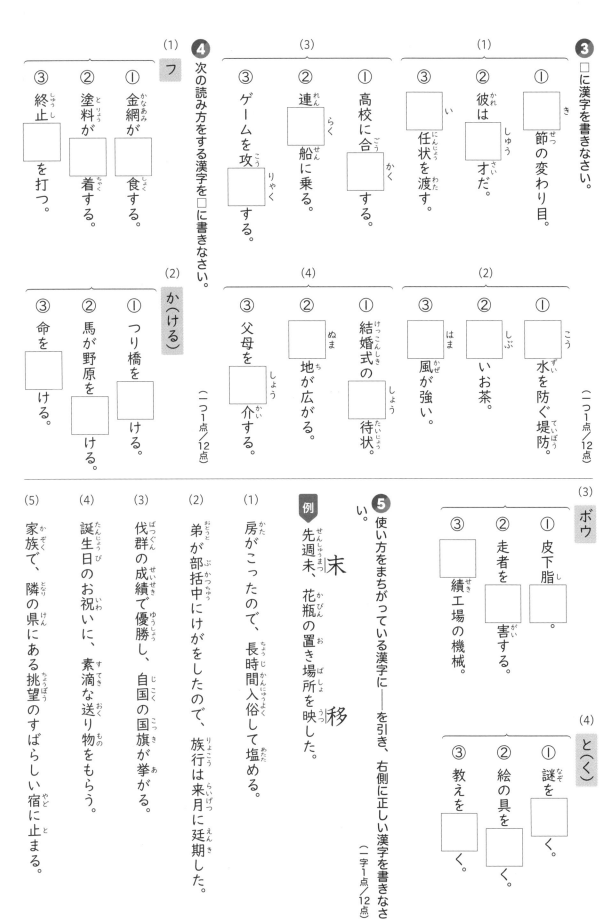

# 対義語と類義語・同音異義語

得点 ／100点
学習日 月 日

**1** 次の熟語の対義語を□から選んで、漢字で書きなさい。（一つ1点／10点）

例 就寝《しゅうしん》 ↕ 起床

(1) 開始 ↕ □□

(2) 実在 ↕ □□

(3) 統一 ↕ □□

(4) 促進《そくしん》 ↕ □□

(5) 具体 ↕ □□

きしょう・ぶんれつ・よくせい
ちゅうしょう・しゅうりょう・かくう

**2** 次の熟語の類義語を□から選んで、漢字で書きなさい。（一つ1点／10点）

例 帰郷 ― 帰省

(1) 専心 ― □□

(2) 不意 ― □□

(3) 前兆 ― □□

(4) 委細 ― □□

(5) 薄情《はくじょう》 ― □□

きせい・れいたん・とつぜん
ちょうこう・ぼっとう・しょうさい

**3** 次の熟語の対義語を作ります。□に合う漢字を書きなさい。また、（ ）に読みがなを書きなさい。（一つ1点／18点）

(1) 適法（　　） ↕ □法（　　）

(2) 横断（　　） ↕ □断（　　）

(3) 楽勝（　　） ↕ □勝（　　）

(4) 就任（　　） ↕ □任（　　）

(5) 清流（　　） ↕ □流（　　）

(6) 優勢（　　） ↕ □勢（　　）

**4** 次の熟語の類義語を作ります。□に合う漢字を、□から選んで書きなさい。（一つ2点／12点）

(1) 対等 ― □角

(2) 技量 ― 手□

(3) 光栄 ― 名□

(4) 絶無 ― □無

(5) 栄養 ― □養

(6) 冷静 ― □着

誉・挑・沈・互・浮・皆・腕・倒・滋

**5** 次の文に合う熟語を◯で囲みなさい。（一つ2点／10点）

(1) 台風の｛進路・針路｝が、東にそれる。

(2) 捕《つか》まえた犯人の余罪を｛追及・追求｝する。

(3) 連日の猛練習《もうれんしゅう》で｛披露・疲労｝がたまる。

(4) バスと電車が｛平行・並行｝して走る。

(5) 左右の客席を｛対象・対称｝になるように配置する。

**6** 次の読み方をする熟語を書きなさい。（一つ2点／16点）

(1) ユウシュウ

① □□の美を飾《かざ》り、引退する。

② □□な成績で卒業する。

(2) セイコウ

① 実験が□□する。

② □□なからくり時計を作る。

(3) ホショウ

① 父が、おいの身元を□□する。

② 台風による損害を□□する。

(4) ヒョウハク

① 日本じゅうを□□して歩く。

② 薬品で白い布きんを□□する。

**7** 使い方をまちがっている熟語に——を引き、右側に正しい熟語を書きなさい。（一つ3点／24点）

例 荷物《にもつ》は以外《いがい》（意外）に軽《かる》かったので、生徒《せいと》だけで異動《いどう》（移動）した。

(1) 八月一日《はちがつついたち》は朝六時《あさろくじ》に気象《きしょう》して、町内《ちょうない》の正装《せいそう》をする。

(2) 父《ちち》が幼少《ようしょう》のころから進行《しんこう》がある友人《ゆうじん》を、家族《かぞく》に照会《しょうかい》した。

(3) 雑誌《ざっし》に寄港《きこう》した作品《さくひん》が出版《しゅっぱん》され、後《のち》に不休《ふきゅう》の名作《めいさく》となった。

(4) 民俗間《みんぞくかん》の紛争《ふんそう》を収《おさ》めるという遺業《いぎょう》を成《な》し遂《と》げようとする。

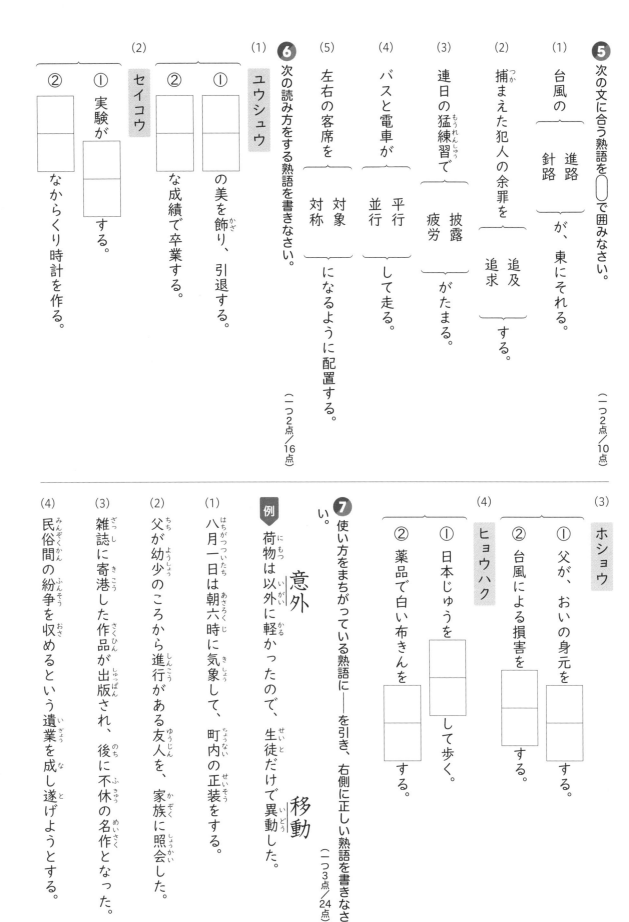

# 入試によく出る漢字

**1** ――の漢字の読みがなを書きなさい。（一つ1点）

(1) 額に汗が光る。（　）
(2) 体裁が悪い。（　）
(3) 不便を強いる。（　）
(4) 洋品店を営む。（　）
(5) 工夫して作る。（　）
(6) 美しい絵画。（　）
(7) お寺の境内。（　）
(8) 気配を感じる。（　）
(9) 箱の中を探る。（　）
(10) 成長が著しい。（　）

(11) 類似した商品。（　）
(12) 優《やさ》しい口調。（　）
(13) 納得がいく。（　）
(14) 率直な意見。（　）
(15) 家具の傷み。（　）
(16) 夕食の支度。（　）
(17) 朗らかに笑う。（　）
(18) ヨットを操る。（　）
(19) 快い風。（　）
(20) 困惑した表情。（　）

(21) 根拠のない話。（　）
(22) 損害を被る。（　）
(23) 輪島《わじま》塗りの漆器。（　）
(24) 滑らかな肌《はだ》ざわり。（　）
(25) 光沢のある金属。（　）
(26) 眠気《ねむけ》を催す。（　）
(27) 日本舞踊を習う。（　）
(28) 寝坊《ねぼう》して慌てる。（　）
(29) 旅を満喫する。（　）
(30) 申し出を拒む。（　）

(31) 金策に奔走する。（　）
(32) 星空を仰ぐ。（　）
(33) 抑揚をつける。（　）
(34) 記録に挑む。（　）
(35) 名所を巡る。（　）
(36) 資源が乏しい。（　）
(37) 材料を吟味する。（　）
(38) 澄んだ川の水。（　）
(39) 雰囲気が良い。（　）
(40) 人ごみに紛れる。（　）

(41) 眠《ねむ》りを妨げる。（　）
(42) 怠惰な生活。（　）
(43) 茂《しげ》みに潜む。（　）
(44) 素朴な疑問。（　）
(45) 厄介な問題。（　）
(46) 制限を緩和する。（　）
(47) 波間に漂う。（　）
(48) 眺めのよい部屋。（　）
(49) 休憩をとる。（　）
(50) 注意を促す。（　）

得点
／100点
学習日
月　日

**2** □には漢字を、（　）には漢字と送りがなを書きなさい。（一つ1点）

(1) □《むね》を躍《おど》らせる。
(2) □□《こしょう》した車。
(3) 説明を（　　）《おぎなう》。
(4) 城を（　　）《きずく》。
(5) □□《こんなん》な問題。
(6) 水滴《すいてき》が（　　）《たれる》。
(7) □□《めんみつ》な計画。
(8) （　　）《きびしい》寒さ。
(9) 商品の□□《かち》。
(10) 荷物を（　　）《あずける》。

(11) 天然□□《しげん》。
(12) 実験を（　　）《こころみる》。
(13) 生活□□《しゅうかん》。
(14) 両親と（　　）《くらす》。
(15) □□《おうふく》の時間。
(16) 友人を（　　）《まねく》。
(17) □□《かんたん》な料理。
(18) 荷物が（　　）《とどく》。
(19) 事業の□□《てんかい》。
(20) 体を（　　）《ささえる》。

(21) お湯を（　　）《あびる》。
(22) 進化の□□《かてい》。
(23) □□《ふくざつ》な形。
(24) □□《たいしょう》的な性格。
(25) □□《きかい》を逃《のが》す。
(26) □□《はっき》する。
(27) □□《ようい》に知る。
(28) 細かく（　　）《きざむ》。
(29) □□《たいしょう》年齢《ねんれい》。
(30) □□《せいけつ》に保つ。

(31) □□《きけん》な場所。
(32) □□《せんもん》家の話。
(33) 科学の□□《りょういき》。
(34) □□《こうふん》する。
(35) □□《けいこう》と対策。
(36) □□《ぼうけん》の旅。
(37) □□《ちつじょ》を乱す。
(38) □□《くし》する。
(39) 試合に（　　）《のぞむ》。
(40) □□《かんきょう》保全。

(41) □□《はいじょ》する。
(42) □□《たいざい》期間。
(43) 状況《じょうきょう》の□□《はあく》。
(44) □□《とくちょう》的《てき》な声。
(45) 決定的□□《しゅんかん》。
(46) □□《ばくぜん》とする。
(47) 音楽□□《かんしょう》。
(48) 友人の□□《しょうかい》。
(49) 論より□□《しょうこ》。
(50) 問題の□□《してき》。

# 常用漢字表 二一三六字

＊この表は、「常用漢字表」を、五十音順に配列したものです。
＊漢字の上の数字は、本文での初出ページを示しています。
＊複数の字形が通用している漢字については、（ ）を用いて二通りの字形を示しています。
＊漢字の下のかたかなは音、ひらがなは訓（赤字は送りがな）を示しています。
●は小学校で習った漢字の中学校で学習する音訓を示しています。
（ ）は中学校では学習しなくてよい音訓を示しています。

| 初出 | 漢字 | 読み |
|---|---|---|
| | **あ** | |
| | 亜 | ア |
| | 哀 | アイ あわれ あわれむ |
| | 挨 | アイ |
| 32 | 愛 | アイ |
| | 曖 | アイ |
| 7 | 悪 | アク （オ） わるい |
| 131 | 握 | アク にぎる |
| 27 | 圧 | アツ |
| 130 | 扱 | あつかう |
| | 宛 | あてる |
| 95 | 嵐 | あらし |
| 42 | 安 | アン やすい |
| 30 | 案 | アン |
| 7 | 暗 | アン くらい |
| | **い** | |
| 24 | 以 | イ |
| 56 | 衣 | イ ●ころも |
| 24 | 位 | イ くらい |
| 48 | 囲 | イ かこむ かこう |
| 18 | 医 | イ |
| 136 | 依 | イ （エ） |
| 45 | 委 | イ ゆだねる |
| 157 | 威 | イ |
| | 為 | イ |
| | 畏 | イ おそれる |
| 19 | 胃 | イ |
| | 尉 | イ |
| 37 | 異 | イ こと |
| 31 | 移 | イ うつる うつす |
| | 萎 | イ なえる |
| 104 | 偉 | イ えらい |
| | 椅 | イ |
| | 彙（彙） | イ |
| 32 | 意 | イ |
| 104 | 違 | イ ちがう ちがえる |
| | 維 | イ |
| | 慰 | イ なぐさめる なぐさむ |
| 83 | 遺 | イ ●ユイ |
| 104 | 緯 | イ |
| 12 | 域 | イキ |
| 8 | 育 | イク そだつ そだてる はぐくむ |
| 4 | 一 | イチ イツ ひと ひとつ |
| | 壱 | イチ |
| | 逸 | イツ |
| 52 | 茨 | いばら |
| 94 | 芋 | いも |
| 49 | 引 | イン ひく ひける |
| 51 | 印 | イン しるし |
| 48 | 因 | イン （よる） |
| | 咽 | イン |
| | 姻 | イン |
| 31 | 員 | イン |
| 12 | 院 | イン |
| | 淫（淫） | イン （みだら） |
| | 陰 | イン かげ かげる |
| 44 | 飲 | イン のむ |
| | 隠 | イン かくす かくれる |
| | 韻 | イン |
| | **う** | |
| 6 | 右 | ウ ユウ みぎ |
| 42 | 宇 | ウ |
| 69 | 羽 | ●ウ は はね |
| 15 | 雨 | ウ あめ あま |
| | 唄 | うた |
| | 鬱 | ウツ |
| | 畝 | うね |
| 119 | 浦 | うら |
| 13 | 運 | ウン はこぶ |
| 15 | 雲 | ウン くも |
| | **え** | |
| 26 | 永 | エイ ながい |
| 26 | 泳 | エイ およぐ |
| 8 | 英 | エイ |
| 80 | 映 | エイ うつる うつす ●はえる |
| 30 | 栄 | エイ さかえる （はえ） （はえる） |
| 43 | 営 | エイ いとなむ |
| | 詠 | エイ （よむ） |
| | 影 | エイ かげ |
| 149 | 鋭 | エイ するどい |
| 48 | 衛 | エイ |
| 21 | 易 | エキ イ やさしい |
| | 疫 | エキ （ヤク） |
| 48 | 益 | エキ （ヤク） |
| 27 | 液 | エキ |
| 13 | 駅 | エキ |
| | 悦 | エツ |
| 115 | 越 | エツ こす こえる |
| | 謁 | エツ |
| | 閲 | エツ |
| 6 | 円 | エン まるい |
| 38 | 延 | エン のびる のべる のばす |
| 27 | 沿 | エン そう |
| 92 | 炎 | エン ほのお |
| | 怨 | （エン） オン |
| | 宴 | エン |
| 73・53 | 媛 | ●エン |
| 129 | 援 | エン |
| 61 | 園 | エン ●その |
| | 煙 | エン けむる けむり けむい |
| | 猿 | エン さる |
| 38 | 遠 | エン （オン） とおい |
| 94 | 鉛 | エン なまり |
| 27 | 塩 | エン しお |
| 27 | 演 | エン |
| | 縁 | エン ふち |
| | 艶 | （エン） つや |
| | **お** | |
| 118 | 汚 | オ （けがす） （けがれる） （けがらわしい） よごす よごれる きたない |
| 18 | 王 | オウ |
| | 凹 | オウ |
| 49 | 央 | オウ |
| 32 | 応 | オウ こたえる |
| 25 | 往 | オウ |
| 130 | 押 | （オウ） おす おさえる |
| | 旺 | オウ |
| | 欧 | オウ |
| | 殴 | （オウ） なぐる |
| 15 | 桜 | （オウ） さくら |
| | 翁 | オウ |
| | 奥 | （オウ） おく |
| 6 | 横 | オウ よこ |
| 52 | 岡 | おか |
| 39 | 屋 | オク や |
| 4 | 億 | オク |
| 141 | 憶 | オク |
| | 臆 | オク |
| | 虞 | おそれ |
| | 乙 | オツ |
| | 俺 | おれ |
| | 卸 | おろす おろし |
| 59 | 音 | オン ●イン おと ね |
| 32 | 恩 | オン |
| 7 | 温 | オン あたたか あたたかい あたたまる あたためる |
| | 穏 | オン おだやか |
| | **か** | |
| 60 | 下 | カ ゲ した しも ●もと さげる さがる くだる くだす くださる おろす おりる |
| 69 | 化 | カ ●ケ ばける ばかす |
| 4 | 火 | カ ひ （ほ） |
| 44 | 加 | カ くわえる くわわる |
| 31 | 可 | カ |
| 73 | 仮 | カ ●ケ かり |
| 65 | 何 | ●カ なに なん |
| 14 | 花 | カ はな |
| 136 | 佳 | カ |
| 25 | 価 | カ （あたい） |
| 30 | 果 | カ はたす はてる はて |
| 27 | 河 | カ かわ |
| | 苛 | カ |
| 8 | 科 | カ |
| 132 | 架 | カ かける かかる |
| 69 | 夏 | カ ●ゲ なつ |
| 12 | 家 | カ ケ いえ や |
| 83 | 荷 | ●カ に |
| 148 | 華 | カ （ケ） はな |
| 148 | 菓 | カ |
| 36 | 貨 | カ |
| | 渦 | （カ） うず |
| 5 | 過 | カ すぎる すごす （あやまつ） （あやまち） |
| | 嫁 | （カ） よめ とつぐ |
| 157 | 暇 | カ ひま |
| | 禍 | カ |
| | 靴 | （カ） くつ |
| | 寡 | カ |
| 8 | 歌 | カ うた うたう |
| | 箇 | カ |
| | 稼 | （カ） かせぐ |
| 21 | 課 | カ |
| 95 | 蚊 | か |
| | 牙（牙） | （ガ） ゲ きば |
| | 瓦 | （ガ） かわら |
| 75 | 我 | ガ われ ●わ |
| 37 | 画 | ガ カク |
| 14 | 芽 | ガ め |
| 52 | 賀 | ガ |
| | 雅 | ガ |
| 139 | 餓 | ガ |
| 156 | 介 | カイ |
| 48 | 回 | カイ （エ） まわる まわす |
| 67 | 灰 | ●カイ はい |
| 8 | 会 | カイ （エ） あう |
| 32 | 快 | カイ こころよい |
| 156 | 戒 | カイ いましめる |
| 37 | 改 | カイ あらためる あらたまる |
| 146 | 怪 | カイ あやしい あやしむ |
| | 拐 | カイ |
| | 悔 | カイ くいる くやむ くやしい |
| 26 | 海 | カイ うみ |
| 37 | 界 | カイ |
| 155 | 皆 | カイ みな |
| 30 | 械 | カイ |
| 20 | 絵 | カイ エ |
| 48 | 開 | カイ ひらく ひらける あく あける |
| 36 | 階 | カイ |
| | 塊 | カイ かたまり |
| | 楷 | カイ |
| 9 | 解 | カイ （ゲ） とく とかす とける |
| | 潰 | カイ つぶす つぶれる |
| | 壊 | カイ こわす こわれる |
| | 懐 | カイ （ふところ） （なつかしい） （なつかしむ） （なつく） （なつける） |
| | 諧 | カイ |
| 14 | 貝 | かい |
| 65 | 外 | ガイ ●ゲ そと ほか はずす はずれる |
| | 劾 | ガイ |
| 42 | 害 | ガイ |
| | 崖 | ガイ がけ |
| 120 | 涯 | ガイ |
| 77 | 街 | ガイ ●カイ まち |
| | 慨 | ガイ |
| | 蓋 | ガイ ふた |
| | 該 | ガイ |
| | 概 | ガイ |
| | 骸 | ガイ |
| 94 | 垣 | かき |
| 95 | 柿 | かき |
| 31 | 各 | カク （おのおの） |
| 6 | 角 | カク かど つの |
| 33 | 拡 | カク |
| 66 | 革 | カク ●かわ |
| 30 | 格 | カク （コウ） |
| | 核 | カク |
| | 殻 | カク から |
| | 郭 | カク |
| 25 | 覚 | カク おぼえる さます さめる |
| | 較 | カク |
| | 隔 | カク へだてる へだたる |
| 48 | 閣 | カク |
| 45 | 確 | カク たしか たしかめる |
| | 獲 | カク える |

嚇 カク
穫 カク
8 学 ガク まなぶ
岳 ガク たけ
8 楽 ガク ラク たのしい たのしむ
36 額 ガク ひたい
顎 ガク あご
129 掛 かける かかる かかり
52 潟 かた
128 括 カツ
8 活 カツ
喝 カツ
渇 (カツ) かわく
61 割 ●カツ わる わり ●われる ●さく
葛 カツ (くず)
(葛)
121 滑 カツ コツ すべる なめらか
褐 カツ
轄 カツ
且 かつ
30 株 かぶ
釜 かま
鎌 かま
刈 かる

84 干 カン ●ほす ●ひる
33 刊 カン
112 甘 カン あまい あまえる あまやかす
122 汗 カン あせ
155 缶 カン
42 完 カン
肝 カン きも
42 官 カン
157 冠 カン かんむり
49 巻 カン まく まき
25 看 カン
陥 カン おちいる (おとしいれる)
乾 カン かわく かわかす
勘 カン
141 患 カン (わずらう)
貫 カン つらぬく
7 寒 カン さむい
喚 カン
堪 (カン) たえる
換 カン かえる かわる
敢 カン
棺 カン
款 カン
5 間 カン ケン あいだ ま

閑 カン
勧 カン すすめる
寛 カン
15 幹 カン みき
32 感 カン
26 漢 カン
32 慣 カン なれる ならす
42 管 カン くだ
48 関 カン せき かかわる
歓 カン
監 カン
112 緩 カン ゆるい ゆるやか ゆるむ ゆるめる
憾 カン
105 還 カン
44 館 カン やかた
105 環 カン
43 簡 カン
25 観 カン
韓 カン
艦 カン
149 鑑 カン (かんがみる)
6 丸 ガン まる まるい まるめる
147 含 ガン ふくむ ふくめる
15 岸 ガン きし

15 岩 ガン いわ
玩 ガン
80 眼 ガン (ゲン) ●まなこ
頑 ガン
19 顔 ガン かお
36 願 ガン ねがう

## き

113 企 キ くわだてる
伎 キ
58 危 キ あぶない ●あやうい ●あやぶむ
85 机 キ つくえ
15 気 キ ケ
59・52 岐 ●キ
43 希 キ
忌 ●キ (いむ) (いまわしい)
13 汽 キ
奇 キ
祈 キ いのる
5 季 キ
20 紀 キ
軌 キ
既 キ すでに
21 記 キ しるす
49 起 キ おきる おこる おこす

139 飢 キ うえる
鬼 キ おに
43 帰 キ かえる かえす
66 基 ●キ ●もと (もとい)
42 寄 キ よる よせる
25 規 キ
亀 キ かめ
31 喜 キ よろこぶ
幾 キ いく
33 揮 キ
12 期 ●キ (ゴ)
133 棋 キ
60 貴 キ ●たっとい ●とうとい ●たっとぶ ●とうとぶ
132 棄 キ
毀 キ
50 旗 キ はた
72 器 ●キ うつわ
畿 キ
輝 キ かがやく
77 機 ●キ はた
騎 キ
66 技 ●ギ わざ
宜 ギ
138 偽 ギ いつわる (にせ)

欺 ギ あざむく
50 義 ギ
51 疑 ギ うたがう
儀 ギ
戯 ●ギ (たわむれる)
擬 ギ
犠 ギ
21 議 ギ
菊 キク
吉 キチ キツ
147 喫 キツ
詰 (キツ) つめる つまる つむ
却 キャク
81 客 ●キャク カク
脚 (キャク) (キャ) あし
38 逆 ギャク さか さからう
虐 ギャク (しいたげる)
4 九 キュウ ク ここの ここのつ
51 久 キュウ (ク) ひさしい
156 及 キュウ およぶ および およぼす
69 弓 ●キュウ ゆみ
92 丘 キュウ おか
7 旧 キュウ
24 休 キュウ やすむ やすまる やすめる

31 吸 キュウ すう
132 朽 キュウ くちる
臼 キュウ うす
26 求 キュウ もとめる
76 究 キュウ ●きわめる
85 泣 ●キュウ なく
32 急 キュウ いそぐ
9 級 キュウ
糾 キュウ
65 宮 キュウ ●グウ (ク) みや
37 救 キュウ すくう
37 球 キュウ たま
12 給 キュウ
嗅 キュウ かぐ
(嗅)
窮 キュウ (きわめる) (きわまる)
14 牛 ギュウ うし
5 去 キョ コ さる
151 巨 キョ
39 居 キョ いる
130 拒 キョ こばむ
128 拠 キョ コ
33 挙 キョ あげる あがる
虚 キョ (コ)

21 許 キョ ゆるす
149 距 キョ
14 魚 ギョ うお さかな
御 ギョ ゴ おん
26 漁 ギョ リョウ
凶 キョウ
49 共 キョウ とも
147 叫 キョウ さけぶ
狂 キョウ くるう くるおしい
59 京 キョウ ●ケイ
享 キョウ
25 供 キョウ (ク) そなえる とも
50 協 キョウ
120 況 キョウ
峡 キョウ
挟 (キョウ) はさむ はさまる
狭 (キョウ) せまい せばめる せばまる
115 恐 キョウ おそれる おそろしい
恭 キョウ (うやうやしい)
84 胸 キョウ むね ●むな
脅 キョウ (おびやかす) おどす おどかす
69 強 キョウ ●ゴウ つよい つよまる つよめる ●しいる

8 教 キョウ おしえる おそわる
75 郷 キョウ ●ゴウ
61 境 キョウ ●ケイ さかい
13 橋 キョウ はし
矯 キョウ (ためる)
39 鏡 キョウ かがみ
64 競 キョウ ケイ ●きそう (せる)
155 響 キョウ ひびく
151 驚 キョウ おどろく おどろかす
136 仰 ギョウ コウ あおぐ (おおせ)
暁 (ギョウ) あかつき
69 業 ギョウ (ゴウ) ●わざ
凝 ギョウ こる こらす
50 曲 キョク まがる まげる
39 局 キョク
73 極 キョク ●ゴク ●きわめる ●きわまる ●きわみ
6 玉 ギョク たま
巾 キン
斤 キン
27 均 キン
38 近 キン ちかい
4 金 キン コン かね かな

菌 キン
44 勤 キン (ゴン) つとめる つとまる
琴 キン こと
42 筋 キン すじ
僅 キン わずか
(僅)
禁 キン
緊 キン
錦 キン にしき
謹 キン つつしむ
襟 (キン) えり
147 吟 ギン
39 銀 ギン

## く

12 区 ク
31 句 ク
43 苦 ク くるしい くるしむ くるしめる にがい にがる
151 駆 ク かける かる
49 具 グ
惧 グ
(惧)
愚 グ おろか
15 空 クウ そら あく あける から

偶 グウ
遇 グウ
隅 グウ すみ
串 くし
屈 クツ
128 掘 クツ ほる
窟 クツ
53 熊 くま
繰 くる
18 君 クン きみ
21 訓 クン
勲 クン
薫 (クン) かおる
45 軍 グン
52 郡 グン
52 群 グン むれる むれ むら

## け

69 兄 ●ケイ キョウ あに
刑 ケイ
6 形 ケイ ギョウ かた かたち
20 系 ケイ
25 径 ケイ
148 茎 ケイ くき
24 係 ケイ かかる かかり

27 型 ケイ かた
契 ケイ (ちぎる)
20 計 ケイ はかる はからう
140 恵 ケイ エ めぐむ
147 啓 ケイ
129 掲 ケイ かかげる
120 渓 ケイ
73 経 ケイ ●キョウ へる
95 蛍 ケイ ほたる
37 敬 ケイ うやまう
21 景 ケイ
64 軽 ケイ かるい ●かろやか
113 傾 ケイ かたむく かたむける
携 ケイ たずさえる たずさわる
継 ケイ つぐ
詣 (ケイ) もうでる
慶 ケイ
憬 ケイ
稽 (稽) ケイ
141 憩 ケイ いこい (いこう)
13 警 ケイ
鶏 ケイ にわとり
43 芸 ゲイ

---

112 迎 ゲイ むかえる
鯨 ゲイ くじら
隙 (ゲキ) すき
33 劇 ゲキ
129 撃 ゲキ うつ
27 激 ゲキ はげしい
桁 けた
9 欠 ケツ かける かく
61 穴 ●ケツ あな
19 血 ケツ ち
26 決 ケツ きめる きまる
82 結 ケツ むすぶ ●ゆう ●ゆわえる
傑 ケツ
27 潔 ケツ (いさぎよい)
4 月 ゲツ ガツ つき
14 犬 ケン いぬ
25 件 ケン
9 見 ケン みる みえる みせる
33 券 ケン
93 肩 (ケン) かた
38 建 ケン (コン) たてる たつ
64 研 ケン ●とぐ
52 県 ケン
倹 ケン

---

157 兼 ケン かねる
154 剣 ケン つるぎ
拳 ケン こぶし
軒 ケン のき
82 健 ケン ●すこやか
37 険 ケン けわしい
圏 ケン
115 堅 ケン かたい
30 検 ケン
嫌 ケン ゲン きらう いや
献 ケン コン
20 絹 (ケン) きぬ
遣 ケン つかう つかわす
30 権 ケン (ゴン)
32 憲 ケン
賢 ケン かしこい
謙 ケン
鍵 ケン かぎ
繭 (ケン) まゆ
12 験 ケン (ゲン)
顕 ケン
141 懸 ケン (ケ) かける かかる
38 元 ゲン ガン もと
幻 ゲン まぼろし

---

玄 ゲン
20 言 ゲン ゴン いう こと
弦 ゲン (つる)
37 限 ゲン かぎる
15 原 ゲン はら
5 現 ゲン あらわれる あらわす
舷 ゲン
27 減 ゲン へる へらす
27 源 ゲン みなもと
74 厳 ゲン (ゴン) ●おごそか きびしい

## こ

67 己 コ ●キ ●おのれ
13 戸 コ と
7 古 コ ふるい ふるす
31 呼 コ よぶ
48 固 コ かためる かたまる かたい
股 コ また
虎 コ とら
孤 コ
弧 コ
80 故 コ ●ゆえ
133 枯 コ かれる からす
25 個 コ
39 庫 コ (ク)

---

26 湖 コ みずうみ
雇 コ やとう
誇 コ ほこる
鼓 コ (つづみ)
錮 コ
顧 コ かえりみる
4 五 ゴ いつ いつつ
156 互 ゴ たがい
5 午 ゴ
呉 ゴ
64 後 ゴ コウ のち うしろ あと ●おくれる
娯 ゴ
146 悟 ゴ さとる
碁 ゴ
8 語 ゴ かたる かたらう
21 誤 ゴ あやまる
21 護 ゴ
19 口 コウ ク くち
49 工 コウ ク
80 公 コウ ●おおやけ
勾 コウ
孔 コウ
44 功 コウ (ク)
114 巧 コウ たくみ

---

6 広 コウ ひろい ひろまる ひろめる ひろがる ひろげる
甲 コウ カン
56 交 コウ まじわる まじえる まじる まざる まぜる ●かう ●かわす
38 光 コウ ひかる ひかり
6 向 コウ むく むける むかう むこう
19 后 コウ
45 好 コウ このむ すく
118 江 コウ え
48 考 コウ かんがえる
13 行 コウ ギョウ (アン) いく ゆく おこなう
坑 コウ
48 孝 コウ
抗 コウ
攻 コウ せめる
更 コウ さら (ふける) (ふかす)
44 効 コウ きく
64 幸 コウ さいわい ●さち しあわせ
拘 コウ
肯 コウ
137 侯 コウ
73 厚 ●コウ あつい

---

恒 コウ
120 洪 コウ
50 皇 コウ オウ
75 紅 コウ ●ク べに ●くれない
148 荒 コウ あらい あれる あらす
郊 コウ
82・53 香 ●コウ (キョウ) か かおり かおる
24 候 コウ (そうろう)
8 校 コウ
50 耕 コウ たがやす
51 航 コウ
貢 コウ (ク) (みつぐ)
37 降 コウ おりる おろす ふる
7 高 コウ たか たかい たかまる たかめる
39 康 コウ
131 控 (コウ) ひかえる
梗 コウ
57 黄 ●コウ オウ き ●こ
喉 コウ のど
146 慌 (コウ) あわてる あわただしい
13 港 コウ みなと
硬 コウ かたい
110 絞 (コウ) しぼる しめる しまる

---

項 コウ
105 溝 コウ みぞ
39 鉱 コウ
30 構 コウ かまえる かまう
綱 コウ つな
酵 コウ
150 稿 コウ
51 興 コウ キョウ (おこる) (おこす)
衡 コウ
83 鋼 コウ ●はがね
21 講 コウ
105 購 コウ
乞 こう
31 号 ゴウ
31 合 ゴウ ガッ カッ あう あわす あわせる
拷 ゴウ
剛 ゴウ
傲 ゴウ
豪 ゴウ
克 コク
31 告 コク つげる
77 谷 ●コク たに
33 刻 コク きざむ
8 国 コク くに

---

7 黒 コク くろ くろい
31 穀 コク
酷 コク
獄 ゴク
19 骨 コツ ほね
駒 こま
込 こむ こめる
頃 ころ
85 今 コン ●キン いま
48 困 コン こまる
昆 コン
146 恨 コン うらむ うらめしい
14 根 コン ね
婚 コン
27 混 コン まじる まざる まぜる こむ
痕 コン あと
紺 コン
魂 コン たましい
墾 コン
懇 コン (ねんごろ)

## さ

6 左 サ ひだり
53 佐 サ
沙 サ

---

30 査 サ
57 砂 サ ●シャ すな
唆 サ (そそのかす)
49 差 サ さす
詐 サ
鎖 サ くさり
56 座 ●ザ すわる
挫 ザ
32 才 サイ
48 再 サイ サ ふたたび
72 災 サイ ●わざわい
18 妻 サイ つま
采 サイ
砕 サイ くだく くだける
宰 サイ
栽 サイ
113 彩 サイ (いろどる)
33 採 サイ とる
27 済 サイ すむ すます
44 祭 サイ まつる まつり
斎 サイ
7 細 サイ ほそい ほそる こまか こまかい
14 菜 サイ な

---

50 最 サイ もっとも
74 裁 サイ ●たつ さばく
137 債 サイ
138 催 サイ もよおす
塞 サイ ソク ふさぐ ふさがる
歳 サイ セイ
載 サイ のせる のる
37 際 サイ (きわ)
52 埼 さい
5 在 ザイ ある
30 材 ザイ
剤 ザイ
81 財 ザイ ●サイ
48 罪 ザイ つみ
53 崎 さき
24 作 サク サ つくる
154 削 サク けずる
5 昨 サク
柵 サク
索 サク
43 策 サク
酢 サク す
搾 (サク) しぼる
錯 サク

咲 147 さく
冊 48 サツ (サク)
札 30 サツ ふだ
刷 33 サツ する
刹 (サツ) セツ
拶 サツ
殺 51 サツ (サイ) (セツ) ころす
察 13 サツ
撮 111 サツ とる
擦 129 サツ する すれる
雑 51 ザツ ゾウ
皿 48 さら
三 4 サン み みつ みっつ
山 15 サン やま
参 51 サン まいる
桟 サン
蚕 14 サン かいこ
惨 146 サン (ザン) (みじめ)
産 19 サン うむ うまれる (うぶ)
傘 19 (サン) かさ
散 37 サン ちる ちらす ちらかす ちらかる
算 8 サン

酸 45 サン (すい)
賛 36 サン
残 45 ザン のこる のこす
斬 ザン きる
暫 ザン

## し

士 49 シ
子 18 シ ス こ
支 51 シ ささえる
止 49 シ とまる とめる
氏 72 シ ●うじ
仕 24 シ (ジ) つかえる
史 8 シ
司 31 シ
四 4 シ よ よつ よっつ よん
市 12 シ いち
矢 27 (シ) や
旨 (シ) (むね)
死 45 シ しぬ
糸 20 シ いと
至 51 シ いたる
伺 (シ) うかがう
志 32 シ こころざす こころざし
私 18 シ わたくし わたし

使 24 シ つかう
刺 シ さす ささる
始 45 シ はじめる はじまる
姉 57 ●シ あね
枝 14 (シ) えだ
祉 シ
肢 102 シ
姿 45 シ すがた
思 32 シ おもう
指 19 シ ゆび さす
施 シ (セ) ほどこす
師 8 シ
恣 シ
紙 20 シ かみ
脂 シ あぶら
視 25 シ
紫 157 シ むらさき
詞 21 シ
歯 19 シ は
嗣 シ
試 58 シ こころみる ●ためす
詩 21 シ
資 36 シ
飼 45 シ かう

誌 21 シ
雌 シ めす め
摯 シ
賜 (シ) たまわる
諮 シ はかる
示 73 ジ ●シ しめす
字 68 ●ジ あざ
寺 12 ジ てら
次 65 ジ ●シ つぐ つぎ
耳 77 ●ジ みみ
自 15 ジ シ みずから
似 73 ●ジ にる
児 67・53 ●ジ ニ
事 50 ジ (ズ) こと
侍 136 ジ さむらい
治 26 ジ チ おさめる おさまる なおる なおす
持 32 ジ もつ
時 5 ジ とき
滋 81・52 ●ジ
慈 141 ジ (いつくしむ)
辞 82 ●ジ やめる
磁 45 ジ
餌 (ジ) えさ え
(餌)

璽 ジ
鹿 53 しか か
式 12 シキ
識 21 シキ
軸 ジク
七 4 シチ なな ななつ なの
叱 シツ しかる
(叱)
失 49 シツ うしなう
室 84 ●シツ むろ
疾 シツ
執 111 シツ シュウ とる
湿 122 シツ しめる しめす
嫉 シツ
漆 123 シツ うるし
質 81 ●シツ ●シチ (チ)
実 15 ジツ み みのる
芝 94 しば
写 43 シャ うつす うつる
社 8 シャ やしろ
車 13 シャ くるま
舎 8 シャ
者 18 シャ もの
射 43 シャ いる
捨 33 シャ すてる

赦 シャ
斜 113 シャ ななめ
煮 (シャ) にる にえる にやす
遮 シャ さえぎる
謝 58 ●シャ あやまる
邪 ジャ
蛇 ジャ ダ へび
尺 39 シャク
借 24 シャク かりる
酌 シャク (くむ)
釈 シャク
爵 シャク
若 83 ●ジャク (ニャク) わかい (もしくは)
弱 49 ジャク よわい よわる よわまる よわめる
寂 ジャク (セキ) さび さびしい さびれる
手 66 シュ て ●た
主 18 シュ (ス) ぬし おも
守 76 シュ ス まもる ●もり
朱 シュ
取 50 シュ とる
狩 シュ かる かり
首 19 シュ くび

殊 シュ こと
珠 シュ
酒 45 シュ さけ さか
腫 シュ はれる はらす
種 31 シュ たね
趣 シュ おもむき
寿 156 ジュ ことぶき
受 50 ジュ うける うかる
呪 ジュ のろう
授 66 ●ジュ ●さずける さずかる
需 ジュ
儒 ジュ
樹 15 ジュ
収 50 シュウ おさめる おさまる
囚 シュウ
州 76 シュウ ●す
舟 92 シュウ ふね ふな
秀 113 シュウ (ひいでる)
周 31 シュウ まわり
宗 83 シュウ ●ソウ
拾 83 ●シュウ ●ジュウ ひろう
秋 5 シュウ あき
臭 シュウ くさい におう
修 85 シュウ ●シュ おさめる おさまる

袖 (シュウ) そで
終 20 シュウ おわる おえる
羞 シュウ
習 9 シュウ ならう
週 5 シュウ
就 66 シュウ (ジュ) ●つく ●つける
衆 18 シュウ (シュ)
集 58 シュウ あつまる あつめる ●つどう
愁 シュウ (うれえる) (うれい)
酬 シュウ
醜 シュウ みにくい
蹴 シュウ ける
襲 シュウ おそう
十 4 ジュウ ジッ とお と
汁 122 ジュウ しる
充 ジュウ (あてる)
住 24 ジュウ すむ すまう
柔 133 ジュウ ニュウ やわらか やわらかい
重 52 ジュウ チョウ え おもい かさねる かさなる
従 25 ジュウ (ショウ) (ジュ) したがう したがえる
渋 121 ジュウ しぶ しぶい しぶる
銃 ジュウ

獣 ジュウ けもの
縦 6 ジュウ たて
叔 シュク
祝 44 シュク (シュウ) いわう
宿 42 シュク やど やどる やどす
淑 シュク
粛 シュク
縮 20 シュク ちぢむ ちぢまる ちぢめる ちぢれる ちぢらす
塾 ジュク
熟 84 ●ジュク うれる
出 67 シュツ ●スイ でる だす
述 38 ジュツ のべる
術 9 ジュツ
俊 シュン
春 5 シュン はる
瞬 150 シュン (またたく)
旬 ジュン シュン
巡 154 ジュン めぐる
盾 ジュン たて
准 ジュン
殉 ジュン
純 20 ジュン

循 ジュン
順 36 ジュン
準 27 ジュン
潤 121 ジュン うるおう うるおす うるむ
遵 ジュン
処 51 ショ
初 72 ショ はじめ はじめて はつ (うい) ●そめる
所 13 ショ ところ
書 8 ショ かく
庶 ショ
暑 7 ショ あつい
署 13 ショ
緒 ショ ●チョ お
諸 21 ショ
女 65 ●ジョ ●ニョ (ニョウ) おんな ●め
如 ジョ (ニョ)
助 82 ジョ たすける たすかる ●すけ
序 39 ジョ
叙 ジョ
徐 139 ジョ
除 61 ジョ ●ジ のぞく
小 6 ショウ ちいさい こ お

升 ショウ ます
少 7 ショウ すくない すこし
召 146 ショウ めす
匠 ショウ
床 92 ショウ とこ ゆか
抄 ショウ
肖 ショウ
尚 ショウ
招 33 ショウ まねく
承 74 ●ショウ ●うけたまわる
昇 ショウ のぼる
松 14 ショウ まつ
沼 118 (ショウ) ぬま
昭 21 ショウ
宵 (ショウ) よい
将 43 ショウ
消 26 ショウ きえる けす
症 ショウ
祥 ショウ
称 150 ショウ
笑 57 ●ショウ わらう ●えむ
唱 31 ショウ となえる
商 68 ショウ ●あきなう
渉 122 ショウ

章 49 ショウ
紹 123 ショウ
訟 ショウ
勝 82 ショウ かつ ●まさる
掌 130 ショウ
晶 ショウ
焼 57 ●ショウ やく やける
焦 ショウ こげる こがす こがれる (あせる)
硝 ショウ
粧 ショウ
詔 ショウ (みことのり)
証 21 ショウ
象 14 ショウ ゾウ
傷 60 ショウ きず ●いたむ ●いためる
奨 ショウ
照 39 ショウ てる てらす てれる
詳 114 ショウ くわしい
彰 ショウ
障 37 ショウ (さわる)
憧 ショウ あこがれる
衝 ショウ
賞 36 ショウ
償 138 ショウ つぐなう

礁 ショウ
鐘 ショウ かね
上 68 ジョウ (ショウ) うえ うわ かみ あげる あがる のぼる ●のぼせる ●のぼす
丈 92 ジョウ たけ
冗 156 ジョウ
条 30 ジョウ
状 45 ジョウ
乗 13 ジョウ のる のせる
城 52 ジョウ しろ
浄 120 ジョウ
剰 ジョウ
常 43 ジョウ つね (とこ)
情 32 ジョウ (セイ) なさけ
場 13 ジョウ ば
畳 ジョウ たたむ たたみ
蒸 60 ジョウ ●むす ●むれる ●むらす
縄 81・53 ●ジョウ なわ
壌 ジョウ
嬢 ジョウ
錠 ジョウ
譲 157 ジョウ ゆずる

醸 ジョウ (かもす)
色 7 ショク シキ いろ
拭 (ショク) ふく ぬぐう
食 12 ショク (ジキ) くう (くらう) たべる
植 14 ショク うえる うわる
殖 ショク ふえる ふやす
飾 139 ショク かざる
触 ショク ふれる さわる
嘱 ショク
織 20 (ショク) シキ おる
職 49 ショク
辱 ジョク (はずかしめる)
尻 しり
心 19 シン こころ
申 69 ●シン もうす
伸 110 シン のびる のばす のべる
臣 19 シン ジン
芯 シン
身 19 シン み
辛 112 シン からい
侵 137 シン おかす
信 24 シン
津 120 (シン) つ

神 76 シン ジン かみ ●かん (こう)
唇 (シン) くちびる
娠 105 シン
振 105 シン ふる ふるう ふれる
浸 シン ひたす ひたる
真 25 シン ま
針 39 シン はり
深 26 シン ふかい ふかまる ふかめる
紳 123 シン
進 38 シン すすむ すすめる
森 15 シン もり
診 138 シン みる
寝 シン ねる ねかす
慎 146 シン つつしむ
新 52 シン あたらしい あらた にい
審 シン
震 シン ふるう ふるえる
薪 シン たきぎ
親 18 シン おや したしい したしむ
人 18 ジン ニン ひと
刃 (ジン) は
仁 75 ジン ●ニ
尽 ジン つくす つきる つかす

迅 ジン
甚 (ジン) はなはだ はなはだしい
陣 ジン
尋 ジン たずねる
腎 ジン

## す

須 ス
図 68 ズ ト ●はかる
水 4 スイ みず
吹 147 スイ ふく
垂 27 スイ たれる たらす
炊 スイ たく
帥 スイ
粋 スイ いき
衰 スイ おとろえる
推 58 ●スイ おす
酔 スイ よう
遂 スイ とげる
睡 スイ
穂 151 (スイ) ほ
随 ズイ
髄 ズイ
枢 スウ
崇 スウ

数 4 スウ (ス) かず かぞえる
据 131 すえる すわる
杉 132 すぎ
裾 すそ
寸 43 スン

## せ

瀬 119 せ
是 112 ゼ
井 85・52 (セイ) ●ショウ い
世 50 セイ セ よ
正 9 セイ ショウ ただしい ただす まさ
生 68 セイ ショウ いきる いかす いける うまれる うむ ●おう ●はえる ●はやす き なま
成 18 セイ (ジョウ) なる なす
西 6 セイ サイ にし
声 82 セイ (ショウ) こえ ●こわ
制 33 セイ
姓 102 セイ ショウ
征 セイ
性 83 セイ ●ショウ

青 7 セイ (ショウ) あお あおい
斉 セイ
政 37 セイ (ショウ) (まつりごと)
星 77 セイ ●ショウ ほし
牲 102 セイ
省 64 セイ ●ショウ ●かえりみる はぶく
凄 セイ
逝 セイ (ゆく) (いく)
清 26 セイ (ショウ) きよい きよまる きよめる
盛 75 ●セイ (ジョウ) もる ●さかる ●さかん
婿 (セイ) むこ
晴 15 セイ はれる はらす
勢 44 セイ いきおい
聖 49 セイ
誠 66 ●セイ ●まこと
精 81 ●セイ ●ショウ
製 44 セイ
誓 138 セイ ちかう
静 73 セイ ●ジョウ しず しずか しずまる しずめる
請 セイ (シン) (こう) うける
整 37 セイ ととのえる ととのう

醒 セイ
税 31 ゼイ
夕 67 ●セキ ゆう
斥 セキ
石 61 セキ シャク ●コク いし
赤 7 セキ (シャク) あか あかい あからむ あからめる
昔 85 (セキ) ●シャク むかし
析 セキ
席 9 セキ
脊 セキ
隻 セキ
惜 セキ おしい おしむ
戚 セキ
責 36 セキ せめる
跡 110 セキ あと
積 31 セキ つむ つもる
績 20 セキ
籍 セキ
切 59 セツ ●サイ きる きれる
折 33 セツ おる おり おれる
拙 セツ つたない
窃 セツ

接 33 セツ (つぐ)
設 21 セツ もうける
雪 15 セツ ゆき
摂 129 セツ
節 5 セツ (セチ) ふし
説 21 セツ (ゼイ) とく
舌 61 ●ゼツ した
絶 20 ゼツ たえる たやす たつ
千 4 セン ち
川 67 ●セン かわ
仙 136 セン
占 110 セン しめる うらなう
先 18 セン さき
宣 42 セン
専 84 セン ●もっぱら
泉 27 セン いずみ
浅 85 ●セン あさい
洗 27 セン あらう
染 75 ●セン そめる そまる (しみる) (しみ)
扇 セン おうぎ
栓 133 セン
旋 セン
船 13 セン ふね ふな
戦 64 セン ●いくさ たたかう

煎(煎) セン いる
羨 (セン) うらやむ うらやましい
腺 セン
詮(詮) セン
践 セン
箋(箋) セン
銭 72 ●セン ぜに
潜 123 セン ひそむ もぐる
線 20 セン
遷 セン
選 38 セン えらぶ
薦 セン すすめる
繊 セン
鮮 セン あざやか
全 24 ゼン まったく すべて
前 6 ゼン まえ
善 7 ゼン よい
然 15 ゼン ネン
禅 ゼン
漸 ゼン
膳 ゼン
繕 ゼン つくろう

## そ

狙 ソ ねらう
阻 103 ソ (はばむ)
祖 18 ソ
租 103 ソ
素 57 ソ ●ス
措 ソ
粗 103 ソ あらい
組 9 ソ くむ くみ
疎 ソ (うとい) (うとむ)
訴 138 ソ うったえる
塑 ソ
遡(遡) (ソ) さかのぼる
礎 ソ (いしずえ)
双 ソウ ふた
壮 ソウ
早 61 ソウ ●サッ はやい はやまる はやめる
争 50 ソウ あらそう
走 49 ソウ はしる
奏 49 ソウ (かなでる)
相 59 ソウ ●ショウ あい
荘 ソウ
草 14 ソウ くさ

38 送 ソウ おくる
24 倉 ソウ くら
128 捜 ソウ さがす
挿 ソウ さす
桑 (ソウ) くわ
43 巣 (ソウ) す
131 掃 ソウ はく
曹 ソウ
曽 ソウ ゾ
爽 ソウ さわやか
13 窓 ソウ まど
33 創 ソウ つくる
喪 ソウ も
痩 (ソウ) やせる
葬 ソウ (ほうむる)
67 装 ソウ ●ショウ (よそおう)
僧 ソウ
32 想 ソウ (ソ)
39 層 ソウ
20 総 ソウ
111 遭 ソウ あう
槽 ソウ
踪 ソウ
60 操 ソウ (みさお) ●あやつる

燥 ソウ
霜 (ソウ) しも
騒 ソウ さわぐ
藻 ソウ も
38 造 ゾウ つくる
25 像 ゾウ
27 増 ゾウ ます ふえる ふやす
憎 ゾウ にくむ にくい にくらしい にくしみ
74 蔵 ゾウ ●くら
111 贈 ゾウ ソウ おくる
19 臓 ゾウ
即 ソク
30 束 ソク たば
19 足 ソク あし たりる たる たす
137 促 ソク うながす
33 則 ソク
19 息 ソク いき
捉 ソク とらえる
56 速 ソク はやい はやめる はやまる ●すみやか
24 側 ソク がわ
27 測 ソク はかる
137 俗 ゾク

18 族 ゾク
39 属 ゾク
賊 ゾク
20 続 ゾク つづく つづける
12 卒 ソツ
61 率 ●ソツ リツ ひきいる
48 存 ソン ゾン
12 村 ソン むら
18 孫 ソン まご
43 尊 ソン たっとい とうとい たっとぶ とうとぶ
74 損 ソン ●そこなう ●そこねる
(遜)遜 ソン

## た

24 他 タ ほか
7 多 タ おおい
汰 タ
32 打 ダ うつ
妥 ダ
唾 ダ つば
堕 ダ
141 惰 ダ
駄 ダ

6 太 タイ ふとい ふとる タ
65 対 タイ ●ツイ
69 体 タイ ●テイ からだ
耐 タイ たえる
25 待 タイ まつ
140 怠 タイ おこたる なまける
胎 タイ
38 退 タイ しりぞく しりぞける
43 帯 タイ おびる おび
泰 タイ
堆 タイ
92 袋 (タイ) ふくろ
逮 タイ
替 タイ かえる かわる
85 貸 ●タイ かす
37 隊 タイ
121 滞 タイ とどこおる
32 態 タイ
戴 タイ
6 大 ダイ おお おおきい おおいに タイ
85 代 ダイ かわる かえる よ ●しろ タイ
31 台 ダイ タイ
42 第 ダイ

36 題 ダイ
119 滝 たき
42 宅 タク
128 択 タク
118 沢 タク さわ
155 卓 タク
128 拓 タク
託 タク
123 濯 タク
諾 ダク
119 濁 ダク にごる にごす
但 ただし
38 達 タツ
脱 ダツ ぬぐ ぬげる
奪 ダツ うばう
94 棚 たな
誰 だれ
丹 タン
旦 タン ダン
33 担 タン (かつぐ) (になう)
43 単 タン
38 炭 タン すみ
胆 タン
58 探 タン ●さぐる さがす

122 淡 タン あわい
7 短 タン みじかい
147 嘆 タン なげく なげかわしい
端 タン はし はた (は)
綻 タン ほころびる
21 誕 タン
鍛 タン きたえる
48 団 ダン (トン)
18 男 ダン ナン おとこ
51 段 ダン
72 断 ダン ●たつ ことわる
弾 ダン はずむ たま ひく
7 暖 ダン あたたか あたたかい あたたまる あたためる
21 談 ダン
壇 ダン (タン)

## ち

9 地 チ ジ
26 池 チ いけ
27 知 チ しる
66 値 チ ●ね あたい
140 恥 チ はじる はじらう はずかしい はじ
致 チ いたす
155 遅 チ おくれる おくらす おそい

痴 チ
稚 チ
48 置 チ おく
緻 チ
14 竹 チク たけ
畜 チク
逐 チク
蓄 チク たくわえる
42 築 チク きずく
150 秩 チツ
窒 チツ
77 茶 チャ ●サ
50 着 チャク (ジャク) きる きせる つく つける
嫡 チャク
6 中 チュウ ジュウ なか
73 仲 ●チュウ なか
14 虫 チュウ むし
53 沖 (チュウ) おき
42 宙 チュウ
32 忠 チュウ
130 抽 チュウ
26 注 チュウ そそぐ
5 昼 チュウ ひる
30 柱 チュウ はしら

衷 チュウ
酎 チュウ
鋳 チュウ いる
駐 チュウ
74 著 チョ ●あらわす ●いちじるしい
36 貯 チョ
59 丁 チョウ ●テイ
弔 チョウ とむらう
39 庁 チョウ
4 兆 チョウ (きざす) (きざし)
12 町 チョウ まち
7 長 チョウ ながい
97 挑 チョウ いどむ
43 帳 チョウ
49 張 チョウ はる
114 彫 チョウ ほる
150 眺 チョウ ながめる
釣 (チョウ) つる
36 頂 チョウ いただく いただき
14 鳥 チョウ とり
5 朝 チョウ あさ
貼 チョウ はる
115 超 チョウ こえる こす
19 腸 チョウ

97 跳 チョウ はねる とぶ
139 徴 チョウ
(嘲)嘲 チョウ あざける
27 潮 チョウ しお
121 澄 (チョウ) すむ すます
68 調 チョウ しらべる ●ととのう ●ととのえる
110 聴 チョウ きく
懲 チョウ こりる こらす こらしめる
25 直 チョク ただちに なおす なおる ジキ
勅 チョク
(捗)捗 チョク
122 沈 チン しずむ しずめる
珍 チン めずらしい
朕 チン
陳 チン
36 賃 チン
鎮 チン (しずめる) (しずまる)

## つ

38 追 ツイ おう
椎 ツイ

墜 ツイ
9 通 ツウ とおる とおす かよう (ツ)
51 痛 ツウ いたい いたむ いためる
塚 つか
121 漬 つける つかる
坪 つぼ
爪 つめ つま
鶴 つる

## て

7 低 テイ ひくい ひくめる ひくまる
呈 テイ
148 廷 テイ
65 弟 ●テイ ダイ おとうと ●デ
42 定 テイ さだめる さだまる (さだか) ジョウ
39 底 テイ そこ
103 抵 テイ
103 邸 テイ
亭 テイ
貞 テイ
帝 テイ
訂 テイ
8 庭 テイ にわ
逓 テイ

24 停 テイ
偵 テイ
堤 テイ つつみ
56 提 ●テイ さげる
83 程 ●テイ ほど
艇 テイ
締 テイ しまる しめる
諦 テイ あきらめる
118 泥 (デイ) どろ
50 的 テキ まと
42 笛 テキ ふえ
103 摘 テキ つむ
103 滴 テキ しずく (したたる)
38 適 テキ
80 敵 テキ ●かたき
(溺)溺 デキ おぼれる
迭 テツ
147 哲 テツ
39 鉄 テツ
徹 テツ
撤 テツ
15 天 テン (あめ) あま
49 典 テン

- 店 12 テン みせ
- 点 9 テン
- 展 39 テン
- 添 119 テン そえる そう
- 転 45 テン ころがる ころげる ころがす ころぶ
- 塡(填) テン
- 田 15 デン た
- 伝 24 デン つたわる つたえる つたう
- 殿 デン テン との どの
- 電 13 デン

## と

- 斗 ト
- 吐 147 ト はく
- 妬 ト ねたむ
- 徒 18 ト
- 途 154 ト
- 都 52 ト ツ みやこ
- 渡 121 ト わたる わたす
- 塗 131 ト ぬる
- 賭(賭) ト かける
- 土 4 ド ト つち
- 奴 ド
- 努 44 ド つとめる
- 度 65 ド (ト) ●タク ●たび
- 怒 140 ド いかる おこる
- 刀 33 トウ かたな
- 冬 5 トウ ふゆ
- 灯 39 トウ (ひ)
- 当 12 トウ あたる あてる
- 投 32 トウ なげる
- 豆 50 トウ ズ まめ
- 東 6 トウ ひがし
- 到 154 トウ
- 逃 154 トウ にげる にがす のがす のがれる
- 倒 137 トウ たおれる たおす
- 凍 トウ こおる こごえる
- 唐 トウ から
- 島 15 トウ しま
- 桃 132 トウ もも
- 討 80 トウ ●うつ
- 透 155 トウ すく すかす すける
- 党 45 トウ
- 悼 トウ (いたむ)
- 盗 トウ ぬすむ
- 陶 トウ
- 塔 トウ
- 搭 トウ
- 棟 133 トウ むね (むな)
- 湯 26 トウ ゆ
- 痘 トウ
- 登 9 トウ ト のぼる
- 答 9 トウ こたえる こたえ
- 等 42 トウ ひとしい
- 筒 92 トウ つつ
- 統 20 トウ (すべる)
- 稲 150 トウ いね いな
- 踏 149 トウ ふむ ふまえる
- 糖 45 トウ
- 頭 68 トウ ズ (ト) あたま ●かしら
- 謄 トウ
- 藤 トウ ふじ
- 闘 トウ たたかう
- 騰 トウ
- 同 31 ドウ おなじ
- 洞 96 ドウ ほら
- 胴 96 ドウ
- 動 8 ドウ うごく うごかす
- 堂 12 ドウ
- 童 85 ドウ ●わらべ
- 道 13 ドウ (トウ) みち
- 働 24 ドウ はたらく
- 銅 39 ドウ
- 導 43 ドウ みちびく
- 瞳 ドウ ひとみ
- 峠 95 とうげ
- 匿 トク
- 特 45 トク
- 得 84 トク える ●うる
- 督 トク
- 徳 53 トク
- 篤 トク
- 毒 51 ドク
- 独 45 ドク ひとり
- 読 9 ドク トク トウ よむ
- 栃 52 とち
- 凸 トツ
- 突 110 トツ つく
- 届 39 とどける とどく
- 屯 トン
- 豚 トン ぶた
- 頓 トン
- 貪 ドン むさぼる
- 鈍 149 ドン にぶい にぶる
- 曇 ドン くもる
- 丼 95 どんぶり どん

## な

- 那 ナ
- 奈 53 ナ
- 内 59 ナイ ●ダイ うち
- 梨 52 なし
- 謎(謎) なぞ
- 鍋 なべ
- 南 6 ナン (ナ) みなみ
- 軟 ナン やわらか やわらかい
- 難 51 ナン (かたい) むずかしい

## に

- 二 4 ニ ふた ふたつ
- 尼 ニ あま
- 弐 ニ
- 匂 におう
- 肉 19 ニク
- 虹 95 にじ
- 日 4 ニチ ジツ ひ か
- 入 12 ニュウ いる いれる はいる
- 乳 84 ニュウ ちち ●ち
- 尿 ニョウ
- 任 25 ニン まかせる まかす
- 妊 ニン
- 忍 140 ニン しのぶ しのばせる
- 認 57 ●ニン みとめる

## ね

- 寧 ネイ
- 熱 39 ネツ あつい
- 年 5 ネン とし
- 念 32 ネン
- 捻 ネン
- 粘 ネン ねばる
- 燃 39 ネン もえる もやす もす

## の

- 悩 141 ノウ なやむ なやます
- 納 67 ノウ ●ナッ (ナ) (ナン) ●トウ おさめる おさまる
- 能 51 ノウ
- 脳 19 ノウ
- 農 51 ノウ
- 濃 ノウ こい

## は

- 把 130 ハ
- 波 26 ハ なみ
- 派 27 ハ
- 破 45 ハ やぶる やぶれる
- 覇 ハ
- 馬 14 バ うま ま
- 婆 バ
- 罵 バ ののしる
- 拝 33 ハイ おがむ
- 杯 133 ハイ さかずき
- 背 80 ハイ せ せい ●そむく ●そむける
- 肺 19 ハイ
- 俳 25 ハイ
- 配 45 ハイ くばる
- 排 129 ハイ
- 敗 37 ハイ やぶれる
- 廃 ハイ すたれる すたる
- 輩 ハイ
- 売 49 バイ うる うれる
- 倍 24 バイ
- 梅 14 バイ うめ
- 培 バイ (つちかう)
- 陪 バイ
- 媒 バイ
- 買 36 バイ かう
- 賠 バイ
- 白 7 ハク (ビャク) しろ しら しろい
- 伯 102 ハク
- 拍 102 ハク ヒョウ
- 泊 102 ハク とまる とめる
- 迫 ハク せまる
- 剝(剥) ハク はがす はぐ はがれる はげる
- 舶 102 ハク
- 博 50 ハク (バク)
- 薄 ハク うすい うすめる うすまる うすらぐ うすれる
- 麦 77 ●バク むぎ
- 漠 122 バク
- 縛 バク しばる
- 爆 バク
- 箱 42 はこ
- 箸(箸) はし
- 畑 13 はた はたけ
- 肌 93 はだ
- 八 4 ハチ や やつ やっつ よう
- 鉢 ハチ (ハツ)
- 発 81 ハツ ●ホツ
- 髪 ハツ かみ
- 伐 バツ
- 抜 130 バツ ぬく ぬける ぬかす ぬかる
- 罰 バツ バチ
- 閥 バツ
- 反 77 ハン (ホン) ●タン そる そらす
- 半 5 ハン なかば
- 氾 ハン
- 犯 56 ハン ●おかす
- 帆 93 ハン ほ
- 汎 ハン
- 伴 101 ハン バン ともなう
- 判 ハン バン
- 坂 13 (ハン) さか
- 阪 59・52 ●ハン
- 板 30 ハン バン いた
- 版 45 ハン
- 班 37 ハン
- 畔 101 ハン
- 般 ハン
- 販 ハン
- 斑 ハン
- 飯 44 ハン めし
- 搬 ハン
- 煩 ハン (ボン) わずらう わずらわす
- 頒 ハン
- 範 ハン
- 繁 ハン
- 藩 ハン
- 晩 5 バン
- 番 37 バン
- 蛮 バン
- 盤 バン

## ひ

- 比 6 ヒ くらべる
- 皮 19 ヒ かわ
- 妃 ヒ
- 否 31 ヒ (いな)
- 批 33 ヒ
- 彼 100 ヒ かれ かの
- 披 100 ヒ
- 肥 51 ヒ こえる こえ こやす こやし
- 非 51 ヒ
- 卑 ヒ (いやしい) (いやしむ) (いやしめる)
- 飛 13 ヒ とぶ とばす
- 疲 100 ヒ つかれる
- 秘 74 ヒ ●ひめる
- 被 100 ヒ こうむる
- 悲 32 ヒ かなしい かなしむ
- 扉 (ヒ) とびら
- 費 84 ヒ ●ついやす ●ついえる
- 碑 ヒ
- 罷 ヒ
- 避 155 ヒ さける
- 尾 94 ビ お
- 眉 (ビ) ミ まゆ
- 美 9 ビ うつくしい
- 備 25 ビ そなえる そなわる
- 微 ビ
- 鼻 69 ●ビ はな
- 膝 ひざ
- 肘 ひじ
- 匹 ヒツ ひき
- 必 32 ヒツ かならず
- 泌 ヒツ (ヒ)
- 筆 42 ヒツ ふで
- 姫 93 ひめ
- 百 4 ヒャク
- 氷 26 ヒョウ (ひ) こおり
- 表 44 ヒョウ おもて あらわす あらわれる

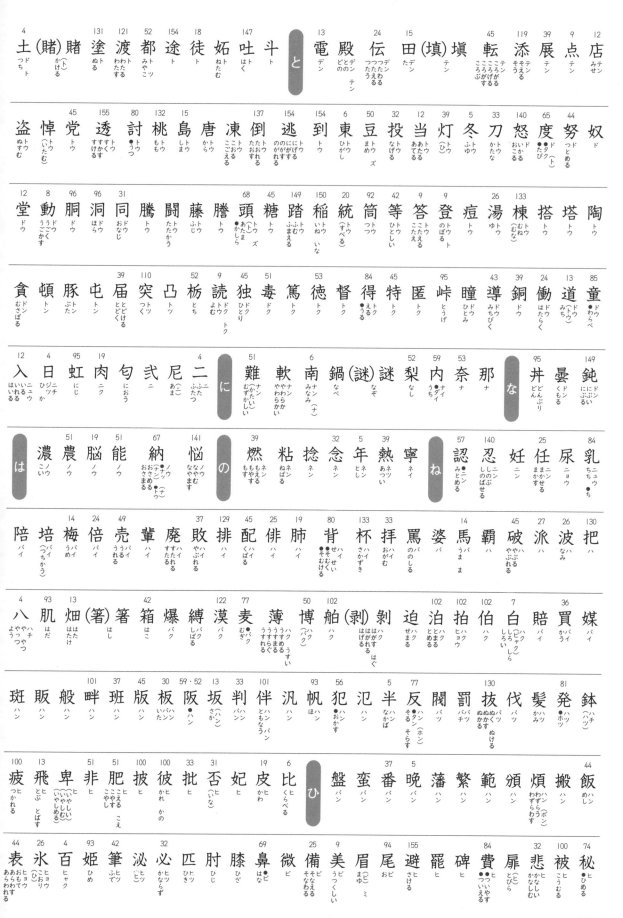

俵 25 ヒョウ たわら
票 44 ヒョウ
評 21 ヒョウ
漂 119 ヒョウ ただよう
標 30 ヒョウ
苗 92 (ビョウ) なえ なわ
秒 5 ビョウ
病 64 ビョウ (ヘイ) ●やむ やまい
描 104 ビョウ えがく かく
猫 104 (ビョウ) ねこ
品 31 ヒン しな
浜 119 ヒン はま
貧 61 ヒン ●ビン まずしい
賓 ヒン
頻 ヒン
敏 ビン
瓶 ビン

## ふ

不 50 フ ブ
夫 57 フ ●フウ おっと
父 18 フ ちち
付 24 フ つける つく
布 43 フ ぬの
扶 フ
府 52 フ
怖 115 フ こわい
阜 52 フ
附 96 フ
訃 フ
負 36 フ まける まかす おう
赴 フ おもむく
浮 122 フ うく うかれる うかぶ うかべる
婦 18 フ
符 96 フ
富 52 フ (フウ) とむ とみ
普 フ
腐 96 フ くさる くされる くさらす
敷 (フ) しく
膚 フ
賦 フ
譜 フ
侮 ブ (あなどる)
武 49 ブ ム
部 8 ブ
舞 149 ブ まう まい
封 フウ ホウ
風 15 フウ (フ) かぜ かざ
伏 136 フク ふせる ふす
服 50 フク
副 33 フク
幅 151 フク はば
復 9 フク
福 44 フク
腹 19 フク はら
複 44 フク
覆 フク おおう (くつがえす) (くつがえる)
払 130 (フツ) はらう
沸 120 フツ わく わかす
仏 25 ブツ ほとけ
物 9 ブツ モツ もの
粉 45 フン こ こな
紛 97 フン まぎれる まぎらす まぎらわす まぎらわしい
雰 97 フン
噴 104 フン ふく
墳 104 フン
憤 104 フン (いきどおる)
奮 49 フン ふるう
分 5 ブン ブ フン わける わかれる わかる わかつ
文 58 ブン モン ●ふみ
聞 49 ブン (モン) きく きこえる

## へ

丙 ヘイ
平 6 ヘイ ビョウ たいら ひら
兵 53 ヘイ ヒョウ
併 137 ヘイ あわせる
並 75 ヘイ ●なみ ならべる ならぶ ならびに
柄 133 (ヘイ) がら え
陛 19 ヘイ
閉 60 ヘイ とじる ●とざす しめる しまる
塀 ヘイ
幣 ヘイ
弊 ヘイ
蔽(蔽) ヘイ
餅(餠) ヘイ もち
米 14 ベイ マイ こめ
壁 131 ヘキ かべ
璧 ヘキ
癖 ヘキ くせ
別 33 ベツ わかれる
蔑 ベツ さげすむ
片 75 ●ヘン かた
辺 38 ヘン あたり べ
返 38 ヘン かえす かえる
変 51 ヘン かわる かえる
偏 ヘン かたよる
遍 ヘン
編 20 ヘン あむ
弁 12 ベン
便 24 ベン ビン たより
勉 9 ベン

## ほ

歩 83 ホ ●ブ (フ) あるく あゆむ
保 9 ホ たもつ
哺 ホ
捕 111 ホ とらえる とらわれる とる つかまえる つかまる
補 44 ホ おぎなう
舗 ホ
母 18 ボ はは
募 ボ つのる
墓 13 ボ はか
慕 ボ したう
暮 83 ●ボ くれる くらす
簿 ボ
方 6 ホウ かた
包 48 ホウ つつむ
芳 100 ホウ (かんばしい)
邦 ホウ
奉 ホウ (ブ) (たてまつる)
宝 42 ホウ たから
抱 128 ホウ だく いだく かかえる
放 37 ホウ はなす はなつ はなれる ほうる
法 26 ホウ (ハッ) (ホッ)
泡 ホウ あわ
胞 ホウ
俸 137 ホウ
倣 137 ホウ (ならう)
峰 95 ホウ みね
砲 ホウ
崩 ホウ くずれる くずす
訪 56 ホウ ●おとずれる たずねる
報 74 ホウ ●むくいる
蜂 ホウ はち
豊 50 ホウ ゆたか
飽 139 ホウ あきる あかす
褒 (ホウ) ほめる
縫 ホウ ぬう
亡 43 ボウ (モウ) (ない)
乏 113 ボウ とぼしい
忙 140 ボウ いそがしい
坊 101 ボウ ボッ
妨 101 ボウ さまたげる
忘 75 ●ボウ わすれる
防 37 ボウ ふせぐ
房 101 ボウ ふさ
肪 101 ボウ
某 ボウ
冒 150 ボウ おかす
剖 ボウ
紡 101 ボウ (つむぐ)
望 81 ボウ ●モウ のぞむ
傍 101 ボウ (かたわら)
帽 151 ボウ
棒 30 ボウ
貿 36 ボウ
貌 ボウ
暴 81 ボウ ●バク (あばく) あばれる
膨 ボウ ふくらむ ふくれる
謀 ボウ (ム) (はかる)
頰(頬) ほお
北 6 ホク きた
木 4 ボク モク き こ
朴 132 ボク
牧 76 ●ボク まき
睦 ボク
僕 105 ボク
墨 105 ボク すみ
撲 105 ボク
没 120 ボツ
勃 ボツ
堀 ほり
本 9 ホン もと
奔 156 ホン
翻 ホン (ひるがえる) (ひるがえす)
凡 ボン (ハン)
盆 ボン

## ま

麻 94 マ あさ
摩 マ
磨 マ みがく
魔 マ
毎 5 マイ
妹 65 ●マイ いもうと
枚 30 マイ
昧 マイ
埋 マイ うめる うまる うもれる
幕 43 マク バク
膜 マク
枕 まくら
又 また
末 30 マツ (バツ) すえ
抹 マツ
万 57 マン ●バン
満 26 マン みちる みたす
慢 マン
漫 マン

## み

未 30 ミ
味 31 ミ あじ あじわう
魅 ミ
岬 95 みさき
密 42 ミツ
蜜 ミツ
脈 19 ミャク
妙 114 ミョウ
民 72 ミン ●たみ
眠 150 ミン ねむる ねむい

## む

矛 ム ほこ
務 44 ム つとめる つとまる
無 39 ム ブ ない
夢 51 ム ゆめ
霧 ム きり
娘 93 むすめ

## め

名 9 メイ ミョウ な
命 72 メイ ●ミョウ いのち
明 5 メイ ミョウ あかり あかるい あかるむ あからむ あきらか あける あく あくる あかす
迷 59 メイ ●まよう
冥 メイ (ミョウ)
盟 48 メイ
銘 メイ
鳴 14 メイ なく なる ならす
滅 メツ ほろびる ほろぼす
免 メン (まぬかれる)
面 72 メン ●おも ●おもて (つら)
綿 メン わた
麺 20 メン

## も

茂 モ しげる
模 30 モ ボ
毛 19 モウ け
妄 モウ (ボウ)
盲 モウ
耗 モウ (コウ)
猛 モウ
網 モウ あみ
目 77 モク ●ボク め (ま)
黙 モク だまる
門 76 モン ●かど
紋 モン
問 31 モン とう とい とん

## や

冶 ヤ
夜 5 ヤ よ よる
野 15 ヤ の
弥 や
厄 156 ヤク
役 81 ヤク ●エキ
約 20 ヤク
訳 21 ヤク わけ

薬 ヤク くすり 43
躍 ヤク おどる 149
闇 やみ

**ゆ**

由 ユ ユウ (ユイ) (よし) 37
油 ユ あぶら 26
喩(喩) ユ
愉 ユ 105
諭 ユ さとす 105
輸 ユ 45
癒 ユ いえる いやす
唯 ユイ (イ)
友 ユウ とも 18
有 ユウ ●ウ ある 59
勇 ユウ いさむ 44
幽 ユウ 157
悠 ユウ 141
郵 ユウ 37
湧 ユウ わく
猶 ユウ
裕 ユウ
遊 ユウ (ユ) あそぶ 38
雄 ユウ お おす
誘 ユウ さそう
憂 ユウ うれえる うれい (うい)
融 ユウ
優 ユウ ●やさしい ●すぐれる 56

**よ**

与 ヨ あたえる 156
予 ヨ 9
余 ヨ あまる あます 25
誉 ヨ ほまれ 138
預 ヨ あずける あずかる 36
幼 ヨウ おさない 18
用 ヨウ もちいる 51
羊 ヨウ ひつじ 14
妖 ヨウ あやしい
洋 ヨウ 26
要 ヨウ かなめ ●いる 76
容 ヨウ 42
庸 ヨウ
揚 ヨウ あげる あがる 111
揺 ヨウ ゆれる ゆらぐ ゆるぐ ゆする ゆさぶる ゆすぶる ゆる
葉 ヨウ は 14
陽 ヨウ 36
溶 ヨウ とける とかす とく 111
腰 (ヨウ) こし 93
様 ヨウ さま 30
瘍 ヨウ
踊 ヨウ おどる おどり 149
窯 (ヨウ) かま
養 ヨウ やしなう 45
擁 ヨウ
謡 ヨウ (うたい) (うたう)
曜 ヨウ 4
抑 ヨク おさえる 130
沃 ヨク
浴 ヨク あびる あびせる 26
欲 ヨク (ほっする) ●ほしい 58
翌 ヨク 5
翼 ヨク つばさ

**ら**

拉 ラ
裸 ラ はだか
羅 ラ
来 ライ くる ●きたる ●きたす 76
雷 ライ かみなり
頼 ライ たのむ たのもしい たよる
絡 ラク (からむ) (からまる) (からめる) 123
落 ラク おちる おとす 43
酪 ラク
辣 ラツ
乱 ラン みだれる みだす 51
卵 ラン ●たまご 67
覧 ラン 25
濫 ラン
藍 (ラン) あい
欄 ラン 133

**り**

吏 リ
利 リ (きく) 33
里 リ さと 15
理 リ 8
痢 リ
裏 リ ●うら 57
履 リ はく
璃 リ
離 リ はなれる はなす 157
陸 リク 36
立 リツ (リュウ) たつ たてる 49
律 リツ (リチ) 25
慄 リツ
略 リャク 37
柳 リュウ やなぎ 132
流 リュウ (ル) ながれる ながす 26
留 リュウ ル とめる とまる 37
竜 リュウ たつ
粒 リュウ つぶ 95
隆 リュウ
硫 リュウ
侶 リョ
旅 リョ たび 50
虜 リョ
慮 リョ
了 リョウ 114
両 リョウ 50
良 リョウ よい 7
料 リョウ 51
涼 リョウ すずしい すずむ 121
猟 リョウ
陵 リョウ (みささぎ)
量 リョウ はかる 7
僚 リョウ
領 リョウ 36
寮 リョウ
療 リョウ 157
瞭 リョウ
糧 リョウ (ロウ) (かて)
力 リョク リキ ちから 44
緑 リョク (ロク) みどり 7
林 リン はやし 15
厘 リン
倫 リン 137
輪 リン わ 45
隣 リン となる となり 139
臨 リン ●のぞむ 60

**る**

瑠 ル
涙 ルイ なみだ 93
累 ルイ
塁 ルイ
類 ルイ たぐい 36

**れ**

令 レイ 24
礼 レイ (ライ) 44
冷 レイ つめたい ひえる ひや ひやかす さめる さます ひやす 7
励 レイ はげむ はげます
戻 (レイ) もどす もどる
例 レイ たとえる 24
鈴 レイ すず リン 94
零 レイ 103
霊 レイ (リョウ) (たま)
隷 レイ
齢 レイ 103
麗 レイ (うるわしい)
暦 レキ こよみ
歴 レキ 8
列 レツ 33
劣 レツ おとる 113
烈 レツ 97
裂 レツ さく さける 97
恋 レン こう こいしい こい 141
連 レン つらなる つらねる つれる 38
廉 レン
練 レン ねる 20
錬 レン

**ろ**

呂 ロ
炉 ロ
賂 ロ
路 ロ じ 13
露 ロ つゆ ロウ
老 ロウ おいる (ふける) 48
労 ロウ 44
弄 ロウ もてあそぶ
郎 ロウ 151
朗 ロウ ●ほがらか 80
浪 ロウ 120
廊 ロウ 148
楼 ロウ 133
漏 ロウ もる もらす もれる 119
籠 (ロウ) かご こもる
六 ロク む むっつ むい むつ 4
録 ロク 39
麓 ロク ふもと
論 ロン 21

**わ**

和 ワ (オ) ●やわらぐ ●やわらげる ●なごむ ●なごやか 82
話 ワ はなす はなし 21
賄 ワイ まかなう
脇 わき
惑 ワク まどう 141
枠 わく
湾 ワン 119
腕 ワン うで 93


中学基礎がため100%

**できた！ 中学国語**
**漢字**

2021年 2 月　第1版第1刷発行
2024年 4 月　第1版第6刷発行

発行人／志村直人
発行所／株式会社くもん出版
〒141-8488
東京都品川区東五反田2−10−2 東五反田スクエア11F
☎ 代表　03(6836)0301
編集直通　03(6836)0317
営業直通　03(6836)0305

印刷・製本／共同印刷株式会社

デザイン／佐藤亜沙美(サトウサンカイ)
カバーイラスト／いつか
本文イラスト／くどうのぞみ
本文デザイン／岸野祐美(京田クリエーション)
編集協力／松原豊




ISBN 978-4-7743-3119-5



CD57516
くもん出版ホームページ　https://www.kumonshuppan.com/
＊本書は『くもんの中学基礎がため100％　中学国語　漢字編』を改題し,新しい内容を加えて編集しました。

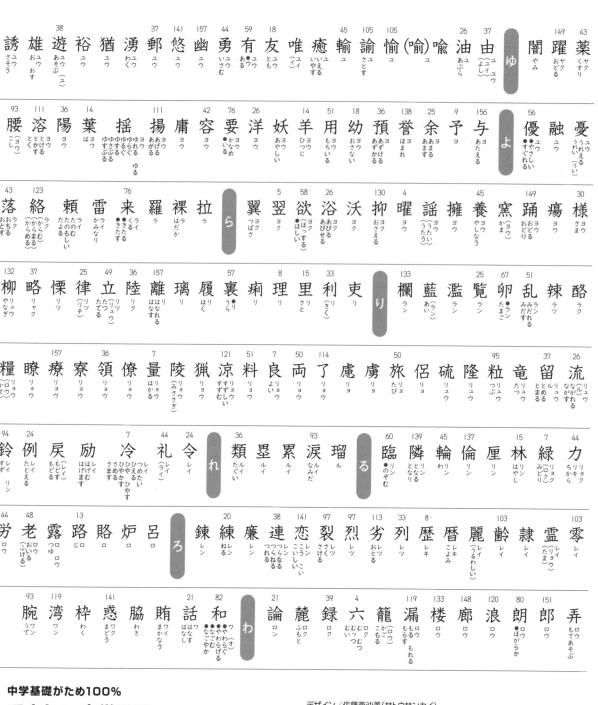

## 対義語

反対の意味を表す言葉を対義語といいます。

- 悪《あく》意《い》 ↕ 善《ぜん》意《い》
- 安《あん》心《しん》 ↕ 心《しん》配《ぱい》
- 安《あん》全《ぜん》 ↕ 危《き》険《けん》
- 以《い》下《か》 ↕ 以《い》上《じょう》
- 右《う》翼《よく》 ↕ 左《さ》翼《よく》
- 遠《えん》景《けい》 ↕ 近《きん》景《けい》
- 延《えん》長《ちょう》 ↕ 短《たん》縮《しゅく》
- 横《おう》断《だん》 ↕ 縦《じゅう》断《だん》
- 往《おう》路《ろ》 ↕ 復《ふく》路《ろ》
- 温《おん》暖《だん》 ↕ 寒《かん》冷《れい》
- 開《かい》会《かい》 ↕ 閉《へい》会《かい》
- 国《こく》外《がい》 ↕ 国《こく》内《ない》
- 拡《かく》大《だい》 ↕ 縮《しゅく》小《しょう》
- 可《か》決《けつ》 ↕ 否《ひ》決《けつ》

---

- 過《か》大《だい》 ↕ 過《か》小《しょう》
- 寡《か》黙《もく》 ↕ 多《た》弁《べん》
- 間《かん》接《せつ》 ↕ 直《ちょく》接《せつ》
- 簡《かん》単《たん》 ↕ 複《ふく》雑《ざつ》
- 起《き》点《てん》 ↕ 終《しゅう》点《てん》
- 強《きょう》大《だい》 ↕ 弱《じゃく》小《しょう》
- 偶《ぐう》然《ぜん》 ↕ 必《ひつ》然《ぜん》
- 具《ぐ》体《たい》 ↕ 抽《ちゅう》象《しょう》
- 原《げん》因《いん》 ↕ 結《けっ》果《か》
- 顕《けん》在《ざい》 ↕ 潜《せん》在《ざい》
- 現《げん》実《じつ》 ↕ 理《り》想《そう》
- 権《けん》利《り》 ↕ 義《ぎ》務《む》
- 故《こ》意《い》 ↕ 過《か》失《しつ》
- 好《こう》意《い》 ↕ 敵《てき》意《い》
- 高《こう》尚《しょう》 ↕ 低《てい》俗《ぞく》
- 好《こう》調《ちょう》 ↕ 不《ふ》調《ちょう》
- 困《こん》難《なん》 ↕ 容《よう》易《い》
- 最《さい》善《ぜん》 ↕ 最《さい》悪《あく》

---

- 雑《ざつ》然《ぜん》 ↕ 整《せい》然《ぜん》
- 賛《さん》成《せい》 ↕ 反《はん》対《たい》
- 始《し》業《ぎょう》 ↕ 終《しゅう》業《ぎょう》
- 自《し》然《ぜん》 ↕ 人《じん》工《こう》
- 子《し》孫《そん》 ↕ 祖《そ》先《せん》
- 自《じ》転《てん》 ↕ 公《こう》転《てん》
- 集《しゅう》合《ごう》 ↕ 解《かい》散《さん》
- 重《じゅう》視《し》 ↕ 軽《けい》視《し》
- 収《しゅう》入《にゅう》 ↕ 支《し》出《しゅつ》
- 主《しゅ》観《かん》 ↕ 客《きゃっ》観《かん》
- 主《しゅ》食《しょく》 ↕ 副《ふく》食《しょく》
- 手《しゅ》段《だん》 ↕ 目《もく》的《てき》
- 受《じゅ》動《どう》 ↕ 能《のう》動《どう》
- 需《じゅ》要《よう》 ↕ 供《きょう》給《きゅう》
- 消《しょう》極《きょく》 ↕ 積《せっ》極《きょく》
- 勝《しょう》利《り》 ↕ 敗《はい》北《ぼく》
- 叙《じょ》事《じ》 ↕ 叙《じょ》情《じょう》
- 進《しん》歩《ぽ》 ↕ 退《たい》歩《ほ》

---

- 成《せい》功《こう》 ↕ 失《しっ》敗《ぱい》
- 生《せい》産《さん》 ↕ 消《しょう》費《ひ》
- 静《せい》止《し》 ↕ 運《うん》動《どう》
- 精《せい》神《しん》 ↕ 肉《にく》体《たい》
- 前《ぜん》進《しん》 ↕ 後《こう》退《たい》
- 全《ぜん》体《たい》 ↕ 部《ぶ》分《ぶん》
- 促《そく》進《しん》 ↕ 抑《よく》制《せい》
- 損《そん》失《しつ》 ↕ 利《り》益《えき》
- 短《たん》所《しょ》 ↕ 長《ちょう》所《しょ》
- 単《たん》数《すう》 ↕ 複《ふく》数《すう》
- 淡《たん》泊《ぱく》 ↕ 濃《のう》厚《こう》
- 中《ちゅう》止《し》 ↕ 続《ぞっ》行《こう》
- 定《てい》例《れい》 ↕ 臨《りん》時《じ》
- 当《とう》選《せん》 ↕ 落《らく》選《せん》
- 内《ない》容《よう》 ↕ 形《けい》式《しき》
- 発《はっ》信《しん》 ↕ 受《じゅ》信《しん》
- 繁《はん》雑《ざつ》 ↕ 簡《かん》略《りゃく》
- 悲《ひ》観《かん》 ↕ 楽《らっ》観《かん》

---

- 悲《ひ》劇《げき》 ↕ 喜《き》劇《げき》
- 被《ひ》告《こく》 ↕ 原《げん》告《こく》
- 否《ひ》定《てい》 ↕ 肯《こう》定《てい》
- 敏《びん》感《かん》 ↕ 鈍《どん》感《かん》
- 平《へい》凡《ぼん》 ↕ 非《ひ》凡《ぼん》
- 平《へい》和《わ》 ↕ 戦《せん》争《そう》
- 便《べん》利《り》 ↕ 不《ふ》便《べん》
- 保《ほ》守《しゅ》 ↕ 革《かく》新《しん》
- 満《まん》潮《ちょう》 ↕ 干《かん》潮《ちょう》
- 無《む》効《こう》 ↕ 有《ゆう》効《こう》
- 有《ゆう》限《げん》 ↕ 無《む》限《げん》
- 輸《ゆ》出《しゅつ》 ↕ 輸《ゆ》入《にゅう》
- 和《わ》風《ふう》 ↕ 洋《よう》風《ふう》

※辞書などによっては、ほかの言葉を対義語として出しているものもあります。

中学基礎がため100%

# できた！中学国語

## 漢字

別冊

## 解答と解説

・画数と部首、筆順は、教科書・辞典を総合的に判断しています。
辞典によっては違《ちが》うものもあります。
・小・中学校で学習しない漢字や読み方は、答えとして扱《あつか》っていません。
・（　）は、ほかの答えです。

KUMON

## 一章 1 「書き」チェック1 P.4・5

❶
(1)午 (2)明ける (3)朝 (4)現 (5)火 (6)半 (7)秋 (8)九 (9)日 (10)間 (11)千 (12)年 (13)一 (14)夜 (15)過 (16)兆 (17)三 (18)晩 (19)明 (20)十 (21)分 (22)水 (23)在 (24)四 (25)春 (26)二 (27)冬 (28)翌 (29)月 (30)秒 (31)木 (32)去 (33)六 (34)季 (35)曜 (36)節 (37)百 (38)昼 (39)週 (40)五 (41)数える (42)土 (43)昨 (44)数 (45)八 (46)毎 (47)金 (48)時 (49)億 (50)七

**ポイント**

❶ (2)の「明ける」は「朝になる。新しい年になる。」意味で、「空ける」は「穴を作る。からにする。」意味で、「開ける」は「しめてあるものをひらく。」意味で使う。
(41)の「数える」は送りがなのつけ方に注意しよう。

---

## 一章 2 「書き」チェック2 P.6・7

❶
(1)善 (2)西 (3)暖かい (4)太 (5)冷 (6)大 (7)多 (8)比 (9)高 (10)丸 (11)色 (12)右 (13)悪 (14)方 (15)量 (16)南 (17)低 (18)中 (19)角 (20)温 (21)長 (22)寒 (23)縦 (24)玉 (25)少 (26)緑 (27)東 (28)短 (29)赤 (30)北 (31)暖 (32)平 (33)古 (34)左 (35)短い (36)小 (37)旧 (38)向 (39)暑 (40)細 (41)横 (42)良 (43)円 (44)暗 (45)形 (46)白 (47)広 (48)青 (49)前 (50)黒

**ポイント**

❶ (4)の「太」と(40)の「細」、(9)「高」と(17)「低」のように、ここでは反対（対《つい》）になる漢字が多くある。上の表でも確認しておこう。
(35)の「短い」は送りがなのつけ方に注意しよう。

---

## 一章 3 「書き」チェック3 P.8・9

❶
(1)答 (2)物 (3)師 (4)習 (5)部 (6)英 (7)正 (8)舎 (9)育てる (10)社 (11)点 (12)活 (13)保 (14)学 (15)復 (16)理 (17)語 (18)名 (19)習う (20)歴 (21)解 (22)教 (23)歌 (24)物 (25)書 (26)美しい (27)算 (28)術 (29)育 (30)本 (31)庭 (32)勉 (33)史 (34)予 (35)校 (36)席 (37)地 (38)級 (39)会 (40)見 (41)動 (42)組 (43)科 (44)欠 (45)登 (46)楽 (47)通 (48)国 (49)読 (50)美

**ポイント**

❶ (3)「師」の「𠂤」、(38)「級」の「及」、(45)「登」の「癶」の形をまちがえやすいので、しっかり覚えておこう。
(26)の「美しい」は、「しい」と送りがなをつける。

---

## 一章 4 テスト 1 P.10・11

❶
(1) ①ぶんかい ②と
(2) ①いんしょくぶつ ②きんもつ
(3) ①げんぞう ②あらわ
(4) ①たんきかん ②みじか
(5) ①いしょく ②いろ
(6) ①こてん ②ふる
(7) ①さいみつ ②こま ③ほそ
(8) ①れいき ②つめ ③ひ

❷
(1) 4 (2) 6 (3) 8 (4) 11
(5) 10 (6) 10 (7) 9 (8) 13

❸
(1) 儿 (2) 夕 (3) 刂 (4) 巾
(5) 羊（⺷） (6) 黒 (7) 里
(8) 行

❹
(1) ア (2) イ (3) ウ (4) ウ

❺
(1) ①小 ②少 (2) ①旧 ②日
(3) ①翌 ②習 (4) ①太 ②大

❻
(1) ①温 ②暖 (2) ①円 ②丸
(3) ①答 ②登 ③東 (4) ①歌 ②過 ③科

❼
(1) 朝早くから勉強する。
(2) 年末の番組を調べる。

❽
(1) 正牛［午］の持［時］報を聞いてから、活働［動］し始める。
(2) 冬委［季］オリンピックの歴氏［史］を自文［分］で模造紙にまとめる。

❾
明暗・高低・善悪
（順不同）

**ポイント**

❻ (1)①「温かい」は「冷たくないあたたかい温度や気持ち。」に使う。
②「暖かい」は「寒くないあたたかい温度。」に使う。主に気温に使う。

## 一章 5 「書き」チェック 4 P.12・13

❶
(1) 畑 (2) 窓 (3) 期 (4) 橋
(5) 家 (6) 運ぶ (7) 市 (8) 行
(9) 船 (10) 院 (11) 察 (12) 当
(13) 路 (14) 飛ぶ (15) 港 (16) 験
(17) 警 (18) 食 (19) 墓 (20) 戸
(21) 式 (22) 所 (23) 窓 (24) 電
(25) 墓 (26) 弁 (27) 域 (28) 署
(29) 入 (30) 車 (31) 道 (32) 町
(33) 場 (34) 店 (35) 堂
(36) 食べる (37) 卒 (38) 汽
(39) 駅 (40) 村 (41) 寺 (42) 乗
(43) 給 (44) 場 (45) 行 (46) 区
(47) 運 (48) 路 (49) 坂 (50) 飛

**ポイント**

❶ (2)・(23)の「窓」は、「ウ」＋「八」＋「ム」＋「心」と覚えよう。
(11)の「察」や(50)の「飛」はまちがえやすいので、細かい部分の点画をしっかり覚えておこう。

## 一章 6 「書き」チェック 5 P.14・15

❶
(1) 天 (2) 葉 (3) 桜 (4) 樹
(5) 気 (6) 牛 (7) 岩 (8) 竹
(9) 原 (10) 自 (11) 鳥 (12) 空
(13) 松 (14) 植 (15) 雪 (16) 犬
(17) 花 (18) 林 (19) 植える
(20) 魚 (21) 実 (22) 芽 (23) 象
(24) 晴 (25) 梅 (26) 雲 (27) 草
(28) 枝 (29) 風 (30) 然 (31) 貝
(32) 米 (33) 実る (34) 羊 (35) 田
(36) 虫 (37) 岸 (38) 菜 (39) 野
(40) 馬 (41) 山 (42) 雨 (43) 鳴
(44) 島 (45) 幹 (46) 馬
(47) 蚕 (48) 里 (49) 根 (50) 森

**ポイント**

❶ (22)「芽」の「牙」、(23)「象」の「𧰨」の形をまちがえやすいので、しっかり覚えておこう。
(25)「梅」の「毋」を「母」としないように注意しよう。

## 一章 7 テスト 2 P.16・17

❶
(1) ①じょうない ②ばめん
(2) ①しょくぜん ②た
(3) ①いっこ ②ど
(4) ①やせい ②のやま
(5) ①りっきょう ②ばし
(6) ①じせつ ②みずか
(7) ①かおく ②やちん ③いえもと
(8) ①うてん ②ながあめ ③あま

❷
(1)4 (2)8 (3)8 (4)12
(5)12 (6)12 (7)12 (8)12

❸
(1)寸 (2)巾 (3)穴(宀)
(4)虫 (5)十 (6)魚 (7)土
(8)皿

❹
(1)ア (2)ア (3)ア (4)ウ

❺
(1) ①鳥 ②鳴 (2) ①汽 ②気
(3) ①細 ②畑 (4) ①電 ②雪

❻
(1) ①岸 ②岩 (2) ①行 ②港
(3) ①見 ②験 ③犬 (4) ①堂 ②道 ③動

❼
(1)雨が上がってから、船(舟)が出発する。
(2)駅から乗ったバスの窓から飛行場が見えた。

❽
(1)街路橋（樹）が整全（然）と根（植）えられている。
(2)海（梅）千しのおにぎりを便（弁）当箱に入れて、梅（桜）を見に行く。

❾
森林・田畑・草花
(順不同)

**ポイント**

❻ (1)①「海岸」、②「溶《よう》岩」と熟語でとらえるようにしよう。

❽ (1)の「整然」は、「ととのっていてきれいな様子。」の意味。

## 一章 8 「書き」チェック 6 P.18・19

❶
(1)腹 (2)者 (3)腸 (4)指
(5)族 (6)衆 (7)胃 (8)友
(9)口 (10)顔 (11)子
(12)親しい (13)王 (14)身
(15)父 (16)妻 (17)脈 (18)婦
(19)臣 (20)祖 (21)肺 (22)医
(23)歯 (24)私 (25)心 (26)血
(27)主 (28)臓 (29)陛 (30)肉
(31)母 (32)首 (33)徒 (34)身
(35)息 (36)親 (37)后 (38)皮
(39)君 (40)毛 (41)先 (42)脳
(43)人 (44)男 (45)足 (46)骨
(47)孫 (48)幼い (49)産 (50)成

**ポイント**

❶ (6)の「衆」や(17)の「脈」はまちがえやすいので、細かい部分の点画をしっかり覚えておこう。(48)の「幼い」は送りがなのつけ方に注意しよう。

## 一章 9 「書き」チェック 7 P.20・21

❶
(1)詩 (2)易 (3)絶 (4)談
(5)設ける (6)純 (7)訳
(8)絵 (9)証 (10)紙 (11)説
(12)絹 (13)許 (14)続 (15)議
(16)総 (17)計 (18)易しい
(19)紀 (20)誤 (21)編 (22)績
(23)誌 (24)終 (25)課 (26)統
(27)評 (28)縮 (29)識 (30)線
(31)昭 (32)系 (33)計る (34)訓
(35)論 (36)糸 (37)護 (38)綿
(39)記 (40)講 (41)織 (42)諸
(43)練 (44)景 (45)誕 (46)約
(47)設 (48)言 (49)詞 (50)話

**ポイント**

❶ (29)の「識」と(41)の「織」は、字形が似ているので、書きまちがいに注意しよう。
(6)「純」の「屯」、(20)「誤」の「呉」の形をまちがえやすいので、しっかり覚えておこう。
(18)「易しい」の対義語は、「難しい」。セットで覚えておこう。

## 一章 10 テスト 3
P.22・23

❶
(1) ①ちゅうふく ②ぱら
(2) ①しゅくしょう ②ちぢ
(3) ①とくせつ ②もう
(4) ①くんれん ②ね
(5) ①よけい ②はか
(6) ①とっきょ ②ゆる
(7) ①ぼうえき ②ようい ③やさ
(8) ①こうとう ②くちょう ③くちごた

❷
(1) 11 (2) 10 (3) 10 (4) 12
(5) 14 (6) 15 (7) 17 (8) 15

❸
(1) 又 (2) ⺹ (3) 口 (4) 儿
(5) 肉 (6) 田 (7) 月 (8) 日

❹
(1) **イ** (2) **ア** (3) **ア** (4) **ウ**

❺
(1) ①血 ②衆
(2) ①線 ②綿
(3) ①孫 ②系
(4) ①続 ②統

❻
(1) ①記 ②紀
(2) ①識 ②織
(3) ①詩 ②詞 ③誌
(4) ①心 ②身 ③親

❼
(1) 祖母に、幼少時代の写真を見せてもらう。
(2) メモを残して、歯医者に行く。

❽
(1) 送会の義題を何にするかについて放し合う。
総 議 話
(2) 玉様が、胃系でできた準白の洋服を着る。
王 絹 純

❾
解約・洗顔・課税
(順不同)

**ポイント**
❾ 「解約」は「約束を解く」、「洗顔」は「顔を洗う」、「課税」は「税金を課する」という組み立て方になっている。

## 一章 11 「書き」チェック 8
P.24・25

❶
(1) 往 (2) 仏 (3) 従
(4) 付(附) (5) 俵 (6) 借
(7) 視 (8) 係 (9) 任 (10) 使
(11) 令 (12) 直 (13) 例 (14) 律
(15) 休 (16) 件 (17) 像 (18) 働
(19) 個 (20) 他 (21) 規 (22) 全
(23) 備える (24) 側 (25) 看
(26) 仕 (27) 観 (28) 余 (29) 供
(30) 住 (31) 働く (32) 倉 (33) 信
(34) 覚 (35) 位 (36) 覧 (37) 便
(38) 価 (39) 径 (40) 作 (41) 俳
(42) 倍 (43) 従う (44) 以 (45) 真
(46) 伝 (47) 待 (48) 候 (49) 備
(50) 停

**ポイント**
❶ (23)の「備える」、(31)の「働く」、(43)の「従う」の送りがなはまちがえやすいので、しっかり覚えておこう。
(36)の「覧」の「𠂉」をまちがえないように注意しよう。

## 一章 12 「書き」チェック 9
P.26・27

❶
(1) 激しい (2) 源 (3) 消
(4) 満 (5) 塩 (6) 波 (7) 増
(8) 池 (9) 圧 (10) 泳 (11) 洗う
(12) 清 (13) 演 (14) 洋 (15) 激
(16) 湖 (17) 液 (18) 測 (19) 湯
(20) 沿 (21) 法 (22) 海 (23) 潔
(24) 漁 (25) 準 (26) 永 (27) 垂
(28) 注 (29) 矢 (30) 深 (31) 派
(32) 混 (33) 決 (34) 潮 (35) 治
(36) 河 (37) 氷 (38) 均 (39) 浴
(40) 型 (41) 油 (42) 減 (43) 知
(44) 漢 (45) 混じる (46) 求
(47) 洗 (48) 済 (49) 流 (50) 泉

**ポイント**
❶ (23)の「潔」、(27)の「垂」、(31)の「派」はまちがえやすいので、細かい部分の点画をしっかり覚えておこう。
(26)の「永」と(37)の「氷」は、字形が似ているので、書きまちがいに注意しよう。
(45)「混じる」は「とけ合って区別できなくなる。」、「交じる」は「入り組んでいるが区別はできる。」場合に使う。

## 一章 13 テスト 4 P.28・29

❶
(1) ①まん ②み
(2) ①じゅうぎょういん ②したが
(3) ①でんげん ②みなもと
(4) ①れいがい ②たと
(5) ①げきつう ②はげ
(6) ①せいしょ ②きよ
(7) ①けんべん ②べつびん ③たよ
(8) ①かいしょう ②き ③け

❷
(1) 8 (2) 10 (3) 9 (4) 9
(5) 10 (6) 10 (7) 11 (8) 10

❸
(1) 水(氺) (2) 土 (3) 矢(⽮)
(4) 目 (5) 見 (6) 氵 (7) 氵
(8) 見

❹
(1) ア (2) イ (3) イ (4) ウ

❺
(1) ①位 ②以
(2) ①演 ②塩
(3) ①潔 ②決
(4) ①洗 ②泉
(5) ①測 ②側
(6) ①直 ②治
(7) ①漢 ②看 ③観
(8) ①係 ②形 ③径

❻
(1) ①他 ②池
(2) ①伝 ②仏
(3) ①浴 ②沿
(4) ①湖 ②潮
(5) ①氷 ②永 ③泳
(6) ①住 ②注 ③往

❼
(1) 液体を混ぜる作業を任される。

**ポイント**

❻ (1)①「他人」と②「池」、(6)①「住民」と②「注意」と③「往来」は言葉の意味を考えると部首のちがいがわかりやすくなる。

---

## 一章 14 「書き」チェック 10 P.30・31

❶
(1) 合 (2) 否 (3) 構 (4) 司
(5) 末 (6) 査 (7) 周 (8) 栄
(9) 板 (10) 束 (11) 可 (12) 告
(13) 移 (14) 積 (15) 構える
(16) 号 (17) 様 (18) 株 (19) 品
(20) 句 (21) 各 (22) 果たす
(23) 札 (24) 員 (25) 台 (26) 吸
(27) 種 (28) 未 (29) 唱える
(30) 同 (31) 模 (32) 案 (33) 権
(34) 唱 (35) 果 (36) 検 (37) 問
(38) 棒 (39) 械 (40) 格 (41) 喜
(42) 穀 (43) 呼 (44) 味 (45) 柱
(46) 枚 (47) 材 (48) 税 (49) 条
(50) 標

**ポイント**

❶ (15)の「構える」、(22)「果たす」の送りがなはまちがえやすいので、しっかり覚えておこう。
(31)の「模」、(38)の「棒」、(39)の「械」、(41)の「喜」、(42)の「穀」はまちがえやすいので、細かい部分の点画をしっかり覚えておこう。

---

## 一章 15 「書き」チェック 11 P.32・33

❶
(1) 志 (2) 想 (3) 挙 (4) 拡
(5) 創 (6) 別 (7) 態 (8) 才
(9) 愛 (10) 刊 (11) 情 (12) 打
(13) 揮 (14) 拝 (15) 意
(16) 捨てる (17) 急 (18) 担
(19) 招 (20) 制 (21) 忠 (22) 判
(23) 恩 (24) 思 (25) 劇 (26) 応
(27) 刷 (28) 慣 (29) 列 (30) 捨
(31) 採 (32) 感 (33) 批 (34) 刻む
(35) 刀 (36) 必 (37) 券 (38) 快
(39) 持 (40) 接 (41) 悲 (42) 折
(43) 志す (44) 則 (45) 刻 (46) 利
(47) 念 (48) 副 (49) 憲 (50) 投

**ポイント**

❶ (14)「拝」の「手」、(25)「劇」の「七」や「豕」、(37)「券」の「刀」の形をまちがえやすいので、しっかり覚えておこう。
(43)の「志す」は送りがなのつけ方に注意しよう。

## 一章 16 テスト 5 P.34・35

❶
(1) ①かほう ②は
(2) ①てんこ ②よ
(3) ①しんこく ②きざ
(4) ①さいけつ ②と
(5) ①れっきょ ②あ
(6) ①もよう ②きぼ
(7) ①とんや（といや） ②もんどう ③と
(8) ①こころざ ②こころざし ③いし

❷ (1) 6 (2) 9 (3) 11 (4) 7 (5) 15 (6) 11 (7) 14 (8) 12

❸ (1) 扌 (2) 刀 (3) 心 (4) 口 (5) 木 (6) 口 (7) 刂 (8) 心

❹ (1) **ア** (2) **ア** (3) **ウ** (4) **ウ**

❺
(1) ①制 ②刷
(2) ①句 ②可
(3) ①末 ②未
(4) ①判 ②刊

❻
(1) ①情 ②条
(2) ①械 ②快
(3) ①束 ②則 ③側
(4) ①告 ②穀
(5) ①号 ②合
(6) ①急 ②吸
(7) ①揮 ②喜
(8) ①招 ②唱
(9) ①批 ②否
(10) ①慣 ②感
(11) ①格 ②各 ③拡
(12) ①検 ②権 ③憲

**ポイント**

❺ (3)①「末」と②「未」は、字形がよく似ているので、用例で使い分けを覚えよう。
末…粉末《ふんまつ》・月末《げつまつ》・末《すえ》っ子《こ》
未…未来《みらい》・未定《みてい》・未満《みまん》

## 一章 17 「書き」チェック 12 P.36・37

❶
(1) 順 (2) 異 (3) 敗 (4) 額
(5) 預かる (6) 頂 (7) 防
(8) 負 (9) 賞 (10) 留 (11) 隊
(12) 班 (13) 階 (14) 類 (15) 険
(16) 放 (17) 貯 (18) 由 (19) 領
(20) 散 (21) 敗れる (22) 界
(23) 降 (24) 買 (25) 陽 (26) 郵
(27) 救 (28) 政 (29) 限 (30) 整
(31) 預 (32) 責 (33) 画 (34) 貨
(35) 略 (36) 改 (37) 際 (38) 題
(39) 賃 (40) 限り (41) 願 (42) 陸
(43) 敬 (44) 賛 (45) 貿 (46) 障
(47) 資 (48) 球 (49) 類い (50) 番

**ポイント**

❶ (5)の「預かる」、(21)の「敗れる」は送りがなのつけ方に注意しよう。
(12)の「班」、(26)の「郵」、(37)の「際」はまちがえやすいので、細かい部分の点画をしっかり覚えておこう。
(27)「救」の「求」と(48)「球」の「求」では、最後の画の「とめ」「はらい」のちがいに注意しよう。

## 一章 18 「書き」チェック 13 P.38・39

❶
(1) 銀 (2) 逆 (3) 鉱 (4) 展
(5) 無 (6) 選 (7) 康 (8) 延
(9) 退 (10) 延びる (11) 遠
(12) 元 (13) 銅 (14) 属 (15) 返
(16) 庁 (17) 炭 (18) 局 (19) 送
(20) 述 (21) 建 (22) 層 (23) 辺
(24) 録 (25) 針 (26) 光 (27) 鏡
(28) 連 (29) 届ける (30) 居
(31) 無 (32) 遊 (33) 序 (34) 灯
(35) 鉄 (36) 追 (37) 庫 (38) 底
(39) 照 (40) 達 (41) 尺 (42) 燃
(43) 造 (44) 逆らう (45) 屋
(46) 近 (47) 適 (48) 建てる
(49) 進 (50) 熱

**ポイント**

❶ (2)・(44)「逆」の「屰」、(24)「録」の「录」、(40)「達」の「幸」の形をまちがえやすいので、しっかり覚えておこう。
(10)「延びる」は「距離《きょり》や時間が長くなる。」意味で使う。
(48)「建てる」は「建物や像などがつくられる。」意味で使う。

## 一章 19 テスト 6 P.40・41

❶
(1) ①ぞうせん ②つく
(2) ①ちてい ②そこ
(3) ①てんきょ ②いどころ(きょしょ)
(4) ①けんあく ②けわ
(5) ①けいふく ②うやま
(6) ①こうがく ②ひたい
(7) ①いこう ②お ③こぶ
(8) ①ほりゅう ②るすばん ③と

❷
(1) 9 (2) 12 (3) 12 (4) 16
(5) 4 (6) 19 (7) 8 (8) 15

❸
(1) ⻌ (2) 儿 (3) 火 (4) 广
(5) 尸 (6) 攵 (7) 田
(8) 釒(金)

❹
(1) ア (2) イ (3) イ (4) ウ

❺
(1) ①逆 ②述
(2) ①貨 ②賃
(3) ①預 ②領
(4) ①堂 ②賞

❻
(1) ①救 ②球
(2) ①画 ②芽
(3) ①返 ②辺
(4) ①賛 ②散
(5) ①針 ②進
(6) ①防 ②貿
(7) ①康 ②鉱
(8) ①照 ②障
(9) ①改 ②界
(10) ①由 ②郵

❼
(1) 書類を整理してから燃やす。
(2) 望遠鏡をのぞくと、高層ビルなどの建物が見えた。

**ポイント**

❺ (1)は「⻌」、(2)は「貝」、(3)は「頁」という部首が同じ漢字なので、それぞれ熟語の意味を考えて、ちがいをしっかり覚えよう。

## 一章 20 「書き」チェック 14 P.42・43

❶
(1) 希 (2) 落 (3) 巣 (4) 策
(5) 尊 (6) 容 (7) 第 (8) 射
(9) 苦 (10) 笛 (11) 宣 (12) 定
(13) 宝 (14) 宿る (15) 筋 (16) 将
(17) 官 (18) 単 (19) 帳 (20) 管
(21) 寸 (22) 尊 (23) 宙 (24) 営む
(25) 簡 (26) 写 (27) 宅 (28) 布
(29) 宿 (30) 薬 (31) 営 (32) 帯
(33) 寄 (34) 尊さ (35) 完 (36) 芸
(37) 筆 (38) 筋 (39) 亡 (40) 等
(41) 導 (42) 安 (43) 帰 (44) 宇
(45) 幕 (46) 密 (47) 害 (48) 常
(49) 築 (50) 箱

**ポイント**

❶ (4)の「策」、(5)の「尊」、(16)の「将」、(32)「帯」はまちがえやすいので、細かい部分の点画をしっかり覚えておこう。
(18)「単」の「⺍」と(48)「常」の「⺌」の字形のちがいに注意しよう。

## 一章 21 「書き」チェック 15 P.44・45

❶
(1) 輪 (2) 勇 (3) 残 (4) 祭
(5) 始 (6) 勇ましい (7) 酒
(8) 務 (9) 確かめる (10) 配
(11) 養 (12) 勤 (13) 独 (14) 福
(15) 転 (16) 力 (17) 飯 (18) 好
(19) 状 (20) 複 (21) 効 (22) 版
(23) 功 (24) 輪 (25) 祝 (26) 禁
(27) 酸 (28) 勢 (29) 製 (30) 破
(31) 礼 (32) 特 (33) 軍 (34) 加
(35) 労 (36) 死 (37) 補 (38) 磁
(39) 表 (40) 票 (41) 糖 (42) 館
(43) 姿 (44) 養う (45) 党 (46) 飲
(47) 委 (48) 粉 (49) 努 (50) 飼

**ポイント**

❶ (1)の「輪」と(24)の「輪」は、字形が似ているので、書きまちがいに注意しよう。
(3)「残」の「戋」、(12)「勤」の「里」、(28)の「勢」の「坴」の形をまちがえやすいので、しっかり覚えておこう。
(6)の「勇ましい」、(9)の「確かめる」、(44)「養う」は送りがなのつけ方に注意しよう。

## 一章 22 テスト 7
P.46・47

❶
(1) ①かにゅう ②くわ
(2) ①ぱ ②やぶ
(3) ①けいえい ②いとな
(4) ①けんちく ②きず
(5) ①きふ ②よ
(6) ①ほきゅう ②おぎな
(7) ①りょうこう ②この ③す
(8) ①くろう ②くる ③にが

❷
(1) 11 (2) 10 (3) 16 (4) 15
(5) 14 (6) 12 (7) 15 (8) 13

❸
(1) 艹 (2) 宀 (3) ⺮ (4) 示
(5) 力 (6) 酉 (7) 女 (8) 車

❹
(1) イ (2) ア (3) イ (4) ア

❺
(1) ①祝 ②礼
(2) ①布 ②希
(3) ①巣 ②単
(4) ①管 ②官
(5) ①飲 ②飯
(6) ①輪 ②輸

❻
(1) ①酸 ②産
(2) ①務 ②勤 ③努
(3) ①複 ②福
(4) ①筋 ②禁
(5) ①完 ②簡
(6) ①勢 ②製
(7) ①射 ②写
(8) ①効 ②功
(9) ①飼 ②死 ③始
(10) ①定 ②状 ③常

**ポイント**

❻ (2)①「務める」は「役目を受け持つ。」、②「勤める」は「職場で働く。」、③「努める」は「努力する。」という意味で使う。

## 一章 23 「書き」チェック 16
P.48・49

❶
(1) 央 (2) 売 (3) 固 (4) 聖
(5) 因 (6) 失 (7) 奮 (8) 益
(9) 回 (10) 失う (11) 存 (12) 差
(13) 開 (14) 囲 (15) 共 (16) 冊
(17) 衛 (18) 起 (19) 聞 (20) 包
(21) 止 (22) 閣 (23) 張 (24) 典
(25) 老 (26) 武 (27) 置 (28) 関
(29) 団 (30) 巻 (31) 具 (32) 考
(33) 立 (34) 再び (35) 罪 (36) 困
(37) 引 (38) 奮う (39) 盟 (40) 工
(41) 職 (42) 奏 (43) 関 (44) 再
(45) 皿 (46) 士 (47) 章 (48) 孝
(49) 弱 (50) 走

**ポイント**

❶ (10)の「失う」、(34)の「再び」は送りがなのつけ方に注意しよう。(30)「巻」の「己」、(42)「奏」の「夭」の形をまちがえやすいので、しっかり覚えておこう。(25)の「老」、(32)の「考」、(48)の「孝」は字形が似ているので、書きまちがいに注意しよう。

## 一章 24 「書き」チェック 17
P.50・51

❶
(1) 争 (2) 処 (3) 興 (4) 不
(5) 疑 (6) 殺 (7) 乱れる
(8) 久 (9) 収 (10) 能 (11) 用
(12) 世 (13) 最も (14) 至 (15) 両
(16) 農 (17) 毒 (18) 皇 (19) 受
(20) 豊 (21) 博 (22) 変 (23) 至る
(24) 肥 (25) 旅 (26) 段 (27) 参
(28) 雑 (29) 支 (30) 豆 (31) 印
(32) 夢 (33) 着 (34) 曲 (35) 旗
(36) 痛 (37) 最 (38) 取 (39) 耕
(40) 料 (41) 協 (42) 服 (43) 難
(44) 豊か (45) 非 (46) 的 (47) 義
(48) 事 (49) 乱 (50) 航

**ポイント**

❶ (3)の「興」、(5)の「疑」、(16)の「農」はまちがえやすいので、細かい部分の点画をしっかり覚えておこう。(21)の「博」の右上の点を忘れないように注意しよう。(26)「段」の「𠂤」、(39)の「耕」の「耒」の形をまちがえやすいので、しっかり覚えておこう。

## 一章 25 「書き」チェック18 P.52・53

❶
(1)城 (2)栃 (3)茨 (4)都
(5)府 (6)県 (7)群 (8)埼
(9)潟 (10)富 (11)梨 (12)城
(13)岐 (14)阪 (15)滋 (16)岡
(17)阜 (18)井 (19)郡 (20)奈
(21)賀 (22)兵 (23)香 (24)媛
(25)徳 (26)佐 (27)崎 (28)熊
(29)鹿 (30)沖 (31)茨 (32)城
(33)鹿 (34)新 (35)児 (36)縄
(37)重 (38)新 (39)富 (40)都
(41)新 (42)重 (43)富 (44)兵
(45)群 (46)重 (47)児 (48)崎
(49)群 (50)縄

**ポイント**

❶ (7)・(45)・(49)の「群」と(19)の「郡」は字形が似ていて、音の読み方も同じなので、書きまちがいに注意しよう。

## 一章 26 テスト8 P.54・55

❶
(1) ①しゅうい ②かこ
(2) ①てきちゅう ②まと
(3) ①じきゅうりょく ②ひさ
(4) ①しゅうえき ②おさ
(5) ①こうち ②たがや
(6) ①ひなん ②むずか
(7) ①とう ②だいず ③まめ
(8) ①ぐんまけん ②む ③むら

❷
(1)9 (2)10 (3)6 (4)14
(5)16 (6)15 (7)8 (8)12

❸
(1)口 (2)皿 (3)隹 (4)月
(5)大 (6)耳 (7)又 (8)⺹

❹
(1)イ (2)ア (3)イ (4)イ

❺
(1) ①団 ②困
(2) ①工 ②士
(3) ①孝 ②考
(4) ①皿 ②冊

❻
(1) ①開 ②回
(2) ①無 ②武
(3) ①能 ②農
(4) ①止 ②至 ③支
(5) ①再 ②最
(6) ①関 ②巻
(7) ①料 ②両
(8) ①聖 ②世
(9) ①義 ②疑
(10) ①豊 ②包
(11) ①共 ②興 ③協
(12) ①奏 ②争 ③走

**ポイント**

❻ (1)①「開化」、②「回復」のように、熟語の意味を考えてから漢字を書こう。
②の「回復」は、「元のよい状態にもどること。」、「快復」は「病気やけがが治ること。」という意味で使う。

## 一章 27 中学校で習う音訓1 P.56・57

❶
(1)はや (2)そしつ
(3)はいゆう (4)ばんぱく
(5)か (6)こがねむし
(7)じゃり (8)しょうにん
(9)さ (10)しっしょう (11)し
(12)すぐ (13)すみ (14)か
(15)のうり (16)おか (17)え
(18)すわ (19)ころも
(20)しょうしつ (21)こうが
(22)くふう (23)すばや
(24)おとず (25)やさ

❷
(1)犯 (2)裏道 (3)訪ねる
(4)優しい (5)座る
(6)速やか (7)訪れる
(8)確認 (9)黄金色 (10)犯す
(11)優れた (12)万全 (13)羽衣
(14)焼 (15)笑 (16)交 (17)素足
(18)土砂 (19)手提 (20)黄
(21)交わす (22)姉 (23)笑
(24)表裏 (25)夫婦

**ポイント**

❷ (6)の「速《すみ》やか」、(7)の「訪《おとず》れる」の送りがなのつけ方に注意しよう。

## 一章 28 中学校で習う音訓 2 P.58・59

❶
(1)きろ (2)かんしゃ
(3)とくゆう
(4)てんもんがく
(5)すいそく (6)こころ
(7)ぼいん(ぼおん)
(8)うちょうてん
(9)ていめい (10)けいはん
(11)あや (12)お (13)いっさい
(14)ふみづき(ふづき・ふつき)
(15)つど (16)いっちょうめ
(17)うちき (18)さぐ (19)あや
(20)しゅしょう (21)だい
(22)ほ (23)てい (24)ため
(25)あやま

❷
(1)推理 (2)適切 (3)探
(4)危ない (5)試みる
(6)岐路 (7)文 (8)有無
(9)一切 (10)内 (11)謝恩会
(12)母音 (13)有名 (14)迷路
(15)京阪 (16)首相 (17)危うい
(18)試す (19)意欲 (20)推す
(21)集う (22)探る (23)危ぶむ
(24)欲しい (25)謝る

## 一章 29 中学校で習う音訓 3 P.60・61

❶
(1)ふしょう (2)きちょう
(3)ぶんかつ (4)む (5)もと
(6)ひんこん (7)その(えん)
(8)さっそく
(9)とうと(たっと)
(10)ぼけつ (11)いた (12)む
(13)こうえん (14)こくだか
(15)さ (16)とうと(たっと)
(17)どくぜつ (18)じもく
(19)と (20)む (21)そっちょく
(22)のぞ (23)いた
(24)けいだい (25)あやつ

❷
(1)閉ざす (2)蒸らす
(3)貴ぶ(尊ぶ) (4)傷む
(5)臨む (6)操る
(7)貴い(尊い) (8)除
(9)花園 (10)早速 (11)下
(12)筆舌 (13)傷める (14)貧弱
(15)石 (16)穴 (17)貴ぶ(尊ぶ)
(18)蒸れる (19)境内 (20)引率
(21)分割 (22)園 (23)蒸 (24)割
(25)貴い(尊い)

## 一章 30 読み書きチェック 1 P.62・63

❶
(1)しゅしょう (2)すみ
(3)え (4)おか (5)あやつ
(6)どくぜつ (7)ねんしょう
(8)つど (9)めい (10)もと
(11)いた (12)じ (13)し (14)ほ
(15)あやま (16)こがねいろ
(17)のうり (18)うむ (19)のぞ
(20)とうそつ (21)けいだい
(22)すてき (23)ていちょう
(24)さぐ (25)ひんじゃく
(26)ころも (27)すぐ (28)てさ
(29)お (30)はなぞの
(31)けいはん (32)ばんぜん
(33)あや (34)じゃりみち
(35)と
(36)ふみづき(ふづき・ふつき)
(37)いっさい (38)か (39)けつ
(40)とうと(たっと)
(41)さっそく
(42)ぼいん(ぼおん)
(43)にんしき (44)こくだか
(45)くふう (46)ため
(47)ぶんかつ (48)すわ (49)む
(50)おとず

❷
(1)羽衣 (2)迷路 (3)推
(4)交 (5)京阪 (6)下
(7)速やか (8)探る (9)謝る
(10)傷める (11)試す
(12)貴い(尊い) (13)犯す
(14)訪れる (15)危ぶむ
(16)優しい (17)閉ざす
(18)欲しい (19)操る
(20)蒸らす (21)提げる
(22)墓穴 (23)笑 (24)引率
(25)一切 (26)夫婦 (27)有無
(28)万国 (29)文 (30)臨む
(31)素直 (32)割
(33)貴ぶ(尊ぶ) (34)境内
(35)確認 (36)首相 (37)早急
(38)貧困 (39)集う (40)焼
(41)除 (42)土砂 (43)毒舌
(44)脳裏 (45)危うい (46)笑
(47)花園 (48)姉 (49)座り
(50)岐路

**ポイント**

❷ (9)の「謝《あやま》る」、(21)の「提《さ》げる」、(39)の「集《つど》う」の送りがなのつけ方に注意しよう。
(24)の「率」、(40)の「焼」はまちがえやすいので、細かい部分の点画をしっかり覚えよう。

## 一章 31 中学校で習う音訓 4

P.64・65

❶
(1)したく (2)いくさ
(3)や (4)ついく (5)しまい
(6)かえり (7)げか
(8)めがみ(じょしん)
(9)けいば (10)いっつい
(11)かがく (12)たび
(13)しだい (14)かろ (15)はぶ
(16)してい (17)たび
(18)きおく (19)ぐうじょう
(20)さち (21)と (22)てんにょ
(23)や (24)でし (25)きそ

❷
(1)省みる (2)後れる
(3)競う (4)度 (5)軽やか
(6)対句 (7)病む (8)天女
(9)宮 (10)次第 (11)弟
(12)度 (13)女神 (14)外科
(15)研 (16)姉妹 (17)一対
(18)幸 (19)度 (20)後れ
(21)何学 (22)研 (23)戦 (24)幸
(25)弟子

**ポイント**

❶ (1)の「したく」、(7)「げか」、(13)「しだい」の熟語の読み方を覚えておこう。

---

## 一章 32 中学校で習う音訓 5

P.66・67

❶
(1)いしょう (2)せっかい
(3)もと (4)さんらん
(5)さず (6)つ (7)おのれ
(8)せん (9)わざ
(10)なっとく (11)かわ
(12)た (13)らんおう
(14)すいとうちょう (15)さず
(16)かわ (17)まこと
(18)りこ (19)しょうにか
(20)あたい (21)つ (22)た
(23)わざ
(24)いっちょういっせき
(25)ちき

❷
(1)授かる (2)革 (3)就ける
(4)知己 (5)納豆 (6)基
(7)手 (8)河川 (9)納得
(10)技 (11)衣装 (12)産卵
(13)装束 (14)出納
(15)一朝一夕 (16)基 (17)小児
(18)石灰 (19)値 (20)手
(21)授ける (22)就 (23)革
(24)己 (25)誠

**ポイント**

❶ (25)の「ちき」を「ちこ」と書かないようにしよう。

---

## 一章 33 中学校で習う音訓 6

P.68・69

❶
(1)きょうだい (2)ととの
(3)わざ (4)し (5)のぼ
(6)うか (7)び
(8)きゅうどう (9)きいと
(10)てい (11)ふけい
(12)しわざ (13)しん (14)お
(15)ととの (16)ごういん
(17)おおあざ (18)げし
(19)ちょうけい (20)のぼ
(21)かしらもじ (22)はか
(23)うもう (24)けしん
(25)あきな

❷
(1)化ける (2)調う (3)図る
(4)強いる (5)上す (6)商う
(7)生 (8)体裁 (9)仕業
(10)頭 (11)羽毛 (12)申告
(13)体 (14)父兄 (15)目頭
(16)強引 (17)鼻 (18)夏至
(19)調える (20)大字 (21)化
(22)弓道 (23)上せる (24)業
(25)生糸

**ポイント**

❷ (2)・(19)の「調う」「調える」は「必要なものがそろう。」場合に、「整う」「整える」は「形などがきちんとする。」場合に使う。

## 一章 34 読み書きチェック 2 P.70・71

❶
(1)いっつい (2)わざ (3)いしょう (4)や (5)かせん (6)あきな (7)かえり (8)でし (9)げし (10)さず (11)たび (12)もと (13)いくさ (14)せっかいすい (15)きそ (16)めがみ (17)か (18)なっとう (19)かわ (20)めがしら (21)き (22)しまい (23)いっちょういっせき (24)さち (25)てんにょ (26)つ (27)らんおう (28)おのれ (29)お (30)ごういん (31)しょうに (32)と (33)してい (34)きおく (35)あたい (36)のぼ (37)しだい (38)た (39)ととの (40)しん (41)げか (42)みじたく (43)すいとう (44)ちき (45)はか (46)わざ (47)かろ (48)び (49)まこと (50)きゅうどう

❷
(1)強いる (2)授ける (3)調う (4)競う (5)基 (6)省みる (7)商う (8)後れる (9)図る (10)外科 (11)軽業 (12)夏至 (13)女神 (14)技 (15)病 (16)羽化 (17)体裁 (18)川 (19)姉妹 (20)生糸 (21)上 (22)次第 (23)手 (24)度 (25)納得 (26)革 (27)幸 (28)字 (29)鼻 (30)宮 (31)戦 (32)弟子 (33)誠 (34)申告 (35)己 (36)石灰 (37)父兄 (38)出納 (39)対句 (40)軽やか (41)就 (42)頭 (43)化 (44)値 (45)弓道 (46)天女 (47)産卵 (48)研 (49)強引 (50)小児

**ポイント**

❷ (2)の「授《さず》ける」、(6)の「省《かえり》みる」、(40)の「軽《かろ》やか」は送りがなのつけ方に注意しよう。
(5)の「基」、(26)「革」、(41)「就」はまちがえやすいので、細かい部分の点画をしっかりと覚えておこう。

## 一章 35 中学校で習う音訓 7 P.72・73

❶
(1)けびょう (2)し(じ) (3)た (4)ごくひ (5)みょう (6)さいえん (7)わざわ (8)おもて (9)きわ (10)たみ (11)こうい (12)そうじ (13)こぜに (14)おもしろ (15)ちゅうさい (16)うじがみ (17)じょうみゃく (18)うつわ (19)きょう (20)しめ (21)ぞ (22)きょくど (23)しず (24)せん (25)きわ

❷
(1)初め (2)静脈 (3)才媛 (4)災い (5)命 (6)面長 (7)小銭 (8)断る (9)防災 (10)極める (11)類似品 (12)氏 (13)矢面 (14)断つ (15)氏子 (16)温厚 (17)仮病 (18)極めて (19)器 (20)図示 (21)北極 (22)民 (23)仲 (24)静観 (25)経

**ポイント**

❶ (1)「けびょう」、(4)の「ごくひ」、(12)の「そうじ」の熟語の読み方を覚えておこう。

## 一章 36 中学校で習う音訓 8 P.74・75

❶
(1)すいごう(すいきょう) (2)におうだ (3)かんせん (4)うけたまわ (5)あらわ (6)ひ (7)へいこう (8)くら (9)むがむちゅう (10)じんぎ (11)へん (12)そこ (13)おごそ (14)いちじる (15)せいだい (16)わ (17)そこ (18)むく (19)さか (20)ぼうねんかい (21)ひきょう (22)くれないいろ(べにいろ) (23)しんく (24)た (25)さか

❷
(1)報いる (2)蔵 (3)近郷 (4)秘める (5)破片 (6)著しい (7)仁王像 (8)染 (9)承る (10)厳か (11)忘年 (12)紅色 (13)損なう (14)自我 (15)著す (16)並列 (17)深紅(真紅) (18)損ねる (19)我 (20)盛る (21)全盛 (22)厳格 (23)裁つ (24)損 (25)裁

## 一章 37 中学校で習う音訓 9 P.76・77

❶
(1)きわ (2)はた (3)きた
(4)ばくしゅう(むぎあき)
(5)かなめ
(6)ぼくそう (7)かど
(8)じびか (9)かいどう
(10)きた (11)も (12)むぎめし
(13)はんたい (14)い
(15)もんげん (16)かどで
(17)なかす
(18)まきば(ぼくじょう)
(19)こく (20)かんぬし
(21)さどうぶ
(22)みょうじょう
(23)めんぼく(めんもく)
(24)しゅう (25)たんもの

❷
(1)州 (2)反らす (3)重要
(4)反物 (5)来す (6)精神
(7)究極(窮極) (8)面目
(9)機械 (10)究める (11)門松
(12)明星 (13)神主 (14)要る
(15)麦芽 (16)守り (17)機
(18)茶 (19)牧師 (20)谷
(21)紅茶 (22)牧場 (23)街道
(24)来る (25)耳鼻

## 一章 38 読み書きチェック 3 P.78・79

❶
(1)じょうみゃく
(2)ごくらく (3)きんごう
(4)うけたまわ (5)ひ
(6)けびょう (7)さいえん
(8)かんぬし (9)たんもの
(10)さどう(ちゃどう)
(11)はた (12)そこ
(13)あらわ (14)きた
(15)ばくしゅう (16)きょう
(17)みょう (18)みょうじょう
(19)おごそ (20)こぜに
(21)くら (22)うじこ (23)きわ
(24)たみ (25)こうい (26)い
(27)なかす (28)はへん
(29)かどで (30)た (31)うつわ
(32)じびか (33)た (34)ずし
(35)むがむちゅう
(36)かんせん (37)におうだ
(38)こく (39)るいじ (40)むく
(41)も (42)おもしろ
(43)わざわ (44)ぞ (45)へいこう
(46)めんぼく(めんもく)
(47)くれない(べに) (48)さか
(49)ぼうねんかい
(50)ちゅうさい

❷
(1)州 (2)反物 (3)似
(4)厳か (5)図示 (6)神主
(7)経 (8)仲 (9)染 (10)民
(11)極める (12)面目
(13)忘年会 (14)要る (15)初め
(16)仁王 (17)断つ (18)盛大
(19)器 (20)著しく (21)蔵
(22)静 (23)明星 (24)小銭
(25)究める (26)災い (27)牧場
(28)命 (29)谷 (30)矢面
(31)門松 (32)近郷 (33)仮病
(34)承る (35)茶道 (36)耳鼻科
(37)損なう (38)来る
(39)報いる (40)並 (41)麦
(42)我 (43)秘める (44)片
(45)守り (46)裁つ (47)温厚
(48)氏神 (49)深紅(真紅)
(50)機

**ポイント**

❷ (4)の「厳《おごそ》か」、(20)「著《いちじる》しく」、(26)の「災《わざわ》い」、(34)の「承《うけたまわ》る」、(37)の「損《そこ》なう」、(39)の「報《むく》いる」は送りがなのつけ方に注意しよう。

## 一章 39 中学校で習う音訓 10 P.80・81

❶
(1)おおやけ (2)う
(3)ひとじち (4)ゆえ
(5)かく(きゃく) (6)さいふ
(7)じょう (8)かたき
(9)ざつえき (10)ほっ
(11)しちや (12)せいくら
(13)ほが (14)しょうじん
(15)は (16)こうむいん
(17)ほんもう (18)ばく
(19)こきょう (20)のぞ
(21)ちまなこ (22)じょうもん
(23)そむ (24)せいさん
(25)そむ

❷
(1)故 (2)縄文 (3)朗らか
(4)討つ (5)雑役 (6)映え
(7)敵 (8)客観 (9)背筋
(10)眼 (11)精進 (12)背く
(13)質屋 (14)背ける (15)公
(16)財布 (17)滋養 (18)暴
(19)発 (20)本望 (21)客 (22)精
(23)発足 (24)人質 (25)質

**ポイント**

❶ (3)の「ひとじち」、(17)の「ほんもう」、(21)の「ちまなこ」の熟語の読み方を覚えておこう。

## 一章 40 中学校で習う音訓 11 P.82・83

❶
(1)や (2)こうすい (3)わか
(4)に (5)ゆ (6)ぶあい
(7)おんてい
(8)しゅうしゅう (9)やわ
(10)そうけ (11)しゅっか
(12)はがね
(13)ゆいごんじょう (14)すけ
(15)ほど (16)ゆうしょう
(17)きしょう (18)ぼ
(19)じゅうまんえん (20)なご
(21)まさ (22)こわだか
(23)せいがく (24)すこ
(25)じゃくねんそう

❷
(1)声色 (2)和らげる
(3)香水 (4)暮 (5)辞める
(6)辞退 (7)拾得
(8)遺 (9)気性 (10)和む
(11)鋼 (12)程 (13)歩合
(14)若年 (15)助 (16)結う
(17)出荷 (18)宗教 (19)宗家
(20)夕暮 (21)健やか (22)遺言
(23)勝り (24)鋼鉄 (25)根性

## 一章 41 中学校で習う音訓 12 P.84・85

❶
(1)べんきょうづくえ
(2)うめぼ (3)こうつうひ
(4)せんねん (5)そんとく
(6)べっしつ (7)てんじょう
(8)な (9)う(え) (10)もっぱ
(11)わらべうた (12)たい
(13)むろまち (14)こきん
(15)ち (16)こんじゃく (17)う
(18)しんせん (19)かんきゅう
(20)しろもの (21)しゅぎょう
(22)つい (23)ひもの (24)むな
(25)きじょう

❷
(1)天井 (2)授乳 (3)昔
(4)熟読 (5)修める (6)福井
(7)胸中 (8)浅学 (9)号泣
(10)乳 (11)熟れる (12)童歌
(13)費やす (14)代物 (15)室町
(16)賃貸 (17)古今 (18)得る
(19)干物 (20)専ら (21)児童
(22)修行 (23)机
(24)今昔 (25)胸

**ポイント**

❶ (10)の「もっぱ(ら)」、(23)の「ひもの」の読み方を覚えておこう。

## 一章 42 読み書きチェック 4 P.86・87

❶
(1)しょうばいがたき
(2)じょうもん (3)う(え)
(4)ゆいごんじょう (5)ち
(6)さいふ (7)しゅっか
(8)むな (9)かんきゅう
(10)ばく (11)や (12)おおやけ
(13)きしょう (14)もっぱ
(15)ゆ (16)かく(きゃく)
(17)じょう (18)こきん (19)ぼ
(20)つい (21)じゃくねんそう
(22)わらべうた (23)ほが
(24)ちまなこ (25)すけ
(26)そむ (27)う (28)ぶあいせい
(29)じゅうにまん
(30)ほんもう (31)は (32)すこ
(33)たい (34)しょうじん
(35)ほど (36)むろまち
(37)ひとじち (38)こんじゃく
(39)はがね (40)ひもの
(41)しろもの (42)まさ
(43)しゅぎょう (44)そうけ
(45)ゆえ (46)う (47)やわ
(48)しんせん (49)こわだか
(50)ほったん

❷
(1)泣 (2)程 (3)勝る (4)敵
(5)乳 (6)客 (7)財 (8)浅
(9)得る (10)遺 (11)拾
(12)精 (13)性 (14)熟れる
(15)発 (16)費やす (17)声
(18)質屋 (19)和む (20)討
(21)辞める (22)眼 (23)今
(24)故 (25)専ら (26)暮 (27)童
(28)鋼 (29)雑役 (30)出荷
(31)賃貸 (32)健やか (33)公
(34)今昔 (35)歩合 (36)映え
(37)望 (38)朗らか (39)結う
(40)若 (41)背ける (42)和らぐ
(43)干物 (44)修行
(45)助 (46)代物 (47)机上
(48)室町 (49)宗家 (50)暴

**ポイント**

❷ (16)の「費《つい》やす」、(32)の「健《すこ》やか」、(38)の「朗《ほが》らか」、(41)の「背《そむ》ける」、(42)の「和《やわ》らぐ」は送りがなのつけ方に注意しよう。

(5)の「乳」、(14)「熟」、(50)「暴」はまちがえやすいので、細かい部分の点画をしっかり覚えておこう。

一章 43 テスト 9 P.88・89

**1**
(1) ①とうと(たっと) ②きぞく
(2) ①のち ②きおく
(3) ①きそ ②きょうそう
(4) ①やまい ②や
(5) ①じょうき ②む
(6) ①なっとく ②すいとうがかり
(7) ①やさ ②ゆう ③すぐ
(8) ①いんそつ ②のうりつ ③ひき

**2**
(1) 9 (2) 9 (3) 9 (4) 12 (5) 17 (6) 10 (7) 10 (8) 13

**3**
(1) 隹 (2) 一 (3) 㔾(卩) (4) 卩 (5) 臣 (6) 玄 (7) 大 (8) 衣

**4**
(1) ア (2) イ (3) イ (4) ア

**5**
(1) ①探 ②操
(2) ①焼 ②燃
(3) ①試 ②認
(4) ①受 ②授

**6**
(1) ①樹 ②授
(2) ①強 ②号
(3) ①砂 ②射 ③謝
(4) ①将 ②笑 ③装
(5) ①境 ②京 ③兄
(6) ①下(元) ②基 ③元(本)

**7**
(1) 己の行動を深く省みる。
(2) 美しい花園で、姉妹が遊ぶ。

**8**
(3) 早速、試合に臨む。
有無・開閉・貧富
(順不同)

**ポイント**
5・6 5(4)①「受」と②「授」は「扌(てへん)」のあるなし、6(3)②「射」と③「謝」は「言(ごんべん)」のあるなしのちがいに注目しよう。

一章 44 テスト 10 P.90・91

**1**
(1) ①きわ ②ごくひ
(2) ①はがね ②てっこう
(3) ①ぜんせいき ②さか
(4) ①きかい ②はた
(5) ①むす ②ゆ
(6) ①そむ ②せいくら
(7) ①ちょさくけん ②いちじる ③あらわ
(8) ①くれない(べに) ②しんく ③くちべに

**2**
(1) 4 (2) 12 (3) 7 (4) 15 (5) 9 (6) 12 (7) 9 (8) 7

**3**
(1) 日 (2) 攵 (3) 又 (4) ⺍ (5) 目 (6) 寸 (7) 片 (8) 手

**4**
(1) イ (2) イ (3) イ (4) イ

**5**
(1) ①貨 ②貸
(2) ①精 ②清
(3) ①適 ②敵
(4) ①建 ②健

**6**
(1) ①極 ②究
(2) ①初 ②染
(3) ①麦 ②暴
(4) ①裁 ②断 ③建

**7**
(1) 近郷の我が家に帰る。
(2) 黒い革の財布から小銭を出す。

**8**
(1) 蔵(倉)　荷
臓に何物を運ぶ。
(2) 救　質
求急隊が人貸を助け出す。

**9**
損得・今昔・深浅
(順不同)

**ポイント**
5 どれも書きまちがえやすい漢字なので、それぞれの使い方・読み方をしっかり覚えて、使い分けができるようにしよう。

## 二章 1 訓で名詞 1 P.92・93

❶
(1)せたけ (2)すえむすめ
(3)かみぶくろ (4)こぶね
(5)じはだ (6)ふなあそ
(7)なわしろ (8)きしょう
(9)さきゅう (10)えんじょう
(11)はんそう (12)なみだ
(13)うで (14)しゅうこう
(15)うたひめ (16)おか
(17)ゆかいた (18)とう
(19)とこ (20)きじょう
(21)ほのお (22)わんりょく
(23)こし (24)しらほ
(25)かたみ

❷
(1)帆 (2)炎 (3)筒 (4)腕
(5)小舟(小船) (6)涙 (7)床
(8)丘 (9)丘 (10)水筒
(11)姫 (12)肌着 (13)丈夫
(14)舟(船) (15)娘心
(16)肩 (17)手袋 (18)舟
(19)帆 (20)腰 (21)苗代
(22)感涙 (23)病床 (24)苗床
(25)腕力

## 二章 2 訓で名詞 2 P.94・95

❶
(1)さいこうほう (2)にじ
(3)とうげ (4)おね
(5)おおつぶ (6)かきね
(7)しばい (8)か (9)えん
(10)みさき (11)いも
(12)ほんだな (13)ふうりん
(14)あさいと (15)がき
(16)りゅうし (17)ほたる
(18)けいこうとう (19)ま
(20)すず (21)みね
(22)なまりいろ (23)びこう
(24)すなあらし (25)どんぶり

❷
(1)尾 (2)牛丼 (3)予鈴
(4)鉛 (5)粒 (6)峰 (7)芋
(8)岬 (9)蛍 (10)芝 (11)嵐
(12)麻 (13)峠 (14)虹 (15)鈴
(16)峰 (17)蚊 (18)戸棚
(19)鉛筆 (20)麻 (21)風鈴
(22)語尾 (23)粒子 (24)蛍光灯
(25)石垣

**ポイント**

❷ (6)・(16)の「峰」、(9)・(24)の「蛍」はまちがえやすいので、点画をしっかり覚えておこう。

## 二章 3 同じ字をもつ漢字 1 P.96・97

❶
(1)どうさつ (2)はれつ
(3)ふんいき (4)ちょうせん
(5)どうらん (6)おんぷ
(7)ふんそう (8)さ
(9)とうふ (10)きょうれつ
(11)ふぞく (12)ちょう
(13)くさ (14)は
(15)ほらあな(どうけつ)
(16)と (17)まぎ (18)どうたい
(19)ねつれつ (20)いど

❷
(1)附属 (2)烈火 (3)洞穴
(4)雰 (5)音符 (6)挑む
(7)胴 (8)分裂 (9)切符
(10)跳び (11)跳 (12)跳ねる
(13)裂ける (14)紛失 (15)豆腐
(16)腐乱 (17)空洞 (18)挑戦
(19)腐る (20)紛れる

❸
(1) ①付(附) ②符 ③腐
(2) ①裂 ②烈

**ポイント**

❸ 同じ字をもつ漢字は、読み方も同じだったり似ていたりするので、意味や使い方のちがいを覚えるようにしよう。

## 二章 4 読み書きチェック 1 P.98・99

❶
(1)じょうぶ (2)むすめ
(3)ふうりん (4)ほのお
(5)かんるい (6)きょうれつ
(7)いど (8)なまりいろ
(9)ちょう (10)しゅうこう
(11)ほたる (12)きしょう
(13)ふんいき (14)とうふ
(15)れんぽう (16)こし
(17)えん (18)りゅうし
(19)と (20)つつ (21)はんせん
(22)ひめ (23)きゅう
(24)ほらあな(どうけつ)
(25)はだ (26)あさ (27)みさき
(28)なえぎ (29)ふんしつ
(30)お (31)よれい (32)はれつ
(33)は (34)うで (35)ふなうた
(36)いしがき (37)しばい
(38)まぎ (39)とう (40)かたみ
(41)とこ (42)ふごう (43)さ
(44)とだな (45)びこう
(46)とうげ (47)ふぞく
(48)かみぶくろ (49)かえん
(50)ほ

❷
(1)丘 (2)筒 (3)芝
(4)挑む (5)粒 (6)胴
(7)破裂 (8)棚 (9)峰 (10)床
(11)洞穴 (12)肌 (13)鉛筆 (14)蚊
(15)苗代 (16)舟 (17)芋
(18)腕 (19)肩 (20)涙声 (21)舟
(22)峠 (23)腐る (24)附属
(25)垣根 (26)鈴 (27)尾
(28)丈夫 (29)空洞 (30)帆
(31)手袋 (32)炎 (33)紛れる
(34)跳 (35)起床 (36)蛍光灯
(37)熱烈 (38)岬 (39)挑
(40)腕力 (41)背丈 (42)姫
(43)麻 (44)紛失 (45)切符
(46)腰 (47)娘心 (48)尾
(49)跳ねる (50)雰

**ポイント**

❷ (18)・(40)の「腕」、(34)・(49)の「跳」、(4)・(39)の「挑」はまちがえやすいので、細かい部分の点画をしっかり覚えよう。
(33)の「紛れる」は送りがなのつけ方に注意しよう。

## 二章 5 同じ字をもつ漢字 2 P.100・101

❶
(1)ぼう (2)こはん
(3)こんぼう (4)ばんそう
(5)ひ (6)ふさ (7)かれ
(8)ひがい (9)ともな
(10)ひろう (11)ほうめい
(12)ぼうがい (13)ろぼう
(14)さまた (15)ひがん
(16)ぼう (17)つか
(18)ほうこう
(19)れいだんぼう
(20)ぼうかん

❷
(1)被る (2)妨害 (3)彼女
(4)坊 (5)疲れる (6)肪
(7)紡 (8)披 (9)房 (10)畔
(11)芳 (12)彼 (13)彼岸
(14)暖房 (15)披 (16)被害
(17)傍 (18)妨げ (19)同伴
(20)伴奏

❸
(1) ①坊 ②肪 ③傍
(2) ①畔 ②伴

## 二章 6 同じ字をもつ漢字 3 部首が違う形の似た漢字 1 P.102・103

❶
(1)したい (2)そぜい (3)と
(4)しずく (5)どうせい
(6)はくしゃ (7)れいさい
(8)そまつ (9)ていたく
(10)ひゃくしょう
(11)てんてき (12)こうれい
(13)してき (14)がはく
(15)せい (16)ひょうし
(17)はくらい (18)あら
(19)そがい (20)ていとう

❷
(1)摘む (2)阻止 (3)牲
(4)拍手 (5)粗末 (6)摘
(7)官邸 (8)滴 (9)伯
(10)宿泊 (11)船舶 (12)抵
(13)年齢(年令) (14)姓 (15)滴
(16)零 (17)租税 (18)肢
(19)百姓 (20)泊める

❸
(1) ①租 ②阻 ③粗
(2) ①泊 ②拍

**ポイント**

❸ (1)・(2)とも、部首のちがいに注目して、意味・使い方を覚えるようにしよう。

## 二章 7 部首が違《ちが》う形の似た漢字 2 P.104・105

❶
(1)かんげん (2)しん
(3)ねこ (4)さと (5)みぞ
(6)いじん (7)しんどう
(8)いど (9)きょうゆ
(10)ふんすい (11)びょうしゃ
(12)ぼく (13)ちが
(14)えが(か) (15)えら
(16)こうにゅう (17)だぼく
(18)ゆかい (19)かんきょう
(20)ふんぜん

❷
(1)描写 (2)憤 (3)撲
(4)古墳 (5)違う (6)溝
(7)諭す (8)振 (9)還
(10)振る (11)購読 (12)偉い
(13)教諭 (14)環境 (15)猫
(16)愉快 (17)僕 (18)溝 (19)娠
(20)描く (21)噴く

❸
(1) ①緯 ②違 ③偉
(2) ①墳 ②憤 ③噴

**ポイント**
❸ (1)・(2)とも、部首のちがいに注目して、意味・使い方を覚えるようにしよう。

---

## 二章 8 読み書きチェック 2 P.106・107

❶
(1)えら (2)だんぼう
(3)ばんそう (4)えが(か)
(5)ゆかい (6)したい
(7)こうどく (8)ひろう
(9)ひょうし (10)しんどう
(11)そうい (12)ぼっ (13)と
(14)はくしゃ (15)かのじょ
(16)ふん (17)ねんれい
(18)こうぼく (19)かんてい
(20)かんじょう (21)ぼうかん
(22)ひゃくしょう (23)ねこ
(24)はくちゅう (25)てんてき
(26)ひがい (27)ぼう (28)こう
(29)ちそ (30)かれ (31)かはん
(32)ほうめい (33)てい
(34)ふんぼ (35)そし (36)ぼく
(37)こんぼう (38)てきしゅつ
(39)かんげん (40)すいてき
(41)ひ (42)あら (43)ぼうがい
(44)せい (45)みぞ (46)いど
(47)きょうゆ (48)こうむ
(49)せんぱく (50)れいか

---

❷
(1)被る (2)違い (3)疲れる
(4)環境 (5)古墳 (6)画伯
(7)溝 (8)抵 (9)阻止 (10)房
(11)振る (12)紡績 (13)打撲
(14)湖畔 (15)宿泊 (16)肢
(17)描写 (18)彼岸 (19)猫
(20)滴 (21)傍観 (22)泊まる
(23)噴水 (24)零細 (25)送還
(26)芳 (27)購入 (28)舶来
(29)諭す (30)粗末 (31)披
(32)経緯 (33)同姓 (34)摘む
(35)娠 (36)年齢(年令)
(37)同伴 (38)偉大 (39)噴く
(40)妨げる (41)拍手 (42)僕
(43)邸宅 (44)愉快 (45)肪
(46)牲 (47)憤 (48)租税
(49)伴う (50)坊

**ポイント**
❷ (1)の「被《こうむ》る」、(3)の「疲《つか》れる」、(40)の「妨《さまた》げる」、(49)の「伴《ともな》う」は送りがなのつけ方に注意しよう。
(36)の「齢」はまちがえやすいので、細かい部分の点画をしっかり覚えておこう。

## 二章 9 テスト 1

P.108・109

**1**

(1) ①ほたるび ②けいこうとう
(2) ①しずく ②てんてき
(3) ①りゅうし ②おおつぶ
(4) ①ふんしつ ②まぎ
(5) ①びこう ②お
(6) ①いど ②ちょうせん
(7) ①とこ ②きしょう ③ゆか
(8) ①どうはん ②ばんそう ③ともな

**2**

(1)8 (2)8 (3)8 (4)13
(5)14 (6)6 (7)14 (8)13

**3**

(1)虫 (2)月 (3)氵 (4)巾
(5)雨（⻗） (6)歯 (7)山
(8)衣

**4**

(1)イ (2)イ (3)ウ (4)ア

**5**

(1) ①岐 ②肢 (2) ①還 ②環
(3) ①諭 ②愉 (4) ①緯 ②偉

**6**

(1) ①烈 ②裂 (2) ①阻 ②粗
(3) ①腐 ②符 ③附 (4) ①傍 ②坊 ③妨

**7**

(1)母と娘が、料理の腕を比べる。
(2)鉛筆で、石垣の上の花を描く。

**8**

(1)損害を抜（被）り、経営不娠（振）におちいる。
(2)丘の上の抵（邸）宅には、大きな墳（噴）水がある。

**9**

停泊・破裂・購買
（順不同）

**ポイント**

**5** (1)・(3)・(4)は、「へん」の形がちがうだけで、まちがえやすいので、熟語の意味・使い方を覚えるようにしよう。

## 二章 10 同訓異字

P.110・111

**1**

(1)と (2)ちょうしゅう
(3)あ (4)しゅうちゃく（しゅうじゃく）
(5)せんりょう (6)と (7)つ
(8)おく (9)こうよう
(10)しぼ (11)つか (12)き
(13)ほしゅ (14)しんしゅく
(15)あと (16)し (17)し
(18)ぞうとう (19)ついせき
(20)さつえい

**2**

(1)撮る (2)占い (3)贈
(4)占める (5)執る (6)突き
(7)追跡 (8)溶ける (9)占領
(10)執筆 (11)聴く (12)足跡
(13)絞る (14)遭う (15)伸縮
(16)遭 (17)捕り (18)視聴
(19)撮 (20)贈る

**3**

(1) ①上 ②揚 ③挙
(2) ①延 ②伸

**ポイント**

**3** 同訓異字は、特にまちがえやすいので、(1)①「上の方にやる。」、②「空中に高く移す。」、③「行う。」という意味のちがいを覚えよう。

## 二章 11 対義語・類義語 1

P.112・113

**1**

(1)ゆうれつ (2)かんみ
(3)しきさい (4)から
(5)とぼ (6)ぜひ (7)くわだ
(8)ゆる (9)しんく
(10)けいしゃ (11)おと
(12)あまくち (13)でむか
(14)しゅうさい (15)げい
(16)けつぼう (17)きかく
(18)かんきゅう (19)なな
(20)そうげい (21)かたむ
(22)かんじゅ (23)すいさいが
(24)ぜせい (25)ゆうしゅう

**2**

(1)是正 (2)乏しい (3)傾く
(4)送迎 (5)水彩 (6)秀
(7)甘い (8)辛口 (9)企てる
(10)欠乏 (11)緩い (12)辛い
(13)辛苦 (14)傾斜 (15)迎え
(16)優秀 (17)優劣 (18)色彩
(19)劣る (20)甘味 (21)緩急
(22)斜め (23)企 (24)傾向
(25)是非

**ポイント**

**2** (2)の「乏《とぼ》しい」、(3)の「傾《かたむ》く」、(9)の「企《くわだ》てる」は送りがなのつけ方に注意しよう。

## 二章 12 対義語・類義語 2 P.114・115

❶ (1)おそ (2)かんりょう (3)くわ (4)こ (5)せいこう (6)ほ (7)ちょうこく (8)きょうしゅく (9)みょうぎ (10)しょうさい (11)こ (12)こわ (13)りょうしょう (14)かた (15)ちょうか (16)こうみょう (17)しゅうりょう (18)ちょうぞう (19)ちょうえつ (20)きょうふ (21)こ (22)けんご (23)みょう (24)ふしょう (25)たく

❷ (1)巧妙 (2)堅い (3)恐 (4)超過 (5)終了 (6)妙 (7)恐怖 (8)巧み (9)不詳 (10)超える (11)恐ろしい (12)詳しい (13)堅 (14)彫る (15)越える (16)詳細 (17)怖い (18)堅い (19)超越 (20)越える (21)彫刻 (22)精巧 (23)妙技 (24)完了 (25)了

## 二章 13 読み書きチェック 3 P.116・117

❶ (1)ゆうしゅう (2)あ (3)あまくち (4)しんしゅく (5)うらな (6)かんりょう (7)しぼ (8)すいさいが (9)たく (10)ぜひ (11)ほしゅ (12)かたむ (13)とつぜん (14)おと (15)けんご (16)そうげい (17)せんりょう (18)きょうふ (19)けいこう (20)ゆる (21)せいこう (22)ついせき (23)しんく (24)でむか (25)しっぴつ (26)きかく (27)かんみ (28)こうみょう (29)あ (30)ちょうか (31)き (32)しゅうりょう (33)ぞう (34)ぜせい (35)かんきゅう (36)しょうさい (37)そうなん (38)けつぼう (39)あまから (40)ほ (41)しゅうさい (42)みょうぎ (43)きょうしゅく (44)けいしゃ (45)しゅうちゃく(しゅうじゃく) (46)かんりょう (47)ちょうしゅう (48)ようがん (49)しきさい (50)の

❷ (1)聴く (2)揚げる (3)迎える (4)越える (5)執筆 (6)妙 (7)占める (8)堅い (9)聴衆 (10)絞める (11)突く (12)執る (13)溶岩 (14)傾ける (15)優秀 (16)贈答 (17)撮 (18)甘辛 (19)捕る (20)彫刻 (21)企てる (22)高揚 (23)溶ける (24)色彩 (25)足跡 (26)緩い (27)占領 (28)突然 (29)欠乏 (30)堅固 (31)伸縮 (32)終了 (33)撮る (34)遭難 (35)乏しい (36)伸びる (37)緩急 (38)詳しい (39)超越 (40)怖い (41)占い (42)絞る (43)是非 (44)贈る (45)企画 (46)超える (47)優劣 (48)恐ろしい (49)斜め (50)巧み

**ポイント**
❷ (3)の「迎える」、(41)の「占い」、(48)の「恐ろしい」は送りがなのつけ方に注意しよう。

## 二章 14 「水・氵・氺」のつく漢字 1 P.118・119

❶ (1)そ (2)たき (3)さわ (4)よご (5)も (6)えど (7)にご (8)はまべ (9)ぬま (10)うらうら (11)どろみず (12)そ (13)せ (14)ただよ (15)おすい (16)きたな (17)こうたく (18)かいひん (19)ひょうはく (20)ろうすい (21)おせん (22)てんぷ (23)わんきょく (24)だくりゅう (25)こう

❷ (1)漂う (2)汚れる (3)滝 (4)沢 (5)濁る (6)浦 (7)添える (8)沼 (9)漏り (10)汚水 (11)汚い (12)江 (13)浅瀬 (14)泥 (15)添い (16)浜辺 (17)漂流 (18)湾岸 (19)添 (20)汚染 (21)江 (22)漏電 (23)濁流 (24)光沢 (25)海浜

**ポイント**
❷ (5)・(23)の「濁」、(7)・(15)・(19)の「添」、(9)・(22)の「漏」はまちがえやすいので、細かい部分の点画をしっかり覚えておこう。

## 二章 15 「水・氵・氺」のつく漢字 2 P.120・121

❶
(1)とどこお (2)す
(3)つなみ (4)すず (5)なめ
(6)つ (7)うるお (8)わ
(9)しぶ (10)わた (11)すべ
(12)ろうひ (13)うる
(14)じっきょう (15)こうずい
(16)しょうがい (17)とこう
(18)じゅんかつ
(19)せいりょう (20)ふっ
(21)じゅうたい (22)けいこく
(23)じょうか (24)しゅつぼつ
(25)こっ

❷
(1)渡る (2)潤す (3)渋い
(4)滑る (5)涼しい
(6)漬ける (7)渡 (8)澄む
(9)沸く (10)潤む (11)津波
(12)潤滑 (13)没 (14)清涼
(15)況 (16)天涯 (17)浪
(18)滑 (19)渓谷 (20)渋滞
(21)洗浄 (22)滑らか (23)沸
(24)滞る (25)洪水

## 二章 16 「水・氵・氺」「糸」のつく漢字 P.122・123

❶
(1)うるし (2)もぐ
(3)しるこ (4)あわ (5)あせ
(6)う (7)ひそ (8)しず
(9)せんたく (10)さばく
(11)かじゅう (12)せんすい
(13)ふじょう (14)たんすい
(15)しっこく (16)ちんちゃく
(17)しっけ (18)こうしょう
(19)はっかん (20)ばくぜん
(21)しめ (22)から
(23)しんし (24)れんらく
(25)しょう

❷
(1)潜る (2)沈む (3)汗
(4)淡い (5)浮く (6)潜む
(7)漆 (8)汁粉 (9)沈
(10)潜水 (11)淡水 (12)洗濯
(13)湿った (14)渉 (15)紹
(16)発汗 (17)漆器 (18)漠
(19)浮遊 (20)絡める
(21)果汁 (22)湿気 (23)連絡
(24)紹 (25)紳士

**ポイント**

❷ (5)・(19)の「浮」、(7)・(17)の「漆」、(12)の「濯」はまちがえやすいので細かい部分の点画をしっかり覚えておこう。

## 二章 17 読み書きチェック 4 P.124・125

❶
(1)かいひん (2)ただよ
(3)じょうきょう (4)すべ
(5)あわ (6)ひそ
(7)しょうかい (8)こう
(9)てんぷ (10)わ (11)つ
(12)ふじょう (13)れんらく
(14)きたな (15)うらうら
(16)ほうろう (17)す
(18)くじゅう (19)せんたく
(20)こうたく (21)たき
(22)しょうがい (23)すず
(24)ばくぜん (25)しんし
(26)せと (27)ぼっしゅう
(28)とどこお (29)こうしょう
(30)しつど (31)わんがん
(32)けいこく (33)うるお
(34)しっこく (35)れんらく
(36)せんじょう (37)とこう
(38)はっかん (39)おせん
(40)ろうでん (41)しぶ
(42)しず (43)じゅんかつ
(44)だくりゅう (45)つなみ
(46)せいりょう (47)どろみず
(48)こうずい (49)ぬま
(50)もぐ

❷
(1)江戸 (2)濁る (3)沸
(4)滞在 (5)汗 (6)潜在
(7)紹 (8)浜辺 (9)添える
(10)渡る (11)浮く (12)汚れる
(13)漂白 (14)苦渋 (15)漆
(16)紳士 (17)沢 (18)漏れる
(19)滑らか (20)沈着 (21)渋滞
(22)淡水 (23)連絡 (24)清涼
(25)潤滑 (26)汁粉 (27)江
(28)浦 (29)実況 (30)浪費
(31)澄ます (32)交渉 (33)砂漠
(34)洗濯 (35)泥沼 (36)浅瀬
(37)浄水 (38)渓流 (39)漬ける
(40)汚い (41)湾岸 (42)漂う
(43)沸く (44)生涯 (45)滑る
(46)滝 (47)淡い (48)潜る
(49)涼しい (50)渋い

**ポイント**

❷ (3)・(43)の「沸」、(15)の「漆」はまちがえやすいので、細かい部分の点画をしっかり覚えておこう。
(12)の「汚れる」、(19)の「滑らか」、(42)の「漂う」は送りがなのつけ方に注意しよう。
(14)の「苦渋《くじゅう》」は「苦しみ悩《なや》むこと。」、「苦汁《くじゅう》」は「苦いしるのこと。」の意味で使う。

## 二章 18 テスト 2 P.126・127

❶
(1) ①てんか ②そ
(2) ①たいざい ②とどこお
(3) ①はっかん ②あせ
(4) ①せいこう ②たく
(5) ①しょうちん ②しず
(6) ①ちょうか ②こ
(7) ①おしょく ②よご ③きたな
(8) ①ひそ ②もぐ ③せんすい

❷
(1) 7 (2) 8 (3) 5 (4) 4 (5) 12 (6) 11 (7) 7 (8) 12

❸
(1) 穴（⽳） (2) 貝 (3) 甘 (4) 糸 (5) 卜（⺊） (6) 氵 (7) 斗 (8) 耳

❹
(1) イ (2) ア (3) イ (4) イ

❺
(1) ①紹 ②沼 (2) ①漬 ②清 (3) ①標 ②漂 (4) ①幸 ②辛

❻
(1) ①伸 ②延 (2) ①送 ②贈
(3) ①揚 ②上 ③挙 (4) ①解 ②説 ③溶
(5) ①後 ②跡 (6) ①合 ②遭
(7) ①着 ②就 ③突 (8) ①執 ②捕（取・採） ③撮

❼
優劣・緩急・送迎（順不同）

❽
詳細・傾斜・企画（順不同）

**ポイント**

❻ (1)①の「伸《の》びる」は、「才能が伸びる。背が伸びる。ゴムが伸びる。」、②の「延《の》びる」は「線路が延びる。遠足の日が延びる。逃げ延びる。」のように使う。

## 二章 19 「手・扌」のつく漢字 P.128・129

❶
(1) ほ (2) す (3) さが (4) しょうこ (5) か (6) はいじょ (7) そうかつ (8) せんたく (9) いだ (10) かんたく (11) はっくつ (12) おうえん (13) せっしゅ (14) そう (15) さつ (16) う (17) かつ (18) けいじ (19) はいき (20) せっし (21) かいたく (22) こんきょ (23) もくげき (24) かか (25) ほうふ

❷
(1) 擦り (2) 捜す (3) 掘る (4) 開拓 (5) 根拠 (6) 排出 (7) 捜査 (8) 支援 (9) 択 (10) 発掘 (11) 掛け (12) 摂 (13) 証拠 (14) 総括 (15) 擦 (16) 抱く (17) 目撃 (18) 干拓 (19) 掲 (20) 排 (21) 撃つ (22) 掲げる (23) 一括 (24) 抱負 (25) 抱える

## 二章 20 「手・扌」「土・𡈽」のつく漢字 P.130・131

❶
(1) こば (2) は (3) す (4) はら (5) にぎ (6) お (7) ひか (8) あつか (9) ぬ (10) おさ (11) ぬ (12) わ (13) かべ (14) とそう (15) へきが (16) ちゅうせん (17) あくしゅ (18) きょ (19) はあく (20) しゃしょう (21) ばつぐん (22) よくよう (23) がっしょう (24) せいそう (25) ちゅうしゅつ

❷
(1) 握る (2) 扱い (3) 掃く (4) 払う (5) 抜く (6) 据わる (7) 掌 (8) 拒む (9) 押す (10) 控える (11) 押さえる (12) 塗り (13) 壁 (14) 握力 (15) 拒 (16) 塗装 (17) 抽選 (18) 抑 (19) 抑える (20) 掃 (21) 抜 (22) 壁画 (23) 掌握 (24) 把握 (25) 抽出

**ポイント**

❷ (11)の「押さえる」、(19)の「抑える」の送りがなのちがいを覚えよう。

## 二章 21 「木・木」のつく漢字 P.132・133

❶ (1)か (2)もも (3)か (4)く (5)てがら (6)やなぎ (7)べつむね (8)すぎ (9)さかずき (10)やわ (11)え (12)しゅくはい (13)しょうぎ (14)せん (15)そぼく (16)びょうとう (17)かくう (18)らんがい (19)えいこ (20)きけん (21)せんりゅう (22)ろう (23)ふきゅう (24)おうとう (25)にゅうわ

❷ (1)杯 (2)朽ちる (3)柄 (4)柳 (5)架ける (6)桃 (7)棟 (8)枯れる (9)杉 (10)柔らかい (11)人柄 (12)柳 (13)架空 (14)栓 (15)病棟 (16)杯 (17)棄 (18)枯 (19)将棋 (20)素朴 (21)欄 (22)柔道 (23)老朽 (24)白桃 (25)楼

**ポイント**

❶ (9)の「さかずき」を「さかづき」と書かないように注意しよう。

---

## 二章 22 読み書きチェック 5 P.134・135

❶ (1)しょうこ (2)はいすい (3)さつ (4)あつか (5)す (6)き (7)そぼく (8)か (9)もも (10)むね (11)しえん (12)かいたく (13)ほ (14)かか (15)おさ (16)はら (17)あくりょく (18)か (19)ひとがら (20)らんがい (21)さが (22)しょうあく (23)ばっ (24)とそう (25)ひか (26)く (27)やなぎ (28)もくげき (29)か (30)たくいつ (31)こんきょ (32)せっしゅ (33)はあく (34)お (35)ちゅうせん (36)せいそう (37)ほうふ (38)すぎ (39)さかずき (40)せんぬ (41)きし (42)ろう (43)そうかつ (44)やわ (45)おさ (46)ぬ (47)は (48)かくう (49)せんりゅう (50)よくせい

---

❷ (1)発掘 (2)擦る (3)捜 (4)拒む (5)握る (6)不朽 (7)祝杯 (8)摂取 (9)柄 (10)白桃 (11)病棟 (12)抱く (13)排出 (14)掛け (15)車掌 (16)扱う (17)抜く (18)押す (19)据わる (20)架空 (21)素朴 (22)枯れる (23)元栓 (24)将棋 (25)柳 (26)撃つ (27)払う (28)抑制 (29)証拠 (30)壁 (31)掲示 (32)把握 (33)控える (34)掃く (35)棄権 (36)杉 (37)壁画 (38)選択 (39)塗る (40)開拓 (41)応援 (42)楼 (43)拒否 (44)括 (45)欄 (46)抽選 (47)柔道 (48)根拠 (49)掘る (50)抜

**ポイント**

❷ (26)の「撃」、(35)の「棄」、(47)の「柔」はまちがえやすいので、細かい部分の点画や字形をしっかり覚えておこう。

---

## 二章 23 「人・𠆢・亻」のつく漢字 P.136・137

❶ (1)あわ (2)うなが (3)ふ (4)あお (5)おか (6)さむらい (7)たお (8)じじゅう (9)しょこう (10)かさく (11)いらい (12)ぎょうてん (13)そくしん (14)ほうきゅう (15)ふさい (16)あっとう (17)みんぞく (18)ふくせん (19)もほう (20)しんにゅう (21)しんこう (22)へいよう (23)きふく (24)かせん (25)りんり

❷ (1)仰ぐ (2)侍 (3)負債 (4)侵す (5)伏 (6)倫理 (7)仰 (8)伏せる (9)併せる (10)倒れる (11)俗説 (12)仙 (13)圧倒 (14)依 (15)促す (16)侵入 (17)合併 (18)王侯 (19)仰天 (20)侍従 (21)佳境 (22)歌仙 (23)年俸 (24)促進 (25)模倣

## 二章 24 「人・𠆢・亻」「言」「彳」などのつく漢字
P.138・139

❶
(1)つぐな (2)もよお
(3)いつわ (4)う
(5)ほま (6)となり
(7)うった (8)かざ
(9)ぎぞう (10)さいそく
(11)ほしょう (12)きが
(13)そうしょく (14)きそ
(15)めいよ (16)ちか
(17)ほうわ (18)とくちょう
(19)きんりん (20)しんさつ
(21)あ (22)せいやく
(23)じょこう (24)み
(25)しんぎ

❷
(1)偽る (2)償う (3)催し
(4)飾り (5)飽和 (6)誉れ
(7)隣 (8)訴え (9)修飾
(10)飢餓 (11)象徴 (12)誓う
(13)催 (14)補償 (15)診
(16)飢え (17)真偽 (18)告訴
(19)飽きる (20)近隣 (21)名誉
(22)診る (23)栄誉 (24)宣誓
(25)徐

## 二章 25 「心・忄」のつく漢字
P.140・141

❶
(1)はじ (2)か
(3)にんたい (4)なま
(5)めぐ (6)まど (7)おこ
(8)おこた (9)いか
(10)きゅうけい (11)むち
(12)きゅうかん (13)ゆうぜん
(14)しの (15)じひ
(16)おんけい (17)げきど
(18)きおく (19)くのう
(20)れんあい (21)たいだ
(22)こ (23)いこ (24)けんめい
(25)ちえ

❷
(1)恵み (2)懸ける (3)惑う
(4)恋人 (5)忍ぶ
(6)怠け (7)怒り (8)記憶
(9)怒り (10)懸賞 (11)知恵
(12)忙しい (13)恵 (14)悩む
(15)憩 (16)悠 (17)忙 (18)喜怒
(19)怠る (20)苦悩 (21)恋愛
(22)慈善 (23)怠惰 (24)迷惑
(25)恩恵

**ポイント**

❷ (6)「怠け」、(19)の「怠る」は送りがなのつけ方に注意しよう。

## 二章 26 読み書きチェック❻
P.142・143

❶
(1)ねんぽう (2)きおく
(3)ほしょう (4)あっとう
(5)ふさい (6)じひ (7)きど
(8)ほうわ (9)じょじょ
(10)くのう (11)ふくせん
(12)もほう (13)しんにゅう
(14)しんぎ (15)さいそく
(16)きんりん (17)かんじゃ
(18)ゆうぜん (19)こいびと
(20)たぼう (21)みんぞく
(22)げきど (23)そくしん
(24)さいけん (25)ぎょうてん
(26)い (27)かせん (28)りんり
(29)おうこう (30)かきょう
(31)しんこう (32)かんぶ
(33)せんせい (34)きが
(35)たお (36)ふ (37)か
(38)うなが (39)いか
(40)うった (41)いつわ
(42)もよお (43)ほま (44)かざ
(45)あお (46)なま (47)とまど
(48)つぐな (49)とな (50)あわ

❷
(1)懸賞 (2)慈善 (3)診察
(4)侵す (5)象徴 (6)恥
(7)伏せる (8)喜怒 (9)負債
(10)怠ける (11)恵み (12)模倣
(13)迷惑 (14)徐行 (15)休憩
(16)年俸 (17)俗説 (18)王侯
(19)圧倒 (20)飾る (21)訴える
(22)近隣 (23)怠惰 (24)怒り
(25)装飾 (26)悠 (27)促す
(28)開催 (29)合併 (30)偽る
(31)忍耐 (32)患者 (33)記憶
(34)飽きる (35)仰ぐ (36)佳
(37)依 (38)名誉 (39)誓う
(40)侍 (41)恋愛 (42)忙しい
(43)倫理 (44)恩恵 (45)歌仙
(46)惑わす (47)補償 (48)悩む
(49)促進 (50)怠る

**ポイント**

❷ (10)「怠ける」、(50)「怠る」の読み方・送りがなのちがいを覚えよう。(21)の「訴える」、(27)の「促す」、(46)の「惑わす」は送りがなのつけ方に注意しよう。

## 二章 27 テスト 3 P.144・145

❶
(1) ①かいさい ②もよお
(2) ①いっそう ②は
(3) ①しゅうしょく ②かざ
(4) ①れんあい ②こい
(5) ①おんけい ②めぐ
(6) ①さいくつ ②ほ
(7) ①たい ②おこた ③なま
(8) ①どごう ②いか ③おこ(いか)

❷
(1)14 (2)7 (3)8 (4)6
(5)12 (6)6 (7)13 (8)13

❸
(1)木 (2)扌 (3)手 (4)亻
(5)心 (6)食(飠) (7)心
(8)阝

❹
(1)イ (2)ア (3)ウ (4)ア

❺
(1) ①仰 ②抑
(2) ①除 ②徐
(3) ①桜 ②楼
(4) ①誉 ②挙

❻
(1) ①掃 ②創
(2) ①捜 ②探
(3) ①億 ②憶
(4) ①犯 ②侵

❼
(1)依頼を受けて、学校主催のパーティーで、マジックを見せた。
(2)クイズの懸賞は、正解者の中から、厳正に抽選して決めている。

❽
(1)わたしは、将基(棋)の大会で、圧討(倒)的勝利をおさめた。
(2)小説が過(佳)境に入り、副(伏)線が張られていることに気づく。

## 二章 28 「心・忄」「口」のつく漢字 P.146・147

❶
(1)あわ (2)あや (3)うら
(4)さと (5)ふく (6)め
(7)さけ (8)は (9)ふ
(10)つうこん (11)ひさん
(12)つつし (13)かいだん
(14)かくご (15)はやざ
(16)てつがく (17)がんゆう
(18)はいけい
(19)しょうしゅう
(20)ぜっきょう (21)ぎんみ
(22)すいそう (23)まんきつ
(24)といき (25)なげ

❷
(1)悟る (2)恨み (3)怪しい
(4)吟味 (5)含む (6)絶叫
(7)吹く (8)吐き (9)叫び
(10)慎重 (11)覚悟 (12)慌て
(13)痛恨 (14)怪力 (15)哲学
(16)感嘆 (17)含有 (18)啓発
(19)満喫 (20)吐息 (21)召し
(22)嘆く (23)召集 (24)咲く
(25)悲惨

**ポイント**
❷ (2)の「恨み」は送りがなのつけ方に注意しよう。また、「良」と書かないようにしよう。

## 二章 29 「艹」「夂」「广」などのつく漢字 P.148・149

❶
(1)おど (2)ふ (3)おど
(4)はぐき (5)あら
(6)せいか (7)ま (8)にぶ
(9)きょ (10)ぶとう
(11)かつやく (12)ほうてい
(13)べんぎ (14)ちゅうか
(15)がろう (16)まい
(17)するど (18)こうてん
(19)ちょうてい (20)はな
(21)あ (22)かんしょう
(23)きえい (24)かし
(25)どんかん

❷
(1)踊り (2)踏む (3)躍る
(4)荒い (5)茎 (6)華やか
(7)舞う (8)鈍い (9)荒れた
(10)舞台 (11)距 (12)鋭い
(13)菓 (14)鑑 (15)雑踏
(16)鈍感 (17)廊 (18)活躍
(19)茎 (20)宮廷 (21)舞踊
(22)華 (23)菓 (24)鋭利
(25)荒天

**ポイント**
❷ (3)・(18)の「躍」、(7)・(10)・(21)の「舞」はまちがえやすいので、細かい部分の点画や字形をしっかり覚えよう。

## 二章 30 「目」「禾・⺼」「馬」「巾」などのつく漢字 P.150・151

❶
(1)ほさき (2)いね (3)なが (4)ねむ (5)おか (6)おどろ (7)か (8)いなほ (9)ちつじょ (10)たいしょう (11)すいとう (12)とうこう (13)ちょうぼう (14)しゅんかん (15)とうみん (16)ぼうとう (17)しんろう (18)きょうい (19)くし (20)きょだい (21)きょがく (22)げんこう (23)あいしょう (24)くじょ (25)ぼうし

❷
(1)稲穂 (2)帽子 (3)眠る (4)眺める (5)冒す (6)駆け (7)驚かす (8)秩 (9)稿 (10)水稲 (11)対称 (12)投稿 (13)名称 (14)瞬 (15)眺望 (16)冬眠 (17)稲 (18)冒険 (19)道幅 (20)郎 (21)巨大 (22)全幅 (23)巨額 (24)驚異 (25)駆使

## 二章 31 読み書きチェック 7 P.152・153

❶
(1)ひさん (2)きょ (3)かし (4)あ (5)するど (6)てつがく (7)きょだい (8)ぼうし (9)ちつじょ (10)すいそう (11)あや (12)うら (13)め (14)かいりき (15)がんゆう (16)ざ (17)どんかん (18)かんたん (19)かんしょう (20)ぶとう (21)はな (22)おど (23)なげ (24)あわ (25)ふく (26)しんろう (27)ねむ (28)おか (29)きょがく (30)しんちょう (31)といき (32)さけ (33)ぎんみ (34)おど (35)まんきつ (36)ほうてい (37)きょうい (38)しゅんじ (39)いなほ (40)なが (41)とうこう (42)ちかけい (43)すいとう (44)こうてん (45)か (46)は (47)えいり (48)つうこん (49)がろう (50)ふ

❷
(1)対称 (2)踏み (3)駆除 (4)原稿 (5)冬眠 (6)慎重 (7)怪しい (8)悲惨 (9)冒頭 (10)吹く (11)召集 (12)叫ぶ (13)穂先 (14)菓子 (15)稲作 (16)茎 (17)眺望 (18)驚かす (19)嘆く (20)痛恨 (21)秩序 (22)巨大 (23)瞬間 (24)舞踊 (25)鋭い (26)慌ただしい (27)慎む (28)図鑑 (29)活躍 (30)道幅 (31)咲く (32)含む (33)鈍い (34)悟り (35)廊下 (36)絶叫 (37)駆ける (38)眺める (39)宮廷 (40)帽子 (41)新郎 (42)覚悟 (43)啓発 (44)哲学 (45)吐く (46)華 (47)距 (48)吟味 (49)喫茶 (50)荒れる

**ポイント**
❷ (18)の「驚かす」、(26)の「慌ただしい」、(27)「慎む」は送りがなのつけ方に注意しよう。(23)の「瞬」、(49)の「喫」はまちがえやすいので、細かい部分の点画をしっかり覚えておこう。

## 二章 32 「刀・刂」「川・巛」「⻌」などのつく漢字 P.154・155

❶
(1)とうぼう (2)とうちゃく (3)けず (4)みなさま (5)めぐ (6)みのが (7)きょう (8)しょくたく (9)ちこく (10)かん (11)とちゅう (12)ひしょ (13)じゅんかい (14)す (15)さくじょ (16)さっとう (17)に (18)とうし (19)かん (20)ひび (21)しんけん (22)おく (23)かいきん (24)おそ (25)ぜんと

❷
(1)逃す (2)剣 (3)皆勤 (4)響く (5)缶 (6)避難 (7)遅れる (8)巡り (9)剣道 (10)到 (11)逃げ (12)遅 (13)卓 (14)皆様 (15)削 (16)前途 (17)響 (18)到着 (19)巡回 (20)避ける (21)缶 (22)逃亡 (23)用途 (24)遅い (25)透明

**ポイント**
❷ (4)・(17)の「響」はまちがえやすいので、細かい部分の点画や字形をしっかり覚えておこう。

## 二章 33 筆順に注意する漢字 P.156・157

**1**
(1)たが (2)えいかん
(3)はな (4)ついきゅう
(5)いまし (6)かんむり
(7)きょり (8)あた
(9)むらさきいろ
(10)やっかい
(11)か (12)ことぶき
(13)じょうちょう
(14)けんい (15)ゆうへい
(16)じゅよ (17)ほんぽう
(18)けいかい (19)ゆず
(20)ごかく (21)しがいせん
(22)ひま (23)およ
(24)じょうほ (25)ちりょう

**2**
(1)及 (2)冠 (3)威 (4)奔走
(5)譲 (6)譲る (7)寿命
(8)互 (9)冠 (10)与える
(11)幽 (12)離す (13)冗談
(14)距離 (15)暇 (16)警戒
(17)兼 (18)授与 (19)互い
(20)兼ねる (21)紫 (22)厄介
(23)及ぶ (24)戒める (25)医療

## 二章 34 読み書きチェック 8 P.158・159

**1**
(1)ようと (2)じゅんかい
(3)ほんそう (4)ごかく
(5)ゆう (6)けんい
(7)とうたつ (8)かいむ
(9)きょり (10)たくじょう
(11)しんけん
(12)かいにゅう (13)じゅよ
(14)じょうだん (15)おそ
(16)ちこく (17)けいかい
(18)ゆず (19)むらさき
(20)とうぼう (21)けず
(22)およ (23)す
(24)えいかん (25)とうめい
(26)のが (27)たが
(28)しがいせん (29)さ
(30)ついきゅう
(31)はな (32)じょうほ
(33)あた (34)めぐ (35)に
(36)さ (37)きょう
(38)やくどし (39)おく
(40)みなさま (41)ひなん
(42)めぐ (43)とちゅう
(44)ひび (45)かん (46)おそ
(47)ひま (48)はな
(49)かんむり (50)いまし

**2**
(1)逃げる (2)冠 (3)削り
(4)巡り (5)紫色 (6)長寿
(7)戒め (8)授与 (9)冗談
(10)響 (11)到着 (12)厄年
(13)兼ねる (14)遅刻 (15)互い
(16)逃す (17)透き (18)追及
(19)遅れる (20)威力 (21)削除
(22)休暇 (23)暇 (24)与える
(25)剣 (26)紹介 (27)巡回
(28)透明 (29)警戒 (30)介護
(31)離陸 (32)医療 (33)及ぶ
(34)兼用 (35)栄冠 (36)食卓
(37)逃亡 (38)互角 (39)用途
(40)皆様 (41)前途 (42)響く
(43)缶 (44)遅く (45)奔放
(46)殺到 (47)離れる (48)幽閉
(49)皆勤 (50)避難

**ポイント**

**2** (7)の「戒め」、(24)の「与える」、(47)の「離れる」は送りがなのつけ方に注意しよう。
(31)・(47)の「離」はまちがえやすいので、細かい部分の点画をしっかり覚えておこう。

**1**
(1) ①かくご ②さと
(2) ①ちょうぼう ②なが
(3) ①かみん ②ねむ
(4) ①すいそう ②ふ
(5) ①かんたん ②なげ
(6) ①がんゆう ②ふく
(7) ①とうそう ②に ③のが
(8) ①ちこく ②でおく ③おそ

**2**
(1) 6 (2) 9 (3) 3 (4) 4
(5) 10 (6) 9 (7) 20 (8) 18

**3**
(1) 刂 (2) 大 (3) 糸 (4) 口
(5) 冖 (6) 十 (7) 禾（禾） (8) 馬

**4**
(1) ア (2) イ (3) ウ (4) ウ

**5**
(1) ①慌 ②荒
(2) ①廊 ②郎
(3) ①冒 ②帽
(4) ①啓 ②哲
(5) ①戒 ②威
(6) ①根 ②恨
(7) ①距 ②巨
(8) ①挑 ②眺

**6**
(1) ①介 ②戒 ③皆 ④怪
(2) ①吐 ②塗 ③途 ④渡
(3) ①稲 ②踏 ③到 ④透 ⑤逃
(4) ①躍 ②踊
(5) ①叫 ②驚 ③況

**ポイント**

**6** (4)①「躍る」は「うれしくて、わくわくする。」、②「踊る」は「リズムに合わせて体を動かす。」という意味のちがいを覚えよう。

## 二章 ① 同音異字・同訓異字・字形の似た漢字 P.162・163

❶
(1) ①汗 ②汁
(2) ①菓 ②巣
(3) ①誉 ②挙
(4) ①抽 ②押
(5) ①眠 ②眼
(6) ①危 ②厄
(7) ①岐 ②肢
(8) ①仰 ②抑

❷
(1) ①阻 ②粗
(2) ①跡 ②後
(3) ①拒 ②距
(4) ①伸 ②延
(5) ①偉 ②違
(6) ①超 ②越
(7) ①還 ②環
(8) ①踊 ②躍

❸
(1) ①季 ②秀 ③委
(2) ①洪 ②渋 ③浜
(3) ①格 ②絡 ③略
(4) ①招 ②沼 ③紹

❹
(1) ①腐 ②付(附) ③符
(2) ①架 ②駆 ③懸
(3) ①肪 ②妨 ③紡
(4) ①解 ②溶 ③説

❺
(1) 房|肩がこったので、長時間入俗|浴して塩|温める。
(2) 弟が部括|活中にけがをしたので、族|旅行は来月に廷|延期した。
(3) 伐|抜群の成績で優勝し、自国の国旗が挙|揚(上)がる。
(4) 誕生日のお祝いに、素滴|敵な送|贈り物をもらう。
(5) 家族で、隣の県にある挑|眺望のすばらしい宿に止|泊まる。

## 二章 ② 対義語と類義語・同音異義語 P.164・165

❶
(1) 終了 (2) 架空 (3) 分裂 (4) 抑制 (5) 抽象

❷
(1) 没頭 (2) 突然 (3) 兆候(徴候) (4) 詳細 (5) 冷淡

❸
(1) 違・てきほう・いほう
(2) 縦・おうだん・じゅうだん
(3) 辛・らくしょう・しんしょう
(4) 辞(退・離)・しゅうにん・じにん(たいにん・りにん)
(5) 濁・せいりゅう・だくりゅう
(6) 劣・ゆうせい・れっせい

❹
(1) 互 (2) 腕 (3) 誉 (4) 皆 (5) 滋 (6) 沈

**ポイント**

❶ (4)の「促進《そくしん》」は「物事が速くはかどるように仕向けること。」、対義語の「抑制《よくせい》」は「盛んにならないようにおさえること。」の意味で、「販売《はんばい》の促進《そくしん》。」、「出荷《しゅっか》の抑制《よくせい》。」のように使う。

❸ それぞれ、熟語の上の漢字と反対(対《つい》)になる漢字を入れると、対義語ができることに着目しよう。

❺
(1) 進路 (2) 追及 (3) 疲労 (4) 並行 (5) 対称

❻
(1) ①有終 ②優秀
(2) ①成功 ②精巧
(3) ①保証 ②補償
(4) ①漂泊 ②漂白

❼
(1) 八月一日は朝六時に気象|起床して、町内の正装|清掃をする。
(2) 父が幼少のころから進行|親交がある友人を、家族に照会|紹介した。
(3) 雑誌に寄港|寄稿した作品が出版され、後に不休|不朽の名作となった。
(4) 民俗|民族間の紛争を収めるという遺業|偉業を成し遂げようとする。

二章 3 入試によく出る漢字 P.166・167

**1**

(1) ひたい (2) ていさい (3) し (4) いとな (5) くふう (6) かいが (7) けいだい (8) けはい (9) さぐ (10) いちじる (11) るいじ (12) くちょう (13) なっとく (14) そっちょく (15) いた (16) したく (17) ほが (18) あやつ (19) こころよ (20) こんわく (21) こんきょ (22) こうむ (23) しっき (24) なめ (25) こうたく (26) もよお (27) ぶよう (28) あわ (29) まんきつ (30) こば (31) ほんそう (32) あお (33) よくよう (34) いど (35) めぐ (36) とぼ (37) ぎんみ (38) す (39) ふんいき (40) まぎ (41) さまた (42) たいだ (43) ひそ (44) そぼく (45) やっかい (46) かんわ (47) ただよ (48) なが (49) きゅうけい (50) うなが

**2**

(1) 胸 (2) 故障 (3) 補う (4) 築く (5) 困難 (6) 垂れる (7) 綿密 (8) 厳しい (9) 価値 (10) 預ける (11) 資源 (12) 試みる (13) 習慣 (14) 暮らす (15) 往復 (16) 招く (17) 簡単 (18) 届く (19) 展開 (20) 支える (21) 浴びる (22) 過程 (23) 複雑 (24) 対照 (25) 機会 (26) 発揮 (27) 容易 (28) 刻む (29) 対象 (30) 清潔 (31) 危険 (32) 専門 (33) 領域 (34) 興奮 (35) 傾向 (36) 冒険 (37) 秩序 (38) 駆使 (39) 臨む (40) 環境 (41) 排除 (42) 滞在 (43) 把握 (44) 特徴 (45) 瞬間 (46) 漠然 (47) 鑑賞 (48) 紹介 (49) 証拠 (50) 指摘

# 「中学基礎100」アプリ テスト前 5科4択 で，
# スキマ時間にもテスト対策！

問題集　　アプリ

日常学習
テスト1週間前

『中学基礎がため100％』
シリーズに取り組む！

定期テスト直前！

テスト必出問題を
「4択問題アプリ」で
チェック！

## アプリの特長

『中学基礎がため100％』の
5教科各単元に
それぞれ対応したコンテンツ！
＊ご購入の問題集に対応した
コンテンツのみ使用できます。

テストに出る重要問題を
4択問題でサクサク復習！

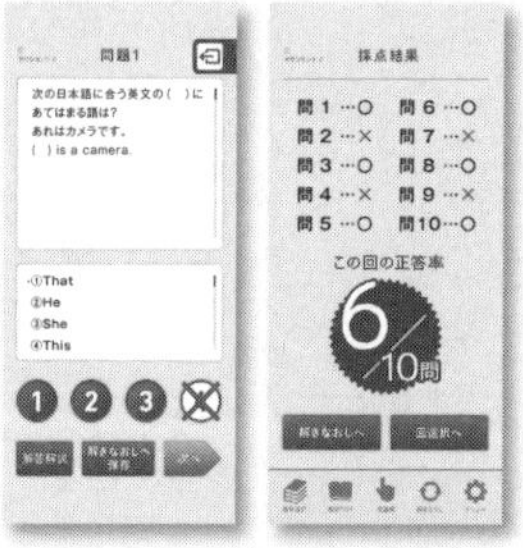


間違えた問題は「解きなおし」で，
何度でもチャレンジ。
テストまでに100点にしよう！

＊アプリのダウンロード方法は，本書のカバーそで（表紙を開いたところ），または1ページ目をご参照ください。